ちくま学芸文庫

表現と介入

科学哲学入門

イアン・ハッキング

渡辺 博 訳

筑摩書房

目次

凡例

・引用部分の【　】は著者による補足である。

・〔　〕は訳者による補足である。

・［　］は、文庫化にあたり、補足を施した箇所を示す。

・本文中の引用文は訳者による翻訳である。文庫化にあたり、邦訳のあるものについては邦訳の書誌情報を［　］で補ったが、ただし、引用箇所や出典を示す頁はとくに補足はせず、原書の頁を掲出した。

表現と介入——科学哲学入門

レイチェルに捧ぐ

「実在……なんという概念」――S・V

謝辞

本書はスタンフォード大学哲学科のナンシー・カートライトがその著書、『物理法則はどのように嘘をつくか』へ向けて考えを練り上げている間に書かれた。彼女の本と私の本の間にはいくつかの類似点がある。どちらも理論が誇る真理性を重視しないが、理論的対象のいくつかを大切なものとみなしている。彼女は物理学の現象論的法則だけが真理に到達していると主張しており、これに対して私は本書の第2部で、実験科学は通常認められている以上に理論化から独立している、ある生活を営んでいることを強調する。私はこれらの主題にかんして彼女と交わした討論に多くを負っている。私たちは異なった反理論的な出発点から始めてはいる。彼女はモデルと近似について考察し、一方私は実験を強調するのであるから。とはいうものの私たちは似通った哲学へと収束しているのである。

実験に対する私の関心はスタンフォードのハンソン物理学研究所のフランシス・エヴァリットとの会話でかき立てられた。私たちは共同で、「理論と実験とどちらが先に来るのか」というきわめて長大な論文を著した。その共同作業の間に私は幅広い歴史的関心をもった天分豊かな実験家から測り知れないほど多くのことを学んだのである。（エヴァリットはジャイロ・プロジェクトの指揮をとっているが、そこではほどなく衛星に積んだジャイロスコープを研究することによって一般相対性理論がテストされることになる。彼はまた『ジェイムズ・クラーク・マクスウェル』の著者であり、『科学者伝記事典』のなかの数多くの記事の著者でもある。）エヴァリットに負っている事柄はとくに第9章において明らかである。主としてエヴァリットに帰すべき節には（E）という印を付した。私はまた出来上がった原稿をきわめて慎重に読んでいただいた点でも彼に感謝している。

ケンブリッジのピーター・ハウスのリチャード・スケアにはケンブリッジ大学、血液学研究所で研究を行なっている間、私に顕微鏡の手ほどきをすることで第11章への道を拓いていただいた。スタンフォード線形加速器センターのメリッサ・フランクリンにはPEGGY IIにかんして私に教示することで第16章の素材の核となる部分を与えていただいた。最後に私は多くの思慮深い示唆をくださった原稿閲読者のメアリー・ヘッシーに感謝の意を表わしたい。

第11章は *Pacific Philosophical Quarterly* 62 (1981), 305–22 からとられている。第16章は *Philosophical Topics* 2 (1982) のなかの論文を改作したものである。第10章、第12章、第13章の一部は *Versuchungen: Aufsätze zur Philosophie Paul Feyerabends* (ed. Peter Duerr), Suhrkamp: Frankfurt, 1981, Bd. 2, pp. 126–58 を改作したものである。第9章はエヴァリ

ットと私の共著論文によっており、第8章は*British Journal for the Philosophy of Science* 30 (1979), pp. 381–410に所載されているラカトシュに対する私の論評を発展させたものである。本書は「小休止」と呼んだ中間部分から書き始められた。それは一九七九年四月のスタンフォード＝バークリー学生哲学会議を開催するにあたって私が依頼を受けた講演の中味をなしていた。それはその二週間前にデルポイで書かれたものであるという徴《しるし》をいまだにとどめている。

内容目次

序論――合理性

合理性と実在論とは今日の科学哲学者の二つの主要な主題となっている。すなわち、理性、証拠、方法にかんする問いがあり、また世界とは何か、そこに何が存在するのか、それについて正しいと言えるのは何か、という問いもある。本書は実在にかんするものであって、理性にかんするものではない。序論は本書が関わってはいない事柄に関わっている。背景を知るために、トマス・クーンの古典、『科学革命の構造』から生じてきた理性にかんするいくつかの問題を概観する。

第1部　表現すること

第1章　科学的実在論とは何か

理論にかんする実在論は、理論は真理を目指し、ときにその近くにまで到達するという。対象にかんする実在論は、理論のなかで言及されている対象は本当に存在するはずだという。理論にかんする反実在論はわれわれの理論は文字通りに受け取って信じてはならないものであって、せいぜい役に立ち、適用でき、予測に際して具合のよいものであるに過ぎないという。対象にかんする反実在論は、理論が仮定する対象はせいぜい役に立つ知的虚構に過ぎないという。

第2章　基礎単位となることと原因となること

J・J・C・スマートや他の唯物論者たちは理論的対象は宇宙の基礎単位に含まれているならば存在しているという。N・カートライトは因果的諸性質が十分に知られている対象についてその存在を主張している。これらの実在論者のなかのだれひとり理論にかんしては実在論者である必要はない。

第3章　実証主義

A・コント、E・マッハ、B・ファン・フラーセンのような実証主義者たちは理論にかんしても対象にかんしても反実在論者である。その真理を観察によって確立できる命題だけを信じることができる。実証主義者たちは因果性や説明のような概念をうさんくさく思っている。理論は現象を予測するための、またわれわれの思考を系統立てるための道具であると彼らは考える。「最善の説明への推論」に対する批判が展開される。

第4章　プラグマティズム

C・S・パースは探究する人々からなる共同体において、あるものが存在することについて最終的に見解の一致を見るようになるなら、それは実在すると言った。研究が十分長期にわたって継続されてさえいれば、真理とは科学的方法がそこに落ち着くところのものであると考えた。W・ジェイムズとJ・デューイは長期的なことについてはさほど強調せず、現在信じたりそれについて語ったりすることが快く感じられることのほうを一層強調する。最近の哲学者のなかでは、H・パトナムがパースと同じ道を行く一方、R・ローティの考えはジェイムズとデューイに近い。これらは反実在論の二つの異なった種類をなしている。

第5章　共約不可能性

Ｔ・Ｓ・クーンとＰ・ファイヤアーベントは、かつて競合する理論のどちらがもっともよく事実に適合するかを調べたくとも理論を十分に比較することはできないと言った。この考えは反実在論のなかの一種類を大いに強化する。ここには少なくとも三つの観念がある。主題の共約不可能性――ライヴァルの関係にある理論は部分的にしか重なり合っていないかもしれないので、その成功を全体にわたって比較することは十分にはできない。乖離――十分に長い時間と理論変化の後では、一つの世界観が後の時代にはほとんど理解できないものとなっているかもしれない。意味の共約不可能性――言語にかんするいくつかの考えによれば、ライヴァルの関係にある理論は常に相互に理解できず、またどうしても相互に翻訳できないために、理論の理にかなった比較は原則として不可能であることが暗示される。

第6章　指示

Ｈ・パトナムは意味の共約不可能性を避ける、「意味」の意味についての説明をもっている。この考えの成功と失敗は、グリプトドン、電子、酸、熱素、ミューオン、中間子のような名辞の指示にかんする簡潔な歴史が与える例によって示される。

第7章　内在的実在論

意味についてのパトナムの説明は一種の実在論から出発したが、次第にプラグマティックで反実在論的なものになった。この推移が描写され、カントの哲学と比較される。パトナムもクーンも両者とも超越論的唯名論と呼ぶのがもっとも適しているような考えに近づいている。

第8章　真理の代用となるもの

I・ラカトシュはクーンに対する解毒剤としてもくろまれた、科学的研究プログラムの方法論をもっていた。それは合理性の説明であるように見えるが、むしろ科学的客観性はどうして真理の対応説に依存する必要がないのかについての説明である。

小休止　本物と表現

この章は洞窟居住者からH・ヘルツに至る実在と表現の観念にかんする人類学的空想物語である。それは表現の水準における実在論／反実在論の論争が常に決定的なものとはならないことの理由を示すための寓話である。それゆえわれわれは真理と表現から実験活動と操作へと向かう。

第2部　介入すること

第9章　実験

理論と実験とは、さまざまな発展の段階にあるさまざまな科学において、さまざまな関係をもっている。実験、理論、発明、技術、……のなかで何が最初に来るのか、という疑問に対して正しい答えがあるわけではない。実例が光学、熱力学、固体物理学、電波天文学から取り上げられる。

第10章　観察

N・R・ハンソンはすべての観察言明は理論負荷的であると提唱した。実際には観察は言語の問題ではなく、一つの技巧なのである。観察のなかにはまったく前理論的なものがある。C・ハーシェルによる天文学上の研究、またW・ハーシェルによる放射熱にかんする研究が観察にかんする分かりきった事柄を例証するものとして用いられる。肉眼による視覚であるどころか、文字通りには「見て」いるのでもなく、理論的に仮定されている対象から伝達される情報を用いているようなときにも、われわれはしばしば観察について語っている。

第11章　顕微鏡

われわれは顕微鏡で見ているのだろうか。多くの種類の光学顕微鏡が存在しており、それらは光のさまざまな性質に依存している。われわれは、まったく異なったさまざまな物理的システムが同一の像を与えることを主な理由として、見ているものを信じる。光ではなく音を用いる音波顕微鏡で「見る」ことさえある。

第12章　思弁、計算、モデル、近似

理論化という一つの活動があるわけではない。理論には多くの種類と水準とがあり、実験に対してさまざまな関係をもっている。磁気光学効果の実験と理論をめぐる歴史がこの事実を例証する。モデルと近似にかんするN・カートライトの考えが理論の多様性をさらに例証している。

第13章　現象の創造

多くの実験が、宇宙にはそれまで純粋な状態では存在しなかった現象を創造する。実験の反復について語ることは誤解を招きやすい。実験は反復されるのではなく、現象が規則的に引き出されるようになるまで改良される。いくつかの電磁気的効果がこうした現象の創造の例を与える。

第14章　測定

測定は諸科学のなかでさまざまな役割をもっている。理論をテストするための測定があるが、測定はまた純粋に自然の定数を決定するものであることもある。T・S・クーンはまた知識の成長における測定の意外な機能的役割について重要な説明をしている。

第15章　ベーコン的主題

F・ベーコンは実験の種類にかんする最初の分類学を著した。彼は科学は二つの異なった技巧——理性の技巧と実験の技巧——の共同作業になるであろうと予測した。彼はそれによって「科学の何がそんなに偉大なのか」というファイヤアーベントの疑問に答えた。ベーコンは決定実験の優れた解説を示したが、それによれば決定実験が決定的ではないことは明らかなのである。化学からの実例の一つが、実際問題としては、決定実験で反駁された理論を救うために補助仮説を導入し続けることは一般にはできないことを示す。I・ラカトシュによるマイケルソン＝モーリーの実験についての誤った報告が、理論が実験の哲学を歪め得る有様を示すために用いられる。

第16章　実験活動と科学的実在論

実験活動は思弁、計算、モデル形成、発明、技術の間で多様な仕方で相互に働きかけながら、それ自身の生活を営んでいる。しかし思弁家、計算家、モデル形成者は反実在論者でいることができても、実験家は実在論者でなければならない。このテーゼは、中性カレントの弱い相互作用におけるパリティの破れを実証するために用いられる、偏極した電子の濃密なビームを作り出す装置にかんする詳しい説明を通して例証される。電子は実在することが当然のこととされる道具となる。結局のところわれわれを科学的実在論者にせざるを得ないのは世界にかんして考えることではなく、世界を変えることなのである。

前書き

本書は二部から成っている。第2部の「介入すること」から読みはじめたく思う読者もいるかもしれない。第2部は実験にかかわっている。実験はあまりにも長い間科学哲学者たちに無視されてきたので、それについて書くことは目新しく思われるに違いない。哲学者は日頃理論について考えている。「表現すること」は理論にかかわっており、したがってこの分野にすでに存在している研究の部分的な解説となっている。第1部の後のほうのいくつかの章が哲学者の関心をもっとも惹くかもしれないが、これに対して第2部の章のいくつかは科学のほうに興味をもつ人々が読むのに一層むいているだろう。興味のあるところから読んでいただいてかまわない。各章に何が述べられているかを内容目次に示した。章の配列は慎重に考えたものではあるが、読者は私の考えた順序に従って読みはじめる必要はない。

私はこれらを入門的なトピックと呼んでいる。私にとっては文字通りの意味においてそうなのである。それらはスタンフォード大学において私が例年行なう科学哲学の入門コースのトピックだったのである。「入門的」ということで私は単純化してあると言うつもりはない。入門的なトピックは新たにそれに触れる人々の心を惹きつけるのに十分なだけ明快で深みがあり、またこれらの事柄について何年も考えてきている人々から火花を打ち出すのに十分なだけ刺激的でなければならない。

序論——合理性

君らは哲学者たちの特徴のうち、どれとどれが特異なものなのか、と私にきくのかい。たとえば、歴史感覚がないこと、生成を憎んでいること、彼らのエジプト主義。問題を非歴史化したときに——ミイラに変えるときに——それに敬意を表している、と彼らは思っている。

（F・ニーチェ『偶像の黄昏』、「哲学における理性」第一章）

長い間哲学者たちは科学のミイラを作っていた。とうとう死体から蔽いをはがすことになり、そこに生成と発見の歴史的プロセスの残滓を見出すと、合理性の危機を自分で作り出した。一九六〇年頃のことである。

それは危機だった——科学的知識は人間の理性の最高の功業であると考える、われわれの長い伝統を覆したからである。人類の知識は累積されるものであって現に積み上げられている、と満足気に眺め渡すことに対しては、懐疑家たちはこれまでも常に攻撃を加えてきたが、今度は彼らの弾薬は歴史の細部から取り出された。過去の科学研究に見られる多くのあさましい出来事を眺めた挙句に、知的に対決し合う場面で理性は重要な役割をもっているのかと、気をもみはじめた哲学者もいる。どの理論が真理にたどり着いているかとか、どの研究を続けて行なうべきかとかに決着をつけるのは理性なのだろうか。理性がこうした決定を下すべきである、というのは少しも明らかではないということになった。おそらく、道徳は文化に規定されており相対的である、と早くも考えていたいく人かの人々は、「科学的真理」は絶対的な妥当性への資格をもたないし、適切なものであるという資格すらもたない社会的産物であることを示唆したのである。

自信を喪失させるこの危機が生じて以来、合理性は科学哲学者たちにつきまとう二つの問題のなかの一つとなっている。次のようなことが問題となる——何をわれわれは本当に知っているのか。何を信じるべきなのか。何が証拠なのか。何が立派な根拠なのか。科学は人々が通常考えているように合理的なものなのか。理性にかんするこれらすべてのお話はたんにテクノクラートたちのための煙幕に過ぎないのか。合理的思考や信念にかんするこれらの問いは伝統的には論理学や認識論と呼ばれている。とはいえ本書はこの問題を扱うのではない。

科学的実在論がもう一つの大きな問題である。次のようなことが問題になる——世界とは何なのか。どんな種類の事物がそこに存在するのか。それらの事物について真であるのはどのようなことか。真理とは何か。理論物理学が仮定している対象は実在的なものなのか、それともたんに実験を組み立てるために人間の精神が構成したものに過ぎないのか。これらは実在にかんする疑問である。形而上学的なものである。本書では科学哲学への入門となる私のトピックを系統立てるためにこれらの疑問を取り上げたい。

理性と実在の双方にかんする論争が長い間科学哲学者たちを対立させてきた。その議論は、今日自然科学にかんする哲学的論議の大部分がそのどちらか一方、あるいはその双方のまわりに渦巻いているので、時代の最先端に位置するものである。とはいえそのどちらも新しいものではない。科学について哲学することが始められた古代ギリシアにそれらを見出すことができるだろう。私は実在論を選んだのだが、合理性でもよかったのである。両者はからみ合っている。一方に決めることは他方をしめ出すことではない。

二種類の問いのどちらかは重要性をもつのだろうか。私はそうは思わない。われわれはたしかに何が本当に実在的であり、何が真に合理的なのかを知りたく思っている。とはいえ読者がやがてお分かりになるように、私は合理性にかんする問いの大部分を投げ捨てるのだし、たんにもっともプラグマティックな理由に基づくだけの実在論者なのである。しかしこうした姿勢は理性と実在を求めるわれわれの要求のもつ深みに対して私が抱いている敬意を小さくするわけではないし、またどちらの観念もがもっている出発点としての価値を減じることもない。

私は何が実在的であるかということについて語ることになるのだが、先に進む前に、「合理性の危機」が最近の科学哲学のなかでどのように生じてきたのかを理解するよう努めるべきであろう。これは「ある誤謬の歴史」となり得るだろう。第一級の仕事からどのようにしてやや調子外れな帰結が引き出されたのか、というお話なのである。

理性にかんする不安は現代の生活のなかにある多くの傾向に影響を与えているが、科学哲学にかんする限り、その不安が本物になったのは二〇年前に公にされた次の有名な文章からなのである。

> 歴史を、逸話や年代記以上のものとして眺めるなら、われわれが現在とらえられている科学のイメージに決定的な変化が生じ得るであろう。

決定的な変化——逸話や年代記——科学のイメージ——とらえられている——これらはトマス・クーンの有名な著書『科学革命の構造』の冒頭を飾る言葉である。この書自体が決定的な変化を生み出し、図らずも合理性の危機にいぶきを与えることになったのである。

分裂したイメージ

どうして歴史が危機を生み出すことができたのか。一つにはそれ以前にあったミイラ化された科学のイメージのせいである。ちょっと見ると正確に一つのイメージがあったわけではないように見える。実例をあげて考えるために、二人の指導的な役割を果たした哲学者を取り上げよう。ルドルフ・カルナップとカール・ポパーは二人ともウィーンで仕事を始めたが、一九三〇年代には亡命した。カルナップはシカゴとロサンジェルスで、ポパーはロンドンで、後に行なわれた多くの論争の舞台をしつらえた。

彼らは多くの事柄にかんして意見を異にしたが、それは基本的な事柄にかんして見解の一致があればこそ生じたものである。自然科学というのはこれはもう大したものであり、なかでも物理学が最良のものである——と彼らは考えた。それは人間の合理性を例証している。そのような立派な科学をくだらないナンセンス、あるいはできの悪い思弁から見分ける規準を手に入れることができればすばらしいことだろう。

この点で最初の意見の相違が現われる。カルナップはそうした区別を言語の観点から行なうのが重要であると考えたが、一方ポパーは意味の研究は科学の理解に関わりをもたないと考えた。科学的な話は有意味だが形而上学的なおしゃべりは違う、とカルナップは言った。有意味な命題は原理的には検証可能でなければならない。さもなければ世界にかんして何も語ってはいない。一方ポパーの考えによれば検証は間違った発想である。強力な科学理論は決して検証することはできないのだから。理論の射程が広すぎるのである。とはいえそれをテストすることはでき、多分誤りであることを示すことはできる。命題は反証可能であれば科学的である。ポパーの意見では、前科学的な意味で形而上学的であることはそんなに悪いことではない。反証不可能な形而上学はしばしば反証可能な科学の思弁的な親であるのだから。

ここに見られる相違はより深い相違をそれとなく示している。カルナップの検証は上向き《ボトム・アップ》である。すなわち、観察を行ない、それがどのように一般性に勝るある言明を確証(confirmation)することになるか、あるいは検証するかを見る。ポパーの反証は下向き《トップ・ダウン》である。まず理論上の推測を形作り、それから諸々の帰結を演繹し、後者が真であるかどうかをテストによって見る。

カルナップは十七世紀以来ありふれたものとなっている一つの伝統、「帰納的な科学」という語を用いる伝統のなかで著述している。もともとそれは次のことを意味していた――研究者は正確な観察をなし注意深く実験を行ない、結果を正直に記録しなければならない。それから一般化を行ない、アナロジーを引き出し、徐々に仮説や理論へと発展させなければならないが、その間は常に事実を意味のあるものとし、また組織化するために新しい概念を開発しつづけるのである。理論がその後になされるテストに耐えるならば、われわれは世界にかんしてなにごとかを知る。さらに自然の根本法則にさえ導かれるかもしれない。――カルナップの哲学はこのような見解の二十世紀版なのである。彼は観察を知識の基礎と考え、観察による証拠が広い適用範囲をもつ仮説をどのように支持することができるのかを説明する帰納論理学の発明に努めながら晩年を送った。

さらに古い一つの伝統がある。かの昔日の合理主義者プラトンは幾何学を讃えたが、当時の高い質を誇った冶金術や、医学や天文学をそれほどには尊重していなかった。演繹に対するこの尊敬は、本物の知識――科学――を、第一の諸原理から論証という手段によって諸々の帰結を導くこと、とするアリストテレスの教えのなかに保たれ重んじられた。ポパーは第一の原理という観念を当然にも拒絶するとはいえ、しばしば演繹主義者と呼ばれる。というのも彼は、論理には演繹論理という一つの種類しかないと考えていた。ポパーは、われわれはたかだか経験を一般化する心理的傾向をもつだけだと一七三九年に主張したデイヴィッド・ヒュームに同意した。それが帰納的一般化に対する根拠も基盤も与えないのは、父親を信じないという若者の傾向が、老人ではなく若者を信用することの根拠にならないのと同じである。ポパーによれば、科学の合理性は証拠が仮説をどれくらい十分に「支持する」かということとは無関係である。合理性とは方法の問題である。その方法というのは推測と反駁である。世界にかんして射程の大きな推測を形作り、それからいくつかの観察可能な帰結を演繹すること。後者が真であるかどうかを見るためにテストをすること。もし真であるなら他のテストを行なうこと。もし真でなければ、推測を手直しするか、あるいはもっと好ましいことだが、新しい推測を見つけ出すこと。

ポパーによれば、多くのテストに通った仮説は「験証された（corroborated）」と言ってよい。だがこれはわれわれが手に入れた証拠によって十分に支持されている、ということを意味してはいない。それは批判的テストの荒波にこの仮説が相変わらず浮かんでいる、ということだけを意味している。これに対して、カルナップは証拠が仮説をより一層確からしくする仕方を分析しながら、確証の理論を作り出そうと試みた。ポパー主義者たちはカルナップ主義者たちが実際に使えるどんな確証の理論も提供してこなかったので彼らを嘲る。カルナップ主義者たちはそのお返しに、験証にかんするポパーのお話は空虚であるか、確証について議論する隠蔽された手口であると言う。

戦場

カルナップは意味および言語の理論は科学哲学に重大な関わりをもつと考えた。ポパーはそれをスコラ風として忌み嫌った。カルナップは科学を非科学から区別するために検証を重視した。ポパーは反証を主張した。カルナップは適切な根拠を確証の理論の観点から解明しようと試みた。ポパーは合理性は方法のなかにあると考えた。カルナップは知識は基礎をもつと考えた。ポパーは基礎なるものは存在せず、われわれのすべての知識は誤り得る、と力説した。カルナップは帰納を信じた。ポパーは演繹の他に論理なしと考えた。

これではどうみてもクーンが本を書く前の一〇年間には科学の標準的「イメージ」は存在しなかったかのようである。ところがさにあらず——半ダースの問題点を並べてみるとまさに正反対の位置に身を構える二人の哲学者がいる場合にはいつも見られることだが、われわれは彼らが実際にはほとんどあらゆることにかんして意見を同じくしていることを知っている。彼らは科学のイメージを、クーンが退けたイメージを共有している。もし二人の人物が大きな問題点において正真正銘意見を異にしているならば、細部について一つ一つ論争することを可能にする共通の基盤を見出すことはないだろう。

共通の基盤

ポパーとカルナップは自然科学は合理的思考の最良の実例である、と決めてかかっている。ここにさらにいくつかの共有されている信念を書き加えておこう。彼らがこれらの信念を以って行なうことは互いに異なっている。肝心なのはそれらの信念が共有されているということである。

両者は観察と理論との間にかなりはっきりした区別があると考える。両者は知識の発展は大体において累積的であると考える。ポパーは反駁できないかと目を凝らしているかもしれない。とはいえ彼は科学を進化するものとして、また一つの正しい宇宙の理論へ向かうものとして考えている。両者は科学はかなり厳格な演繹的構造をもつと考える。両者は科学の術語は相当に精確であるかまたはそうあるべきだと考えた。二人とも科学の統一性を信じていた。これはいくつかのことを意味している。まず科学はすべて同一の方法を用いるべきであり、したがって人間科学も物理学と同じ方法論をもつことになる。さらに少なくとも諸々の自然科学は一つの科学の部分を成すものであって、化学が物理学に還元されるのと同様、生物学が化学に還元されることが期待される。ポパーは少なくとも心理学の一部と社会的事象は厳密には物理的世界に還元されないと考えるようになったが、カルナップはそうした懸念をもっていなかった。彼は『統一科学百科事典』という総括的表題をもつシリーズ本の発起人の一人であった。

両者は正当化の文脈と発見の文脈との間に基本的な区別があることで意見が一致していた。この用語は彼らの世代の第三の高名な亡命哲学者、ハンス・ライヘンバッハに由来するものである。発見が問題となる場合には、歴史家、経済学者、社会学者、心理学者らが次のような疑問の数々を浴びせかけるだろう——誰がその発見を行なったのか。それはいつのことか。それは運よく当たった推量だったのか、それともライヴァルからかすめ取ったアイデアか、あるいは二〇年のたゆまぬ骨折り仕事のたまものだったのか。誰の金で行なった研究だったのか。どのような宗教的もしくは社会的環境がその発展を助けたり、妨げたりしたのか。これらはすべて発見の文脈にかんする疑問である。

次にその知性の最終的な産物である、仮説、理論、または信念について考えてみよう。それは理にかなったもの、証拠によって支持されたもの、実験によって確証されたもの、はたまたきびしいテストによって験証されたものなのか。これらは正当化もしくは健全性せる問題は、ひどく抽象的で、特定の時代や状況から遊離した問いである。発見の歴史的状況、心理的特異性、社会的相互作用、経済的環境等はポパーやカルナップの専門的関心にまったく触れない。彼らは歴史を年代記もしくは逸話が与える実例として役立てるだけである。まさにクーンが語ったように。ポパーの与える科学の説明のほうがよりダイナミックで弁証法的なので、確証にかんするカルナップの仕事の単調な形式性に比べると歴史主義者クーンの精神に相通じる部分が多い。けれどもカルナップやポパーの哲学は本質的な点において無時間的なのである。つまり、時間の外、歴史の外にある。

イメージの塗りつぶし

クーンが彼の諸先輩となぜ意見を同じくしないのかを説明する前に、ポパー／カルナップの共通の基盤をざっと確認しつつ、そこで出会うすべての事柄を否定していくことによって、対立する点のリストを簡単に作り出すことができる。クーンは次のように主張している――

観察と理論との間に明確な区別はない。

科学は累積的でない。

生きている科学は厳格な演繹的構造をもってはいない。

生き生きとした科学的観念はとくに精確なものではない。

科学の方法論上の統一は誤った考えである。すなわちさまざまな種類の研究に用いられる関連のない多くのツールがある。

諸々の科学はそれ自体統一されてはいない。それは多数のゆるく重なり合っているだけの小学科から成り立っており、その多くについてはやがて互いに理解し合うことすらできなくなる。(皮肉なことに、クーンのベストセラーになった本は『統一科学百科事典』という瀕死状態のシリーズのなかに登場した。)

正当化の文脈は発見の文脈から分離することはできない。

科学は時間のなかにあり、本質的に歴史的なものである。

理性は問題なのか

ここまではポパーとカルナップの意見が一致している第一の点、すなわち科学は合理性のかがみ、人間の理性という宝石の原石である、という点には触れずにきた。クーンは科学は非合理的であると考えたのだろうか。必ずしもそうではない。が、だからといって彼が科学を「合理的」であると考えた、というのでもない。私は彼がこのような問題に大きな関心をもっていたとは思わない。

ここで右の否定のリストを理解するために、そしてまたそのすべてが合理性とどのように関連しているのかを見るために、クーンの主なテーマのいくつかにざっと目を通さねばならない。そう思わせかねないが、彼が先輩たちとまったく相容れないと考えてはいけない。哲学者の間で一点一点対立し合っているということは基本的な事柄について意見の根本的な一致があるということのしるしであり、クーンはいくつかの点においてカルナップ＝ポパーに一点一点対立しているのである。

通常科学

クーンのもっとも有名な言葉はパラダイムであったが、これについては後ほど述べよう。まず最初にクーンによる革命の整然とした構造について考えておくべきである。すなわち、通常科学、危機、革命、新しい通常科学。

　通常科学のテーゼは、科学の確立された分野は主として現行の理論をどちらかといえば少しだけいじくることに従事している、と言う。通常科学はパズル解きである。何にかんする理論であれ、立派に作り上げられたほとんどすべての理論は世界にかんする事実とどこかでかみ合っていないものである――「あらゆる理論は反駁されたものとして生まれる」。他の点では魅力的でもあり役にも立つ理論のもつこのような不首尾が変則性である。人々はどちらかといえば少しだけ手直しすることによって理論が改善され、そうした小さな反例が説明され除去されることを期待する。ある通常科学は理論を数学的に明瞭に組織化することに没頭し、その結果理論は一層理解できるものとなり、その帰結は一層明白になり、自然現象とのかみ合いは一層入り組んだものとなる。通常科学の多くは技術的応用である。実験を精密なものに作り上げ、理論が含意する事実を明瞭なものにすることからなる通常科学がある。理論が重要だと告げる量の測定を精密にすることからなる通常科学もある。しばしば巧妙な手段によってたんに精確な数値を得ることが目的となっている。これは理論をテストしたり確証したりするために行なわれるわけではない。通常科学は不幸なことに、確証や検証、反証、あるいは推測と反駁という職務にはついていない。そうではなくて、ある分野における一群の知識や概念を建設的に積み上げているのである。

危機と革命

ときに変則性はなくならずに堆積する。いくつかのものがとくに差し迫ったものに見えてくるかもしれない。研究共同体のなかでも鋭敏なメンバーがそれに精力を集中する。しかし多数派は理論が失敗している点には構うことなく仕事を続け、事態はますます悪化する。反例が積み上げられる。理論の前途はまったく暗雲に蔽われる。その学問分野は危機に直面している。そこから新しい概念を用いるまったく新しい取り組み方が生まれてくることも考えられる。問題となっていた現象がこうした新しい考えの下で突然よく分かるものとなる。多くの研究者、大抵の場合はおそらく若手の研究者が新しい仮説に転向する。たとえ彼らの研究分野で起きている根底からの変化を理解さえしていないような数人の頑固者がいるとしても変わりはない。新しい理論が急速に進歩するにつれて、以前の考えは見捨てられる。革命が起きたのである。

新理論は他のどの理論とも同様反駁されたものとして生まれる。新世代の研究者が変則性を考察の対象とする。新しい通常科学が営まれる。ふたたびパズル解き、応用、数学的部分の明瞭化、実験上の現象の精密化、測定に取りかからねばならない。

新しい通常科学はそれが追い払った一群の知識とはまったく異なった関心をもっているかもしれない。もっとも議論の余地の少ない例として測定を取り上げてみよう。新しい通常科学は測定するものとして異なった事物を選び出すかもしれず、また以前の科学で行なわれていた精確な測定には無関心であるかもしれない。十九世紀には分析化学者は原子量を決定する仕事を一所懸命やっていた。すべての元素は少なくとも小数第三位まで測定された。その後一九二〇年頃に、自然に見出される元素は同位元素の混合物であることを新しい物理学が明らかにした。多くの実用的な場面では、地球上の塩素が三五・四五三の原子量をもっていることを知ることは相変わらず役には立つ。しかしこれは主としてわれわれの惑星にかんする偶然的な事実である。根底にある事実とは、塩素は三五と三七の二つの安定した同位元素をもっていることである。(この数は結合エネルギーと呼ばれているもう一つの要素があるため精確なものではない。)これらの同位元素はこの地球上では、七五・五三%と二四・四七%の比で混合している。

「革命」は新しくない

科学革命という考えはクーンに由来するわけではない。われわれはずっと以前からコペルニクス革命という観念や十七世紀に知的生活を変容させた「科学革命」の観念を所有している。カントは『純粋理性批判』の第二版(一七八七年)で、タレスかもしくは他の古代人のだれかが行なった経験的な数学を論証による証明へと変形する「知の革命」について語っている。じつは科学の領域における革命の観念は政治的革命の観念とほぼ同時代に現われている。両者はフランス革命(一七八九年)と化学における革命(たとえば、一七八五年)によって定着した。無論それが最初というわけではない。イギリスの人々は一六八八年に「名誉革命」(無血革命)を経験していたが、それはちょうど、科学革命もまた人々の心のなかに起きてきていることが分かってきたときのことである。(1)

ラヴォアジエの指導の下で、燃焼にかんするフロギストン理論は酸化の理論に置き換えられた。クーンが強調したように、これに前後して、混合物、化合物、元素、物質、等々の多くの化学の概念が全面的な変化を蒙った。クーンを適切に理解するにはそうした大革命に目を奪われていてはいけない。化学におけるもっと小さな革命を考えたほうがいい。ラヴォアジェは、酸素が酸性の根源である、すなわち、あらゆる酸は酸素の化合物である、と説いた。(当時も今日も)もっとも強い酸の一つが塩酸(muriatic acid)と呼ばれていた。

一七七四年にこれから気体を遊離する方法が示された。その気体は脱フロギストン塩酸と呼ばれた。一七八五年以降は他ならぬこの気体が酸化塩酸と改名されるのは避けがたいことであった。一八一一年にはハンフリー・デイヴィーがこの気体は元素、すなわち塩素であることを示していた。塩酸はわれわれの塩化水素酸（hydrochloric acid）、HClである。それは酸素を含んではいない。そこで酸性にかんするラヴォアジェの考えが覆された。この出来事は、当時にあっては、革命と呼ばれるのにまことに相応しかった。そこには、古い学派で育った頑固者がいるというクーンが指摘したような特徴も見られた。ヨーロッパのもっとも偉大な分析化学者、J・J・ベルセリウス（一七七九―一八四八年）は塩素は元素であって酸素の化合物ではないことを公には決して認めなかったのである。

科学革命の観念それ自体が、科学的合理性に対して異議を申し立てるわけではない。人々はずっと以前から革命の観念をもっていたが、それでも立派な合理主義者だったのである。だがクーンはあらゆる通常科学はそれ自身の崩壊の種をもっているという考えを招き入れる。ここには永続革命の観念がある。が、それでも非合理的である必然性はない。「パラダイム」転換としての革命というクーンの考えは合理性への挑戦になり得るのだろうか。

業績としてのパラダイム

「パラダイム」は過去二〇年間ひとえにクーンのおかげで、はやり言葉の一つとなっていた。それは五〇〇年前にギリシア語から直接英語に取り入れられたこの上なく由緒正しい言葉で、ひな型、手本、あるいはモデルを意味する。この言葉は専門的用法をもっていた。外国語を機械的に学習するとき、たとえばamare（愛する）の活用の仕方をamo, amas, amat ... というふうに学んでから同じ部類に属する動詞をこのモデルに従って活用させる。そのモデルがパラダイムと呼ばれる。人々がその生き方を真似ることもあった聖者もまた、パラダイムと呼ばれていた。忘れられかけていたところをクーンが救い出した言葉なのである。

『構造』のなかでクーンが二二通りの異なった仕方でこの言葉を用いた、と言われたことがある。その後彼は二つの意味に焦点を合わせた。一つは業績としてのパラダイムである。革命の時代には古くからの問題に対して新しい概念を用いたまったく新たな解法が成功を収め、それがお手本になる、ということがよくある。この成功が次代の研究者たちにモデルとして役立ち、彼らは他の諸々の問題に同じやり方で取り組んでみようとする。ここにも -are を語尾とするラテン語動詞の活用の場合と同様、機械的反復という要素がある。一方にはまた、お気に入りの聖者を自分のパラダイム、すなわち役割モデルとする場合のように、モデルにすることには、そんなに窮屈ではない要素もある。業績としてのパラダイムは通常科学の役割モデルなのである。

業績としてのパラダイムの観念のなかには科学の合理性に敵対するようなものは含まれていない——まったく逆である。

共有される価値の集まりとしてのパラダイム

クーンが科学について書くときには普通、近代科学の強力な原動力ではなく、むしろ研究の一つの系統をおし進めていく研究者の小グループのことを考えている。彼はこれを専門母体と呼ぶようになった。それは共通の問題と目標をもって相互に影響を与え合う研究者のグループからなっている。最前線に立つ一〇〇人ほどの人々に、学生や助手たちを加えたくらいの規模になるだろう。こうしたグループはしばしば科学については何も知らない無知な人々、すなわち社会学者にもそれとして見分けることができる。何も知らない人々はたんにだれがだれと文通し合い、だれが電話連絡をし、だれが前刷りのリストに載っていて、だれが公になる何年も前に最先端の情報が交換される無数の専門家たちの学問的な会合に招かれているか、ということに注目するだけである。公刊された諸々の論文の末尾の引用のなかに一団となって登場することが有力な手掛かりとなる。研究資金を審査するのは「仲間評価者（peer reviewer）」である。これらの仲間が一つの国における専門母体のおよそのガイドになる。ただしこうした専門母体が国際的なものであることもしばしばある。

こうしたグループの内部には共有する一連の方法、標準、および基本的前提がある。それらは学生たちに渡され、教科書で繰り返し教え込まれ、どの研究を援助するか、どの問題が重要であるか、どんな解決が認められるか、だれを昇進させ、だれが論文審査をするか、だれが出版をし、だれが消え去るか、等を決めるさいに利用される。これは共有する価値の集まりとしてのパラダイムである。

共有する価値の集まりとしてのパラダイムは業績としてのパラダイムと密接に結びついているので「パラダイム」という一つの言葉を使うのがやはり自然である。共有する価値の一つは業績である。業績は優秀であることの基準、研究のモデル、パズルとして取り組むだけの価値のある一群の変則性を定める。ここにいう「価値のある(rewarding)」というのは両義的である。最初の業績によって置かれた概念上の制約のなかでは、この種類の研究に知的な価値がある、という意味をもっている。また一方それが、昇進、資金、研究生、等々でこの分野が酬いてくれる(reward)ような種類の仕事である、という意味をもっている。

とうとう非合理性の気配を嗅ぎつけたのだろうか。これらの諸価値はたんに社会的に作り上げられたものに過ぎないのか。加入と通過の儀礼はまさに、社会人類学者たちがわれわれの文化や他の文化の各方面において研究してきたような、理性に対する重々しい資格請求などしない類のものなのだろうか。多分そうだ。が、それがどうしたというのか。疑いもなく真理と理性の追求は、幸福もしくは集団殺害《ジェノサイド》の追求等と同一の社会的公式に従って組織されるものなのである。科学者が人間であるという事実、科学の学会《ソサエティ》が社会《ソサエティ》であるという事実は、だからといって、科学の合理性に疑いを投げ掛けるわけではないのである。

改宗

合理性への脅威は主にパラダイムの革命的転換というクーンの考えから生まれる。彼はそれを改宗、またゲシュタルト転換に比較する。紙の上に立方体の透視画を描いてみると、あるときはある方向を向いたものとして、またあるときは別の方向を向いたものとして見ることができる。ウィトゲンシュタインはときにはウサギとして、ときにはアヒルとして見ることができる図を用いた。改宗は同じような現象の深刻な意味を孕む種類のものだと言われる。人生の受け止め方に根本的な変化をもたらすからである。

ゲシュタルト転換は推論を伴わない。しかし理知的考察に基づいた改宗がないとは限らない――これはおそらくプロテスタントの伝統よりもカトリックの伝統において強調される事実である。だがクーンはこれをとらずに「生まれかわり〔再生派〕」の見方をとっているように見える。彼はまたパスカルを思い起こすこともできたであろう。パスカルは信者になるよい方法は、信者たちのなかで生活し、頭など使わず儀礼が真実となるまでこれに参加することだと考えたのである。

このような反省を通じて、信念の合理的ではない変化はまた、あまり道理にかなっていない教義から一層道理にかなっている教義への転換ではないかもしれない、ということが示されるわけではない。クーンはクーンで、ゲシュタルト転換を行なって科学の発展をもっぱら合理性と論理の古くからの規範に従うものとして見ることをやめるよう、しきりにわれわれに促している。もっとも重要な事柄は彼が新しい図式を提案する点にある。この図式によれば、パラダイム転換の後、新しい専門母体のメンバーは彼らの先輩たちとは「異なった世界に住む」とされている。

共約不可能性

異なった世界に住むということはある重大な帰結を含意するように見える。われわれは古いパラダイムの利点をその後継者の利点と比べたく思うだろう。新しい理論が古い理論よりもうまく既知の諸事実に適合する場合に限って革命は道理にかなっていたように思われる。ところが、新しい理論の言語のなかでは古い理論の諸観念を表現することさえできないかもしれない、というのがクーンの示唆するところなのである。新しい理論は新しい言語なのである。二つの理論をそのなかで表現し、比較することが可能な理論中立的な言語を見出す方法は文字通り存在しない。

われわれは後継理論は先行理論の諸発見の面倒をみるものだと常々仮定して悦に入っていた。クーンの見方によれば、後継理論はそれらの諸発見を表現することさえできないかもしれない。知識の成長についてわれわれは、ときたまの退歩があったとしても、知識は蓄積されるという図式を描いてきた。通常科学はどれも個々には累積的であるかもしれないが、しかし科学は一般にはそうではない、とクーンは言う。革命の後では、なにやらの化学とか生物学とかそういったものの大変な量が忘却の淵に沈み、見捨てられた世界観を辛苦の末に手に入れる歴史家にしか近づけないものになるというのが典型的である。批判者たちはもちろんこれがどこまで「典型的」であるか、という点について意見を異にする。彼らはよく次のように主張する（これには正しい部分もある）。典型的である点では、たとえば、量子論的相対論が古典的相対論の面倒をみる、といった事例のほうが勝っているのだ、と。

客観性

クーンは彼の著作（および他の人々の著作）が合理性の危機を生み出した有様に面喰らった。彼はその後、自分は決して科学理論の慣習のなかにある諸々の長所を否定するつもりではなかった、と書いている。理論は正確でなければならない。すなわち、現存する実験データにおおむね適合しなければならない。その内部において整合的でなければならないし、また同時に他の受け入れられている理論とも整合的でなければならない。適用領域は広く、帰結は豊かでなければならない。構造は単純で、諸々の事実をわかりやすくまとめ上げねばならない。新しい事実、新しいテクニック、新しい関係を明るみに出す、実り豊かなものでなければならない。通常科学の内部では、同一の概念を用いながらも競合する複数の仮説の間で決着をつける決定実験はまれではあろう。とはいえありえないわけではない。

こうした意見は『構造』を通して一般に知られるようになったクーンからはかけ離れているようにも見える。だが彼はさらに二つの基本的な事柄を指摘する。第一に、彼のあげた五つの価値や同じような他の価値は競合する理論の間で決定的な選択をする上で決して十分なものではない。判断に必要な他の諸々の特性が影響を及ぼすことになる。それに対しては原則的には形式的なアルゴリズムが存在し得ないような特性なのである。第二に――

異なった理論の支持者は異なった言語を母国語とする人たちである、と私は主張した……。私はたんに、異なった理論の支持者たちが互いに伝達し合うことができる事柄には些細とは言えぬ限界が存在すると断言しただけである……。とはいえ、伝達は不完全ではあるが、異なった理論の支持者たちは、常に容易だというわけではないものの、各々の理論の内部で実際に活動する人々に利用可能な具体的専門的成果を互いに見せ合うことができるのである(2)。

人々がある理論を本当に信じるようになるときには、「母国語としているかのようにその言語を話しはじめる」、とクーンは続ける。「選択のような過程が生起するわけではないのだが」、それでも生まれつきの言葉であるかのようにその言語で語ることになる。頭のなかに二つの理論をもち、それらを逐一比較するわけではない――そうするには違いが大き過ぎるから。徐々に改宗が進むのだが、それは新しい言語共同体へと入っていくことによって明らかになる。

アナルコ合理主義

私の考えでは、クーンはもともと理性に話を向けようとしたわけではまったくない。彼の同時代者であるポール・ファイヤアーベントの場合にはそこが違う。彼の考えはラディカルで、しばしばクーンの考えと重なり合うが、彼のほうは教条的な合理性に長年敵対してきた。彼は自分をアナーキストと呼びつつも、アナーキストたちはしばしば人々を傷つけたので、ダダイストという名称のほうを好んでいる。合理性の規範や、良い根拠という特権階級や、また精神を束縛する特別扱いの科学もしくはパラダイムをなからしめよ。これらの道徳的命令は部分的には人間本性にかんする考えから湧き出ている。合理主義者たちは系統立ったやり方で人間の心に宿る自由な精神を束縛しようと試みる。だが数多くの合理性があり、たくさんの理性の様式があり、また理性と呼ぶに値するものもそこではさして重要ではない多くの立派な生活の様式がある。そうかといってまたファイヤアーベントはどんな理性の様式の使用をも排除するわけではなく、また自分自身の様式をたしかにもっているのである。

さまざまな反応

ファイヤアーベントの論争のいくつかとは異なって、クーンの著作の主な軸は科学の合理性にあからさまに対立するものではない。それは科学の別の図式を提供する。それはいたるところで異議を申し立てられてきた。彼の描く諸々の歴史は疑問視され、彼の行なう一般化は疑いの眼で見られ、言語と共約不可能性にかんする彼の見解は激しく批判された。ある哲学者たちは防御の姿勢をとり、古くからの観念を守り抜こうと試みた。他の哲学者たちは新しい考え方で立ち向かい、クーンの考えを改善することに希望をつないだ。イムレ・ラカトシュはそのなかの一人である。彼の仕事については第8章で議論しよう。彼は自らを、クーンの脅威を眼前にしてポパーを修正するものとみなしていた。クーンの「群集心理学」を免れた科学の合理性をほしがった。クーンを論駁するためというよりは、これに代わるべき科学の合理主義的な展望を提供するために、興味深い「科学的研究プログラムの方法論」を発明した。

合理性に対する私自身の意見はファイヤアーベントの意見にきわめて近いので、さらに立ち入って議論することはない。つまり、以降の章で語られるのは科学的実在論にかんする事柄であって、合理性にかんする事柄ではない。合理性騒ぎの現状の最良の手短かな要約をラリー・ラウダンが与えてくれる。

われわれは現存する歴史的証拠から次のように結論することができよう。

(1) 理論の推移は一般に非累積的である。すなわち先行する理論の論理的内容も経験的内容も（また確証された諸帰結さえも）その理論が新しい理論に取って代わられるときにそのすべてが保存されるわけではない。

(2) 理論は一般にたんに変則性があるために斥けられるわけではないし、たんに経験的に確証されているために受け入れられるわけでもない。

(3) 科学の理論における変化、および理論にかんする論争はしばしば経験的支持にではなく概念上の論争点に関わっている。

(4) 科学者が理論を評価するさいに利用する科学的合理性の特殊的および「局所的」原理は永久的に固定されているわけではなく、科学の推移につれ些細とはいえぬほど変化してきた。

(5) 科学者が理論に対してとる認識上の姿勢には、受容、拒絶、追求、考慮中、等々を含む幅広い連続した拡がりがある。最初の二つのみを論じる合理性の理論それ自体では科学者が直面している状況の大半は取り扱うことができないことになる。

(7)「近似的な真理」という観念につきまとう――意味論と認識論の二つの水準における――周知の困難があるので、より大きな真理近似性に向かう発展を科学の目的の中心と見る科学の進歩の特徴づけが科学を合理的な活動として表現することを可能にするとは信じ難い。

(8) 競合する諸理論が共存することは例外ではなくむしろ通則なので、理論の評価は主として比較を行なう仕事になる[3]。

ラウダンは科学的合理性は科学の問題を解く能力のなかにあると考えている。理論Tは$T^{\star}$よりも多くの問題を解く場合に$T^{\star}$よりもよいと考えるべきである。われわれはTは$T^{\star}$よりも真理に近いかどうかと思い悩んではならない（論点7）。諸々の理論は問題を解くそれらの能力を比較することを通じてしか評価できない（論点8）。実験上の事実とかみ合っているということが重要性をもつ唯一の事柄というわけではなく、概念上の問題を解消する能力もまた重要である（論点3）。現在得られている情報に適合しない考えに基づいている研究を追求することも合理的であることがある。研究はその価値を問題解決がひき続き行なわれているということからも引き出すからだ（論点2）。

ラウダンのすべての論点に同意する必要はない。私は問題解決の能力を比較できるということにかんして批判者たちと同じ疑いをもっている。私にとっては、ラウダンのもっとも重要な所見は、理論の受容と拒絶は科学のどちらかというと瑣末な部分であるとする点（論点5）である。だれも滅多にそんなことは言わない。私はしかしラウダンの結論と反対の結論を引き出す。すなわち、科学においては合理性はさして重要ではない。言語哲学者のギルバート・ライルはずっと以前に、われわれに役に立つのは「合理的（理性的）」という言葉ではなく、むしろ「非合理的（不合理、分別がない）」という言葉である、という所見を述べた。私は賢いおばであるパトリシアについて（彼女は思慮深い、賢い、想像力に富む、洞察力があると言う代わりに）彼女は合理的である、などとは決して言わない。しかし私のばかなおじであるパトリックについては（怠け者であり、むこうみずで、支離滅裂で、信頼できないと言うのと同様）彼はときどき分別がない、とたしかに言う。アリストテレスは人間は理性的動物であると説いたが、これは推論することができるということを言おうとしたものである。われわれは「理性的」を評価語と考えることなしに、これに同意することができる。われわれの現在用いている言語では「非合理的」だけが評価の働きをもち、気のふれた、腐った、優柔不断な、信用できない、自覚を欠いた、などを、またその他多くのことを意味し得るだろう。科学哲学者たちによって研究されてきた「合理性」はファイヤアーベントにとってと同様、私にとってもほとんど魅力がない。実在のほうがもっと面白いのである。「実在」のほうがましな言葉だと言うわけではないのだが。実在……なんという概念。

それはともかくも、われわれがどれほど歴史主義者になってしまったかを見てほしい。ラウダンは「現存する歴史的証拠から」結論を引き出す。科学哲学の論説はクーンが著作を著したとき以来様変わりを続けてきた。ニーチェが言ったように、われわれはもはや、科学を非歴史化することによって科学への敬意を示すことはない。

合理性と科学的実在論

科学哲学の標準的な入門的話題のうち、以下で論じないものについてはこのくらいにとどめておこう。とはいえもちろん理性と実在がそんなに切り離しやすいわけでもない。が、この序論で言及した問題をふたたび取り上げる場合いつでも実在論のほうが強調されている。第5章は共約不可能性に関わっているが、しかしそれはもっぱら非実在論の萌芽を含んでいるという理由による。第8章はしばしば合理性の戦士とみなされたラカトシュにかんするものであるが、彼がそこに登場するのは、私の考えでは彼は真理の対応説をとることなしに実在論者となる一つの道を示しているからである。

他の哲学者たちは理性と実在とをもっと接近させている。たとえば、ラウダンは実在論者の理論を攻撃する合理主義者である。こうなる理由は、多くの人々が合理性の理論の基盤として実在論を利用することを望んでいるが、ラウダンはそれは大変な誤りであると主張するところにある。最後のほうで私はある種の実在論に対する支持表明をするが、しかしこれはラウダンとの間に齟齬をきたすわけではない。というのは私は実在論を「合理性」の基礎として利用することなどないから。

逆に、ヒラリー・パトナムは一九八二年の著作『理性・真理・歴史』〔邦訳：一九九四年、法政大学出版局〕の冒頭で、「真理と合理性の両観念の間にはきわめて密接な結びつきがある」と力説している。（真理は科学的実在論を議論するために掲げられた見出しである。）彼は、「さらに露骨に表現すれば、事実であることの唯一の規準はそれを受け入れるのが合理的であるということである」（x頁）と続けている。パトナムが正しいにせよ誤っているにせよ、またもやニーチェの正しさが立証されているように見える。かつては英語の哲学書は、A・J・エイヤーの一九三六年の本、『言語・真理・論理』〔邦訳：一九五五年、岩波書店〕のようなタイトルをもっていた。一九八二年には、われわれの前に『理性・真理・歴史』がある。

とはいえ、われわれがこれから従事するのは歴史ではない。教訓を与えるために歴史上の実例を用いたり、知識はそれ自身歴史的に発展する対象であると考えたりはするだろう。

そうした点に限れば、思想史の、あるいは知性の歴史の一部をなすものかもしれない。しかし歴史のもっと単純で、もっと古風な概念がある。われわれが考えることではなく、われわれが行なうことにかんする歴史が。思想の歴史ではなく（限定抜きの）歴史である。私はラウダンやパトナムよりも明確に理性と実在とを分離するが、それは実在は世界にかんして考えることではなく、世界において行なうことにより深く関わっていると考えているからである。

第1部

表現すること

第1章 科学的実在論とは何か

科学的実在論は適切な理論によって記述される対象、状態、過程は実際に存在しているのだと言う。陽子、フォトン、力の場、ブラック・ホールは足指のつめ、タービン、小川の渦、火山と同様、実在的である。微小粒子の物理学の弱い相互作用は、恋に落ちるのと同様、実在的なのである。遺伝コードを運ぶ分子の構造にかんする理論は真であるか偽であるかどちらかであり、本当に正しい理論は真なる理論ということになる。

われわれの科学がまだものごとを正しく理解していない場合でさえ、われわれはしばしば真理に近づくのだと実在論者は主張する。われわれは事物の内部構造を発見することを、また何が宇宙の最遠の領域に存在するのかを知ることを目指している。さほど謙遜する必要もない。われわれはすでにたくさんのものを見出しているのだから。

反実在論はその逆のことを言う。いわく、電子などというものは存在しない。たしかに電気や遺伝にかんする諸々の現象は存在しているとはいえ、われわれはもっぱら興味深い事象を予測したり作り出したりするためにだけ、微小な状態、過程、対象にかんする理論を構築するのである。電子は虚構である。それに関わる理論は思考の道具である。理論は十全なものであったり、役に立つものであったり、正当と認められるものであったり、適用できるものであったりするだろう。だが自然科学の理論的かつ技術的勝利をどんなに賞賛するにしても、そのうちのもっとも有効な理論でさえこれを真なるものとみなすべきではない。反実在論者の一部は、理論は世界のあり方の文字通りの言明としては理解できない知的な道具であると信じているために自制する。他の人々は言う、理論は文字通りに受け取らなければならない——他にそれを理解する方法はないのだから、と。とはいえ、このような反実在論者の主張するところによれば、いかほど頻繁に理論を用いようとも、それが真だということを信じさせる有無を言わせぬ根拠は存在しない。同じように、どちらの型の反実在論者も理論的対象を世界に実際に存在する事物の類のなかに含めようとはしない。つまり、タービンはいいが、フォトンはダメ。

われわれは実際自然の多くの事象に精通した、と反実在論者は言う。遺伝子工学は鋼鉄製造と同じくらいありふれたものになりつつあるが、しかし惑わされてはならない。分子の長い鎖が対を作るために実際に存在していると思いなしてはならない。生物学者は針金と着色したボールで分子モデルを作ればアミノ酸についてより明確な考えをもつかもしれない。モデルはわれわれが頭のなかで現象を整理するのを助けてくれるかもしれない。それは新しいミクロ工学を示唆するかもしれないが、しかし事物の実際のあり方の文字通りの像ではない。私は経済のモデルを滑車とてこと軸受けの玉とおもりで作ることもできただろう。重量M（「通貨供給」）の減少は常に角度I（「インフレ率」）の減少と、この皿の上の軸受けの玉の個数N（失業者数）の増大を生む。われわれは正しい入力と出力とを得るが、これが経済であると示唆する人はいない。

吹きかけることができれば、それは実在する

私はと言えば、ある友人が現に行なわれている分数電荷の存在を検出する実験について話してくれたときまでは、科学的実在論についてじっくりと考えたことはなかった。それはクォークと呼ばれている。ところで私を実在論者にしたのはクォークではなく電子であった。そのいきさつを語らせてもらいたい。それは単純なお話ではないが、現実味のあるお話、科学研究の日常と結びついた話である。電子にかんする昔の実験から話しはじめよう。

電荷の基本的単位は長い間電子であると考えられていた。一九〇八年にR・A・ミリカンはこの量を測定するすばらしい実験を考案した。負に帯電した微小油滴を帯電した板の間に浮遊させる。始めに電場を消した状態で落下させる。次に電場を加えて落下の速度を速める。油滴の観測された二つの終末速度は空気の粘性係数および空気と油の密度と関連している。これらの値に既知の重力と電場の値を結びつけると油滴上の電荷を計算するこ

とができる。実験を繰り返し行なった場合、これらの油滴上の電荷は一定量に小さな整数を掛けたものになる。この一定量は最小の電荷、すなわち、電子の電荷であると考えられる。すべての実験同様、この実験もおおよそ正しいというだけの仮定を設けている。たとえば油滴は球状であると仮定している。ミリカンは最初、油滴は空気の諸分子の平均自由行程に比べて大きいわけでもなく、そのためそれらは少しはぶつかり合っているという事実を無視した。しかし実験のアイデアは決定的な意味をもっていた。

電子は長い間電荷の単位であると考えられていた。われわれはその電荷の名前として e を用いる。だが微小粒子の物理学は $\frac{1}{3}e$ の電荷をもつ、クォークと呼ばれる対象を次第に声高に提起するようになる。クォークが独立に存在するということは理論ではまったく示唆されていない。すなわち生まれ出ると、ただちに反応し、一瞬にして呑み尽くされてしまうことを理論はほのめかす。このことはスタンフォードでラルー、フェアバンク、ヘバードが開始した実験を思いとどまらせはしなかった。彼らはミリカンの基本的なアイデアを用いて「自由」クォークを捜し出そうとしている。

クォークは稀にしか存在しないか、短命かもしれないので、小さな滴ではなく大きな球体を使うほうが便利である。そのほうがそこにクォークが付着する可能性が高いからである。用いられた滴は10^{-4}グラムより軽いとはいえ、ミリカンの油滴より10^7倍大きい。もしそれが油でできていたとすれば、ほとんど石のように落下したことであろう。それは油ではなくニオブという物質でできており、その超伝導への転移の温度9°Kよりも低温に冷やされる。一度この冷たい球体を電荷が巡りはじめると、永久に巡りつづけることになる。それゆえその滴を磁場のなかに浮かばせておくことができる。それどころか磁場を変化させることによって往復運動させることができる。また磁力計を使って、滴がどこにあるか、またどんな速さで動いているかを正確に知ることができる。

球体上に置かれた最初の電荷は徐々に変化するが、われわれの現在の技術をミリカン的なやり方で用いると、正電荷から負電荷への遷移が零点で起こるか、または$\pm\frac{1}{3}e$で起こるかを測定することができる。後者であれば、たしかに球体上に一個の自由なクォークが存在するに違いない。最近の前刷りのなかでフェアバンクとその共同研究者たちは$+\frac{1}{3}e$とみなせる四つの分数電荷、$-\frac{1}{3}e$とみなせる四つの分数電荷、そして零点とみなせる一三のものを報告している。

ところでわれわれはニオブの球体上の電荷をどのようにして変化させるのであろう。「そう、その段階で電荷を増やすために陽電子をそれに吹きかけるか、または電荷を減らすために電子を吹きかけるのです」と私の友人は言った。その日からである。私は科学的実在論者となったのである。私にかんする限り、吹きかけることができれば、それは実在する。

長命な分数電荷は論争の的になってはいる。が、私に実在論を確信させるのはクォークではない。また、私は多分一九〇八年には電子にかんしても確信はもてなかったことであろう。懐疑家がさぐり当てる事柄は他にもたくさんあったのである。すなわち、油滴に作用する分子間力にかんする種の尽きない心配事があった。ミリカンが実際に測定していたのはこの力だということもあり得ることではなかったか。だから彼の得た数はいわゆる電子については何も示してはいないのではないか。そうだとすれば、ミリカンは電子の実在性を示すのにはまったく貢献してはいない。最小の電荷は存在しても、電子は存在していないかもしれないではないか。われわれのクォークの例においても、同じ種類の心配事がある。マリネリとモーパゴウは最近の前刷りで、フェアバンクの仲間たちは新しい電磁力を測定しているのであって、クォークを測定しているのではない、とほのめかしている。

私に実在論を確信させたものはクォークとは無関係である。それは現在では陽電子と電子を吹きかけることのできる標準的なエミッターが存在している――そしてわれわれはこれによってまさしく吹きかけている、という事実であった。われわれは結果を理解しており、原因も理解しており、これらを他の何かを見出すために用いている。もちろん同じことはこの分野の他のさまざまな種類の道具についてもいえる。超冷却したニオブの球体上に回路を作る装置や他のほとんど際限のない「理論的」なものの操作について。

何にかんする論争か

実務家は言う――あなたが何かを行なうさいにそれを行なうために用いるものについて考えなさい。あなたが電子を吹きかけるならば、それは実在する。それは健全な反応ではあるが、残念なことに論争されている問題をそんなに軽く追い払うことはできない。実験主義者にとって、反実在論は常軌を逸したことのように聞こえるかもしれないが、しかし実在論にかんする諸問題は知識の歴史のなかでは繰り返し立ちもどってくる。「真なる」と「実在的」の意味にかんする深刻な言語上の難問に加えて、実質的な問題も存在する。あるいくつかの問題は実在論と他の哲学とのもつれ合いから生じる。たとえば、実在論は、歴史的には、唯物論と混じり合っていた。後者はその一つの解釈において、存在するあらゆるものは物質から成る小さな基礎単位によって構築されている、と言う。このような唯物論は原子にかんしては実在論的になるだろうが、その場合にも「非物質的」な力の場にかんしては反実在論的であるかもしれない。いく人かの正統的マルクス主義者の弁証法的唯物論は現代の多くの理論的対象を苦境に立たせた。ルイセンコは一つには仮定された「遺伝子」の実在性を疑ったせいでメンデルの遺伝学を拒絶した。

実在論はまた因果関係にかんする哲学のいくつかと衝突する。理論的対象はしばしば因果的な力をもっていると想定される。たとえば、電子はニオブの球体上の正電荷を中性化する。十九世紀の実証主義者たちは「原因」についてまったく言及することなしに科学をすることを望んでいた。それゆえ彼らは理論的対象をも拒絶する傾向をもった。この類の反実在論は今日も大いに氾濫している。

反実在論もまた知識にかんする観念を糧に己を養っている。ときにそれはわれわれは感覚的経験の題材しか実在的なものとして知ることはできないという教義から生まれる。論理学の基本的問題さえもが巻き添えを食う。理論が真であったり、偽であったりする、とはどういうことなのかと疑問を呈する反実在論も存在するのである。

特殊諸科学の諸々の疑問もまた論争に油を注ぐ。旧弊な天文学者たちはコペルニクスに対して実在論的態度をとることを望まなかった。太陽系という観念は計算にとって役立つかもしれないが、世界の実際のあり方について語っているわけではない。なぜなら太陽ではなく、地球が宇宙の中心であるから、と彼らは主張した。また、われわれは量子力学にかんして実在論者であるべきだろうか。粒子は不可知ではあるが一定の位置と運動量をたしかにもっている、と実在論的に言うべきであろうか。それとも逆の極端な立場をとり、ミクロ物理学的観測の間に起こる「波束の収縮」は人間の精神との相互作用である、と言うべきであろうか。

またわれわれは実在論の諸問題を特殊自然諸科学のなかにのみ見出すわけでもない。人間諸科学は論争のさらに広範な領域を提供する。フロイトが説いたリビドー、超自我、転移にかんする諸問題がある。われわれは自分自身や他者を理解するために精神分析を用いる一方で、この理論に登場する術語の網に対応するものは何ひとつ存在しない、とシニカルに考えてもよいのだろうか。われわれはデュルケームの仮定にかんしてはなんと言うべきであろう。この仮定によれば、われわれに重力の法則と同様変更を許さぬ仕方で作用する、決して明確には識別できないけれども実在的な社会的過程があり、しかもそれは社会を構成する諸個人の諸特性を超越したところに、独自の力に基づいて存在している、というのである。われわれは社会学にかんしては実在論者でありながら、物理学にかんしては反実在論者であるというあり方、もしくはその逆のあり方を、整合的な仕方でとり得るものであろうか。

そのうえ、メタ的な問題がある。ことによると実在論は基本的な哲学的反省が無益なつまらないものであるということの、これ以上望むことのできぬほど見事な実例であるのかもしれない。古代において最初に心に浮かんだ疑問は大いにまじめなものであった。原子は実在するか、と一度は問うてみることは少しも悪いことではなかった。しかしこのような問題について議論しつづけることは、物理的世界にかんするまじめな思考の弱々しい代用品でしかないかもしれない。

そうした懸念は反哲学的シニシズムである。また哲学的反哲学というものもある。それは実在論と反実在論にかんする一群の問題全体がわれわれの文明につきまとってきた原型、すなわち実在を「表現する」知識という図式に基づくものであって、他愛のないものであることをほのめかす。思惟と世界の対応という観念をしかるべき場所――すなわち墓穴――に放り込んでしまえば、実在論と反実在論も速やかにその後に従いはしないだろうか、という疑問が投げかけられる。

運動であって教義ではない

「科学的実在論」の諸々の定義はたんに方向を指し示すだけである。それは明確に述べられた教義というよりは一つの姿勢である。自然科学の内容にかんする一つの考え方である。芸術と文学とが恰好の類比を与えてくれる。というのは「リアリズム」という言葉はたんにたくさんの哲学的な含みを取り上げてきただけではない。いくつかの芸術上の運動をも意味しているからである。十九世紀には多くの画家たちが巨大で力強い画布の上に、理想化された、ロマン的、歴史的もしくは宗教的題材を描き出すよう彼らを縛る慣習から抜け出そうと試みた。彼らは好んで日常生活のなかの光景を描いた。光景を「美化」することを拒んだ。とるに足らないまたはありふれた素材を受け入れた。彼らはそれを理想化することを拒み、上品なものにすることを拒んだ。自分たちの絵画を画趣に富むものにすることさえしようとしなかった。小説家たちがこのリアリズムの姿勢を取り入れたので、われわれはその結果フローベールを流れる伝統、そしてゾラの工業社会ヨーロッパの痛ましい描写を生むことになるフランス文学の偉大な伝統を手にしている。共感に欠ける大昔の定義を引用すると、「リアリストとは主題を美しい、あるいは調和のとれたものから選ぶことを用心深く退け、そしてとりわけ醜い事物を描き、また味気のないことを細々と取り出して見せる人のことである」

このような諸々の運動は教義を欠いているわけでもない。多くの人々がマニフェストを出した。それらはすべてその当時の哲学的な感受性に満たされており、またそれに寄与した。文学では輓近のあるリアリズムは実証主義《ポジティヴィズム》と呼ばれていた。しかしわれわれは教義よりもむしろ運動について語っており、類似する一群の動機を共有し、また部分的には、他の思考法に反対しつつ自らを定義づけるような創造的作品について語っているのである。科学的実在論と反実在論もそれに類似している。すなわちそれらもまた運動なのである。われわれは段落一つで語られる定義の一対で武装して論争のなかに飛び込むことができるとはいえ、一旦なかに入れば競い合いまた互いに異なる数知れぬ見解に出会うだろう。そしてこれらの諸々の見解が現在の活気ある科学哲学を構成しているのである。

真理と実在

誤りに導きかねないくらい簡潔なやり方ではあるが、私は「理論的対象」という術語を理論によって要請されてはいるが観察することのできないものを詰め込むがらくた袋のすべてに対して用いることにする。それはなかんずく、粒子、場、過程、構造、状態などのようなものを意味する。二種類の科学的実在論があり、一つは理論に関わり、一つは対象に関わる。

理論にかんする疑問は、それが真であるかどうか、あるいは真か偽かどちらかなのか、あるいは真理の候補者であるかどうか、あるいは真理を目指しているかどうか、ということである。

対象にかんする疑問はそれが存在するかどうか、ということである。

最近の哲学者の大多数は理論と真理についてもっとも頭を悩ませている。理論が真だということを信じるとすれば、自動的にその理論のなかにある対象が存在することを信じるものであるかのように思われるかもしれない。なぜといって、クォークにかんする理論は真だと考えながら、クォークなどというものが存在することを否定するというのはどういうことなのか。だがずっと以前にバートランド・ラッセルはそのやり方を示した。当時彼は理論の真理ということには煩わされなかったのだが、観察不可能な対象にかんしては頭を悩ませた。彼は論理学を用いて理論を書き直し、想定されている対象が論理的構成物であることが明らかになるようにするべきだと考えた。「クォーク」という術語はクォークを表示（denote）してはおらず、観察可能な現象だけを指示対象とする複合された表現に対する、論理学を媒介とした、略記法になるだろう。したがってラッセルは理論にかんしては実在論者だが、対象にかんしては反実在論者であった。

また対象にかんしては実在論者だが、理論にかんしては反実在論者であることも可能である。教会の多くの教父がその実例である。彼らは神が存在することを信じたが、神にかんして真であり肯定的に述べられた理解可能な理論を形作ることは不可能だと信じてもいた。人々はせいぜい神がそれではないもののリストを読み上げることしかできなかった——神は限りのあるものではなく、限られてはおらず、等々。このようなことを科学的対象にかんして考える見解は、電子が存在すると想定するのに十分な根拠をわれわれはもっているが、ただし電子にかんする十分に仕上げられたどの理論も真である見込みはない、と言う。われわれの理論は不断に訂正される。目的が違うときわれわれは文字通りに真だとは考えていない異なった、また両立できない電子のモデルを用いているが、それにもかかわらず、電子は存在する。

二つの実在論

対象にかんする実在論は多くの理論的対象は実際に存在しているのだ、と言う。反実在論はこれを否定しそれらは虚構、論理的構成、もしくは世界にかんして推理するための知的道具の部品である、と言う。あるいは、さほど独断的ではない言い方で、それらが虚構ではないと想定する根拠をわれわれはもっていないし、またもち得ない、と言うかもしれない。それらは存在するかもしれないが、世界を理解するためにそう仮定する必要はない。理論にかんする実在論は、理論はわれわれが知っている事柄のいかんに関わりなく真か偽かのいずれかである、と言う。すなわち、科学は少なくとも真理を目指し、また真理とは世界のあり方なのである。反実在論は理論はせいぜい正当化されるもの、適切なもの、うまく働いてくれるもの、信じがたいが受け入れることのできるもの、等々であると言う。

下位区分

私は右のように述べるさい、実在にかんする主張とわれわれが知っている事柄にかんする主張を混ぜ合わせた。私のいう対象にかんする実在論は、一方では申し分なく立派な理論的対象であれば現実に存在しているだろう（そしてたんに便利な知的道具なのではない）、ということを含意している。それは対象と実在性にかんする主張である。が同時にまた私のいう実在論はわれわれは現在の科学の内部にある少なくともいくつかのそのような対象を実際に知っているか、またはその対象を信じるに足る立派な根拠をもっている、ということをも含意する。それは知識にかんする主張である。

私が知識と実在を混ぜ合わせるのは、仮にわれわれのなかのだれかが実在していると考えているような対象のいくつかが現在われわれの手元にあるわけではないとすれば論争点の全体が無駄なものになってしまうだろうからである。未来のなんらかの科学的ユートピアにかんしておしゃべりしているというのであれば、私は議論に加わるのをやめるだろう。私がより合わせる二本の糸はたとえばW・ニュートン＝スミス[1]の以下のような図式のなかで、難なく解きほぐすことができる。彼は科学的実在論の三つの要素に注目する──

(1) 存在論的要素──科学の理論は真か偽かのいずれかである。そしてある理論がいずれであるかは、世界のあり方によって定まる。

(2) 因果的要素──理論が正しい場合には、その理論の理論語は観察可能な現象の因果的な原因とされる理論的対象を表示する。

(3) 認識論的要素──われわれは（少なくとも原理上）理論や対象にたいして正当化された信念をもつことができる。

あらっぽく言えば、ニュートン＝スミスの存在論的要素と認識論的要素とが私のいう理論にかんする実在論を意味することになる。二つの要素があるのだから、二種類の反実在論が存在し得る。一つは(1)を拒否し、他は(3)を拒否する。

存在論的要素を否定してもよかろう。理論を文字通りに受け取らねばならない、ということが否定されるのである。理論は真でも偽でもない。それは現象を予測するための知性の道具である。特定の場合に生起するであろう事柄を計算して求めるための規則である。この立場には多くの解釈がある。この種の考えはしばしば理論は道具に過ぎないというので道具主義と呼ばれる。

道具主義は(1)を否定する。そうする代わりに(3)を否定してもよかろう。一例はその著書『科学的世界像』(一九八〇年〔邦訳:一九八六年、紀伊國屋書店〕)におけるバス・ファン・フラーセンである。彼は理論は文字通りに受け取られるべきだと考えている――他に受け取り方はない。それは真か偽かのいずれかであり、どちらであるかは世界のあり方にかかっている――他に選択可能な意味論は存在しない。だが科学を理解できるものにするからといって、観察不可能なものにかんする理論を信じることを許すような保証があるわけではないし、またそのために信じる必要もない。こうして彼は認識論的要素を否定する。

したがって私のいう理論にかんする実在論はおおむね(1)と(3)であるが、私のいう対象にかんする実在論は正確には(2)と(3)ではない。ニュートン＝スミスの因果的要素は、理論が正しい場合に理論語はわれわれが観察する事柄の因果的な原因とされる対象を表示する、と言う。彼がほのめかしているのは、そうした対象に対する信念は、それが埋め込まれている理論に対する信念に依存している、ということである。しかしわれわれはある対象を、それが埋め込まれているどんな特定の理論をも信じることなしに信じることができる。その対象にかんする一般的で奥行きのあるどんな理論も所詮真であるわけではない、なぜならそのような真理は存在しないから、と主張することさえできるのである。ナンシー・カートライトは『物理法則はどのように嘘をつくか』(一九八三年)のなかでこの考えを説明している。彼女はその書名に文字通りの意味を与えている。法則とは欺くものである。現象論的法則だけがことによると真なのであるが、そうはいってもやはりわれわれは因果的な効力をもつ理論的対象のことをおそらく知っているのである。

当然のことながら以下でこれらの入り組んだ考えのすべてを精査することになる。ファン・フラーセンには多くの箇所、とくに第3章で論及する。カートライトは第2章と第12章で取り上げる。本書の全般的傾向は理論にかんする実在論を離れ、実験的作業で用いることのできる対象にかんする実在論へと向かっている。すなわち、表現を離れ、介入へと向かう流れに貫かれている。

形而上学と特殊諸科学

われわれはまた一般的実在論と特殊的実在論を区別するべきである。ナンシー・カートライトの用いた例で言えば、光電効果についてのアインシュタインの研究の後、フォトンは常にわれわれの光にかんする理解の不可欠な一部をなしてきた。とはいえ、ウィリス・ラムと彼の共同研究者たちのように、フォトンは主として現在われわれが用いている理論の人為的産物であることを一層奥行きのある理論が示すことになるだろうと考え、フォトンの実在性に異議を唱えている熱心な光学の研究者たちもいる。ラムは光にかんする現在の理論はまったく誤っていると言っているのではない。もっと深遠な理論は光にかんして現在信じられていることの大部分を保持するだろうが、われわれがフォトンと関連させている効果は結局、自然の別の側面に従うものであることを示すだろう。このような科学者は多分一般的な観点においては実在論者だが、とくにフォトンにかんしては反実在論者であり得るのだろう。

こうした局所化された反実在論は光学にかんする問題であって、哲学に関わる問題ではない。とはいえN・R・ハンソンは自然科学における新機軸のもつ一風変わった特徴に注目した。ある考えは最初は世界のあり方についての文字通りの表現としてではなく、むしろ主として計算上の工夫として提案される。その後に続く諸世代がその理論と対象とを次第次第に実在論的なやり方で扱うようになる。(ラムは反対の方向に進む懐疑家である。) 創案者が自分の作った対象にかんしてどっちつかずの意識をもつこともしばしばある。たとえば、ジェイムズ・クラーク・マクスウェルは、統計力学を創造したものの一人ではあるが、気体が実際に弾力性のある球体から成り立っており、この球体が温度や圧力の効果を作り出しているのかどうか、について語るのを最初は忌避していた。事が始められた時点では彼はこの説明を「たんなる」モデルとみなしていたのであるが、このモデルは幸運にもますます多くの巨視的現象を体系づけるようになった。彼は次第次第に実在論者となった。後の諸世代は明らかに気体の運動論を世界の実際のあり方を描いた優れた見取図とみなす。科学では特定の理論とそのなかにある対象にかんする反実在論が実在論に入れかわるというのはじつにありふれたことである。

気体の分子にかんするマクスウェルの用心深さは、原子論に対する一般的不信の一部をなしていた。物理学者と化学者の共同体は二十世紀になってようやく原子の実在性に十分な確信をもつようになったのである。マイケル・ガードナーはその一部始終のなかに登場するいくつかの要素をうまく要約している。(2) それはおそらく、ブラウン運動が分子の軌道という観点から十分に分析されたときに、結末を迎えたのである。この偉業が重要なのは、分子が花粉粒子に衝突して観察可能な運動を作り出す様子を詳細に示したためだけではない。本当の功績はブラウン運動のアインシュタインによる分析、およびジャン・ペランの実験技術を利用してアヴォガドロ数を決定する新しい方法を得たことである。

それは無論「科学的」発見であって、「哲学的」発見ではなかった。とはいえ電子と分子の実在論はかつては科学哲学の中心にある論争点であった。一つの種類の対象にかんする局所的問題であるどころか、原子と分子は実在する（あるいはたんに虚構上の）理論的対象の候補の筆頭にあがっていた。科学的実在論にかんするわれわれの現在の見解の多くはその当時に、その論争と関係しながら作りあげられたのである。「科学的実在論」という名称それ自体、その頃使われるようになったのである。

したがって特殊的実在論が支配的な意義をもつようになって一般的実在論の成り行きを決定することもあり得る、という但し書きをつけたうえで、一般的実在論を特殊的実在論から区別するべきである。特殊的実在論の問題には特殊科学の研究と発展によって解決をもたらすことができる。フォトンやブラック・ホールにかんする懐疑家は結局は賭けるか、さもなくば黙るかしなければならない。一般的実在論は古くからの形而上学や最近の言語哲学を反響させている。それは特殊的実在論のどれに比べてもはるかに自然の事実に依存することが少ない。とはいえこの二つは完全には分離できないし、しばしば、われわれの過去の形成期の諸段階では、密接に結びついていたのである。

表現と介入

科学は二つの目的——すなわち、理論と実験——をもつと言われる。理論は世界がどのようなものであるかを言おうと試みる。実験とその後に従うテクノロジーは世界を変える。われわれは表現し、かつ介入する。介入するために表現し、表現をかんがみて介入する。科学的実在論にかんする今日の論争の大部分は理論、表現、真理という言葉で語られている。議論は啓発的ではあるが決定的ではない。これは一つには癒しがたい形而上学にひどく感染しているせいである。私は表現のレベルでは実在論を支持したり反対したりする決定的な論証は存在し得ないのではないかと思っている。が、われわれが表現から介入へと、ニオブの球体に陽電子を吹きかけることへと目を転じるときには、反実在論のほうが理解しにくいものになる。私は以下で対象にかんする実在論へのいくらか古風な関心から述べることにしよう。これはほどなく真理と表現の、理論にかんする実在論と反実在論の現代

の主要な諸研究へと導いていく。最後のほうで私は介入、実験、対象へと帰って来ること
になろう。

哲学において究極的な審判を下すのはわれわれがどう考えるか、ではなく、われわれが何をするか、なのだ。

第2章 基礎単位となることと原因となること

「実在的〔本物〕」という言葉は自然科学のなかでなんらかの用法をもっているのだろうか。無論もっている。実験にかんする談話にはこの言葉で満たされているものがある。二つの実例をあげよう。細胞生物学者は一定の方法で標本にした細胞の顕微鏡写真に規則的に見られる繊維の網を指し示す。それは染色質、すなわち基礎的なタンパク質で満たされた細胞の核のなかの物質のように見える。それは染色質のように染色されている。しかし本物ではない。核液がグルタルアルデヒドによって凝固することから生じた人為構造に過ぎない。われわれはたしかに明白な生殖のパターンを手にしているが、それは細胞とは無関係である。標本に生じた人為構造なのである(1)。

生物学から物理学へと話を移すと、クォーク狩りに対して批判的な人々のなかに、フェアバンクと彼の同僚が寿命の長い分数電荷を分離したとは考えない者もいる。成果は重要なものかもしれない。だが自由クォークは本物ではない。実際にはまったく異なったもの、すなわちこれまで知られていなかった新しい電磁力が発見されたのである。

ともあれ、「実在的〔本物〕」とは何を意味するのだろう。この言葉にかんするもっとも優れた簡潔な考察はJ・L・オースティンによるものである。彼はかつてはオックスフォードにおけるもっとも影響力の大きい哲学者であったが、一九六〇年に四十九歳で他界した。彼は日常的な会話に深い注意を払い、われわれはしばしば、われわれが話していることを想起することもないまま空想じみた哲学的理論を弄んでいると考えた。彼の講義、『知覚の言語』の第七章のなかで、彼は実在性にかんして次のように書いている。——「われわれは「本物のクリームではない」のようなさり気ないおなじみの言い回しをことさら蔑むことさえないものとして片づけてしまってはならない」。それは彼の第一の方法論上の規則である。彼の第二の規則は、「単一の、明確に述べることのできる、常に同一な意味」を捜してはならない、というものである。彼は一方では言葉の使用のなかにある規則性を体系的に研究することをわれわれに要求してはいるのだが、同意語を捜すことのないようわれわれに警告する。

彼は「実在的〔本物〕」という言葉にかんして四つの主な観察を述べている。そのうちの二つはいくらかふざけた調子で表現されてはいるが、重要なものであるように私には思われる。二つの正しい意見というのは、「実在的〔本物〕」という言葉は名詞欲求型、すなわち名詞を欲している、ということである。またその言葉はオースティンが、陽気な性差別主義者といった様子で、否定主導語（trouser-word）と呼ぶものでもある。

その語が名詞を欲しているというのは、「それは本物だ」を適切に理解するには名詞が要求されるからである。たとえば、本物のクリーム、本物の巡査《コンスタブル》、本物のコンスタブル〔英国の画家〕。

「本物」はその語の否定的用法が「〔夫に対して妻が〕主導権を握っている（wear the trousers）」ことから否定主導語と呼ばれる。ピンクのクリームはピンク、すなわちピンク・フラミンゴと同一の色をしている。だがある物を本物のクリームと呼ぶのは、同じ類の積極的な主張をすることではない。本物のクリームは、多分乳製品を含まないコーヒー用の製品ではない。本物の革は獣の革であって、合成皮革ではない。本物のダイアモンドは人造宝石ではなく、本物のカモはおとりのカモではない、等々。「本物のS」の意味は否定形「本物のSではない」に由来する。名詞を欲しているということと否定主導語であることとの間につながりがある。主導権を握っているのが何かを知るには、すなわち否定的な用法で否定されているのは何であるかを言えるためには、名詞を知る必要がある。本物の電話はある文脈のなかではオモチャではないし、別の文脈ではイミテーションではない、すなわちたんなる装飾ではない。これはその言葉が曖昧だからではなく、あるものが本物のNであるかどうかは、問題になっているそのNに依存するからである。「本物の」という言葉はきちんと同一の働きをしているが、どんな働きをしているのかを知るにはそのNを眺めなければならない。「本物の」という言葉は農場で働く出稼ぎ労働者に似ている。

後者の仕事は明白であり、つまりその都度農作物を摘み取るということである。しかし摘み取られるものは何か。どこで摘み取るのか。どうやって摘み取るのか。それは、レタス、ホップ、桜んぼ、牧草のどれであるにせよ、その農作物次第で変わる。

この見解によれば、「本物の」という語は「本物の染色質」、「本物の電荷」、「本物のクリーム」の間で多義的であるのではない。この文法上の問題を力説する重要な理由の一つは、その言葉がきわめて多くの仕方で用いられているということのみを理由にして、さまざまな種類の実在があるに違いないとする、よく見られる考えに水を差そうということである。いや、ことによるとさまざまな種類の実在があるのかもしれない。私には分からない。だが、軽はずみな文法がわれわれにさまざまな種類の実在があるとの結論を強要するようなことがあってはならない。それどころか今やわれわれは、ある専門化した論議において「実在の〔本物の〕」という言葉でどんな対照が考えられているのかを明らかにするよう、哲学者に強要しなければならない。理論的対象が本物の対象である、もしくはない、とすれば、どんな対照が考えられているのであろう。

唯物論

J・J・C・スマートは著書、『哲学と科学的実在論』(一九六三年)のなかでこの要求に応じている。スマートは言う――たしかに「実在的」はある対照を指定しなければならない。すべての理論的対象が実在的であるわけではない。「力線は電子とは異なって理論上の虚構である。私はこの壁がレンガでできているのと同様に、このテーブルは電子でできている、等々と語りたい」(三六頁)。蜜蜂の群は蜜蜂からなってはいるが、何ものも力線からできてはいない。群のなかには一定数の蜜蜂が居り、ビンのなかには一定数の電子があるが、ある体積のなかに一定数の力線があるわけではない。ある約束事があってはじめてそれを数えることができるのである。

物理学者マックス・ボルンを念頭におきながら、反実在論者は電子は「恒星、惑星、山、家、テーブル、砂粒、微細結晶、細菌」という系列には現われないという主張をしている、とスマートは言う。ところが、結晶は実際に分子からできており、分子は原子から、原子は他のものも必要ではあることはともかく、とくに電子からできている、とスマートは言う。それゆえ反実在論者は誤っている、とスマートは推論する。少なくともなんらかの実在的な理論的対象が存在している。他方、「実在的」という言葉は重要な区別を指定してもいる。スマートの説明に従えば磁力線は実在的ではない。

マイケル・ファラデーは力線にかんする学説を初めて説いた人であるが、スマートとは意見を同じくしなかった。彼は最初、力線は実際たんなる知性の道具、物理学的重要性をもたない幾何学的工夫だと考えた。一八五二年に、六〇歳を越えてはいたが、ファラデーは考えを変えた。「私は力の曲線を介在する空間に含まれる物理的存在を前提とせずには考えることができない」[2]。彼は力線に圧力を加えることができることを十分に理解するようになっており、それゆえ彼の頭のなかでは力線は実在性をもたねばならなかった。彼の伝記作者は書いている――「ファラデーが力線を実在的なものと確信したことに疑念の余地はない」。このことはスマートが誤っていることを示すわけではない。だが実在にかんする考えのいくつかは基礎単位 (building block) というようなかなり単純化された水準を越えていることをたしかに想起させる。

スマートは唯物論者である――彼自身は物理主義者という用語のほうを現在好んではいるのだが。彼が電子はただの物質だと主張している、ということを言いたいのではない。今では物質にかんする古い観念はもっと微妙な諸観念に置き換えられている。だが彼の考えは星やテーブルのような物理的なものは電子等々からできているという考えに相変わらず基づいている。反唯物論者であるバークリーは、ロバート・ボイルやアイザック・ニュートンの粒子に異議を唱えつつ、まさしくそうした図式を退けていたのである。実際スマートは彼自身を、バークリーの非唯物論の現代版である現象主義に対立するものとみなしている。ファラデーが唯物論者などではなかったことはおそらく意義深いことである。彼は物理学において物質を重視せずに力とエネルギーの場を強調した伝統の一部を作っている。われわれはスマートの唯物論が経験的なテーゼであるかどうかさえ疑ってもよかろう。仮にライプニッツやボスコヴィッチや、若きカントや、ファラデーや、十九世紀のエネルギー論者による物理的世界のモデルが実際、原子論よりもはるかに成功を収めたとしよう。基礎単位のお話がほどなく聞かれなくなるとしよう。その場合にスマートは物理学における基本的対象は理論上の虚構であると結論するであろうか。

哲学的量子論者、ベルナール・デスパーニアによる最近の著書、『物理的実在』には、われわれは唯物論者になることなく科学的実在論者でありつづけることができる、という論証がある。それゆえ「実在的」という語でスマートが選んだのとは別の対照を指定することができるに違いない。そしてまた、スマートの区別は社会科学や心理学の理論的対象が実在的であるかどうかを言うのには役立たないことにも注意せられたい。もちろん、ある程度は唯物論的なやり方で進んでいくことはできる。たとえば、言語学者ノーム・チョムスキーが著書『ことばと認識』(一九八〇年〔邦訳：一九八四年、大修館書店〕)のなかで認知心理学における実在論を力説しているのをわれわれは知っている。彼が主張していることの一部に、脳に見出され、世代から世代へと受け継がれる構造化された物質的素材が言語習得を説明するのに役立つということがある。だがチョムスキーは、脳は組織化された物質からできているということだけを主張しているわけではない。彼は諸々の構造は思考という現象のなかのあるものに関与していると考えている。肉と血の諸構造は、われわれが頭のなかで一定の仕方で考える「原因」となる。この「原因」という言葉が科学的実在論の別の解釈を促す。

因果主義

スマートは唯物論者である。類比的に、実在的なものの因果的な力を強調する者は因果主義者（causalist）であると言おう。デイヴィッド・ヒュームは因果性を原因と結果の規則的な連関によって分析したいと思ったのかもしれない。だが優れたヒューム主義者は、たんなる相関関係以上のものが存在せねばならないことを知っている。毎日われわれは次のような種類の事柄を読んでいる——

アメリカ産科婦人科学会は中毒性ショック症候群と生理用タンポン使用との間にある連関が確立されていることを認めてはいるが、われわれはこの情況を作り出すメカニズムをもっとよく理解するまでは、これは原因と結果の明確な関係があることを意味していると考えるべきではない。（新聞発表、一九八〇年十月七日）

ある新製品（「あなたがいままでにタンポン……あるいはナプキンに望んだ一切をかなえる」）を使っている数人の若い婦人が嘔吐、下痢、高熱、若干の皮膚発疹の末、死亡した。原因について語る前にメカニズムをもっと十分に理解したいと学会に思わせたのは、たんに民事訴訟に対する恐れだけではない。たしかにときに利害関係者はある関連性が何かを示しているということを否定するものである。たとえば一九八〇年九月十九日に核弾頭を装備したミサイルが、ある男が地下格納庫の上にパイプレンチを落とした後に爆発した。弾頭は爆発しなかったのだが、化学的爆発の後、間もなく近隣にあるアーカンソーのガイという村は赤茶色の霧に覆われた。爆発から一時間以内にガイの村民は焼けるように熱を帯びた口唇、息切れ、胸の痛み、吐き気に悩まされた。その症状は数週間続いたが、世界中他のどこにもそのような悩みをもつ人はいなかった。あれとこれは〈原因〉と〈結果〉なのだろうか。「アメリカ空軍はそのような相関関係は確認されていないと強く主張した」。(新聞発表、一九八〇年十月十一日)

産科婦人科学会は、中毒性ショック症候群の諸原因が実際にはどのような作用を及ぼすかを見出すまでは原因について語ることはできないと主張している。これとは対照的に空軍はまっかな嘘をつく。因果主義者には、このような区別が自然に生じて来ることが重要である。われわれは相関関係を完全に否定するというばかげたことを相関関係の断定から区別する。また相関関係を原因から区別しもする。哲学者のC・D・ブロードはかつてこの反ヒューム的論点を以下のように述べた。われわれは毎日マンチェスターのある工場のサイレンが正午に鳴り渡り、またきっかり正午にリーズのある工場の労働者が一時間の間、手にもった道具を置くのを観察することができる。ここには完全な規則性があるが、しかしマンチェスターのサイレンがリーズの昼休みの原因であるわけではない。

ナンシー・カートライトは因果主義を唱えている。彼女の意見に従えば、何かを原因と呼ぶことはきわめて強い主張をなすことである。われわれはあるタイプの出来事がなぜある結果を生み出すのかを理解しなければならない。おそらくこのような理解をもっていることのもっとも明白な証明は、われわれがある種類の出来事を、別の種類の出来事を生み出すのに用いることができるということであろう。かくして陽電子と電子とは彼女の用語に従えば実在的と呼び得るのだが、それはたとえばそれらを別々にニオブの小滴に吹きつけ、これによってその電荷を変化させることができるからである。吹きかけることによってどうしてこの結果が現われるのかはよく理解されている。人々は実験装置を、それがこれらの結果を生み出すことを知っているから組み立てたのである。莫大な数のきわめて多様な因果連鎖が理解されかつ用いられている。われわれは電子が基礎単位だからではなく、まったく特殊な因果的な力をもつことを知っているから電子の実在性について語る資格をもつ。

実在論のこの解釈に立てばファラデーはよく理解される。彼の伝記の著者が言うように——

磁力線は鉄のやすりくずが磁石の周囲に撒きひろげられるならば見えるようになり、また鉄のやすりくずが厚くなるところでおそらく磁力線は密なのである。だがだれも鉄くずが取りのぞかれたときでさえ実際に力線が存在しているのだとは仮定しなかった。今やファラデーはそう思い定めた。すなわち、われわれはこれらの線を横切り本物の結果を得ることができる（たとえばファラデーが発明した電動機によって）——それゆえそれは実在的である。

ファラデーにかんする本当の物語は今少し複雑である。モーターを発明してからずっと後になって、ようやく彼は自分の力線の実在論の説明を出版した。彼は次のように語りはじめている。「ここで私はしばらく厳密な推論の道に従うことを中断し、力線の物理的性格にかんするいくらかの思弁に踏み込もう」。だがファラデーの思想の正確な構造はどうであれ、計算のための道具と原因および結果の概念との明白な区別がここにある。スマートに従う唯物論者はだれも力線を実在的とはみなさない。ファラデーは非唯物論に染まり、また何ほどかの因果主義者として、まさにその一歩を踏み出す。それは科学の歴史における重要な一歩であった。次にわれわれを今なお包み込んでいるマクスウェルの電気力学が登場した。

対象であって理論ではない

私は対象にかんする実在論と理論にかんする実在論とを区別した。因果主義者も唯物論者も両者とも理論に対してよりは対象に対して大きな関心を抱いている。どちらにとっても電子にかんして一つの最良の真なる理論があると想像しなければならないわけではない。カートライトはさらに先へ進む。彼女は物理学の法則が事実を述べていることを否定する。応用物理学においてまさに中心的役割を演じているモデルが事物の有様の文字通りの表現であることを否定する。彼女は理論にかんしては反実在論者であり、対象にかんしては実在論者である。スマートは望むなら同じ姿勢をとることができるだろう。われわれは電子が原子の組み立てに、また分子の組み立てに、さらには細胞の組み立てにどのような役割を演じているのかにかんしては真なる理論を手にしていないのかもしれない。われわれは諸々のモデルや理論の概略は手に入れるだろう。量子力学のいくつかの分野において研究者は、同一の現象にかんして一揃いのモデルの全体を決まった仕方で用いていることをカートライトは強調する。だれもこのなかの一つが全面的な真理であるとは考えていないし、それらは互いに整合的ではない。それらは現象を理解し、実験上の技術の諸々の断片を組み立てるのに役立つ知性の道具である。それらは諸々の過程に介入することを、またそれまで想像されたこともなかったような新しい現象を作り出すことを可能にする。だが実際に「事物を生起させる」のは一群の法則、もしくは一群の真なる法則ではない。なにごとかを生起させる厳密に真なる法則など存在しない。諸々の結果を生み出すのは電子とその同類たちである。電子は実在的であり、諸々の結果を生み出す。

これはヒュームに遡る経験論の伝統に対しては驚くべき反転なのである。後者の伝統においては実在的なのは規則性だけである。カートライトは自然のなかには深層に潜み、かつ完全に一様な規則性というものは存在しないと語っている。規則性はわれわれが事物について考えるために理論を構築する方法が担う特徴である。このようにラディカルな学説は『物理法則はどのように嘘をつくか』における彼女の詳細な論じ方を踏まえなければ評価することはできない。彼女の研究方法の一つの側面については、第12章で述べることにしよう。

このような反転の可能性はヒラリー・パトナムに多くを負っている。第6章および第7章で見るように、彼は難なく自分の見解を修正したのだった。この場合重要な点は、「電子」のような理論語が特定の理論の内部から意味を得るというまことしやかな観念を拒否するということである。これに代えて、われわれはせんさく好きで創意に富む精神に現象が示唆するさまざまな種類の事物を命名することができる、と彼は提案する。ときにはわれわれが命名しているものは存在していないということもあるだろう。とはいえ相次いで行なわれる理論の精巧化のなかで保持されるようなある種の事物の観念を定式化することにはしばしば成功する。一層重要な点であるが、われわれは理論的対象を用いてはじめて事を行なうことができるようになるのである。朝早く人はそれを測定しはじめるかもしれない。ずっと後になればそれを吹きかけるかもしれない。われわれはそれにかんする両立しないさまざまな種類の説明をもつことになるだろう。そのどれもがわれわれが自然に介入するさいに実際に用いることのできるさまざまな因果的な力を記述する点では一致しているのである。(パトナムの諸々の考えは、ソール・クリプキにより多くを帰すべき本質と必然性にかんする考えとしばしば混じり合っている。私はパトナムによる命名の説明の実際的でプラグマティックな部分にのみ注目しているのである。)

物理学を超えて

唯物論者とは異なって因果主義者は、超自我や後期資本主義が実在的であるかどうかを考察することができる。それぞれの場合に有効性は独自に示されねばならない。つまり、ユングの集合的無意識は実在的ではないが、一方デュルケームの集合的意識は実在的であると結論されることがあるかもしれない。われわれはこれらの対象もしくは過程が何をなすものであるのかを十分に理解しているだろうか。それらに介入し展開を変えさせることができるだろうか。われわれはIQ〔知能指数〕を測ることができるし、一ダースもの異なった技法が同一の一定している数の列を与えることを自慢することもできる。だがわれわれはそれについて因果的な理解をほんの一かけらももち合わせてはいない。最近の論争においてスティーヴン・ジェイ・グールドはIQの歴史における「実体化の誤謬」について語っている。私も意見を同じくする。

因果主義は社会科学では未知のものではない。基礎を築いた先達の一人、マックス・ウェーバー（一八六四―一九二〇年）を取り上げてみよう。彼は名高い理念型の学説を抱いていた。彼は「理念的」という言葉を、その哲学上の歴史を十分に自覚して用いていた。彼の用法ではそれは「実在的」に対立している。理念は人間精神の創案であり、思考の道具である（まだだからといって劣ったものになるわけではない）。われわれの時代におけるカートライトとまさに同様に、彼は「社会科学の目標は実在の「法則」への還元でなければならぬとする自然主義的偏見に真向から反対」していた。マルクスにかんする注意深い考察のなかで、ウェーバーは書いている――

とくにマルクス的である「法則」と発展的な構成の一切は、理論的に健全である限りは、理念型なのである。これらの理念型が実在の評定のために用いられたさいの卓越した、むしろ発見的な意義はマルクス的概念と仮説を使用したことのある者ならだれもが知っている。同様に、それらが経験的に妥当な、あるいは実在的な（すなわち真に形而上学的な）「有効な力」、「傾向」、等々として思いなされるや否や生じる害悪は、それらを用いたことのある人には同じく知れ渡っている。(3)

マルクスとウェーバーとを一度に引用することによって起こる論争を上回る論争は滅多

にないだろう。とはいえ、例として取り上げたことの狙いは控え目なものである。その教訓を列挙することができるだろう。

1　スマートのような唯物論者は社会科学上の対象の実在性に直接的な意味を付与することができない。

2　因果主義者にはできる。

3　因果主義は実際には理論的社会科学でこれまでに提案されたどんな対象の実在性をも拒否するかもしれない。唯物論者と因果主義者は同様に懐疑的であるかもしれない――その基礎を築いた先達らより以上にというわけではないが。

4　理念型にかんするウェーバーの学説は社会科学上の法則に対して因果主義的態度を表明する。彼はそれを否定的なやり方で用いる。たとえばマルクスの理念型はまさしくそれが因果的な力をもたないために実在的ではないと主張する。

5　因果主義者はある社会科学をある物理科学から、後者はその因果的性質がよく知られている若干の対象を見出しているが、前者はそうではないということを理由に、区別するかもしれない。

ここでの私の主な教訓は、少なくともある科学的実在論は「実在的」という言葉を、オースティンが標準的であると主張したのとほとんど同一の用法に従って使用することができる、という点にある。この言葉はとくに曖昧であるわけではない。特別に深遠だというのでもない。それは名詞を欲している否定主導語である。それは対照を成す。何と対照を成すかは、それが修飾する、もしくは修飾するためにそれが選ばれている名詞もしくは名詞句Nに依存する。さらにそれはNであることに対するさまざまな候補がどんな具合にNになり損ねているかにも依存する。哲学者が新学説、あるいは新しい文脈を提案しているのであれば、なぜ力線が、あるいはイドが実在的な存在になり損ねているのかを詳細に述べなければならないだろう。スマートは対象とは基礎単位となるためのものだと言う。カートライトは原因となるためのものだと言う。二人の著者は、異なった理由によるにせよ、いくつかの対象にかんして科学的実在論者である。だが、彼らは「実在的」という言葉を実在的な対象のさまざまな候補が、実際に、実在的であることを否定するだろう。両者は異なった対照をもたらすために用いているので、彼らの「実在論」の内容は異なっている。今度は同じことが反実在論についても起こっていることを見ることにしよう。

第3章 実証主義

長い間、反実在論の一つの伝統が生きつづけてきた。一見したところそれは「実在的」という言葉が意味することに頭を悩ませているようには見えない。それはたんに次のように言っているだけである——電子は存在しないし、他の理論的対象も存在しない。それほど教条的ではない調子で言うときには、そのような事物が存在すると考えるべき十分な根拠はないし、たしかに存在するということが示される公算もない、と言う。観察されるものでなければ、なんであれ実在的であることを知り得ない、と言う。

その伝統にはデイヴィッド・ヒュームの『人性論』（一七三九年）が含まれるかもしれない。最近のもっとも目立った実例はバス・ファン・フラーセンの『科学的世界像』（一九八〇年）である。古い時代にもヒュームの先駆者が見出されるし、この伝統は未来へ向けても長く生きつづけるのが見られるだろう。私はそれを実証主義と呼ぶことにする。その名称のなかには、若干の見当を与えるものを別にすれば何も含まれてはいない。この名称はヒュームの時代にはまだだれも思いついてもいなかった。ヒュームは通常は経験論者として分類される。ファン・フラーセンは自分のことを構成的経験主義者と呼んでいる。たしかに実証主義的気性を備えた哲学者たちのそれぞれの世代は根底にある諸観念に新たな形式を与え、しばしば新しいラベルを選び出している。私はそれらの観念を指示する手軽な方法が欲しいだけなのだが、「実証主義」ほどに便利なものは他にはない。

実証主義の六つの本能

鍵となる観念は次のようなものである。すなわち(1)検証（あるいは反証のようななんらかのその変形）の強調——有意味な命題とはその真偽をなんらかの仕方で定めることのできる命題である。(2)観察指向——見たり、感じたり、触れたり、等々できるものはわれわれの他のすべての非数学的知識に対して最良の内容もしくは基礎を提供する。(3)原因への反対——自然のなかには、ある種類の出来事に別の種類の出来事が続く恒常性の他に因果性が存在したりはしない。(4)説明の軽視——説明は現象の組織化を助けるかもしれないが、現象はかくかくのように規則的に生じると語る他に〈なぜ〉という疑問に対するより一層深い答えを与えるわけではない。(5)理論的対象への反対——実証主義者たちは非実在論者となる傾向をもつが、それはたんに彼らが実在を観察可能なものに制限するからではなく、諸々の原因に反対する姿勢をとり、説明を胡散臭く思っているからでもある。彼らは、現象間にはたんに恒常的な規則性があるのみであると主張して諸々の原因を斥けるので、電子が因果的にひきおこす諸結果から電子の存在を推論することはしない。(6)実証主義者たちは(1)から(5)の項目を反形而上学であることによって総括する。テスト不可能な命題、観察不可能な対象、原因、深い説明——これらは形而上学の素材であり、もう思いを巡らすことのないようにしなければならない、と実証主義者は言う。

　この六つのテーマの展開を、四つの時代を形作るヒューム（一七三九年）、コント（一八三〇―四二年）、論理実証主義（一九二〇―四〇年）、ファン・フラーセン（一九八〇年）の例を通して明らかにしよう。

実証主義者を公言する者

「実証主義」という名称はフランスの哲学者オーギュスト・コントによって発明された。彼の『実証哲学講義』は一八三〇年から一八四二年にかけて大部の分冊という形で出版された。後年彼は「実証（positive）」という言葉はその当時強調する必要のあったたくさんの価値をとらえるために選んだと語っていた。彼は「実証」という言葉がもつ好都合な含みのために選んだのだと言う。主な西欧の言語においては「positive」は実在性、効用、確実性、精確さ、またコントが尊重していた他の諸々の質を表わす響きをもっていたのである。

　今日では哲学者たちが「実証主義者」について語るときには通常、コント学派ではなく、一九二〇年代に哲学を論ずる名高いグループをウィーンに形成した論理実証主義者の集団を意味している。モーリッツ・シュリック、ルドルフ・カルナップ、オットー・ノイラートはもっとも有名なメンバーに属している。カール・ポパー、クルト・ゲーデル、ルートウィヒ・ウィトゲンシュタインもその会合のいくつかに足を運んだ。ウィーン学団はハンス・ライヘンバッハが中心人物であったベルリンのグループと密接なつながりをもっていた。ナチ政権の間、これらの研究者たちはアメリカやイギリスへ行き、そこで新しい哲学の伝統をまるごと作り上げた。すでに言及した人物に加えて、ハーバート・ファイグル、C・G・ヘンペルがいる。また若いイギリス人A・J・エイヤーは一九三〇年代のはじめにウィーンへ行き、帰国するやイギリス論理実証主義のすばらしい小冊子、『言語・真理・論理』(一九三六年)を著した。同じ頃、ウィラード・V・O・クワインがウィーンを訪ねたが、それは彼のなかに論理実証主義のいくつかのテーゼにかんする疑いの種をまくことになった。その種は分析的・総合的の区別に対するクワインによる名高い否定、および翻訳の不確定性の教義へと花開いた。

こうした幅広い影響が、論理実証主義者を単純に実証主義者と呼ぶことを自然なことにしている。だれが昔の哀れなコント、話が長たらしく、尊大で、人生に成功を収めてはいない男のことを思い出すだろう。けれども厳密な話をするとき、私は「論理実証主義」という完全なラベルを使うことにして、「実証主義」をその古い意味のために残しておくことにする。論理実証主義の著しい特徴のなかには、(1)から(6)までの項目に加えて、論理、意味、および言語分析を強調するということがある。これらの関心は本来の実証主義者にはなじみのないものである。実際私は科学哲学のためには、意味の理論に取り憑かれていないからというだけのことだが、古い実証主義のほうを好ましく思っている。

いつものエディプス的反応が起きてしまっている。英語圏の哲学に対する論理実証主義の与えた衝撃にもかかわらず、今日ではだれも実証主義者と呼ばれることを好まない。論理実証主義者でさえ「論理的経験論者」というラベルを好むようになった。ドイツやフランスでは、「実証主義」は多くのサークルで非難の言葉であり、自然科学に取り憑かれていることとか、これに代わり得る他の理解の方法を社会科学において捨て去ってしまっていることとかを意味している。保守的な、もしくは反動的なイデオロギーと誤って結びつけられることもしばしばである。

テオドール・アドルノによって編集された『社会科学の論理』〔邦訳：一九九二年、河出書房新社〕のなかにはドイツの社会学の教授たちや彼らの哲学者の仲間たち——アドルノ、ユルゲン・ハーバーマス、等々——が、彼らが実証主義者と呼ぶカール・ポパーに対して隊列を整えているのが見出されるが、ポパーのほうは常に論理実証主義を否認してきたのだから自分ではそのラベルを拒絶している。私はポパーのことを実証主義者とは呼ばない。私のあげた特徴(1)から(6)を彼は十分に備えてはいないから。彼は理論的対象にかんして実在論者であり、科学は説明と原因とを発見することを試みるのだと主張している。彼は観察やなまの感覚所与に実証主義者流に取り憑かれているということはない。論理実証主義者とは異なって彼は意味の理論は科学哲学に対しては災厄であると考えた。なるほど彼は科学をテスト可能な命題のクラスとして定義はしているが形而上学を罵倒するどころか、テスト不可能な形而上学的思弁はよりよくテストできる大胆な推測を形成する最初の段階であると考えている。

では反実証主義の社会学の教授たちはなぜポパーを実証主義者と呼んだのであろう。それは彼が科学的方法の単一性を信じているからである。仮説を作り、結論を演繹し、それをテストせよ——これがポパーの推測と反駁の方法である。彼は社会科学に特有などんな技法、自然科学に対して最善であるものとは異なるどんな理解（Verstehen）をも否定する。この点で彼は論理実証主義者と意見が一致している。とはいえ私は「実証主義」を科学的方法論の単一性にかんする教条に対してではなく、(1)から(6)までの反形而上学的な観念の集合に対する名称として保持することにしよう。とはいうものの、科学的厳密性に対する熱狂を恐ろしく思う人はみなポパーとウィーン学団のメンバーとの間にほとんど違いを見出さないものだ、ということは私も認めている。

反形而上学

実証主義者はスローガンにたけていた。ヒュームは彼の『人間知性研究』を鳴り響く文言でしめくくり、雰囲気を醸し出した——

これらの諸原理に確信を得たうえで、諸々の蔵書を眺め渡してみたときに、なんという破壊的な作業をなさねばならないことか。たとえば神学者の、もしくは学校形而上学のどんな本の一つでもよい、手にしたときに、尋ねてみよう、それは量もしくは数にかんする抽象的推論を何か含んでいるだろうか。否。それは事実と実在にかんする実地経験的な推論を何か含んでいるだろうか。否。ならばそれを火にくべてしまえ。なぜならそれは詭弁と幻想の他には何も含んでいないのだから。

A・J・エイヤーは彼の編んだアンソロジー、『論理実証主義』の序論のなかで、これは「実証主義者の立場の見事な陳述だ」と言っている。論理実証主義者の場合には、現代の論理学上の諸発見を付け加えることを望んだために、「論理」という形容詞が添えられたのである。そういうわけで、ヒュームは無意味なこと（形而上学）を理解できる論説（主に科学）から区別するようもくろまれた検証可能性の基準の始祖なのである。エイヤーは彼の『言語・真理・論理』を「形而上学の除去」と題された力強い章で始めている。論理実証主義者たちは、言語と意味に対する情熱にせかされて、くだらない形而上学に対する嘲りを「検証原理」と呼ばれる意味指向的な教義に結びつけた。シュリックは言明の意味はその検証の方法であると告げた。大まかに言えば、言明が有意味になる、あるいは「認識上の意味」をもつための必要十分な条件は、それが検証可能であることであるとされた。が、驚くべきことに、悪い形而上学的おしゃべりの一切を排除し、良い科学的談話の一切を包み込むように検証可能性を定義することはだれにもできなかったのである。

反形而上学的先入見と意味の検証理論とは主に歴史的な偶然によって結びついている。実際コントは「意味」の研究には関心のない反形而上学者であった。同様にわれわれの時代ではファン・フラーセンが同じくらい形而上学に反対している。彼は、言語哲学において得られる利益が何であるにせよ、それは科学の理解に対してはほとんど価値がない、という見解――それは私の意見でもあるが――をもっている。『科学的世界像』の冒頭で彼は書いている。「経験論は正しいが、【論理】実証主義者たちがそれに与えた言語形式のなかでは経験論は生きられないというのが私の見解である」(三頁)

コント

オーギュスト・コントはまことに十九世紀前半という時代の申し子であった。経験論を言語形式のなかに鋳込むどころか、彼は歴史主義者であった。すなわち、彼は人類の進歩と、歴史的法則が不可抗力に近いことを固く信じていた。ときに実証主義と歴史主義とは互いに相容れないと考えられることがある。まったく逆に、コントにとっては、それらは同一の考えの相補的な部分であった。たしかに歴史主義と実証主義が必然的に分離されるわけではないのは、実証主義と意味の理論とが必然的に結合されるわけではないのと同じである。

コントが模範としたのは急進的な貴族コンドルセ（一七四三―九四年）によって進歩的人類に対する遺産として遺された、情熱あふれる『人間精神進歩の歴史』であった。この文書は、次の朝そこからギロチンへと引き立てられることになっていた独房で自殺する直前に書かれたものである。一七九四年のフランス革命の恐怖政治でさえ進歩への信仰を打ち砕くことはできなかった。コントはコンドルセから人間精神の進化の構造を受け継いだ。それは三段階の法則によって定義されている。最初にわれわれは第一原因の探究と神々という虚構によって特徴づけられる神学的段階を通り抜けた。次にわれわれはいくらか曖昧な形而上学段階を通り抜けたのだが、そこではわれわれは半分完成した科学の理論的対象で神々を徐々に置き換えたのである。最後にわれわれはいま実証科学の段階へと突き進んでいる。

実証科学が命題を真または偽であるものとして認める必要十分な条件は、その真理値を定めるなんらかの方法があるということである。コントの『実証哲学講義』は諸科学の発展にかんする巨大な認識論的歴史である。科学的な推論のより多くの様式が登場するにつれ、諸科学はそれを用いて実証的知識のより多くの領域を構成していく。命題の真理値に関係し、少なくとも原則的にはその真理値を決定することができる推論のなんらかの様式があるのでなければ、命題は「実証性」をもちえない――真理または虚偽の候補者になりえない。コントは、他ならぬ「社会学」という言葉を発明してもいるのだが、社会の研究と「道徳科学」のために新しい方法論、推論の新しい様式を考案しようと試みた。彼は彼自身の社会学の展望においては誤っていたが彼が行なっていたこと――すなわち、論説の新しい領域に実証性――真理または虚偽――をもたらすために推論の新しい様式を作り出していること、にかんするメタ的な着想においては正しかった。

コントは言う、神学と形而上学は人間の進歩の初期の段階であって、子供っぽい事柄と同様、忘れ去ってしまわねばならない。これは、われわれは価値を剝奪された世界に住まねばならない、と言っているのではない。コントは後半生にヒューマニズム的価値を確立する実証主義者教会を設立した。この教会はまったく消滅したわけではない。パリには、いくつかの建物がまだ、ややみすぼらしく立っている。また私はブラジルにはまだその機関の拠点があるという話を聞いている。それははるか昔には世界の多くの地域で他のヒューマニズム的団体と共同しつつ栄えたのである。このように、実証主義はたんに科学主義の哲学であったのみならず、新しい、ヒューマニズム的宗教でもあった。

原因への反対

ヒュームが原因とは恒常的な連接に過ぎないと説いたのはよく知られている。AがBの原因となった、と語るからといって、Aが、それ自身のなかにあるなんらかの力もしくは特性によって、Bをひき起こした、と語っているわけではない。それはたんに、Aのタイプに属する事物にはBのタイプに属する事物が規則的に後続すると語っているに過ぎない。ヒュームの論証の詳細は何百冊という哲学の本のなかで分析されている。とはいえわれわれがヒュームを歴史的背景から引き離して読むならば、多くのことを取り逃がすかもしれない。

因果性を恒常的連接として見る姿勢が広く哲学的に受け入れられたことについて、実際にはヒュームには責任はない。意図したわけではないがアイザック・ニュートンがそうしたのである。ヒュームの時代には人間精神の最大の勝利は、重力にかんするニュートンの理論であると考えられていた。ニュートンは重力にかんする形而上学には大層用心深かったので、彼が実際のところどう考えたのかについて学者たちはいつまでも論争し合うことだろう。ニュートンの直前まで、すべての進歩的な科学者たちは、世界は機械的な押しと引きによって理解されねばならないと考えていた。しかし重力は「機械的」であるようには見えなかった。というのはそれは遠隔作用だったから。他ならぬそのことが理由で、ニュートンと肩を並べる唯一の人物、ライプニッツはニュートンの重力をまったく斥けた。それは説明しがたいオカルトな力への反動的な復帰であるとして。実証主義者の精神がライプニッツに対して勝利を収めることになった。われわれは重力の法則は世界で起きる事柄を記述する規則性であると考えることを学んだ。その後われわれはすべての因果法則はたんなる規則性であると思い定めたのである！

経験を重んじる精神を備えた人々にとっては、それゆえ、ニュートン以後の態度というのは次のようなものだった――自然のなかに原因を求めてはならず、規則性のみを探究するべきである。宇宙で何事が起きねばならないか、をではなく、たんに何事が起きるか、を明かす自然の法則について考えるべきである。自然科学者は一切の現象を特殊事例として覆う普遍的言明――理論および法則――を発見することを試みる。出来事の説明を見出したということはたんにその出来事がある一般的規則性から演繹できると語ることに過ぎない。

この考えを表明した多くの古典がある。次にあげるのは、トマス・リードの一七八八年の『人間精神の能動的力能論』からの一節である。リードはしばしばスコットランド常識哲学派と呼ばれている学派の創設者であるが、この学派を輸入したことがアメリカの主な哲学が形成される機縁となり、やがて十九世紀末のプラグマティズムの出現につながったのである。

厳密に考える自然哲学者たちは科学のなかで用いる用語に精確な意味を与えている。そして彼らが自然のどんな現象の原因をも示すのだと強弁するとき、彼らは原因によって自然の法則を意味しているのである。現象はこの法則の必然的な結果なのである。ニュートンが明白に説いたように、自然哲学の目的はあますところなく次の二つの項目に圧縮することができる——最初に、実験と観察からの正しい帰納によって自然の諸法則を発見すること。そして次にこれらの法則を自然の諸現象の解明に適用すること。これがこの偉大な哲学者が試みたことのすべてであり、成し得ると彼が考えたすべてなのである。（I vii 6）

コントは『実証哲学講義』のなかで同じような話を述べている——

実証哲学の最初の特徴は、あらゆる現象を不変の自然法則に従っているものとみなすということである。われわれの仕事は——第一原因であれ目的因であれ、原因と呼ばれているものの探究がどんなに空しいかということを理解しているので——可能な限り数を切り詰めることを念頭に置きながらこれらの法則を正確に見出すことに努めることなのである。原因について思弁を巡らしても、起源と目的に関する難題をまったく解くことはできない。われわれの本当の仕事は現象の起きる状況を正確に分析し、それらを継起と類似の自然な関係によって結合することである。このことの最良の実例は重力の学説の事例である。われわれは宇宙の現象一般はその学説によって説明されると言う。なぜならそれは一つの項目の下に測り知れぬほど多様な天文学的事実の全体を結びつけるからである。諸原子の、質量に比例し、互いを隔てる距離の平方に反比例する、相互に近づく一定の傾向を明るみに出すことによってなされるのである。が一方、事実は一般にそれ自体、われわれが隅々までなじんでおり、それゆえ知っているとわれわれが言う事実――地球の表面における物体のもつ重さ――のたんなる拡張に過ぎないのである。重さおよび引力とは何かということについて言えば、これらはわれわれが解明不可能とみなす疑問であって、実証哲学の一部ではなく、われわれはしかるべく神学者の想像や形而上学者の精妙さに引き渡す。(パリ、一八三〇年、一四―一六頁)

論理実証主義もまたヒュームの恒常的連接による原因の解釈を受け入れることになった。モーリッツ・シュリックの原則は言う、〈自然の法則〉は生起する事柄を記述するのであって、それを規定するわけではない。それは規則性のみの判断である。論理実証主義による説明の解釈は最後にヘンペルの説明の「演繹的・法則的」モデルに要約された。その生起が文Sによって記述される出来事を説明するということは、いくつかの自然法則（すなわち規則性）Lといくつかの特殊な事実Fをもちだし、文SはLとFとを述べている文から演繹可能ということを示すことである。ファン・フラーセンは興味深くも一層手のこんだ説明の解釈を携えてはいるが、原因に対して実証主義者が伝統的に抱く敵意を彼ももっている。彼は著書のなかでそれを軽蔑的に「空想の飛行コース」と呼んでいるのである（というのは、彼の本のなかでは、原因は説明よりもさらに悪いものなのである）。

理論的対象への反対

観察不可能な対象に対する反対は原因に対する反対と手を携えて進む。ヒュームが彼の時代の、対象を仮定する科学に投げかけた嘲りは、いつものように、皮肉たっぷりな散文のなかで語られている。彼は十七世紀の化学者ロバート・ボイルをその実験と推理のゆえに賞賛するのであって、世界は弾力のある球体もしくはバネ様のコマから構成されていると想像する彼の粒子論的かつ機械論的哲学のゆえにではない。その巨大な『イングランド史』の第六十二章で彼は言う。「ボイルは機械論的哲学の偉大なパルチザンであったが、それは自然の秘密の若干を発見し、残余をわれわれの想像に任せることによって、人類の自然的虚栄心と好奇心をおおいにくすぐる理論なのである」。アイザック・ニュートンは

「人類に光彩を添え、かつまた教化するためにこれまでに現われたもっとも偉大にしてもっとも稀有な天才であって」、ボイルよりも優れた教師なのである。「ニュートンは自然の神秘のいくつかから覆いをとりはらうように見える一方、同時に機械論的哲学の欠点をも示し、そうすることによって自然の究極的な秘密を、それがかつて常に、また今後も常にとどまる暗黒のなかに連れもどしたのである」

ヒュームは世界が隠れた秘密の原因によって動かされていることを滅多に否定しない。彼はわれわれがそれに関与できるということを否定する。人類が自然にもつ虚栄心と好奇心はわれわれに基本粒子を探究させるかもしれないが、物理学が成功を収めることはないだろう。根本原因はかつて常に暗闇に包まれていたし、今後も常にそうだろう。

理論的対象に対する反対は実証主義全体を貫いている。コントはたんに観察を一般化することなどはわれわれにはできず、諸々の仮説を用いて進まねばならないことを認めていた。とはいえ、これらはたんに仮説とみなさねばならないし、それが仮定して立てるものが多ければ多いほど、実証科学から遠ざかるのである。実際の問題に即して言えば、コントはやがて電磁的エーテルとなる運命にあった、全空間を満たすニュートンのエーテルに反対していた。彼は同じくらい原子仮説にも反対していた。勝ち負け半々。

論理実証主義者たちは理論的対象を、程度の相違はあれ信用していなかった。一般的戦略は論理学と言語を用いることであった。彼らはバートランド・ラッセルを見習った。ラッセルは、可能であればいつでも、推論された対象を論理的構成で置き換えるべきである、と考えた。すなわち、その実在性がデータからたんに推論されるに過ぎない対象に触れている言明は、データにかんする論理的に同値な言明で置き換えられるべきである。一般にこれらのデータは観察と密接に結びついている。その結果、論理実証主義者たちに対して還元の巨大なプログラムが現われて来た。彼らは理論的対象にかんするすべての言明が論理学を手立てとしてそのような対象に言及してはいない言明に「還元」されることを望んだ。この企ては検証原理を述べることに失敗したことにもまして大きな挫折に見舞われたのである。

ファン・フラーセンは理論的対象に対する実証主義者の反感を引き継いでいる。それどころか彼はわれわれが理論的対象について語ることさえ許さない。われわれはたんに観察不可能な対象のことを意味しているに過ぎない、と彼は書いている。それは見えないのだから推論せねばならない。理論の正しさへの、もしくは理論的対象の実在性へのあらゆる推論をさえぎるというのがファン・フラーセンの戦略である。

信念

ヒュームはロバート・ボイルの機械論的哲学の目に見えない弾力のある球体もしくは原子を信じなかった。ニュートンが諸現象を結合する自然法則のみを探究せねばならないことを示したのである。われわれに自然に備わっている虚栄心がうまく原因を探究することができるという想像にふけるのを許してはならない。

コントは彼の時代の科学の原子とエーテルをどちらも同様に信用しなかった。われわれはどこで自然を探究するべきかを教えてくれるものとしては仮説をつくらねばならないとはいえ、実証的知識はその法則を正確に決定することができる現象のレベルに位置しているはずである。これはコントは科学について無知だったといっていることにはならない。彼は偉大なフランスの理論物理学者たちと応用数学者たちによって訓練された。彼は現象にかんする彼らの法則を信じ、新しい対象を仮定するどんな傾向にも信を置かなかった。

論理実証主義はそうした単純明快な機会には恵まれなかった。ウィーン学団のメンバーは彼らの時代の物理学を信じていた。いく人かはそれに貢献もした。原子論と電磁気学はずっと以前から確立されており、相対性理論はその正しさが証明されていたし、諸々の量子論もとんとん拍子に進歩していた。それゆえ、論理実証主義の極端な見解においては、還元主義の教義が現われた。原則として、諸々の理論の文にはそれを現象にかんする文に還元する論理的かつ言語的な変換が存在する、という提案がなされた。原子や電流や電荷について語っているときにはおそらくわれわれの言うことをまったく文字通りに理解してはならないのである。というのはわれわれが用いる文は現象にかんする文に還元できるのだから。ある程度までは論理学者たちがそうすることを強いた。F・P・ラムジーは理論のなかの理論的対象の名辞を、量化記号の体系を代わりに用いることによって除去する方法を示した。ウィリアム・クレイグは観察語と理論語の双方を含む公理化可能などんな理論に対しても、観察語しか含まない公理化可能な理論が存在することを証明した。しかしこれらの成果は論理実証主義が望んだことを行なうには至らず、また本物の科学のどれについても言語的還元は存在しなかった。このことは比較的表面的な科学理論が一層深層をとらえた科学理論に還元されたさいに見られる見事な部分的成功と恐るべき対照をなしていた。たとえば、分析化学が量子化学の上に基礎づけられたり、遺伝子理論が分子生物学に変形されたりしたときの有様と。科学的還元——経験的理論をより深い理論へ還元すること——の試みは無数の部分的成功を勝ち得たが、言語的還元の試みはなんらの成果も収めなかった。

受容

ヒュームとコントは基本粒子にかんする話全体を取りあげて言った——われわれはそれを信じない、と。論理実証主義者はそれを信じたが、それは文字通りに受けとめてはならないと、ある意味で言ったわけである——われわれの理論は実際には現象について語っているのだ、と。どちらの選択も現在の実証主義者には閉ざされている。というのは言語的還元のプログラムは挫折したが、一方われわれは現代の理論科学の全体を拒絶することはとてもできないから。にもかかわらずファン・フラーセンは信念と受容とを区別することによってこの袋小路を通り抜ける方法を発見する。

論理実証主義者に反対して、ファン・フラーセンは理論は文字通りに理解されるべきであると言う。それを理解する別の方法など存在しない！　実在論者に反対して、彼は理論が真であると信じる必要はないと言う。彼はそうする代わりにさらに二つの概念を用いることを勧める。すなわち、受容と経験的十全性である。彼は科学的実在論を、「科学はその理論において、世界の有様にかんして文字通りに真なる叙述を与えることを目的とし、また科学の理論の受容はそれが真であるという信念を伴う」（八頁）と主張する哲学として定義する。彼自身の構成的経験主義はこれに代えて、「科学は経験的に十全な理論を与えることを目的とし、また理論の受容はそれが経験的に十全であるということだけを信念として伴う」（一二頁）、と主張する。

「良い理論が真であると信じる必要はないし、またこのことから（*ipso facto*）理論が仮定する対象が実在的であると信じる必要もないことになる」、と彼は書いている。「このことから」はファン・フラーセンが、理論にかんする実在論を対象にかんする実在論からあまり区別してはいないということを思い出させる。人はある対象が実在的であるということを、なんらかの理論が真であることを信じている「という事実のおかげで」ではなく、他の理由から信じることができる、というのが私の主張である。

少し後でファン・フラーセンは次のように説明している——「理論を受容するということは（われわれにとっては）それが経験的に十全である——理論が（われわれによって）観察可能なことにかんして言っていることは真である、ということを信じることである」（一八頁）。理論は予言、制御、調査、またたんなる娯楽のための知性の道具である。受容はなかんずくかかり合うことを意味する。調査を行なう分野である理論を受容することはそれが示唆する研究のプログラムを展開することにかかり合うことである。理論が説明を提供することを認めてもよかろう。しかし最善の説明への推論と呼ばれてきたものは拒絶せねばならない。すなわち、理論をそれがあることを明白にするから受容するということは、だから理論が述べていることは文字通り真である、と信じることではない。

ファン・フラーセンの実証主義はもっとも首尾一貫した今日の実証主義である。それは私が実証主義を定義するのに用いた六つの特徴、そしてヒュームや、コントや、論理実証主義者たちが共有しているそれらの特徴のすべてを備えている。当然のことながら、それはヒュームの心理学、コントの歴史主義、論理実証主義の意味の理論を欠いている。というのもそれらは実証主義者の精神と何も本質的連関をもってはいないからである。ファン・フラーセンは彼の先達と反形而上学を共有している——「経験的十全性の主張は真理の主張に比べるとはるかに弱く、また受容へと制約することはわれわれを形而上学から救い出す」（六九頁）。彼は観察指向であり、原因に反対している。彼は説明を軽視する。彼は説明が真理に導くとは考えていない。実際、ヒュームやコントとちょうど同じように、ニュートンが重力を説明できないという古典的事例を、科学は本質的には説明を仕事とするわけではないことの証明としてもちだす（九四頁）。たしかに彼は理論的対象に反対している。したがって彼はわれわれの六つの実証主義者の教義のうち五つを支持している。ただ一つ残っているのは検証、もしくはそのなんらかの変形の強調である。ファン・フラーセンは論理実証主義者の意味の検証理論に賛成してはいない。コントもまたそうだった。ヒュームもそうだった、と私は考えている。ただしヒュームは焚書に対しては検証不可能性の原則をもってはいたのだが。検証可能性に対する実証主義者の熱狂は、論理実証主義の時代にほんの束の間意味と結びついただけである。もっと一般的な見地から見ると、それは実証科学への願望を、真であるとはっきり定めることができ、それに属する事実は正確に決定されるような知識に対する願望を表わすものなのである。ファン・フラーセンの構成的経験主義はこの熱狂をわけもっている。

説明への反対

実証主義者の多くのテーゼはコントの時代にはわれわれの時代よりもずっと魅力的だった。一八四〇年には、理論的対象はまったく仮説的なものだったし、たんに仮定されるに過ぎないものに対する嫌悪はなんらかの健全な哲学への出発点なのである。しかしわれわれはかつてはたんに仮定されたに過ぎないものさえも次々と見るようになってきた――細菌、遺伝子、分子でさえ。また世界の他の部分を操作するために多くの理論的対象を用いる方法をも学んだ。対象についての実在論に対するこれらの根拠については第10章と第16章で議論されることになる。しかしながら実証主義の一つの主題はむしろ立派にもちこたえている。すなわち、説明にかんしての警戒である。

「最善の説明への推論」という考えはかなり古くからある。C・S・パース（一八三九―一九一四年）はそれを仮説の方法、もしくはアブダクションと呼んだ。それはなんらかの現象に直面したときに他の方法では説明できない事柄を分かるようにする（おそらく最初からいくらかのもっともらしさを備えている）説明を一つ見出すなら、その説明は多分正しいと結論すべきである、という考えである。パースは研究生活を始めた当初、科学的推論には、演繹、帰納、仮説の三つの基本的様式があると考えた。年を経るにつれて彼は第三のカテゴリーについて懐疑的となり、彼の生涯の最後には「最善の説明への推論」にいかなる重要性をも与えなくなっていた。

パースがそれほど徹底して考えを変えたのは正しかったのだろうか。私は正しいと考えてはいるが、今そのことに決着をつける必要はない。われわれはただ実在論への論証としての最善の説明への推論に関心をもっているのである。基本的な観念は、十九世紀に生理学、光学、電気力学、および他の諸科学に偉大な貢献をしたH・ヘルムホルツ（一八二一―

ぼう。

――九四年）によって明確に述べられた。ヘルムホルツは実在論を「驚くほど役に立ちかつ精確な仮説」(1)と呼んだ哲学者でもあった。今日では三つの異なった論証が流布しているように見える。私はそれらを、単純推論の論証、宇宙的偶然の論証、科学の成功の論証と呼ぼう。

私は三つのすべてにかんして懐疑的である。手はじめに、説明は科学的推論において一部の哲学者たちが想像しているほど中心的な役割を演じてはいないと言わねばならない。また現象の唯一の説明なるものは宇宙の構成要素の一つではない。あたかも〈自然の作者〉が〈世界の本〉のなかにさまざまな事物――対象、現象、量、質、法則、定数、そしてまた出来事の説明――を書き記していたかのように。説明は人々の関心に相対的なものである。私は説明すること――パースが語ったように「錠のなかで鍵が回るのを感じること」――がわれわれの知的生活のなかでたしかに起こっていることを否定するわけではない。しかしそれは主としてある瞬間の歴史的もしくは心理的状況の特徴なのである。新しい秩序立った説明的仮説によって理解するさいに大変なものを得たように感じるときがあることはある。だがその感じはその仮説が真であると想定する根拠であるわけではない。ファン・フラーセンとカートライトは説明であるということは決して信念の根拠ではないと力説する。私は彼らほどには厳格ではない。というのはパースと同様、私にはそれはたんなる弱々しい根拠であるように思われるのである。一九〇五年にアインシュタインは光電効果をフォトンの理論で説明した。彼はその結果、光の量子化された塊りという考えを魅力的なものにした。しかし理論を信じるための根拠はその予測の成功、等々であって、その説明能力ではない。錠のなかで鍵が回るのを感じることは、それによって作業すべき刺激的な新しい考えを手にしていることを感じさせる。しかしそれはその考えが正しいことの根拠ではない。後者は後からやってくるものなのである。

単純推論

単純推論の論証は、たとえば、フォトンが存在しないというのに光電効果が起こりつづけるとすれば、まったくの奇跡だろう、と言う。だからこの現象——それによってテレビの情報が画像から電気的刺激に変換され、電磁波に変えられた後に家庭の受像機で受信されることになるのだが——が持続的に起こることの説明はフォトンがたしかに存在するということなのである。J・J・C・スマートがこの考えを言い表わしているように、「観察語の語彙で語られている振舞いにかんして無数の幸運な偶然があり、そのためにあたかも理論語の語彙で見かけ上語られている存在しない事物によって惹き起こされでもしたかのようにそれらは奇跡的に振舞っているのだと考えざるを得ないであろう(2)」。そこで実在論者はフォトンは実在的であると推論する。そうでなければわれわれはどうして光景が電気的メッセージに変わるのかを理解できないであろうから。

たとえ私が言ったこととは違って、説明が信念の根拠であるとしても、これは最善の説明への推論であるようにはまったく見えない。その理由はフォトンの実在性は説明の一部分ではないからである。アインシュタインの後に続いて、なんらかの追加説明がなされるわけではないのである。つまり「そしてフォトンは実在的である」、もしくは「フォトンは存在する」というような。私はカントを真似て、存在は主語に何も付け加えないたんなる論理的述語であると言いたくなる。アインシュタインが語り終えた後で、「そしてフォトンは実在的である」と付け加えることは理解に何ものをも付け加えはしない。それは決して説明をふやしたり高めたりはしない。

もし説明する人が、アインシュタイン自身フォトンの存在を主張したのだと言って抗議するとすれば、彼は論点先取をしている。というのは実在論者と反実在論者の間の論争はアインシュタインのフォトンの理論が十全であるためにはフォトンが実在的であるということがたしかに要求されるかどうかという点に関わっているからである。

宇宙的偶然

単純推論の論証は一つの理論、一つの現象、一種類の対象だけを考慮する。宇宙的偶然の論証は、知識の成長にさいしてはしばしば一つの優れた理論がそれまでは結びついているとは考えられていなかった種々の現象を説明することに注目する。逆に、われわれはしばしばまったく異なった推理の様式によって同一のなまの対象へとたどり着く。ハンス・ライヘンバッハはこれを共通原因の論証と呼んだが、それをウェズリー・サモンが生き返らせた。[3] 彼のお気に入りの実例は光電効果ではなく、アインシュタインのもう一つの功績である。一九〇五年にアインシュタインはブラウン運動をも説明した。花粉の粒子が分子の衝突を受けてランダムにはねまわる——とわれわれは今日言っているが——有様のことである。アインシュタインの計算を、注意深い実験者の得た結果と結びつけると、たとえば、アヴォガドロ数、つまり一定の温度と圧力の下にある体積を占める任意の気体の分子の数を計算することができる。この数は一八一五年以来まったく異なった多くの事柄をもとに計算されてきていた。注目に値することは、異なった手段によってそれを目指しながら、われわれは常に本質的に同一の数を得るということである。その唯一の説明は、実際に分子が存在する、それどころか、任意の気体のグラム分子当たり約 6.023×10^{23} 個の分子が存在するというものであるに違いない。

　ここにはまたもや実在論者／反実在論者の当該論争点について論点先取があるように私には思われる。反実在論者は、アインシュタインと他の人々に負っている、分子の平均自由行程の説明は勝利であることに同意している。それは経験的に十全である——すばらしく十全である。実在論者はなぜそれが経験的に十全なのかを問う——それはまさに分子が存在するからではないのか。反実在論者は説明は真理の保証にはならぬと、また証拠の一切はたんに経験的十全性を指し示すのみである、と言い返す。要するに、論証は循環している（理論にかんする議論というこのレベルでなされる論証はすべてそうなのだが――私はそう主張する）。

成功物語《サクセスストーリー》

右の諸考察は諸々の対象の存在により多く関わっている。今度は理論の正しさについて考えよう。われわれは科学の一断片を考察するのではなく、ヒラリー・パトナムが言うところの〈成功〉した〈科学〉について考察する。これは著書『合理性』（一九八二年）におけるW・ニュートン＝スミスを含む多くの人々によって力説されている、〈科学〉は真理に収束しつつあるという主張に結びついている。なぜ〈科学〉は〈成功した〉のか。それはわれわれが真理に収束しつつあるからに違いない。この問題は今日では十分にもまれてきているので、最近の数多くの議論を参考にしていただきたい。(4) ここに「論証」があるのだという主張が私に次のような忠告を付け加えることを促すのである――

1 成長という現象はせいぜい知識の単調な増加であって、収束ではない。このありふれた観察は重要である。というのは「収束」はおよそ、そこに収束しつつある一、つのものがある、ということを含意するが、「増加」にはそのような意味合いはない。知識の諸々の堆積はそれらすべてが究極的にはそこに帰着する科学の単一性が存在しなくても存在し得る。また収束と呼ぶのが適切な事柄が何も存在しなくても、理解の深さの増大や、一般化の規模の増大が存在し得る。二十世紀の物理学はこのことのあかしである。

2　実在論者が含ませる意味にとらわれない、知識の成長にかんするたんに社会学的な説明が数多く存在する。これらのなかには「知識の成長」について考えた末にこれをみせかけへと変えるものもある。『構造』におけるクーンの分析によれば、通常科学がうまく事を運んでいるときには、解けるものとして創案したパズルを解いており、それゆえ成長はもともと組み込まれていたものなのである。革命的な推移の後では、歴史は書き改められ、その結果初期の諸々の成功は興味を惹かぬものとして無視される一方、「興味深い」ものとはまさしく大変動後の科学がお得意としているものなのである。それゆえ奇跡的に一貫している成長は教育と教科書による人工的産物である。

3　成長するのはとくに厳密にみて大きくなっている（真理に近い）理論の本体であるわけではない。理論重視の哲学者たちは理論的知識の蓄積——きわめて疑わしい主張である——にかじりついている。いくつかの事物がたしかに蓄積される。(a)現象が蓄積される。たとえばウィリス・ラムはフォトン抜きで光学をやろうと試みている。ラムはフォトンを絶滅させるかもしれないけれども、依然として光電効果は存在しているだろう。(b)操作の技術、また工学的技術は蓄積される——光電効果は相変わらずスーパーマーケットのドアを開けつづけているだろう。(c)哲学者にとってはもっと興味深いことだが、科学的推論の様式は蓄積される傾向をもつ。われわれは徐々に多数の方法を蓄積してきた。それには、幾何学的方法、仮定を立てる方法、モデル形成の方法、統計的方法、仮説演繹法、発生学的方法、進化論的方法、そして多分歴史主義的方法さえ含まれる。たしかに(a)、(b)、(c)のタイプの成長は存在するが、それらのうちのどこにも、理論的対象の実在性もしくは理論の真理にかんする含意は存在しない。

4　おそらく一つの優れた考え方がある。私はそれをイムレ・ラカトシュに帰しているが、パースとすぐ後で述べるプラグマティズムがそれを予示している。それは真理の対応説を放棄している、カント以後、ヘーゲル以後の人に対して開かれている道である。人は知識の成長を所与の事実とみなし、真理をその観点から性格づけようと試みる。これは実在を前提したうえでの説明ではなく、実在を「われわれがそこへ向けて成長するもの」として定義することなのである。それは誤りであるかもしれないが、少なくとも出発点においては説得力がある。私はそれを第8章で述べることにする。

5　そのうえ、知識の成長から引き出される本物の推測的な推論がある。パースをいま一度引用することになるが、人間が住み込んでいる世界に対しておおむね正しい予想を形成することができるというわれわれの才能は進化論によって説明できるかもしれない。われわれが常にかわることなく誤った予想を立てたとすれば、全員が死んでしまっているだろう。しかしわれわれは自然の内部構成と宇宙論に属するもっとも遥遠《ようえん》な領域の両方を説明し予測するような構造を定式化する恐るべき能力をもっているように見える。生きのびるという観点からいって、そのように小さな宇宙や大きな宇宙に対する道具を備えた頭脳をもっているということは、どんな利点を私に与え得るのだろう。ことによると、人間は実際に理性的な宇宙に住まう理性的な動物であると推測するべきかもしれない。パースはもっともらしくないとしても一層教訓的な提案をした。彼は厳格な唯物論と宿命論は誤りであると主張した。世界全体は彼が「衰微した精神(effete mind)」と呼んだものであり、それは習慣を形成しつづけている。世界にかんしてわれわれが作り上げる推論の習慣は、世界が規則性のますます豊かになる拡がりを獲得するさいに用いたのと同一の習慣に従って作り上げられている。それは「科学の成功」の説明になるかもしれない奇妙で魅惑的な形而上学的推測である。

パースの想像力は成功物語もしくは実在論に対する収束論証の陳腐な空虚さとなんと対照的なことだろう! 私の考えでは、ポパーはわれわれの成功の説明を求めることはまったく意味のないことであると書くときには、大部分の人々よりも賢明な、実在論者を自認する者である。信仰をもたなければ成功が続くことは望めない。もし科学の成功の説明をもたせねばならぬのであれば、アリストテレスが言ったように言うべきである。すなわち、われわれは理性的な宇宙に住まう理性的な動物である、と。

第４章　プラグマティズム

　プラグマティズムはチャールズ・サンダース・パース（一八三九―一九一四年）によって創始され、ウィリアム・ジェイムズ（一八四二―一九一〇年）によってポピュラーになったアメリカの哲学である。パースはつむじまがりの天才であったが、当時アメリカの数少ない卓越した数学者の一人であった父親のおかげで、ハーバード天文台と合衆国沿岸測地測量局に職を得た。哲学者が教授になっていく時代でもあったが、ジェイムズはジョンズ・ホプキンズ大学に彼の職を見つけてやった。彼はそこで（道で女友達にレンガを投げつけるといったような）公衆の面前での不品行によって騒ぎをひき起こし、その結果大学の総長は哲学科を廃止したうえで新しい学科を設置し、パースを除く全員をふたたび雇い入れた。パースはプラグマティズムがジェイムズによって大衆化されるのを好まなかったので、自身の考えのために新しい名称――プラグマティシズム――を作りだした。かなり聞き苦しい名前なのでだれもそれを盗んだりはしないだろう、と言っていたものである。プラグマティシズムの実在に対する関係は彼の多くの本に再録されている論文「四つの能力の否定から導かれる諸々の帰結」（一八六八年［邦訳：『プラグマティズム古典集成』所収、二〇一四年、作品社］）のなかで見事に述べられている。

実在的なものによってわれわれは何を意味しているのか。それはわれわれが非実在的なもの、幻想が存在することを発見したときに最初にもったに違いない概念である。すなわちわれわれがはじめて自らの誤りを正したときに……それゆえ実在的なものとは、遅かれ早かれ、情報と推理が結局はそこへ帰着するところのものであり、つまりえ私やあなたたちの気まぐれからは独立しているものなのである。したがって、実在という概念の起源そのものが、この概念は本質的に**共同体**の観念を包み込んでいることを示している——明確な境界をもってはいないが知識をたしかに増していくことができる共同体の観念を。それゆえ認識のそれら二つの系列——実在的なものと非実在的なもの——は、十分に遠い未来において、共同体が常に繰り返し主張しつづけるものと、同じ状況下において、以後は常に否定されるものから成り立っている。ところで、その虚偽が決して発見できず、したがって、その誤りが絶対的に認識不可能な命題は、われわれの原理に基づくとき、絶対になんの誤りをも含んではいない。すなわちこれらの認識のなかで考えられているものは、本当にその通りなのだから、実在的なものなのである。ゆえに外部の事物をそれが本当にある通りに知ることを妨げるようなものは何もないし、またわれわれが無数の事柄において実際にそのような仕方で知っているということは大いにありそうなことなのである。ただしどんな特定の事柄についてもそのような仕方で知っているということに絶対的な確信をもつことはできないのではあるが。

（J・バックラー編『パースの哲学』二四七頁および次頁）

今日まさしくこの観念をヒラリー・パトナムが甦らせているが、彼の「内在的実在論」は第7章の話題となる。

パースへの道

パースとニーチェとは一世紀前のもっとも忘れがたい二人の哲学者である。二人ともカントとヘーゲルの後継者である。彼らはこれらの哲学者に応える二つの選択肢を表現している。両者ともカントが真理は外在的実在とのなんらかの対応のなかにはあり得ないことを示したのを当然のこととみなしていた。両者にとっては過程と、ことによると進歩とが、人類の知識の本性の本質的特徴であることは分かりきったことだった。彼らはそれをヘーゲルから学んでいた。

ニーチェは真の世界がどのようにして作り話になったのかを見事な手法で思い出させる。

その著書『偶像の黄昏』のなかにあるアフォリズムはプラトンの「真の世界——賢者、有徳の人物に到達可能な」から始まっている。われわれはカントにおいて「崇高になり、青白く、北欧的で、ケーニヒスベルク風の」あるものにたどりつく。次いでツァラトゥストラの、主観主義に似た異様なものがやってくるのである。それはカント以後の唯一の道ではない。パースは真理を方法で置き換えようと試みた。真理とはなんであれ、ある目的をある方法で追求する研究者の共同体に最後に引き渡されるものである。

このようにパースは、真理は精神から独立した実在との対応であるという観念に対して、客観的な代用品を見つけつつある。彼は自分の哲学をときに客観的観念論と呼んだ。彼は人々が一揃いの安定した信念に到達する必要があることを銘記していた。信念の固定にかんする有名な論文のなかで、われわれは権威に従うことによって、あるいは最初に頭に浮かんだことはなんであれ信じかつ執着することによって、信念を固定することができるという観念についてまじり気のない真剣さで考察している。現代の読者はこの論文にしばしば困難を感じる。パースが（強力な）英国国教会のようなものは信念を固定するきわめて優れた一方法であると考えていたことを、少しもまじめには受け取らないからである。真なる信念が、それに対応しなければならぬものなど存在しないなら、なぜ教会に信念を固定してもらわないのか。あなたの党が真理を握っていることを知るのは大変な慰めになり得るのである。パースは結局のところ常に反体制の人々が存在するということを人間本性にかんする（人間以前の真理のではなく）事実の一つとして考えるためにこの可能性を斥ける。それゆえ人間のこの特色と調和する信念固定法が必要である。仮に、内部において自己安定化がはかられており、永久に誤りから免除されるわけではないことを認めながらも、やはり固定化への傾向をもってはいる方法を手に入れることができるとすれば、信念を固定するより優れた方法が見つかったことになるだろう。

推論のモデルとしての反復測定

パースは近代の哲学者のなかでおそらく唯一大変優れた実験家でもあった。彼は重力定数の決定を含む多くの測定を行なった。彼は誤差論にかんして大量に書いている。それゆえ彼は一連の測定を通して一つの基本的な値へと落ち着かせることができるという事態には通じていた。彼の経験では測定は収束し、そして収束するものは定義上正しいものなのである。彼は人間の信念もすべてそのようなものであると考えた。十分長い間なされた探求は、われわれが取り組むことのできるどんな問題についても安定した見解へと導くだろう。パースは真理は事実との対応だとは考えなかった。真理とは研究者の途絶えることのない**共同体**が到達する安定した結論なのである。

真理を方法で置き換えるというこの提案——これは科学的客観性を相変わらず保証するだろう——は突然ふたたび人気を博した。私はこれはイムレ・ラカトシュの、研究プログラムの方法論——第8章で説明される——の核心であると考えている。パースとは違って、ラカトシュはさまざまな種類の科学的実践に注意を払うので、その結果、試行錯誤という繰り返し行なわれる、またやや機械的なプロセスによって落ち着いていく知識などという単純化し過ぎたイメージをもってはいない。もっと最近ではヒラリー・パトナムがパース主義者になった。パトナムは探求の方法についてのパースの解説は完璧なものだとは考えていないし、また完璧なものがあるとほのめかしてもいない。だがたしかに彼は、合理的探求にかんする、進化する観念があり、真理とはそうした探求が導かれていく諸々の結果から生じて来るものであると考えている。パトナムの場合には二重の極限移行のプロセスがある。パースにとっては演繹、帰納、そしてわずかではあるがある程度までは最善の説明への推論に基づいた探求の方法があった。おおまかに言えば、真理とはなんであれ、仮説を作ったり、帰納を行なったり、テストを行なったりすることを通してそこへと落ち着いていくもののことである。それは一つの極限移行のプロセスである。パトナムにとっては探求の方法はそれ自体成長が可能で、推論の新しい様式を古い様式の上に継ぎ足すことができる。だが彼はここに、推論の一様式がたんに別の様式と入れ替わる唐突な置換ではなく、ある種の蓄積があることを望んでいる。それゆえ二つの極限移行のプロセスがあり得る——蓄積される諸々の思考様式の「合理性」へと長期的に落ち着くことと、これら進化する諸々の種類の理性によって同意を得た諸事実へと長期的に落ち着くことと。

視野

パースは哲学的トピックの全領域について書いた。彼は自分の周囲に互いにほとんど語り合うことのない多くの仲間を集めた。彼をカール・ポパーの先駆者とみなす者もいる。というのは他のどこにも科学の自己修正の方法についてのこれほど明快な見解は見出せないからである。論理学者たちは現代論理学がどのように発展するかについて、彼が多くの予感をもっていたことを見出す。確率と帰納の研究者たちは、パースが彼の時代としては可能な限り深い理解を確率的推論についてもっていたことを正しく理解している。パースは記号についてのどちらかというと難解ではあるが魅惑的な題材についてたくさんの事柄を書いた。そして記号学と名乗っている学問分野全体が彼を創始者として敬っている。私は、人はまさにその人の言語であるという彼の奇妙な提案、現代哲学の最重要項目となった提案のゆえに彼は重要であると考えている。われわれは偶然の宇宙に生きており、その偶然とは不確定なものではあるが、しかし同時に確率の法則があるために自然が規則正しい法則によって支配されているというわれわれの誤った確信を説明しもする、という考えを明確に述べた最初の人物であるために、彼は重要である、とも思う。この本の最後の索引を眺めてもらえば、パースから学び得る他の事柄を参照できるだろう。パースは視野の狭い読者に損なわれてきたので、論理学においてこれほど正確な考えをもっていた、あるいは記号にかんしてあれほど測りがたい考えをもっていた、といって賞賛される。そうではなくわれわれは彼を野生の人として、彼の世紀の哲学上の出来事を理解し、そこに彼の刻印をおしつけることを企てた少数の人物の一人として眺めねばならない。彼は成功しなかった。彼はほとんど何も仕上げなかったが、ほとんどあらゆることを始めた。

分かれ道

パースは合理的方法と、徐々に信念のある形式へと落ち着いていくであろう研究者の共同体とを強調した。真理とは最後に結果として生じるものすべてである。他の二人の偉大なプラグマティスト、ウィリアム・ジェイムズとジョン・デューイは大層異なった直感をもっていた。彼らは現在のためにではないにせよ、少なくとも近い未来のために生きた。彼らは最後にやって来るのは何か――そのようなものがあるとして――といった問題にはほとんど取り組まなかった。真理とはわれわれの現在の必要、あるいは少なくともわれわれの手元にある必要に応えるものすべてである。その必要は、ジェイムズのすばらしい講義、『宗教的経験の諸相』のなかで立証されているように、深遠かつ多様なものであるかもしれない。デューイは真理は保証された受容可能性であるという考えをわれわれに与えた。彼は言語を、われわれの目的にかなうように経験をかたどるため、われわれが用いる道具として考えた。それゆえ世界およびそのわれわれの表現はデューイの手にかかってほとんど社会的構成物になったように見える。デューイはすべての二元論を嫌悪した——精神／物質、理論／実践、思考／行為、事実／価値。彼は自分で知識の観客理論と呼んだ考えを揶揄した。それは、たんに眺めるための時間などもってはいない事業家や労働者の階級とは対照的に、哲学を考えたり著述したりする有閑階級の存在に由来すると彼は言った。実在論は言葉や思考による表現の問題であるよりも、より以上に世界への介入の問題である、という私自身の見解はたしかに多くをデューイに負っている。

とはいえ、ジェイムズとデューイは探求にかんするパース的展望には関心をもたない。彼らは、われわれは結局はどんな信念に落ち着くかということは意に介さない。人間による信念の最終的固定などは彼らにはキマイラのような妄想に思われた。プラグマティズムのジェイムズによる書き直しにパースが抵抗を示した理由の一端はそこにある。これと同じ意見の不一致がちょうど今起きている。ヒラリー・パトナムは今日のパース主義者である。リチャード・ローティはその著書『哲学と自然の鏡』（一九七九年［邦訳：一九九三年、産業図書］）でジェイムズとデューイが演じた役柄の一部を演じている。アメリカ哲学の最近の歴史は強調点を誤っていると彼ははっきりと言う。パースが賞賛される箇所では、たんに些細なことのためになされているに過ぎない。（パースの視野についての前節では私は明らかにこれとは意見を異にする。）デューイとジェイムズが真の教師であり、デューイはハイデガーとウィトゲンシュタインと共に二十世紀の三偉人としてランク付けされる。

とはいえローティはたんに賞賛するために書いているのではない。彼は長期間のことや合理性の成長していく規範に対してパース／パトナム的関心をもってはいない。長い目で見れば、どんなものも他のどんなものに比べてもより合理的であるわけではない。ジェイムズは正しかった。理性とはなんであれわれわれの今日の会話のなかで重みをもつものであり、それでもう十分である。それがわれわれのなかに、またわれわれの間で鼓舞するもののゆえに、それは崇高であるかもしれない。ある会話を他の会話に比べて内在的により合理的にするものなど何もない。合理性は外在的なものである――それはわれわれが同意するもののすべてである。流行の文学理論には流行の化学理論に比べて持続性がないとすれば、それは社会学の問題である。それは科学のほうがより優れた方法をもっているというしるしではないし、また科学のほうが真理に近いというしるしでもない。

それゆえプラグマティズムは枝分かれする。一方にパースとパトナムがおり、他方にジェイムズとデューイとローティがいる。双方とも反実在論者であるが、いくらか違った仕方でそうである。パースとパトナムは情報と推論が遅かれ早かれ結局はそこに帰着するものがあると楽観的に期待している。彼らにとってはそれが実在的なものであり、また真なるものである。パースとパトナムにとっては、実在的なものを定義することと、事物についてのわれわれの図式のなかで、何が結果的に実在的なものとなるのかを知ることとの双方こそが関心の的なのである。プラグマティズムのもう一つの種類においては、このことは大して関心を惹かない。こちらの陣営では、いかに生きかつ語るか、ということが問題である。外在的な真理が存在しないだけではなく、合理性の外在的な規範、あるいは進化する規範すら存在しない。ローティの説くプラグマティズムはこれまた言語に基礎づけられた哲学の一つであり、われわれの生活の一切を会話の問題とみなすのである。デューイは正当にも知識の観客理論を軽蔑した。彼は会話としての科学についてどんな考えを抱いたであろう。私の考えでは、デューイ哲学の正しい進路は思考の問題、表現の問題としての、知識と実在の概念を破壊する試みのうちにある。彼は哲学者たちの精神を実験科学へと向けるべきであったのだが、彼の新しい後継者たちはそうする代わりにおしゃべりを讃美している。

デューイは彼の哲学を道具主義と呼ぶことによって彼より以前の哲学的プラグマティストたちの哲学から区別した。これは、われわれが作る事物（道具としての言語を含む、すべての道具を含んでいる）は——彼の見解に従えば——われわれが経験をわれわれの目的に役立つ思考や行為へと変えるときに介入する道具であるという事態をある程度まで示していた。が、ほどなく「道具主義」は科学哲学の一つを意味するようになった。現代の大多数の哲学者の語法のなかでは、道具主義者とは科学にかんするある特別な種類の反実在論者——理論を現象の記述を組織化するための、また過去から未来への推論を引き出すための道具もしくは計算装置であると考えている人——のことである。理論と法則はそれ自体真理を備えるわけではない。それはたんなる道具であって、文字通りの主張をしているものとして理解すべきではない。見たところ不可視の対象を表示している言葉は指示名辞としてはまったく機能していない。それゆえ道具主義はファン・フラーセンの見解、すなわち、理論的表現は文字通りに受け取らねばならない――しかし信じるべきではなく、たんに「受容」し、かつ用いるべきものなのである――という考えと対照させることができる。

実証主義とプラグマティズムはどのように違うのか

違いはそのルーツから生じている。プラグマティズムはすべての信念を知識のプロセスのなかに位置づけるヘーゲル主義的教養の一つである。実証主義は見ることは信じることであるという着想から生まれている。プラグマティストは常識にけんかをしかけはしない。たしかに椅子も電子も同じように実在的なのである――それらのわれわれに対する価値をふたたび疑うようになるなどということが実際に起こらない限りは。実証主義者は電子を見ることは決してできないのだから、それは信じられないと言う。実証主義者による連禱のように長たらしい説明全体を通してそう言われている。実証主義者が因果性と説明とを否定するところで、少なくともパースの伝統のなかにあるプラグマティストは喜んでそれを受け入れる――それらが役に立ちまた未来の探求にもちこたえる限りは。

第5章　共約不可能性

なぜ科学的実在論のような新鮮味のない話題が、またもや科学哲学を騒がせているのであろう。実在論ははるか昔、コペルニクスとプトレマイオスの世界観が相争っていた頃に偉大な戦闘を行なったのである。十九世紀の末頃には原子論にかんする気掛かりな問題が科学哲学者の間で反実在論を強力にあと押しした。今日これと肩を並べる科学上の争点があるだろうか。あるいはあるかもしれない。量子力学を理解する一つの方法は観念論の方向を取ることである。人間の観察が物理的システムの本性そのもののなかで必須の役割を演じているのだから、観察されるときにはシステムは端的に変化すると論じる人々がいる。「量子力学における観測問題」、「無知による解釈」、「波束の収縮」についての話のせいで、実在論論争のなかでも独創的と言える人々の著作のなかで量子力学の哲学のために書かれた事柄が重要な役割を演じているということは偶然ではなくなっている。ヒラリー・パトナム、バス・ファン・フラーセン、あるいはナンシー・カートライトの考えの多くは量子力学を科学全体のモデルとみなすことから帰結しているようにみえる。

逆に、多くの物理学者たちが次第に哲学的になる。ベルナール・デスパーニアは新しい実在論に対し、最近におけるもっとも重要な貢献の一つを行なっている。現代物理学のある部分において、物質とか実体とかの古い実在論的概念が解消されることが彼の動機の一部となっている。彼はベルの不等式という一般的名称をもつ最近得られたいくつかの結論にとくに動かされているのであるが、それは論理、因果作用の時間的順序、遠隔作用といったようなさまざまな概念を問題に引き入れるものと考えられてきた。結局のところ彼は本書で論じられているどの実在論とも異なるある実在論を擁護する。

それゆえ、実在論にかんする今日の考察に拍車をかけている科学の内部問題が存在している。しかしながらある特殊科学の諸問題は決して哲学的騒乱のすべてを物語るものではない。よく知られているように、ガリレオの有罪判決でクライマックスを迎えたプトレマイオス／コペルニクス論争は宗教のなかに根源をもっていた。それは宇宙における人間の地位についてわれわれが抱く想念を巻き込んだものだった——われわれは中心にいるのだろうか、それとも周辺にいるのだろうか。反実在論的反原子論は十九世紀後期の実証主義の一部分だったのである。同様に、われわれの時代では、クーンの歴史的哲学的著作が実在論に関わる再燃した議論のなかで主要な要素となってきた。彼が科学史および科学哲学における転換を独力で作り出したというわけではない。彼の著作『科学革命の構造』が一九六二年に現われたとき、同じような主題は多くの語り手によって表現されていた。そのうえ新しい学問分野である、科学史も形成されつつあった。一九五〇年には天分に富んだアマチュアの職分だったものだが、一九八〇年には一つの産業となっていたのである。若いクーンは物理学者としての訓練に励んでいたが、多くの他の人々もその方面に眼を向けたのとまさに同じ頃に歴史に惹きつけられたのである。序論で述べておいたように、哲学的展望における根本的な転換は次のことだった——科学は歴史的現象となった。

この革命は哲学者たちに対して相互に関連する二つの影響を及ぼした。すでに述べたような合理性の危機があった。また科学的実在論にかんする疑念が大波のように押し寄せた。パラダイム転換のそれぞれにおいて——と、クーンはほのめかす——われわれは世界を違ったふうに見ることになる——おそらく異なった世界に住むのである。またわれわれは世界の真なる一つの描写へと収束しているのではない。それは手に入れようにも存在していないのだから。真理へ向けての進歩は存在せず、たんに技術の発展と、またおそらく、われわれが二度と心をそそられることはない諸々の考え「からの」進歩しか存在しない。だとしたらそもそも実在の〔本物の〕世界などあるのか。

この部類に属する考えの間で一つの標語が特別人気を博した——すなわち共約不可能性。同じ領域の内部で相継起する、また相競う諸理論は「異なった言語を語っている」と言われてきた。それらは厳密には互いに比較できないし、互いに翻訳可能でもない。異なった理論の言語はわれわれが住んでいるのかもしれない異なった世界の言語上の対応物である。

われわれは一つの世界もしくは一つの言語から他のものへゲシュタルト転換によって移行することができるが、いかなる理解のプロセスによっても移ることはできない。

理論にかんする実在論者はこの見解を歓迎することはできない。というのもそこでは世界にかんする真理を発見するという目的が雲散霧消するからである。また諸々の対象にかんする実在論者も喜びはしない。理論的対象の一切がまったく理論内に閉ざされたように見えるから。われわれの現在の理論には電子が存在するかもしれないが、われわれが考えていることとは無関係に、たんに電子が存在しているのだという主張にはどんな意味も残されてはいない。電子にかんしては著名な科学者たちがこれこれだとはっきりと語った多くの理論があったのである。つまり、R・A・ミリカン、H・A・ローレンツ、そしてニールス・ボーアはきわめて異なった考えを抱いていた。共約不可能性は、彼らはそれぞれの場合に「電子」という言葉で異なった何ものかを意味したのだ、と言う。彼らは異なった事物について語っていたのだが――と共約不可能性主義者は言う――、これに対して対象にかんする実在論者は彼らは電子について語っていたのだと考える。

それゆえ、共約不可能性は合理性の議論にかんする重要な話題ではあるが、また科学的実在論に対立してもいる。とはいえ、少し注意を払えば、それはときにそう思われているほど怪異なものではないように見えてくる。

共約不可能性のさまざまな種類

「共約不可能（incommensurable）」という言葉の新たな哲学的用法は一九六〇年頃ポール・ファイヤアーベントとトマス・クーンがバークリーのテレグラフ・アベニューで交わした会話の産物である。この二人の男が作り変える以前にはそれはどういう意味だったのだろう。それはギリシア数学においては厳密な意味をもっている。「共通の尺度がない」という意味である。二つの長さは第一の長さのm倍を第二の長さのn倍に合わせることができ、それゆえ一方を他方で測ることができるとき、共通の尺度をもつ。すべての長さが共約可能なのではない。正方形の対角線は辺の長さとの間に共通の尺度をもたない。あるいは、今日われわれはこの事実をこう表現しているが、$\sqrt{2}$は有理分数、すなわちm/nではない。

哲学者たちが共約不可能性の隠喩を用いるときには、なにもそれほど厳密なものを心に描いているわけではない。彼らは科学の理論を比較することを考えているのであるが、もちろん、その目的に適う厳密な尺度などはあるはずがないだろう。二〇年にわたる白熱した論争を経てみると、「共約不可能性」という他ならぬこの言葉は三つの区別できる事柄を指し示しているように見える。私はそれらを、主題の共約不可能性、乖離、意味の共約不可能性と呼ぶことにしよう。はじめの二つは比較的簡明であるが、三番目のものは違う。

蓄積と包摂

アーネスト・ネーゲルの一九六一年の著書、『科学の構造』〔邦訳：一九六八―六九年、明治図書出版〕は科学哲学の多くの事柄にかんしてその頃英語で書かれた古典的論述であった。（書名は多くのことを語ってくれる。一九六二年にヒットした本が『科学革命の構造』であった。）ネーゲルは安定した構造と連続性について述べている。彼は知識が蓄積されていくことは当然のこととみなしている。ある理論Tはときにその後継理論$T^{\star}$に置き換えられる。理論の転換を行なうことはどのようなときに合理的なのであろう。$T^{\star}$はTが説明している現象を説明することができなければならないし、またTによってなされた真なる予言はすべて行なうべきである、というのがネーゲルの考えであった。そのうえ、Tの誤っているなんらかの部分を除去するか、あるいはより広い範囲の現象と予言を覆っていなければならない。理想的には$T^{\star}$は両者とも行なう。その場合には$T^{\star}$はTを包摂する。

$T^{\star}$がTを包摂するとき、おおまかに言えば、二つの理論を比較する共通の尺度が存在する。いずれにしても、Tの正しい部分は$T^{\star}$に含まれているというわけである。そこでわれわれはTと$T^{\star}$は共約可能であると隠喩を用いて言うことができるだろう。他ならぬこの共約可能性が理論の合理的比較の基礎を提供する。

主題共約不可能性

ファイヤアーベントとクーンはネーゲルが理論変化の諸々の可能性を汲み尽くしてはいなかったことを明らかにした。後継理論は異なった問題に挑戦したり、新しい概念を用いたり、古い理論とは異なった適用の仕方をもっていたりするかもしれない。以前になされた多くの成功を単純に忘れてしまうこともあるかもしれない。それが現象を認め、分類し、そしてなかんずく、作り出す仕方は以前の説明とはうまく調和しないかもしれない。たとえば、燃焼と漂白にかんする酸素理論は最初のうちフロギストンに見事にあてはまっていた現象のすべてには適用されなかった。歴史的事実として、新しい理論が古い理論を包摂するというのは正しくなかった。

ネーゲルの意見によれば$T^{\star}$はTと同一の主題を扱えなければならないし、それを少なくともTと同じくらいうまく扱えなければならない。またなんらかの新しい主題をも扱うべきである。主題のこのような共有と拡張とはTと$T^{\star}$の共約可能性を助長する。クーンとファイヤアーベントは主題のなかにしばしば徹底的な変化が起こると言った。後継理論$T^{\star}$は同じ仕事をTよりも見事に行なうとは言えない。それらは異なった仕事をしているからである。

通常科学、危機、革命、通常科学、というクーンの図式はこのような主題共約不可能性をきわめてもっともらしいものにしている。一群の反例が注目を広く集めるが、Tのなかで手直しすることを受けつけないでいるときに危機が生じる。革命は反例を描き直し、一つの理論を作り出すが、それが以前に困難を惹き起こしていた現象を説明してくれる。革命は新しい諸概念が古い問題のあるものを解決し、新しいアプローチと研究すべき新しい主題を作り出すときに成功を収める。結果として生じる通常科学は先行した通常科学の多数の勝利を無視するかもしれない。それゆえ$T^{\star}$とTの間にはなんらかの重複部分があることにはなろうが、ネーゲルの描く包摂のようなものはまったくない。そのうえ、重複のある場面においてさえ、$T^{\star}$がある現象を記述する仕方はTが与える記述とあまりにも違うので、われわれはこれらは同じように理解されているということさえないのだという感じを抱くかもしれない。

一九六〇年には、英語でものを書く大多数の哲学者はネーゲルに賛成したであろうから、クーンとファイヤアーベントは大きな衝撃として登場した。とはいえ今となってみれば主題共約不可能性はそれ自体まったく何と言うほどのこともないもののように見える。酸素理論がフロギストンによって研究されていた主題とは異なった一群の主題のほうにほぼ移行していったのかどうかは歴史的な問題である。疑いもなく、一方の端で純粋なネーゲル的包摂で始まり、他の端では後継理論はTの主題、概念、問題を全面的に入れ換えていると言いたくなるような極端にまで達する巨大な広がりをもつ歴史的事例が存在する。その極端な場合には、$T^{\bigstar}$によって教育された後の世代の研究者は、歴史家や解釈者の役割を演じてゼロからTを学び直すまでは、Tを端的に理解できないものと思うかもしれない。

乖離

十分に長い時間が経過すれば、また理論の変化が十分に徹底的なものであれば、昔の著作は後世の科学文献の読者には理解できないものになるかもしれない。それゆえある区別を設けることが重要である。ある古い理論は忘れられるかもしれないが、それを時間をかけて再学習する気がある現代の読者にはまだ理解できるかもしれない。一方にはあまりに徹底的な変化を示しているためにたんに理論を学習する以上に困難な何かが要求されるような理論もある。二つの実例がこの対照を際立たせるのに十分に役立つ。

『天体力学論』の五巻本は一八〇〇年頃ラプラスによって書かれた偉大なニュートン的物理学の本である。現代の応用数学の研究者にはそれは理解できる。ラプラスが熱《カロリック》素につい て書いている、本の末尾部分でさえそうである。熱《カロリック》素は物質、熱の物質であり、距離が増すにつれ急激に減衰する斥力を備えた小さな粒子から成ると思われていた。ラプラスは自分の熱《カロリック》素モデルで重要な問題のいくつかが解けることを大層誇りに思っている。彼は空気中における音速の導出として最初のものを与えることができた。ニュートンの導出はまったく誤った答えを与えていたのに、ラプラスはおおむね観測された速度に合うものを得ているのである。われわれは今では熱素《カロリック》のような物質があることを信じてはいないし、ラプラスの熱の理論をまったく置き換えてしまっている。しかしわれわれはそれを把握することができるし、彼が何を行なっているのかを理解することもできる。

対照のために、一五四一年に亡くなったパラケルススの多くの本をめくってもらいたい。彼は一連のヘルメス的関心――医学、生理学、錬金術、薬草学、占星術、占い――に貫かれた北欧ルネサンスの伝統の実例となっている。その当時の他の多くの「医者」と同様に、彼はそれら全部をある単一の技術の部分として実践した。歴史家はパラケルススのなかに後世の化学と医学を先取りしているものを見出す。薬草学者は彼の考察から忘れ去られている知識のいくつかを取りもどすことができる。しかし彼の本を読んでみると、われわれとはまったく異なった人間を見出すことになるだろう。

彼の言葉の一つ一つがわれわれに理解できないというのではない。彼は変則的なラテン語とゲルマン基語で書いたのだが、それは決して深刻な問題ではない。現代ドイツ語に翻訳されているし、彼の著作のいくつかは英語でも読むことができる。その雰囲気は次のような一節によく出ている――「自然は図像、石、植物、言葉などの他の事物を通して、またそれが彗星、類似物、暈、および天のその他の非自然的産物を作り出すときに、作用する」。それは今日ではわれわれが捉えることのできない思考の排列である。というのはわれわれにはほとんど理解できないカテゴリーの体系全体に基づいているからである。

たとえそれらの言葉を完全にうまく理解することができるように思われる場合でさえ、われわれは五里霧中であることにかわりはない。真剣さの点でも知性の点でも水準の高い多くのルネサンスの著作家はアヒル、あるいはガチョウ（ガン）、あるいは白鳥の起源について世にも奇妙な意見を述べている。ナポリ湾に浮かんでいる腐った木材からガチョウが発生している。アヒルはフジツボから生じる。当時人々はアヒルやガチョウについてどんなことでも知ってはいたのである。それは近くの農家の内庭にいたのだから。白鳥は支配階級によって半ば飼育されているような状態になっていた。フジツボや木材にかんするこれらのばかげた命題の意味はなんなのであろう。われわれはこうした思想を表現する文を少なからず手にしている。われわれはジョンソンの『辞典』（一七七五年）にも『オックスフォード英語辞典』にも同じように載っている次のような単語も種々もっている――「ガチョウツクリノ、、、、、、、(Anatiferous)――アヒルまたはガチョウを生み出す。すなわち木について成長し、下にある水に落ちるとカオジロコクガン（tree-goose）に変わると古くは思われていたフジツボを生み出す」。定義はまったく明白である。だがこの観念の真意はなんなのか。

パラケルススはわけのわからない人物ではない。彼の著作を、学習して、読めるようになることは可能だ。模倣することさえできる。彼の時代にはわれわれが今日偽パラケルススと呼んでいる多くの模作があった。彼の思考法に十分に深く入り込み、さらに一冊の偽パラケルススの本を創り出すこともできるだろう。しかしそうするためには、今日のわれわれには、たとえば、ホメオパシー医療などにおいてかろうじて思い起こすことができるだけのなじみのない思考体系を再創造しなければならないだろう。困難をもたらすのはたんにわれわれがパラケルススは誤ったことを書いたと考えていることではなく、彼の文のなかのきわめて多数のものに真理または虚偽を結びつけることがわれわれにはできないということが問題なのである。彼の推論の様式はなじみのないものである。梅毒は水銀《マーキュリー》の軟膏とその金属を体内に投与することによって治療することができる。金属としての水銀は水星《マーキュリー》という惑星の象徴であるが、一方水星のほうは市場を象徴し、そして梅毒は市場でかかるものだからである。これを理解しようというのはラプラスの熱素《カロリック》理論を学ぶのとはまったく異なった修練なのである。

パラケルススの論説は、彼の言いたかったことをわれわれが言いたいことに対立させる手立てがないために、われわれの論説とは共約不可能的である。われわれは彼の言葉を英語で表現することはできるが、語られていることを肯定することも否定することもできない。せいぜいわれわれ自身の時代の思考から疎外されるか乖離するかしたときに限って彼のやり方で話しはじめることができるのである。それゆえ私はわれわれ自身とパラケルススとの対照は乖離であると言うことにする。

われわれがパラケルススはわれわれとは異なった世界に生きていたと言うにしても、隠喩を濫用していることにはならないだろう。言語の面で乖離と強い相関関係をもつことが二つある。一つは数多くのパラケルススの言明はわれわれの考える真か偽かいずれかに該当するものの候補のなかには入っていないということである。もう一つは推論の忘れ去られた様式が彼の思考の中心を形作っているということである。私は他のところでこれら二つの側面が密接に結びついていることを論じた。関心を惹く命題は一般に、その真理値を定める助けになる推論の様式が存在する場合に限って、真または偽なのである。(1)クワインと他の人々は概念枠について書いているが、それによって彼らは真だと考えられている文全体を意味している。それは私の考えでは誤った性格づけである。概念枠は諸々の可能性の網であり、それを言語面で定式化すれば真または偽として手に入れることができる文の集まりである。パラケルススは世界を、われわれのものとは違う推論の様式のなかに埋め込まれた、可能性の異なった網として眺めていた。それがわれわれと彼とが乖離している理由である。

ポール・ファイヤアーベントは科学の多くの領域における共約不可能性について語っているが、『方法への挑戦』(一九七七年)における彼の熟した思想の大部分は私が乖離と呼ぶものに関わっている。彼の注目すべき実例はアルカイック期のギリシアから古典ギリシアへの変化である。主に叙事詩や壺絵に依拠しながら、ホメロスのギリシア人たちは事物をアテナイ人たちとは違ったふうに見ていたと彼は主張する。これは正しいにせよ正しくないにせよ、たとえば、電子について語っているときに物理学者のグループはそれぞれ異なったものを指示してきたのだという主張に比べればはるかに驚くに値しないものである。

多くの実例はラプラスとパラケルススの両極端の間に位置している。古い文献が、それがいかにわれわれの思考様式から乖離しているかどうかを絶えず見えないようにしているということに、歴史家はすぐに気づくことになる。たとえば、クーンは、アリストテレスの物理学はわれわれの運動の観念とは乖離した観念に依拠しており、われわれは彼の言葉の網を再認識することによってのみ彼を理解することができるとわれわれに語っている。クーンはわれわれの先達の著作を、われわれのではなく、彼らのやり方で再考する必要を説く歴史家の一人である。

意味共約不可能性

第三の種類の共約不可能性は歴史的なものではなく哲学的なものである。それは理論的で観察不可能な対象を表わす言葉の意味にかんして問うことから出発する。

理論的な対象もしくは過程に対する名辞はどのようにして意味を獲得するのだろうか。われわれは、子供が「手」とか「病気である」とか「悲しい」とか「恐ろしい」とかの言葉の用法を、これらの言葉が適用されるもの（自分自身の手、自分自身の悲しさを含む）を示されることによって把握することができるという考えを抱いているかもしれない。言語習得にかんするわれわれの理論がどのようなものであるにせよ、手や悲しみが明白にそこにあることとないこととは、それらの言葉が意味しているものを捉える助けとなるに違いない。しかし理論語は――ほとんど定義上――観察できないものを指示している。それはどのようにして意味を手に入れるのか。

われわれが定義によって与えることができる意味もある。しかし奥行きのある理論の場合には、どんな定義もそれ自体他の理論語を含むものである。そのうえわれわれは理解という作業に着手するときには滅多に定義を用いはしない。われわれは理論語を理論について語ることによって説明する。このことはずっと以前から、語の意味は理論それ自体のなかから取り出される言葉の列によって与えられるということを示唆してきた。理論のなかの個々の言葉の意味は理論全体の構造の内部でのその位置によって与えられる。

意味についてのこの見方によると、ニュートンの理論における「質量」は、相対論的力学についての「質量」と同じ「質量」を意味しているわけではないということが帰結する。コペルニクスの理論における「惑星」は、プトレマイオスの理論における「惑星」とは同一のものを意味してはいない。また実際、太陽はプトレマイオスにとって惑星であるがコペルニクスにとってはそうではない。このような結論は必ずしも問題を孕んではいない。コペルニクスがわれわれの惑星系の中心に太陽を置いたときに、太陽はそれ自体異なったものを意味したのではないのか。「惑星」や「質量」は人々が惑星や質量についてより多くのことを考えるにつれ新しい意味を開発したとわれわれが語ったとして、それがどうして問題になるのか。われわれはどうして意味変化にかんして大騒ぎをするのか。そのわけは、われわれが理論を比較しはじめるときに、それが問題になるように思われるからである。

sを相対論的力学によって肯定され、ニュートン力学によって否定されている、質量にかんする文としよう。「質量」という言葉が理論のなかでどのような位置を占めるかによって意味を得ているのだとすれば、それがニュートン力学のなかで用いられているか相対論的力学のなかで用いられているかに依存して、異なったものを意味することになる。それゆえ、アインシュタインによって主張されている文sは、ニュートンによって否定されている文sとは意味において異なっているはずである。実際、rを「質量」という言葉を用いてはいるが、sとは異なってニュートンとアインシュタインの双方によって主張されている別の文としよう。われわれは、ニュートンの理論のなかに現われる文rは相対論的な理論に包摂されている、と言うことはできない。というのは「質量」は二つの文脈で同一のものを意味してはいないからである。ニュートンとアインシュタインの双方に共通している一つの命題、rの共有されている意味などは存在しないのである。

それは紛うかたなき共約不可能性である。理論的な術語を用いるどんな二つの理論の間にも、それらは原則的に決して同一の問題を議論することはできないのだから、共通の尺度は存在しない。一つの理論がその後継理論と共有する理論的命題などは存在し得ない。それゆえ包摂に関するネーゲルの学説は、たんにTが語っていることは後継理論$T^{\star}$のなかでは主張する（あるいは否定する）ことさえできないという理由によって、論理的に不可能になる。このようなことが意味の共約不可能性をもちだす注目に値する主張なのである。決定実験が論理的に可能であるかどうかについて疑念を抱きはじめることさえ可能になる。ある実験が理論の間で決着をつけるとすれば、一方の理論が予測し、また他方の理論が否定していることを主張するある文が存在しなければならないのではないか。そのような文は存在し得るのか。

意味の共約不可能性の学説は憤激の叫びに出会ったものである。考えの全体が整合的ではないと言われた。たとえば次のようにである——天文学と遺伝学が共約不可能的である——それらは異なった領域に関わっている——ことをだれも否定しはしないだろう。だが意味の共約不可能性は、競合する理論あるいは後継する理論は共約不可能的であると言う。仮にわれわれはそれらが同一の主題に関わっていることを認識しておらず、それゆえそれらの間で比較を行なっているのではないとしたら、どうしてそれらを競合するとか後継すると呼ぶことができたのか。共約不可能性に対する同様に浅薄な反応は他にもある。さらに深みのある反応もあるが、なかでももっとも優れているのはドナルド・デイヴィドソンのものである。デイヴィドソンは共約不可能性は、異なった、また比較不可能な概念枠という観念に基づいているのだから、意味をなさないとほのめかす。ただし彼は概念枠という概念そのものが一貫性を欠くと力説しているのである。(2)もっと簡明な水準では、たとえばダッドリー・シェイピアによって、後継する理論の間には理論比較を許すのに十分なくらいは意味の同一性があることが、注意深く論証されてきた。(3)シェイピアは、このような問題は意味の概念をもちこまないときにもっともうまく議論されると考えている人々の一人であり、このなかには今日のファイヤアーベントも含まれている。私も同意見である。とはいえ意味の共約不可能性の根底には理論的対象を表示する名辞はどのようにして意味を獲得するのかという問題が横たわっている。この問題は意味についてのおおまかな考えを前提している。この問題が提起され、大変な嵐が巻き起こされた以上、意味についてのおおまかでも、もっとうまい考えを作り出さないわけにはいかない。ヒラリー・パトナムはこの責務を尊重した。ここでわれわれは意味の共約不可能性をきっぱりと言いかわすために彼の指示の理論を眺めてみよう。

第6章 指示

仮に科学哲学者が意味にかんしてまったく煩わされることがなかったならばそれだけで、意味の共約不可能性の学説を手にすることもなかったであろう。しかし現実には、競合する、あるいは後継する理論を支持する人々が、依然として同一のものにかんして語っていることを認めるような、意味についての別の説明をわれわれは必要としている。もっとも見込みのある代案がヒラリー・パトナムの説明である。(1) 彼はそれを彼が以前に支持していた科学的実在論の一部分とするつもりであった。それ以来彼は次第に反実在論者になってきているのだが、その話は次章までお預けとする。目下のところは彼の「意味」の意味について考えよう。

意義と指示

「意味」という言葉は多くの用法をもっているが、その多くは精確であるというよりは何かを喚起するための用法である。たとえわれわれが詩は別にして言葉の平凡な意味に固執するとしても、少なくとも二種類の意味が存在する。それらは一八九二年のゴットロープ・フレーゲの論文、「意義と指示対象について」〔邦訳：『言語哲学重要論文集』所収「意義と意味について」二〇一三年、春秋社〕のなかで区別されている。

どういう意味なのか、という質問に対する二種類の答えを考えてみよう。私が読者に、リチャード・オーウェンによってブエノス・アイレスから運び込まれたグリプトドンが今復元された、と語ったとしよう。大抵の人は「グリプトドン」という言葉の意味を知らない。そこで、どういう意味なのか、と尋ねるかもしれない。

われわれが博物館に立っているとすれば、私はただ大きめの途轍もない形をした骨格を指し示すだけかもしれない。それが私の意味しているものである。フレーゲの語法では、その他ならぬ骨格が「リチャード・オーウェンによってブエノス・アイレスから運び込まれたグリプトドン」という私の言葉の指示対象（reference）である。

一方、読者は「グリプトドン」という言葉がどういう意味なのかを知る手掛かりを多分もっていないので、私はグリプトドンとはアルマジロに近いが、縦溝のある歯をもった絶滅した南アメリカの巨大な哺乳類であると読者に告げるかもしれない。この定義によって私はフレーゲなら「グリプトドン」という言葉の意義（sense）と呼んだであろうものを指定したのである。

ある語句が意義を、すなわちわれわれがその語句によって理解するものであり、指示対象が存在する場合には、それを選び出すことができるようにしてくれるものをもっていると考えることは自然なことである。「グリプトドン」の定義を聞いていれば、私は博物館へ行き、それがあればのことだが、標本の下にあるラベルを見ることもなく、その骨格を見つけることができる。フレーゲは言葉は標準的な意義をもっており、それが科学的伝統を可能にするものである、と考えた。意義は伝達し合う人々すべてが共有するものであり、研究者の世代から世代へと伝えられていくものかもしれない。

意義と意味の共約不可能性

フレーゲなら意味の共約不可能性を嫌悪したであろうが、彼のものの見方がその罠へ導くのに手をかした。彼は、表現は明確で固定した意義をもつべきであり、われわれはそれを理解し、それがわれわれに指示対象を選び出すことを可能にする、と説いていた。さてこのことに、理論語の意義は理論的命題が作り上げる網のなかでのその位置を考えることによってのみ把握することができるという非フレーゲ的観念を付け加えてみよう。そうした語の意義は理論が変化を蒙るに従って変化しなければならない、ということが帰結するように思われる。

われわれはこの結論を何通りかの方法で回避することができる。一つは意味を、意義と指示対象というたった二つの構成要素に分解してしまうことを、抽象的、客観的な意義によってなされている一切の働きと共に、避けることである。結局のところ意味は自然が意義と指示対象という名札をつけておいた二つの小ぎれいな小包に自ら収まっていくわけではない。仕分けと包装とは論理学者と言語学者の仕事なのである。J・S・ミルはそれを少しばかり違ったやり方(内示(connotation)と外示(denotation))で行なった。スコラの文法学者たちの場合にもそうである(内包(intension)と外延(extension))。言語学者フェルディナン・ド・ソシュールに従うフランスの著述家たちはまったく違った分割(能記[シニフィアン](signifier)と所記[シニフィエ](signified))を手にしている。われわれはフレーゲのひもを解き、まったく違った小包に荷造りすることができるだろう。疑いもなくそうする方法はたくさんある。ヒラリー・パトナムは他のすべての著述家とは違って、「意味」の構成要素をわずかに一対しかもっていないというわけではないために、とくに役に立つ。

パトナムの「意味」の意味

辞書は知識の宝庫である。それは世界にかんする経験的非言語学的諸事実の一切を省いて、フレーゲ的抽象的意義だけを述べているわけではない。でたらめに一つの辞書を開けば、たとえば、フランスの金貨、ルイドールは一六四〇年に初めて鋳造され、大革命まで製造が続いたことを知るだろう。また古代のエジプトとインドの宗教芸術はロータスと呼ばれた睡蓮の儀礼的な表現を含んでいること——そしてその神話的なロータス樹の果実は夢見心地の満足感を作り出すと考えられていたことを学び知るだろう。辞書は発音と文法についての若干の情報を伴った見出しに始まり、語源の後は、たくさんの知識へと進む。そして用例でしめくくられるかもしれない。私のもっている簡明な辞書は、it〔それ〕の記載を 'It's a dirty business, this meat-canning〔よごれる仕事さ、この肉のカン詰作業ってやつは〕' という実例で終えている。

パトナムは意味についての説明を、同じように成分を並べることによって組み立てる。われわれは彼を「辞書へ帰れ運動」を指導しているものとみなすことができるだろう。実例として二つの言葉を用いることにする。一つは彼自身が選んだ「水」であり、もう一つはわれわれが選んだ「グリプトドン」である。

パトナムによる意味の第一成分は文法的なものである。彼はそれを統語論的標識と呼ぶ。「グリプトドン」は可算名詞であり、「水」は質量名詞である。それはたとえば複数形の形成に関わりをもつ。われわれは、穴のなかに水〔単数形〕が少しある、と言う。しかし一方、穴のなかに一頭のグリプトドン〔単数形〕がいる、と言うかあるいは、穴のなかにいく頭かのグリプトドン〔複数形〕がいる、と言う。これらの言葉は異なった文法をもっている。パトナムは統語論的標識のなかに、この言葉は二つとも具象〔抽象と区別して〕名詞であるという指示も含めるだろう。

パトナムの第二成分は意味論的標識である。われわれの場合にはこれは言葉が適用されるもののカテゴリーを示すのである。「水」も「グリプトドン」も自然に見出される事物の名称なので、パトナムは意味論的標識のなかに「自然種（natural kind）語」と書き入れる。「水」の下に彼は「液体」と記載し、「グリプトドン」の下には「哺乳類」と書くことであろう。

固定観念

パトナムのもっと独創的な功績は、第三成分の固定観念（stereotype）である。固定観念は言葉と結びついているありきたりの観念であるが、これは多分不精確なものではあろう。彼の例を用いると、われわれの社会において「虎」という言葉を理解する人は、虎は縞模様をもっていると考えられていることを知っているはずである。子供の本の挿絵は虎の縞模様を強調している。それはその挿絵が虎の絵であることを示すうえで重要なことなのである。たとえ縞模様をもっているということが一種の偶然に過ぎず、彼らの住む森が破壊されればほどなく一様な砂漠黄褐色になって適応するだろう、と人々が考えるようなことがあったにしても、それでも標準的な虎は縞模様であるということは正しい。虎について詳しく伝達するためにもそのことは知っておく必要がある。しかし縞模様を失った虎について語ることは自己矛盾ではない。真っ白な虎は正式に記録に残されている。同様に四本足であることは犬の固定観念の一部である。たとえ私の愛犬ベアが三本の足しかもっていないにしても。

「水」の固定観念の一部としてパトナムは無色、透明、無味、渇きをしずめること等々をあげている。「グリプトドン」の場合には巨大、絶滅した、南アメリカの、アルマジロに近い、縦溝のある歯をもった、をとりあげてよかろう。

これらの要素のなかには誤ったものがあるかもしれない、ということに注意しなければならない。「グリプトドン」という言葉は、フルート〔縦溝〕＋歯、を表わすギリシア語からきている。この言葉は一八三九年にグリプトドンの骨を発見した古生物学者、リチャード・オーウェンによって発明された。しかしことによると名称の由来に含まれる縦溝のある歯は若干のグリプトドンのみに見られる特徴であるかもしれない。固定観念の要素の一つ一つはどれも誤っていることがあり得るだろう。ことによるとわれわれは小さなグリプトドンを見つけることになるかもしれない。北アメリカにもグリプトドンがいたことも。もしかするとこの種は絶滅しておらず、アマゾンかアンデスの奥深くに生き永らえているかもしれない。オーウェンは進化の系統樹を誤って考えており、その動物はアルマジロに近くはない、とか。

同じように、われわれは固定観念に事柄をつけ加えてもいいだろう。グリプトドンは更新世に生きていた。それは棍棒として使うことができた、端にこぶがあり釘様の突起を備えた尾をもっていた。それは縦溝つきの歯で取り入れることのできるものならなんでも食べた。私は七〇年前に書かれた諸々の参考文献が今日われわれが見出すのとはまったく違った特徴を強調していることに気がついたことがある。

言語的分業

パトナムの固定観念の諸要素は問題になっている言葉の用法の永久的な規準ではない。その言葉の適用にかんする現在の最良の規準を知らないのに、言葉の意味を知り、多くの状況においてそれをどう使うか知っていることもあるかもしれない。私はグリプトドンの骨格を見ながらそれを見分ける方法を知っていても、古生物学者の間に知れわたっている規準については知らないかもしれない。パトナムは言語的労働の分業について語る。われわれは最良の規準とその適用の仕方を知ることを専門家に依存している。この種の専門的知識は意味を知るという問題ではなく、世界を知るという問題なのである。

パトナムはわれわれの理解におけるある階層構造のようなものを提案する。それははるか昔にライプニッツが『認識、真理、観念についての省察』(一六八四年)のなかで提示したものに類似している。

最悪の状態にあっては、人は言葉が何を意味しているのかを単純に知らないのかもしれない。たとえばパトナムは論文の一つのなかで「ヒース(heather)」は「ハリエニシダ

(gorse)」の同意語であると主張している。これはパトナム自身の区別の魅力ある実例になる、罪のない間違いである。ヒースもハリエニシダも、たとえばスコットランドに特有の植物ではあるが、ハリエニシダは明るい黄色の花をもった棘のある大きな低木である。一方ヒースは小さな紫色の鈴形の花をもった丈の低い、すべすべした低木なのである。パトナムはこれらの低木にかんしては固定観念さえ知らなかったか、あるいは忘れていたに違いない。だがそれは明らかに誤りである。彼は'furze'は'gorse'の同意語であると言うべきだったのである。ファウラーの『現代英語言語辞典』は、この二つの言葉は同一の地域において同一の話者がほんのわずかな意味の相違も伴うことなく取り換えて使っている完全な同意語の、もっとも希有な一対であると言っている。

次に、言葉が何を意味しているか知ってはいるのに、正しく適用することができないという場合もあるかもしれない。パトナムは植物学について率直な告白をし、自分はブナをニレと見分けることができないと言っている。それゆえ彼はライプニッツがブナの曖昧な観念と呼んだものを抱いている。ライプニッツの言葉によると、「以前に一度見た花や動物の明確でない観念が、新しい実例に出会ったときに私にそのことを認識させるのに十分ではない場合」のことである。

次には、人は標準的規準やその適用の仕方を知らずに、ブナをニレと見分けたり、あるいは金を他の物質から見分けたりすることができるかもしれない。これはライプニッツが明確な観念をもつことと呼んだものである。規準とその適用の仕方を知っているときには人は判明な観念をもっている。パトナムとライプニッツとは同一の実例を用いている。すなわち、試金者は金を識別する諸々の原理を知っており、テストを適用することができる専門家である。試金者は金の判明な観念をもっている。

ほんの何人かの専門家だけが判明な観念をもっている。すなわちある領域における適切な規準を知っている。だが一般にわれわれは皆、それに対する明確な規準がたしかに存在している「金」や「ニレ」のようなありふれた言葉の意味を知っている。おそらくこれらの言葉はさほど遠からぬ所に専門家がいなかったとしたら、まさに現在のように通用することはなかっただろう。パトナムは言語的分業はどんな言語共同体においても重要な役割をもっていると推測する。専門家の規準は変化するかもしれないことにもまた注意しなければならない。試金者は現在ライプニッツの時代に使ったのと同じテクニックを使ってはいない。またある種を定義する最初の企てにおいてへまを犯すのはありふれたことである。固定観念的特徴は認識されてはいるが、何が重要であるのかを知るに足りるほどその事物について知ってはいないのである。そうすると意味において何が一定なのであろう。パトナムは一切を指示対象と外延とに依存させる。

指示対象と外延

自然種語の指示対象は問題になっている自然種である——実際にそのような自然種が存在する場合には。「水」の指示対象はある種の物質、すなわちH_2Oである。ある言葉の外延とはその言葉が正しくあてはまる事物の集合である。たとえばグリプトドンという言葉の外延は過去、現在、未来のグリプトドン全体からなる集合である。「グリプトドン」が自然種でなかったらどうなるのだろう。古生物学者たちはとんでもない間違いを犯しており、縦溝のある歯はすべてある一つの種の動物に由来するものであるが、アルマジロに似た外殻は別の種に由来するものであると想像してみよう。グリプトドンはまったく存在しなかった。それゆえ「グリプトドン」は自然種語ではなく、その外延にかんする問題は起こってこない。起こってこなければならないというのであれば、その外延は空集合である。

意味についてのパトナムの説明は外延、もしくは指示対象（あるいは両者とも）を意味の一部として含んでいるために、以前の説明とは異なっている。これらが世代から世代へと一定に保たれるものなのであって、フレーゲ的意義がそうなのではない。

「意味」の意味

「グリプトドン」という言葉の意味は何か。パトナムの答えは統語論的標識、意味論的標識、固定観念、外延の四つの成分をもつヴェクトルである。実際問題として、それゆえ次のように書くべきである——

グリプトドン——〈具象可算名詞〉。〈自然種、すなわちある哺乳類を名指す〉。〈絶滅している。主として南アメリカに棲む。巨大。アルマジロに近い。可動帯や可動部分をもたない長さ五フィートにも達する巨大な固い殻をもつ。更新世に生きていた。雑食性〉。〈……〉

ここにあるのは、なかを埋めることのできない最後の角括弧だけは別にして、ぶかっこうな辞書の記載に他ならない。辞書のページの上にすべてのグリプトドンを置くことはできない。自然種を挿入することもできない。絵入り辞書は最善を尽くしている。現実のグリプトドンの骨格の写真、もしくはグリプトドンはどんな姿をしていたに違いないかを示すスケッチを与えてくれるからである。最後の〈……〉を外延の点々と呼ぼうではないか。

指示対象と共約不可能性

ある種類の事物または物質についてより多くのことが発見されるにつれ、固定観念は変化するかもしれない。われわれが本物の自然種語を実際にもっているとすれば、たとえその種にかんする固定観念をなす見解が変化し得るとしても、その語の指示対象は相変わらず同一のものである。それゆえ、語の同一性の根本原理はフレーゲ的意義からパトナム的指示対象へと移行する。

パトナムは常に意味の共約不可能性に反対してきた。意味の共約不可能性は、ありそうにない話であるが、理論が変化するときにはいつもわれわれは同一のものにかんして話すことをやめるのだ、と言う。パトナムは、現実的な反応をして、それはばかげていると答える。無論われわれは同一の事物について語っているのである。すなわち語の不変の外延についてだ、という。

パトナムは彼の指示の理論を展開したときには、まだ科学的実在論者であった。意味の共約不可能性は科学的実在論にとっては具合が悪いので、共約不可能性の落し穴を避ける意味の理論を展開することがパトナムの仕事になった。それは消極的な帰結である。しかし積極的な帰結もある。たとえば、ファン・フラーセンは反実在論者であるが、彼は私と同様、意味の理論は科学哲学ではごくわずかな場所しか占めないはずだと考えている。それでもなお彼は電子が実在していることを確信している実在論者を悩ませる――「ミリカンはだれの電子を観測したのか。ローレンツのか、ラザフォードのか、ボーアのか、それともシュレディンガーのか」(『科学的世界像』二一四頁)。指示対象にかんするパトナムの説明は実在論者に明白な答えを提供する。ミリカンは電子の電荷を測定したのである。ローレンツ、ラザフォード、ボーア、シュレディンガー、ミリカンは皆電子について語っていたのである。彼らは電子について互いに異なった理論をもっていた。電子にかんする互いに異なった諸々の固定観念が広まっているとはいえ、われわれが語っているものの同一性を固定するのは指示対象なのである。

この答えは今までに語ってきたことを超えており、危険の伴う一歩を踏み出している。水とグリプトドンの場合には、言葉と世界とを接続するうまい方法があるように見える。われわれは少なくともその物質、すなわち水のある分量を指差すことができる。グリプトドンを指差したり、写真にとったり、その種に属するメンバーの一つの骨格を再構成したりすることもできる。しかし電子を指差すことはできない。われわれはパトナムの理論が理論的対象に対してどのように機能するのかを示さねばならない。

以下の数節で私は現実の命名のいくつかを描写しよう。人は科学のなかで起きる奇妙な事柄に対するセンスをもたなければならないが、これはSFのなかにはびこっている限られた広がりしかもたない味気のない諸々の出来事とは別物なのだ。事実よりもフィクションを好むという点にパトナムの論文の欠陥がある。事実がパトナムの単純化された「意味」の意味のなかにあるいくつかの欠点を暴露する。とはいえ彼はわれわれを意味の共約不可能性の擬似問題から解放したのである。電子を命名するのに名辞にかんする理論はまったくいらない。(私は哲学的な根拠から、完全で、一般的な意味の理論、あるいは名指しの理論は原則的には存在し得ないとひそかに考えている。)明らかに誤った理論が、考えられる唯一の理論ではないことに確信をもちさえすればよい。パトナムはそれを行なったのである。私はまたときに見られるパトナムの説明に対するなくても構わぬ付け足しのいくつかについて警告しなければならない。パトナムの考えは、ソール・クリプキが今日『名指しと必然性』〔邦訳：一九八五年、産業図書〕という書名で出版に付している一連の注目すべき講義を独自に行なっているときに発展した。人々が事物の自然種の命名に成功するときにはその種に属する物は、その本質そのもの、その他ならぬ本性の一部として、必然的にその種のものである、とクリプキは主張する。これはアリストテレスに負うある哲学、すなわち本質主義と呼ばれている哲学へ立ち戻ることである。クリプキによれば、水が実際にH_2Oであるなら、水は必然的にH_2Oである。形而上学的必然性の問題として、水は他のなにものでもあり得ない。もちろん水はことによると他の何かであるかもしれない。それはだれにも分からない。だがそれは認識上の問題である。この本質主義はパトナムの「意味」の意味とは偶然に関連をもつだけである。彼の指示対象は必ずしも「本質」ではない。D・H・メラーは少なくとも科学哲学にかんする限りは、この考えに反対しなければならない強力な根拠を与えている。(2) (それは科学哲学者が意味の理論に対して用心深くあらねばならないことを示すもう一つの例である。) 論理学の研究者に対してはクリプキの考えは本質的に興味深いものであるとはいえ、それをパトナムの考えにかんする本書における私の解説につけ加えるべきではない。

電子に呼び名を与えること

電子のような新しい自然種はしばしば思弁の初期の段階の産物であるが、この思弁は徐々に理論と実験とのなかで明確な形をとるようになるものである。

パトナムは、自然種を選び出し命名するのに、その実例を指し示す必要はないと力説する。そのうえ指し示すことはまったく不十分である。しばしばウィトゲンシュタインに帰せられる考えであるが、実例を指差しそれをリンゴと呼ぶことをどれだけやっても、それはその後で「リンゴ」という言葉を適用するいくつかの——あるいは限りなく多くの——やり方と矛盾するわけではないというのはよく知られている主張である。そのうえ、どれだけの量の定義をリンゴに与えても、「リンゴ」という言葉を用いる規則が限りなく多くのさまざまなやり方に枝分かれする可能性を、原則的に排除するわけではない——アダムのリンゴ〔のどぼとけ〕と呼ばれている人間の首の一小部分とか、ナラのリンゴ〔虫こぶ〕、すなわち寄生虫の巣として作られるカリフォルニア・オークの表面の堅い大きな球体とかの、奇妙な隠喩には触れないにしても。われわれがおそらくウィトゲンシュタインに由来するこの学説にかんしてどんな意見をもつにせよ、少なくとも指し示すことがまったく不十分であるということは明らかである。指し示すことが実際に行なうのは、「リンゴ」という言葉とある種の果実、すなわちリンゴとの間の因果的、歴史的な関連をわれわれに提供することである。この関連は他の方法によって確立することもできるだろう。「電子」という言葉をめぐる理論と実験との歴史的発展がその実例を与えている。

パトナムはボーアと電子の話を物語る。パトナムによれば、ボーアは電子にかんする理論をもっていた。それは厳密に正しい理論ではなかったが、彼はわれわれの注意を事物のこの自然種へとたしかに引き寄せた。われわれは一種の思いやりの原理を適用するべきである、とパトナムは言う。パトナムはそれを疑わしきは罰せず(the benefit of the doubt《ダウト》)の原理と、あるいは、洒落を交じえて言ったのだが、呼び名を与えられたものの特典(the benefit of the dubbed《ダッブド》)の原理と呼ぶ。われわれはボーアが行なっていることにかんして疑いをもつかもしれないが、われわれの歴史的伝統のなかで彼の位置が定まっている以上、彼が不十分な理論によってではあるが実際に電子について語っていたということを認めるべきである。

いつものように私はSFよりも真実を好む。ボーアは「電子」という言葉を発明したわけではなく、標準的な用法を引き継いだのである。彼はすでに大層よく理解されていた粒子にかんして思索した。正しい物語は以下のようなものである。「電子」は一八九一年に電気の自然単位に対して提案された名前である。ジョンストン・ストーニーは早くも一八七四年にこのような自然単位について書いており、一八九一年にそれに「電子」という呼び名を与えた。一八九七年にJ・J・トムソンが陰極線は当時「超原子(ultraatomic)粒子」と呼ばれていた最少量の負電荷を担ったものから構成されていることを示した。これらの粒子はトムソンによって長い間「微粒子（corpuscles）」と呼ばれていた。彼はある究極的な物質をつかまえたという正しい考えを抱いた。彼はその質量を決定した。一方ローレンツはいちはやく電子と呼んでいた最少量の電荷をもった粒子の理論を詳しく仕上げていた。一九〇八年頃ミリカンはこの電荷を測定した。ローレンツと他の人々の理論が実験による研究とかなりうまく一致することが示された。

私の考えでは、電荷の最小単位が存在すると語ったとき、ジョンストン・ストーニーは思弁に耽っていたのである。われわれは彼に疑わしきは罰せずの特典を、あるいはむしろ、呼び名を与えた者の特典を授ける。彼がその名前を作り出したからである。お望みであれば、彼もまた電子について語っていたのであると言ってもいい（それではまずいのだろうか）。しかし私はトムソンとミリカンにかんしては疑いをもってはいない。彼らはこれらの荷電した超原子粒子の質量と電荷とを実験的に測定することによって、その実在性を確立する道を見事に歩んでいた。トムソンは原子についての誤った姿、しばしばプディング・モデルと呼ばれる姿を思い描いていた。彼の原子はイギリスのプディングの干ぶどうのように電子をその内部にもっていた。しかし共約不可能性主義者が、トムソンは電子——われわれの電子、ミリカンの電子、ボーアの電子——とは異なるあるものの質量を測定した、と言うようなことがあれば、彼は気が変になったと考えてよいだろう。

電子は指示対象にかんするパトナムの見解のうまい実例を提供する。われわれは電子にかんしてはトムソンが知っていたよりもずっと多くのことを知っている。われわれは電子にかんする思弁と電子についての実験をかみ合わせることができることをいつも見出してきた。一九二〇年代の初期、O・シュテルンとW・ゲルラッハによってなされた実験は電子が角運動量をもつことを示唆した。そして間もなく一九二五年に、S・A・ハウトスミットとG・E・ウーレンベックが電子スピンにかんする理論を手に入れた。現在ではだれも電子が基本的な重要性をもつ自然種であることを疑わない。今日多くの人々は電子は電荷の最小単位によって荷電しているのではないと考えている。クォークが$\frac{1}{3}e$の電荷をもつと推測されているのであるが、このことは電子の実在性、もしくは電子の真正性を損ないはしない。それはたんに、長い生命を保った固定観念の一断片を訂正しなければならないことを意味するだけである。

酸——二つに分枝する種

パトナムのもっとも初期の実例の一つは酸に関わっている。「酸」は理論的対象を表示するわけではなく、「水」のような自然種語である。共約不可能性主義者なら、われわれは「酸」という言葉によって一八〇〇年頃にラヴォアジェやドールトンが意味したものとは異なったものを意味している、と言うだろう。酸にかんするわれわれの理論は大幅に変化した。しかし、われわれは依然として新しい化学のそうした開拓者たちと同じ種類の物質について語っているのだ、とパトナムは言う。

パトナムは正しいだろうか。たしかに酸に対する専門家の固定観念のなかにはある重要な一群の性質がある。すなわち、酸は水溶液中では酸っぱい味のする物質であり、リトマス紙のような指示薬を変色させる。多くの金属に反応して水素を形成し、また塩基に反応して塩を形成する。ラヴォアジェとドールトンとはこの固定観念であれば完全に同意するだろう。ラヴォアジェはこの物質にかんしてたまたま誤った理論をもつことになった。あらゆる酸は内部に酸素を保持すると考えたからである。実際彼は酸をそのようにして定義したのであるが、一八一〇年にデイヴィーが、塩酸はただのHCl、すなわちわれわれが今日塩化水素酸と呼ぶものなので、それが誤りであることを示した。しかしラヴォアジェとデイヴィーが同じ物質について語っていたことには疑いがない。

パトナムの実例の選択にとっては不幸なことであるが、酸は電子のような成功物語にはならない。一九二三年までは万事がうまく運んでいる。その年にノルウェーのJ・N・ブレンステッドとイギリスのT・M・ローリーが「酸」の新しい定義の一つを作り出した一方で、アメリカ合衆国のG・N・ルイスが異なった定義を生み出したのである。今日では二つの自然種が存在する——ブレンステッド＝ローリー酸とルイス酸とが。当然のことながら二つの「種類」は両方ともすべての標準的な酸を含んではいるが、どちらか一方の種類の酸でしかない物質もあるのである。

ブレンステッド＝ローリー酸は陽子を失う傾向をもつ種に属するものである（一方塩基は陽子を獲得する傾向をもつ）。ルイス酸は共有する電子対から成る化学結合を形成することによって塩基からの電子対を受容することの可能な種に属するものである。二つの定義はたまたま塩基にかんしては一致するが、酸については一致しない。典型的なルイス酸に陽子を含まぬものがあるが、陽子はブレンステッド＝ローリー酸であることの必須条件だからである。私が理解しているところでは、大部分の化学者は大概の目的のためにブレンステッド＝ローリーの説明のほうを好んでいる。というのはそれは酸性にかんする多くの事実に対してより満足のいく説明を与えてくれるからである。一方、ルイスの説明はあるいくつかの目的のために用いられており、またもともと酸の昔の現象上の諸特性とのある類比を動機としていた。ある権威が書いている――「酸と塩基とのブレンステッド＝ローリーとルイスの定義の相対的な価値にかんして多くの長たらしい論争のやりとりが行なわれた。その相違は本質的には命名法の相違であり、ほとんど科学的な内容をもってはいない」。それでもなお、命名を論じる哲学者は、ラヴォアジェが酸について語ったとき、彼がブレンステッド＝ローリー酸を意味したのか、あるいはルイス酸を意味したのかと尋ねなければならない。明らかに彼はどちらを意味したわけでもない。今日われわれは二つのうちのいずれかの種を意味しなければならないだろうか。いや、ただある特殊化された目的のためにだけである。私の考えではこの実例は意味に対するパトナムの取り組み方の精神にいくらかかなっている。しかし、彼の考えを文字通りに理解するならばある問題が存在する。一九二〇年（すなわち一九二三年以前）における「酸」の意味はその外延の点々を満たしてもらわねばならない。ブレンステッドとローリーによってだろうか。あるいはルイスによってか。二つの学派の化学は酸の理論を部分的に拡張しているのだから、われわれは「拡張が進行しはじめるに先立って一九二〇年に酸であることで意見が一致したすべての事物」を入れてみることができるだろう。けれどもそれはほぼ間違いなく自然種ではない！　二つの定義の共通部分を入れてみることもできるだろうが、それが自然種であることも疑わしい。この実例は意味という観念は科学哲学にうまく適応しないことをわれわれに思い出させる。われわれは酸の種類に頭を使うべきであって、意味の種類にではない。

熱素《カロリック》――非存在対象

人々は存在しない自然種がほしいときにフロギストンについて語る。が、熱素はもっと興味深い。ラヴォアジェはフロギストン理論を失墜させたときに、熱のなんらかの説明を依然として必要としていた。これは熱素によって与えられたのである。「電子」という言葉の場合とまったく同様に、ある物質がいつ熱素という呼び名を与えられたのかをわれわれは正確に知っている。それはたまたまそうなったというわけではない。一七八五年にフランスで化学命名委員会が開かれ、どんな事物に呼び名が与えられるべきかについて定めた。多くの物質はその日以来しかじかと呼ばれてきている。新しい名前の一つは熱素（*calorique*）であったが、それは古い言葉の熱（*chaleur*）の意味の一つに取ってかわる精確な術語であった。熱素は質量をもたない（あるいは秤量できない質量をもつ？）と、またわれわれが熱と呼んでいる物質であると考えられた。すべての人がフランスの公用の定義を受け入れたわけではない。イギリスの著述家たちは、「申し分のない英語の言葉――すなわち火――があるのにフランス人が熱の（calorific）と呼ぶことに固執しているもの」について仮借のない語り方をしたものである。

熱素のような物質を単純に愚かしいものとみなす傾向がある。が、それは誤っている。第5章で述べたように、それはラプラスの偉大な著書『天体力学論』の最終巻で本物の役割を演じているし、またそれも「火」としてではない。ラプラスは偉大なニュートン主義者だったが、ニュートンは『光学』のなかで、宇宙の微細な構造は引力と斥力とを備えた粒子によって作り上げられている、という思弁に耽っていた。これらの力が減衰する率は場合場合で異なることになる（重力の減衰率は距離の二乗に比例している）。ラプラスは熱素の他の粒子に向けられる引力と斥力の双方に対して異なった減衰率を仮定した。このことから彼はその世紀の未解決の問題の一つを解くことができた。ニュートン物理学はそれまでは空気中での音速を説明することにかけてはまったく目茶苦茶な有様を呈していた。熱素にかんする自分の仮定からラプラスは入手できた実験による測定値にきわめて近い、納得のできる数字を得ることができた。ラプラスが自分の成し遂げたことを誇りに思ったのは正しい。とはいえ、彼がまだ出版さえしていないうちに、ランフォードが、熱素などという物質は存在するはずがないことを、若干の人々に納得させつつあった。

熱素はパトナムの「意味」の意味に対してなんらの問題ももたらさないように見えるかもしれない。これは外延の点々を埋めることができる稀有な場面である。外延は空集合なのである。だがこれは単純過ぎるのである。パトナムが、どうしてわれわれとラヴォアジェがどちらも酸について語っているということが可能なのかを説明しようと試みていたことを想起されたい。答えの大部分は外延の点々によって与えられた。熱素についてはどうであろう。フランスの革命的な科学者たち——ベルトレ、ラヴォアジェ、ビオ、ラプラスといった人々——の集団は熱素にかんしては皆さまざまな理論をもっていた。彼らはそれでも相互に話し合うことができ、そして同一の事物について語っていたように私には思われる。口達者な意見に従えば、そうそう、同一の事物、つまり無（nothing）についてなのだ。しかしこれらの四人の偉大な人物は、これまた空虚な外延をもつフロギストンについて議論した彼らの先輩たちと同じものについて語っていたわけではない。彼らは熱素がフロギストンではないことを知り、大いに満足していた。パトナムの理論は、「熱素」がこれらすべての人々に対して同じ意味——フロギストンとは異なる意味——をもっているのがなぜであるのかについて、さしてうまい説明を与えはしない。熱素に対する彼らの固定観念はフロギストンに対するそれとは異なっていた——しかしそんなには異なっていない。また、パトナムの理論によれば、意味を固定するのは固定観念ではない。私の考えではここには仮説的対象を命名する言語ゲームは、たとえ実在の事物が命名されていなくてもしばしばうまく行なうことができるという教訓がある。

中間子とミューオン——理論はどうやって実験から名前を盗むか

古い実例の多くは一般に知られるようになっているので、最近の実例を与えるよりも古い実例を与えるほうがやさしい。とはいえ科学哲学は過去にへばりつくことによって豊かさを失う。それゆえ私が話のしめくくりに使う実例はもう少し現代風のものであり、したがって理解するのがむずかしくなる。それは単純な論点の一つを例証する。だれでもxに新しい名前Nという洗礼名を授けることができるが、その後まったく異なった事物yがNであるという決定がなされる。xに対しては何か他の名前を見つけなければならない。名指しはいつまでもとどまるとは限らない。盗むことができるのである。指示が命名された事物との因果的、歴史的関連によって機能すると考える者はだれしも次の実例について反省してみなければならない。

中間子は電子より重く、陽子より軽い中位の重さの素粒子である。多くの種類の中間子が存在する。ミューオンはかなり電子に似ているが、二〇七倍それより重い。中間子は著しく不安定である。それはより軽い中間子とミューオンとに崩壊し、その後、電子、ニュートリノ、フォトンに崩壊する。ミューオンは電子と二種類のニュートリノに崩壊する。大部分のミューオンは中間子の崩壊に由来する。ミューオンは荷電しているので、崩壊するときには電荷を失わなければならない。それはイオン化、すなわち、原子から電子を叩き出すことによって行なわれる。これはエネルギーをほとんど散逸しないのでミューオンは大層よく貫通する。それは宇宙線のなかに姿を見せ、その宇宙線のなかでも地表から数マイルも突き進むことができ、鉱山の立坑の深い所で検出される部分をなしている。

これら二種類の対象にかんする基本的な事実は力と相互作用に関連している。宇宙には四種類の力が存在する、すなわち、電磁気力、重力、弱い相互作用の力、強い相互作用の力。後の二つについては第16章でさらに説明することになる。目下のところはそれらはただの示唆に富む名前である。強い相互作用の力は原子のなかで中性子と陽子とを結びつける。一方弱い相互作用の力は放射性崩壊を例として与えることができる。中間子は強い力と関連をもっており、元来原子がどうして一体となった状態を保つのかを説明するために仮定されたものである。それは強い相互作用に加わる。ミューオンは弱い相互作用にしか加わらない。

量子力学が一九三〇年頃電気力学に適用されるようになったさい、量子電磁力学、略してQEDがうち立てられた。その後これはそれまで知られていたどれと比較してもはるかに広い範囲の現象とさまざまなサイズの対象に適用されるものであって、今日までに考え出された理論のなかでは最良のものであることが証明されてきた。(ことによるとそれは『光学』におけるニュートンの夢想の実現なのである。)それは最初のうち、すべての物理学と同様、たとえば、電子は点を占めるというような、単純化を行なう仮定を設けてきたものである。その方程式のいくつかは現実の物理的問題に対する解を与えない特異点をもつことになるが、たとえば方程式に特別な項をつけ加えるなどの、さまざまなアド・ホックな近似によってこれを補正できることが当然のこととみなされた。

はじめは当時使えたQEDは宇宙線のなかのきわめて貫通力の強い素粒子には適用されないと考えられていた。それは高いエネルギーをもった電子に違いないし、そのように多くのエネルギーをもった電子はQEDの方程式のなかに特異点を作り出してしまうだろう。が、だれもそのことにそれほど悩みはしなかった。物理学は大抵方程式のなかでそうした調整を行なってやっていくものだから。

一九三四年に、H・A・ベーテとW・H・ハイトラーがQEDのある重要な帰結を導き出した。それはエネルギー損失の公式と呼ばれており、電子に適用される。一九三六年には研究者の二つのグループ(C・D・アンダーソンとS・H・ネッダーマイヤー、およびJ・

C・ストリートとE・C・スティーヴンソン)が霧箱で宇宙線を研究しているうちに、宇宙線のなかの高エネルギー粒子がベーテ゠ハイトラーのエネルギー損失の公式に従わないことを示すことができた。実際にはそのときQEDは――予想に反してだが――確証された。QEDの方程式は申し分のないものだった。しかしながらこれまで思いもかけなかった新しい素粒子が存在したのである。それはその質量が電子と陽子の中間にあたるので中間子(mesotron)と命名された。この名称は間もなくmesonと短縮された。

一方、一九三五年に湯川秀樹は原子を一体に保つものについて思弁を深めていた。彼は新種の対象が存在する、そしてそれもまた電子と陽子の中間の質量をもつに違いないと仮定した。明らかに、彼は宇宙線とはまったく異なる問題に取り組んでいたのであるし、アンダーソン、ネッダーマイヤー、ストリート、スティーヴンソンのなかのだれかが強い相互作用の力の問題について知っていたと想定する理由もまったくない。思弁と実験とはニールス・ボーアのような人々によって素早く一緒にまとめられた。湯川の理論は実験家たちによって発見された中間子に適用されると想定されたのである。

実験で得られた素粒子がいつどのようにして呼び名を与えられたのかは正確に分かっている。ミリカンは『フィジカル・レビュー』に次のように書いていた。(3)

今年の九月イギリス協会でのボーア教授の講演――そのなかで彼は新しく発見され

た素粒子に対して「ユコン」という名前を試みに提案したのだが——を読んだ後、私は彼に手紙を書いたがそのときついでに、アンダーソンとネッダーマイヤーがもっとも適切な名前として「中間子(mesotron)」(中間の素粒子)という名前を提案していたことに触れた。私はこの手紙に対する返事をすぐに受け取ったが、そこで彼は次のように言っている——

「私は、われわれがつい先ほどコペンハーゲンでもった宇宙線の問題にかんする小会合で、オージェ、ブラケット、フェルミ、ハイゼンベルク、ロッシを含むすべての人が、貫通力のある宇宙線の粒子に「中間子」という名前をあてるアンダーソンの提案に完全に合意をみたことをあなたに知らせることができ、嬉しく思います」

ロバート・A・ミリカン

カリフォルニア工科大学

パサデナ、カリフォルニア

一九三八年十二月七日

ボーアが湯川に敬意を表して「ユコン」という名前を提案したが、実験家の与えた名前が満場一致の同意を得て採用されたことに注意されたい。実際一九三六年の素粒子が湯川の必要としたものであることにかんしては最初から問題があった——計算された寿命と実際の寿命がひどくかけ離れていたのである。ずっと後に、一九四七年になって、もう一つの素粒子が宇宙線のなかに見出されたが、その頃には新しい加速機が散乱実験において一連の関連のある素粒子の存在を検証しはじめてもいた。これらは湯川が待ち望んでいた種類のものであり、π中間子《パイ》と呼ばれるようになった。一九三六年の素粒子はμ中間子《ミュー》と呼ばれるようになった。しばらく後にそれらがまったく異なった種類のものであることが明らかになった——似ていない点ではπ中間子とμ中間子とは自然界の対象のどれを対にしても遜色ない。「中間子」という名前は一九四七年以後の素粒子についてまわることになり、一九三六年の粒子のほうはミューオン（muon）となった。この主題にかんして書かれた諸々の歴史は今日、アンダーソンおよび他の人々は湯川の推測に適合するものを実際に捜していたのだとほのめかしている——彼らが聞いたこともなかった推測だったのだが！

私は後に、理論と実験とどちらが先に現われるのかという問題にもどることになる。第9章は理論に取り憑かれた歴史が実験的研究を実験家たちがまったく知らなかった理論の研究にかえてしまう有様についてもっと多くの例を与えている。(4) 目下のところはわれわれの関心は指示である。中間子／ミューオンの物語はパトナムの「意味」の意味にうまく適合しない。パトナムは結局、指示対象を意味の輪止めくさび〔かなめ〕とすることを望んだ。名辞は、いわば洗礼式ともいうべき、特定の歴史上の場面においてその名辞を呼び名として与えられた対象に適用されることになるのだ、という。われわれの事例では一九三八年にそうした洗礼式があった。とはいえ、他ならぬ'mesotron'もしくは'meson'(「中間子」)という名辞は理論家たちにとっては「なんであれ湯川の推測を満足させるもの」を意味することになった。要するに、その名辞は一種のフレーゲ的意義を獲得した。洗礼式があろうがなかろうが、それが根本的な事柄となった。この意義が洗礼をうけた対象に適用されないことが分かったとき、洗礼式は取り消され、新たに呼び名の授与が行なわれた。

意味

パトナムの意味の理論は電子のような成功物語にはうまく使える。が、その周辺に近い部分では不完全である。酸のような二つに分枝する概念にかんしてはうまくいかない。熱素のような非存在対象にかんして異なった理論をもっている人々が、たとえば電子のような実在する対象にかんして異なった理論をもっている人々の間でと同様、相互にコミュニケートできるのはどうしてであるかも説明しない。パトナムの理論は歴史上の出来事としての呼び名の授与に、呼び名を授けられたものの特典に、また最初の洗礼式からわれわれの現在の名辞の用法に至る適切な受け渡しからなる因果連鎖に一部依存する。現実の諸々の社会は望むことであれば喜んで洗礼式を無視する。科学の術語に対する意味の理論を望む者はパトナムの理論を改良しなければならないだろう。またパトナムの物語と、現実の生活、生きた科学で起きる事柄との対照にも注意を払わねばならない。この対照はジョン・デュプレ[5]によって見事に描かれている。私は一つだけ訓戒を述べよう。哲学者たちがこの話題に触れるときには、今後は、呼び名授与とか洗礼式などといったものを相手に、じたばたさせないようにしよう。デュプレのように、分類学に実例を求めさせねばならない。呼び名授与にかんして抽象的に語ることはやめて、グリプトドンや熱素や電子や中間子が命名された出来事にかんして語ろうではないか。それぞれについて物語られるべき正しい話がある。ミリカンによって書かれた本物の手紙がある。熱素を含む諸々の物質を命名するためにフランス人たちが相談し合ったのは本当のことである。ジョンストン・ストーニーという人物さえ実在していた。これらの出来事にかんする真実はどう考えても哲学的虚構を粉砕する。

私は意味の哲学的理論をおし進めたいとは思っていない。私はたんに実際の言語使用の広い範囲においてかなり自然なものであり、また共約不可能性について語るはめには陥らない意味の理論の一つを描くという消極的な目的しかもっていなかった。それは対象にかんする科学的実在論者が必要とする種類の理論である。その意味の理論は、理論にかんする実在論にはどちらかといえば冷淡な人々にとって、とくに魅力的なものである。というのもわれわれの理論が厳密には真でないと予想しているなら、その理論を対象に対して永久不変のなんらかの定義を与えるために用いることを望みはしないだろうから。むしろ、指示されているものにかんする、特殊で拘束を与えるなんらかの理論と結びついていることのない指示の観念を得たいと思うのである。しかしながら、パトナムの指示にかんする説明は人々に実在論者であることを強要しない。次にわれわれはパトナムが徹底した実在論を放棄したのはなぜなのかを考察しなければならない。

第7章　内在的実在論

この章は科学的実在論には多分関連をもたず、それゆえおそらく省くこともできる。これはパトナムの重要で新しい「内在的実在論」に関わっており、パトナムのその立場は見たところ観念論の一種なのである。(1) 実在論から観念論への切り換えがわれわれの議論の中心をなしているように聞こえるかもしれないが、そうではない。パトナムはもはや科学的実在論者と科学にかんする反実在論者との論争には加わってはいない。この論争は理論的対象と観察可能な対象との間に鋭い区別を設ける。今日パトナムが語っていることはどれもこの区別を無視している。それが当然である。彼の哲学は言語に対する反省の上に基礎を置いている哲学であり、そうした哲学は自然科学にかんして積極的なことは何も教えることはできないのである。

それにもかかわらず、パトナムの諸々の発展を省くことは現在広く関心を集めている問題点を避けて通ることになるだろう。そのうえ、彼は先達の一人をカントに見出しているので、われわれは実在論と観念論のカント自身の考えていた種別をもちだすことができる。

カントはパトナムの便利な引き立て役である。単純化をはかって、カントもまた「内在的実在論者」であると（あるいはパトナムは「超越論的観念論者」であると）言いくるめるなら、パトナムとは違って観察された対象と推論された対象との区別を強調するもう一人のカントを想像することができる。パトナムは彼の内在的実在論のなかでは科学的実在論者であるように見えるが、一方われわれは、同様な背景のなかで理論的対象にかんする反実在論者であるひとりのカントを考え出すことができるのである。

内在的実在論と外在的実在論

パトナムは二つの哲学的視点を区別する。一つは対象と真理にかんして「外在主義者の視点」をとる、「形而上学的実在論」である。この視点をとると、「世界は精神から独立したもののある一定不変の全体から成っている。「世界の有様」の厳密に一つの真で完全な記述が存在する。真理は言葉もしくは思惟記号と外在的な事物および事物の集合とのある対応を含んでいる」（四九頁）

パトナムはこれに代えて「内在主義者の視点」を提案するが、これは次のように主張する――問い、すなわち

世界はどんな対象から構成されているかという問題はある理論もしくは記述の内部

での み問うことが意味をなす問題である……。「真理」は、内在主義者の見解では、ある種の（理念化された）合理的受容可能性である――われわれの信念相互の間での、およびわれわれの信念とわれわれの経験との間のある種の理念的整合性である。それらの経験はわれわれの信念体系のなかに表現されているからである。

この水準では内在主義とプラグマティズムとは多くの点で共通している。パトナムの立場はこれに加えて指示にかんする諸々の考えに依存している。私の言葉と、精神から独立した一群の対象との間にどんな接続、すなわちどんな対応も存在しないので、彼は形而上学的実在論を斥ける。「対象」は概念枠から独立して存在するわけではない。「われわれはあれこれの記号を導入するとき、世界を諸々の対象に切り分ける。対象と記号はともに記述の枠組に対して内在的であるので、何が何に合致するかを言うことができる」（五二頁）

パトナムは形而上学的実在論と内在的実在論とのもう一つの違いについて教えている。外在主義者は真理とは理論がもっともうまく適合していることである、と言う。内在主義者は真理とは、それは、真理なのだ、と言う。

内在主義者――われわれの関心を惹く宇宙のあらゆるものについて一つの完全な理論が存在して、その理論が保証された主張可能性とか、合理性、等々の現在広く認められている基準に照らしてまったく適切であったとすれば、その理論は、定義上、正しい。

外在主義者——そうした理論が真であるということは大いにありそうなことではある。しかし適切であるのは幸運のせいであったり、あるいは悪魔研究において問題にすべき事柄であったりすることも考えられる。理論はわれわれのためにはうまく働くが、それにもかかわらず宇宙にかんする偽なる理論であるかもしれない。

形而上学的実在論にかんする疑問

パトナムにおける内在主義者は興味深い宇宙についての完全に適切であるがそれでも偽なる理論といったものに意味を認めることはできない。私は外在主義者ではあるが、私もまたそれに意味を認めることはできない。ただし異なった理由によってである。私はわれらの興味深い宇宙についての完全な理論という観念を理解できない。ましてや、そのような理論が適切であるが偽であるという考えを理解しない。そうした理論の観念がそれ自体一貫性を欠くからである。私は論理学者たちが頭に思い浮かべているみじめな、いわゆる可能世界に対してなら完全な理論について瞑想を凝らすことができるが、しかしわれわれの世界に対してはどうか。まったくのたわごとだ。

一九七九年四月の『サイエンティフィック・アメリカン』のチラシ広告に四つの論文が宣伝されていた——素手がどうして空手突きになるのか。酵素時計。円板銀河系外星雲の進化。商王朝と周王朝時代の甲骨。これら四つのトピックについてでさえ完全な理論などはたして存在し得るのか。あらゆるもの（これら四つのトピックを含む）についての完全な統一理論などはいうもおろか。

実際一つの事物もしくは一人の人物についてでさえはたして完全な説明などというものがあり得るのか。P・F・ストローソンは彼の著書『個体と主語』（一九五九年〔邦訳：一九七八年、みすず書房〕）のなかで次のような意見を述べている――「「余すところなき記述」という観念は一般には事実上まったく無意味である」（一二〇頁）。ストローソンはそこでライプニッツについて書いていたのである。ライプニッツは形而上学的実在論者の最良の候補者かもしれない。彼はたしかにわれわれ自身の信念に対して外在的な一群の真理があると考えていた。彼は多分、宇宙の最良の、神聖な一つの記述があると考えただろう。彼は実際、基底をなす対象、すなわちモナドの一総体というものがあると考えていた。モナドは、多少とも精神ではあるので、それが「精神から独立している」と彼が考えたとは思わない。しかしライプニッツは真理の対応説をとってはいないのである。ライプニッツでさえパトナムの要件を満たしてはくれない。真剣に思考を巡らした者のなかに形而上学的実在論者がいただろうか。

ことによると、それは問題ではないのだろう。パトナムは実在についての完成した理論ではなく、ある視点を記述していたのである。われわれは外在主義者の視点をよく理解する。がここでも用心が必要である。パトナムの異議を免れているこの視点のいくつかの事例——ある種の外在的実在論——が存在し得るだろう。彼の異議は彼が定義したような形而上学的実在論に向けられているからである。

たとえば、定義のなかの彼の言葉を取り上げてみよう——「精神から独立したもののある一定不変の全体」。なぜ一定不変なのか。なぜ一つの全体なのか。エディントンの次のありふれた実例だけでも考えてほしい——二つのテーブルが、すなわち私が書きものをするテーブルと、ある一群の原子とが、存在する。対象にかんする実在論者は多分(a)精神から独立したテーブルが存在し、かつ(b)精神から独立した原子が存在し、また(c)原子のどの集合もこの瞬間においてこのテーブルと同一ではない、と主張することができる。原子とテーブルとは世界を切り分ける異なった方法に関わっている。対象の一定不変の一つの全体などというものはない。ルービック・キューブは二七の小立体からなる一つの全体であるかもしれないが、その小立体のそれぞれが原子のある一全体であって、その原子を一緒にするとルービック・キューブの全体になる、と決まっているわけではない。

それでは私は右に引用したパトナムの主張を認めてやらないのだろうか。あれこれの記述の枠組を導入するとき、われわれは世界を諸々の対象に切り分ける。その通り、比喩的に言うならば、そうだと私も認める。私は「「対象」は概念枠から独立に存在するわけではない」というこれに先立つ文を認めないのである。原子もルービック・キューブも存在している。今一つの陳腐な例をとれば、イヌイットはわれわれには大体同じに見える多くの種類の雪を識別する。彼らは凍てついた北極地方を記述の枠組を導入することによって切り分ける。が、精神から独立した雪の二二の種類、まさしくイヌイットが識別する種類は存在していない、ということは決して帰結しない。私の知る限り、粉雪、ざらめ雪、あるいはあるスキーヤーたちの言うシエラ・セメントはどのイヌイットの雪の分類も含んでいないし、またそれに含まれてもいない。イヌイットはスキーをしないし、そうしたカテゴリーを望みさえしなかったかもしれない。が、私はそれでも粉雪と、イヌイットの雪の種類の全体が、すべて実在の世界における精神から独立した実在の区別として、存在する、と考える。

ここに述べている意見は、粉雪が、だれかがそれについて考えるか否かに関わりなく、存在するということを証明してはいない。それはたんに、われわれが世界をさまざまなおそらく共約不可能なカテゴリーに切り分けるという事実は、それ自体、それらのカテゴリーがすべて精神に依存していることを含意してはいないということを述べているのである。

次に、パトナムが多数のさまざまなテーゼをあたかもそれらの間になんらかの論理的な結びつきがあるかのように混ぜ合わせているやり方を注視しよう。

形而上学の実地調査

パトナムは相当程度反実在論者になっているが、科学的実在論者であったと私は語った。彼は党派を変えたのだろうか。ぞっとするようなアナロジーを使えば、彼は戦争を変えたのである。

科学に対する反実在論に立ち向かう科学的実在論は、植民地戦争である。科学的実在論者は中間子もミューオンも猿や肉団子とまさに同様「われわれのもの」であると言う。それらの事物はすべて存在する。そのことをわれわれは知っている。おのおのの種類の事物についてのいくらかの真理をわれわれは知っているし、さらに多くの真理を発見することができる。反実在論者は同意しない。コントからファン・フラーセンに至る実証主義者の伝統においては、肉団子や猿の、現象として現われている振舞いは知られるかもしれない。しかしミューオンについての話はたかだか予言と制御のための知性の構成である。ミューオンにかんする反実在論者は肉団子にかんする実在論者である。私はこれを植民地戦争と呼ぶが、それは一方の側が新しい領域を植民地化しそれを実在と呼ぼうと試みているのに対して、他方の側ではそうした空想好きな帝国主義に反対するからである。

次に、たとえばロックとバークリーとの間の市民戦争がある。実在論者（ロック）はありふれた多くの対象はどんな精神の所作からも独立に存在している、と言う――たとえ人間の思考が存在しなくても猿は存在するだろう。観念論者（バークリー）は、あらゆるものは精神的である、と言う。私はこれを市民戦争と呼ぶが、それは日常経験のありふれた地盤で戦闘が行なわれているからである。

市民戦争は故国の領土だけで戦うとは限らない。バークリーは植民地戦争も戦った。彼はロバート・ボイルの粒子論的かつ機械論的な哲学を嫌悪した。この哲学は、物質は弾力のあるバネに似た粒子（われわれなら、分子、原子、素粒子というところだが）から成っていると、極端なことも言った。バークリーは植民地戦争を戦ったが、その理由の一端は、彼が勝てば、実在論的／唯物論的な故国の帝国主義政府が崩壊するだろう、と考えたことにある。物質は精神によって征服されるだろう、というのだ。

最後に、主としてもっと最近の時代の産物であるが、全面戦争がある。多分カントがそれを始めた。彼は市民戦争の諸仮定を斥けた。物質的な出来事は精神的な出来事と同じくらい確実に起きている。たしかにその間に違いはある。物質的な出来事は空間と時間のなかで起こり、「外的」なのであるが、これに対して精神的な出来事は時間のなかでは起こるが空間のなかでは起こらず、「内的」なのである。しかし私は皿の上の肉団子がぶよぶよしていることを私の感情が混乱していることを知るのと同じくらいよく知ることができる。一般に私が私のもつ感覚与件からぶよぶよしていることを推論しないのは、私の振舞いから私が混乱していることを推論しない（ときには、そうすることもできるのではあるが）のと同様である。

パトナムはかつては植民地戦争において科学的実在論のために論じていた。彼は現在、全面戦争において、彼がカントの立場と似ているといっている、ある立場のために論じている。パトナムに取り組む前に、カントの立場をもっと詳しく把握しよう。

カント

カントは市民戦争に従事した彼の先輩たちを注視した。一方の側にロックのテーゼがあった。カントはそれを超越論的実在論と呼ぶ。対象が外部に実際に存在し、われわれはその存在と諸性質をわれわれの感覚的経験から推論する。次にバークリーのアンチテーゼがあった。カントはそれを経験的観念論と呼ぶ。物質はそれ自体は存在しない。存在するものはすべて精神的なものである。

カントはこれらすべてを転倒させるジンテーゼを考え出した。彼は文字通りラベルを逆にした。彼は自分自身を経験的実在論者と呼び、また超越論的観念論者と呼ぶ。

彼は自分の最終的な立場に直接向かったのではなく、もう一つの二元性からそれに近づいていった。ライプニッツが力説し、アインシュタインが確立したと思われているように、空間はたんに相対的な観念だろうか。それともニュートンの枠組のなかでのように、絶対的なものであろうか。ニュートンは空間と時間とは実在的であるというテーゼをもっていた。ものは予め決まっている空間と時間のなかで位置を占める。ライプニッツは空間と時間とは実在的ではないというアンチテーゼを表明していた。それらは観念的、すなわち対象の関係的な諸性質からの構成物である。カントは生涯の大部分両者の間でぐずぐずとためらった後に、あるジンテーゼを創作した。空間と時間はあるものをものとして知覚するための前提条件である。われわれはものの空間的・時間的関係を空間と時間の枠組の内部で経験的に決定するとはいえ、対象が空間と時間のなかに存在するということは経験的事実ではない。これは、「われわれに対象として外的に表われ得るものすべてにかんしては、空間の客観的妥当性」を認める経験的実在論である。しかし同時に、「われわれがひとたび……空間を可能的経験に限るその制限を撤廃し、それゆえそれを物自体の根底に横たわるあるものとみなすならば、空間はまったくの無に帰する」[2]（七二頁）と主張する超越論的観念論でもある。カントがこの取り組み方を哲学的な問題を孕む概念の全領域に適合させるのにはさらに一〇年を要した。非唯物論者のバークリーは物質の存在と外的な対象の外在性を否定した。精神と精神的事象の他には何も存在しない。カントは次のように応える――「物質は……たんに、表象（直観）の外的と呼ばれている種類の一つであるに過ぎないが、そう呼ばれているのはそれ自体外的な諸対象と関係をもっているものとしてではなく、それらの表象が、そこではすべての事物が相互に外的である空間に諸々の知覚を関係させるからである。ただしそうはいっても空間それ自体はわれわれの内部にあるのではあるが」。それゆえ空間それ自体は「われわれの内部にある」、観念的なものであり、物質はこの観念的な空間の内部での表象の体系の一部分として存在するために適切にも外的と呼ばれている。外的な対象の実在性に到達するために推論に訴えねばならないという必要性は、私の内的感覚の対象の実在性にかんする場合、すなわち私の思考の実在性にかんする場合とちょうど同じようにほとんど存在しない。というのは両方の場合とも対象は同じように表象に他ならず、その直接の知覚(意識)が同時にその実在性の十分な証明であるからである。

それゆえ超越論的観念論者は経験的実在論者である。われわれが対象と呼ぶものはある枠組の内部で構成されており、われわれの知識はすべてこのように構成された対象にのみ関わり得るということはカントの視点にとって本質的な事柄である。われわれの知識は現象についてのものであり、われわれの対象は現象界に横たわっている。本体(noumena)すなわち物自体もまた存在するが、われわれはそれについてどんな知識ももちえない。われわれの諸概念や諸々のカテゴリーが物自体にはあてはまることさえない。ヘーゲルからこの方、哲学者たちは通常カントの物自体を放逐してきた。パトナムはカントに惹かれながら、この観念に対する穏やかな共感を表明する。

真理

パトナムによれば、「カントは自分が行なっているのはこれだと実際には言わないが、カントの読み方としては、私が真理の「内在主義的」、あるいは「内在的実在論の」見解と呼んだものをはじめて提案しているものとして読むのがもっともよい」（六〇頁）。きわめて多くの現代の哲学者と同様、パトナムは彼の哲学の大部分を真理の観念のまわりに築いている。カントについて彼は「彼の哲学には真理の対応説は存在しない」と言う。驚くことはない――カント哲学には真理にかんするどんな理論も存在しない！　カントの関心事はパトナムの関心事ではなかった。実在論に響くものに話を限れば、彼は二つの主な問題をもっていた――

> 空間と時間は実在的か観念的か、ニュートン的かライプニッツ的か。
>
> 外的対象は精神から独立していてロック的なものであるか、またはあらゆるものが精神的なものであってバークリー的か。

彼の経験的実在論と超越論的観念論はこれらの対立の総合《ジンテーゼ》であり、真理とはほとんど関わっていない。とはいえパトナムのカントのなかへの真理論の注入はまったく間違っているというわけではない。パトナムはカントに次のような考えを帰する――

> カントはわれわれが客観的知識をもっていると信じている。「知識」と「客観的」という術語を使うことは依然として真理の観念は存在するという主張をなすことに実質上等しい。
>
> 知識の一断片（すなわち、「真なる言明」）とはわれわれの本性を備えた存在であれば

もつことのできるような種類の経験が十分にあればこれに基づいて理性的な存在が受け入れるであろう言明である。

真理とは適合のこの上ない良好さである。（六四頁）

おそらくパトナムは要所を突いている。とくに彼自身、真理とはなんであれ理性的な社会がやがて首尾一貫していることを見出し、また同意するものであるというプラグマティストの考えに傾いているのであるから。カントは次のように書いている――

あることを真だと考えることはわれわれの悟性のなかでのある出来事であって、これは客観的根拠に依存し得るとはいえ、判断を行なう個々人の精神のなかに主観的な諸原因を要求するものでもある。判断が、その人が理性を有していることだけを条件として、だれにとっても正当であるならば、その根拠は客観的に十分なのであり……。真理は対象との一致に依存し、またそれゆえにそれにかんしてはどの悟性による判断も相互に一致するはずである。……われわれがあることを真だと考えていることが客観的であるか否かを決定するための試金石は、それを伝達することと、それがすべての人間理性に対して正当であることを見出すこととの可能性である。というのはその場合には少なくとも、すべての判断が、個々人のさまざまに異なる性格にもかかわらず、相互に一致する理由は共通の根拠に、すなわち対象に依存しているという、またそれらの判断がすべて対象と一致しているのはこのことを理由としているというもっともらしい推定があることになるからである——判断の真理はこれによって証明される。（六四五頁）

これを手掛かりとするときパトナムはどの程度カントとかみ合うことになるだろう。この点は読者におまかせしよう。パトナムは保証された合理的な主張可能性と真理とは相互に連携すると考える。カントもまた、「それが」推論する人々の間に普遍的な同意を「生み出す場合を別にすれば、私はなにごとも主張することは、すなわちそれがすべてのひとに対して必然的に正当な判断であると主張することはできない」、と書いている。（六四六頁）

理論的対象と物自体

学者たちはカントの物自体からなる本体の世界にかんして意見が一致しない。パトナムはカントを、われわれは物自体を描写できないだけではなく、「われわれにとっての物と物自体との間には一対一対応さえ存在しない」と語っているものとして読んでいる。野原にいる馬に対応する馬自体は存在しない。全体としてなんらかの仕方でわれわれの表象の体系を「生み出す」本体の世界〔叡智界〕しか存在しない。

解釈のまったく異なった伝統が存在してきた。理論的対象はカントの物自体だと考えられている。私はこのことを、電磁気学の建設者であるA-M・アンペール(一七七五—一八三六年)のなかにはじめて見出した。カントに深い影響を受けていたので、彼は世間が受け入れていた反実在論的衝動を容認することができなかった。彼は、われわれは諸々の本体と、それらの間の諸法則を仮定した後それを経験のなかでテストできると主張した。この仮定を立てる仮説演繹法が本体の世界の知性的な探究である、とアンペールは言った。われわれの時代では哲学者のウィルフリッド・セラーズがこれに似た見解をとっている。

カント自身の思想の発展のなかにさえ、本体と理論的対象との重要な結びつきがあるかもしれない。まだ若かった一七五五年に、カントは『モナド論』という小さな物理学の論文を書いた。これはわれわれのもつ現代の場と力の理論を予期させる、注目すべきものである。二年後にボスコヴィッチがはるかに豊かな数学の技巧によってこれを仕上げ、場の理論を世の中に送り出した。カントの初期の物理学では世界は有限の距離によって隔てられ、その周囲に力の場を作っている点状粒子——モナド——によって構成されている。物質の諸性質はその結果生じる数学的構造によって説明された。一七五五年にはカントのこれらの理論的な点状粒子が彼のいう本体であった。もっと後になって彼はこの考えを訂正し、また彼の理論のなかに形式的な矛盾があることを悟った。それは物、すなわち点状粒子を除去し、力の場しか残さないようにすることによってしか解消できなかった。その結果、宇宙の基底的な構造のなかには、いかなる物、本体も存在しない、ことになる。その後に相反する命題の、いつもながらのカント的総合がやってくる――いかなる可知的本体も存在しない。

それゆえ物自体にかんするカントの学説は、彼の形而上学と同じくらい、彼の物理学にも起因すると示唆したくなる。カントの科学者としての価値は大きくはないが、彼なら国立科学財団の審査委員会で、大幅に異なる諸々のプロジェクトの間で研究資金を配分するすばらしいメンバーになったことだろう。彼には先見の明があった。現在カント＝ラプラス仮説と呼ばれている、太陽系の形成にかんする仮説が存在する。彼は最初から種や人種の起源にかんする進化仮説の側に立っていた。彼は原子論的アプローチに対して場の理論を選び取った。ところで、彼の世紀に特有なものであった知識の状態は物自体としての理論的対象の意義を軽視しがちであった。たしかに、フランクリンや他の人々の考えた電気流体とか、クーロンの磁極とかのさまざまな種類の仮説的なものは存在していた。ニュートン的な粒子や力について限りなくたくさんの議論がなされもしたが、これらが本当に再度活躍するようになったのは、ようやくカントが没したとき、十九世紀に入って間もない時点のことであった。物自体に対するカントの姿勢は彼の一七五五年のプログラムの修正に対する準科学的反応であった。可知的な本体、すなわち新しい物理学と化学の理論的対象は結局のところ実在すると説く最初の人物、すなわちアンペールは物理学の転換を反映している。彼は化学者として研究歴を歩み始めたが、元素の原子的構造にかんする新しい推測に精通すると、ほとんどすぐに可知的本体を説いてまわるようになった。

科学のなかで実際になんらかの働きをする理論的対象にかんしてカントならどんな立場をとったと考えられるであろうか。二十世紀に生きているわれわれは電子や陽電子を操作する方法や吹きかける方法さえ習得したのであるが、彼ならどう振舞ったであろう。彼自身の実在論/観念論はありふれた観察可能な対象に向けられていた。われわれがそれを感覚所与に基づいて推論することを彼は否定した。理論的対象はこれとは対照的に所与から推論される。カントは推論を必要としない椅子にかんしては経験的実在論者で、一方電子にかんしては経験的反実在論者にとどまったのではないだろうか。それは考えられる一つの立場であるように思われる。

指示

パトナムのもっとも独創的な功績は真理よりも指示により多く関わっている。前章で述べた彼の「意味」の意味は自己崩壊の種子を含んでいる。それは明白に見てとれる。私が「外延の点々」と呼んだものがそれに他ならないからである。自然種語の意味は、最後に外延が述べられることで終わる要素の列のことである。しかし外延を書き留めることはだれにもできない。

パトナムははじめのうちはフレーゲ的意義とは異なって、指示対象には問題がないと考えた。「グリプトドン」の指示対象はある骨格を指差すことと、固定観念のなかに含まれるいくつかの特徴とによって指定できるだろう。グリプトドンが自然種であるなら、自然が残りのことをやってくれ、外延を決定するだろう。理論的対象は指し示すことはできないだろうが、それを表示する名辞の導入にかんする歴史物語と、それに加えて疑わしきは罰せずの思いやりの原理といったようなものでうまく扱うことができるだろう。

パトナムは懐疑的になった。意味とフレーゲ的意義にかんする不安の多くはW・V・O・クワインの翻訳の不確定性にかんする学説から得たものである。クワインは指示にかんしても類似のテーゼ、すなわち指示対象の不可測性のテーゼをもっていた。この考えを大ざっぱに述べればこうなる――人は他のだれかが何にかんして話しているのかを言うことはできないし、またそれはさして問題ではない。クワインはこのことをささやかな実例を用いて主張した――私がウサギについて話しているときに、あなたは私がウサギ的性質の空間的・時間的切片について語っているものとして聞くかもしれない。パトナムは本物の不可測性をつけ加える。あなたが猫《キャット》とマットについて語るときにはあなたはつねに、私が桜んぼ《チェリー》と木《トウリー》について語るときに指示しているものを指示しているのかもしれない――それなのに指示対象の違いは明らかにはならないだろう。私が確信しているどんなこと（ある猫があるマットの上にいる（some cat is on some mat.））を表現する文も、あなたの解釈によればあなたが同じように確信しているあること（ある桜んぼがある木になっている（some cherry is on some tree.））を表わしているのだから。

これはじつに奇怪なことである。二つの困難にわれわれは直面している。われわれはこの奇妙な主張をわれわれに対してもっともらしく感じられるものにする必要があるし、また外在的もしくは形而上学的実在論に反対する論証のなかでそれが占める位置を理解する必要がある。それゆえわれわれは猫／桜んぼの結論に対する局所的な論証を手に入れねばならないし、またそれがどうして反形而上学的立場に導くのかを示す包括的な論証をも手に入れねばならない。

猫と桜んぼ

> 文の全体に対してその真理値のみを固定するいかなる見解も、たとえあらゆる可能世界において諸々の文に対して真理値を定めるとしても、指示対象を固定することはできない。

これがパトナムの定理（三三頁）であるが、これから説明しよう。その真価は猫と桜んぼという例のなかで呈示される。あなたが桜んぼについて語るときはいつも、私が猫と呼んでいるものをあなたは指示しており、またその逆も言える。私がまじめに猫がマットの上にいると言ったら、あなたは同意するだろう。あなたは私が桜んぼが木になっていると言っていると思うから。われわれは世界の諸々の事実について——すなわち、われわれが真だと考える諸々の文について——全面的な合意に達することができるが、それでも私が猫について語っているときには、あなたは私が桜んぼと呼んでいるものについて語っていることは少しも明るみに出てこないかもしれない。そのうえ、あなたの指示の体系は私のものとは体系的に異なっている結果、猫と桜んぼについて何が真であっても、われわれの間の食い違いは明らかにはなり得ない、ということもあり得るだろう。

この驚くべき結論はレーヴェンハイム＝スコーレムの定理と呼ばれている数理論理学におけるよく知られている一つの結果から得られる。基本的な発想は一九一五年のL・レーヴェンハイムの研究の結果として得られているが、一九二〇年にTh・スコーレムによって発展させられた。この時代には、集合のような数学的対象を、仮定されている公理によって特徴づける試みがもっともらしく思われていた。意図された対象、集合のようなものは、いくつかの公準を満たすあるものであろうから、それらの公準が意図された対象のクラスを定義するだろう。そのうえこのことを、一階の論理と呼ばれている十分に理解されている論理学の唯一の分野において行なうことが望まれた——すなわち、文結合子（「かつ」、

「……ではない」、「または」、等々）と一階の量化記号（「すべての」、「ある」）の論理学において。

当時の論理学者たちは、ある種の集合論が数学の多くの、あるいはすべての分野に対する基礎づけとして役立ち得ると考えていた。ゲオルク・カントールがよく知られるようになったある結果を証明した。最初に彼はある無限集合は他の無限集合よりも大きいという考えを明確なものにしておいた。次に自然数の部分集合の集合は、自然数の集合よりも大きいことを示した。別の定式化をして言えば、彼はすべての実数から成る、あるいは十進数で表わされるすべての数から成る集合は自然数の集合よりも大きいことを示した。この事実が古典論理学者たちによって消化され受け入れられるようになるとほどなく、レーヴェンハイムとスコーレムは最初は逆説的に見えるある事柄を証明した。

あなたは自然数の集合から作り上げられる諸々の集合の本質そのものをとらえてくれると期待しているいくつかの公準を書き留める。これらの公準の内部でカントールの定理が証明されるが、これは自然数の部分集合から成る集合は非可算である、すなわち自然数と対を組ませることはできず、したがって自然数の集合それ自身よりも大きい、と言っている。ここまでは申し分ない。それらの公準を理解してもらおうとしているときに、あなたはカントール集合について語っている。しかしレーヴェンハイムとスコーレムは、一階の論理で表現されており、ある対象領域で成り立つ理論はすべて非可算な領域でも成り立つことを証明した。たとえば、あなたはかの諸公準がカントール集合で成り立つことを意図していた。カントールの定理は、自然数よりも多くのカントール集合があることをただちにわれわれに確信させる。だがまったく同じそれらの公準はもっと小さな領域で成り立つよう解釈し直すことができるのである。Pを、あなたの理論のなかで、自然数の部分集合全体から成る集合を表わす記号としよう。それは自然数の集合よりも大きい。が、あなたの理論は、Pが間違いなく別のものを、自然数の集合と大きさの違わないある集合を表わすよう解釈し直すことができる。

レーヴェンハイム＝スコーレムの定理はかつては逆説的に思われていたが、今ではよく理解されている。論理学の大概の研究者はそれがある程度明白で、自然で、必然的なものであることを知っている。彼らは、「一階の定式化では非標準的モデルが存在するはずである」というようなことを言う。

パトナムはこの定理を見かけ上の逆説へと連れもどす。彼は正しい一般化を行なう。それはどんな個体領域、たとえば猫と桜んぼにも適用される。公理としてこれらについてのすべての真理を取ろう——私がいつか口にする、あるいは人々がいつか語る真理のすべて、もしくは一階の言語で表現できる正真正銘の真理のすべてを。人が何を選ぼうと、意図せざる解釈が存在することになる。そのうえ、二種類の対象、猫と桜んぼを選び、真理の短いリストを使えば、猫にかんする意図されていた解釈を桜んぼにかんする意図せざる解釈の上に写像することができる。パトナムは手短かな例と定理全体とに対して、詳細な解説を与えている。

科学的実在論に対して投げかけられる意味

パトナムはこれらのテクニカルな諸結果は科学的実在論に対して具合が悪いと考えている。どうしてなのか。主として、彼は科学的実在論は結局のところ真理の模写説もしくは対応説であると考えているからである。われわれの理論は世界を表現しているから、また対象を指示することを通じて世界をつかみ取っているから真なのである――が、その指示をパトナムは今や信念のある体系の内部においてのみ意味をもつと考えている。

この立場については多くのことがよく知られている。文が事実に対応すると想定されてはいるが、事実を識別するには、その事実に対応する文によるのでなければ手立てがない、というのは長年にわたり対応説に浴びせられている批判である。G・E・ムーアは反実在論によって著名であるわけではない。が、八〇年前に、ボールドウィンの『哲学辞典』のなかに公にした「真理」という論文のなかで彼はその考えを次のように表現している――

通常、命題の真理はそれが実在に対してもつある関係のうちにあり、虚偽はこの関係の欠如のうちにあると想定されている。問題になっている関係は一般に「対応」もしくは「一致」と呼ばれており、それは一般には部分的な類似性の一つと考えられているように思われる。しかし、命題のみが他のあるものへの部分的な類似性のために真だと言えることに、また、したがって、実在が命題それ自体であるような場合をすべて除外すれば、真理がある独特な仕方で実在――それに対する関係のなかにその真理がある――と異なっているのでなければならないということがこの説にとって不可欠であるということに注意しなければならない。この説の論駁となるのは、真理とそれに対応すると想定されている実在との間にそのような相違を見出すことは不可能であるということである。

たとえばJ・L・オースティンによって、ムーアの所説とは逆に、事実を選び出す独立した方法があるのだから、対応説には価値があると論じられてきている。まず第一に、われわれが語っている事物や性質を選び出す独立した方法がある――たとえば指し示すことによって。次にわれわれは指示を受けもつ表現に性質や関係を表わす名辞を結びつけることによって諸々の主張を行なう。命題は名指された性質を指示されている対象がもつ場合に限って真である。パトナムは、レーヴェンハイム＝スコーレムの定理を使えば、独立した指示を行なう方法は存在しないことを今一度示すことになるので、このオースティン流の処方の価値が失われる、と考えないわけにはいかない。しかし、彼が示したことは、一階の論理のなかで表現される一群の真理を述べたところで、うまく指示をなしとげることはできない、ということに尽きている。が、レーヴェンハイム＝スコーレムの定理をもっと詳しく眺めてみると、それが諸々の前提をもっていることが思い起こされる。これらの前提をかわす方法があり、それゆえパトナムの結論に疑念を投げかける方法があるのである。

前提

1　レーヴェンハイム＝スコーレムの定理は一階の論理における文に関わっている。物理学のありふれた言語を一階の形式におし込めることができることを示した者はいない。それゆえかの論証は、たとえば、量子電磁力学に関連をもつことは知られていないし、したがって科学的実在論に関連をもつことも知られてはいない。

2　故リチャード・モンタギューから刺激を受けているものであるが、日常英語は主として二階の量化記号を繰り出すものであると考える有力な学派が存在する。レーヴェンハイム＝スコーレムの定理はそのような言語に直接的な仕方では拡張されず、したがってパトナムの研究の平易な前科学的英語への適用可能性には議論の余地がある。

3　多くの普通の話は指標詞（indexicals）と呼ばれるものを含んでいる。これらは発話の状況にその指示対象が依存する言葉である――これ、それ、あなた、私、ここ、今（時制をもつ動詞には触れずにおくにしても）。好天に恵まれた今朝散歩に出ると、「ちょっとあなた、私の桜んぼをとるのをやめて。今すぐここに来て」という声を小耳にはさんだ。このありきたりの文が一階の論理で表現できるなどとは独断でなければ主張できないだろう。

4　指標詞の導入はまだ序の口なのである。指標詞は指し示すものではあるが、それでも言語的なものではある。言語は世界における広大な行為の領野に埋め込まれている。パトナムは議論のなかで奇妙なことにウィトゲンシュタインに言及し、意味を規則によってあますところなく与えることはできないというウィトゲンシュタインの論証を思い起こしている。それは、ウィトゲンシュタインにとっては、われわれの言語的実践のなかには本質的に不確定で、また解釈のやり直しに対して開かれている何かがあるということを意味したわけではない。それは言語はおしゃべりをする以上のものであるということを意味していた。ここでは彼の諸々の洞察の一解釈を披瀝するつもりはない。が、桜んぼは食べるものであり、猫は、多分、なでるものである。会話がひとたび行為に埋め込まれるならば、レーヴェンハイムとスコーレムについての話はスコラ的であるように見える。数学的対象をめぐるある見解について述べていることにかんして彼らはまったく正しかった。彼らは賢明にも猫について議論するのを差し控えた。非常に大きな数に対しては、それについて話す以外には、われわれには何もできない。猫が相手であれば、話以外の関わり方がある。

5　指示と表示にかんしてどんな理論を提出したところで、「表示する（denote）」とか

「指示する（refer）」とかいう言葉それ自体を解釈し直すことができる、とパトナムは言う。「猫」は私の膝の上にいる動物のような動物を表示する、と私が言うとしよう。彼は尋ねる――「表示する」が表示することを表示するということを私はどのようにして知っているのか。しかしもちろん私は「表示する」のような言葉は、言葉の用法を説明するさいには通常用いない。そうした仕事は、グリプトドンがなんであるかを説明するために使われた、「それがグリプトドンの骨格です」という言葉によってなされるかもしれない。私は指示するために指示の理論を必要とするわけではないし、少なくとも、指示の一般理論は存在し得ないということは、ウィトゲンシュタインからことによると学んだ理由に基づいて、論証できるのである。

6　パトナムは非科学的な反実在論について書いているので、桜んぼと猫について議論するのは当を得ている。が、彼の論点を自然科学の理論的対象に対して認めてもいいのだろうか。対象に名辞を呼び名として与えることはまったく言語的水準にあることではなかろうか。いや、それはしばしば違う。前章で触れたアンダーソンとネッダーマイヤーの一九三六年の論文を眺めてもらいたい。それはデータを収めており、このデータに基づいて物理学会は mesotron もしくは meson〔中間子〕という呼び名を与えたのである――それは後にミューオンとなったのだが。その論文には写真があふれている。ミューオンのスナップ写真ではなく、軌跡である。あれこれの衝突によって生じた軌跡の間の角度が測られている。われわれはもっとも理論的な対象を指し示すのに——それらを直接指し示すのではなく、その軌跡を指し示すというやり方なのだが——「これ」とか「あれ」とかの簡潔な指標詞をたしかに用いる。それで終わりだというわけではない。前章で明らかにしたように、人々は最初ミューオンと呼ばれることになったものにかんしてかなり不確かな気持ちを抱いていた。だが今ではたとえばミューオンの質量は電子のそれの二〇六・七六八倍であるというようなことをわれわれは知っている。

この最後の文はパトナムに都合のよいものに思われるだろう。というのはそれこそミューオンの説明に一つの公理として含めることのできるような類の真理だからである。とすればそれをレーヴェンハイム゠スコーレム的な再解釈にさらすことはできないだろうか。私はできるとは思わない。というのもわれわれはこの小数三桁の細かな数値をどうやって手に入れたのだろう。それは相当複雑な計算によるのであって、自由電子の磁気モーメント、つまりボーア磁子や、他の珍らしい物質、そしてとくに多くの自然定数の間の関係など、一群の量の全体を決定することがそこに含まれるのである。さて、これらがたんに一群の文であって、また数理物理学の全体を一階の論理を用いて行なうことができるのだったら、レーヴェンハイムとスコーレムの定理が適用されただろう。しかしどの場合にも数値や比率は特殊な実験による決定と緊密に結びついている。そして後者は後者で、すべて人々や、場所や、そしてなかんずく行為に結びついているのである。(典型的な事例——ワシントン大学とローレンス放射線研究所による研究グループ、すなわち、K・M・クロウ、J・F・ハーグ、J・E・ロスバーグ、A・シェンク、D・L・ウィリアムズ、R・W・ウィリアムズ、K・K・ヤング、『フィジカル・レビュー』D. 2145（一九七二年）。）またそれはたんに一連のそうした行為ではなく、世界中での独立してはいるがまったく異なるわけではない数多くの行為なのである。

7　パトナムは、果たして人間が「猫」という言葉の意図せざる解釈を用いることができるかどうか、という問いにたしかに取り組んでいる。彼は意図されている解釈と意図せざる解釈との対称性に注目している――われわれが猫という言葉で説明することならなんであれ、他の人々は桜んぼという言葉で説明することができる。彼はネルソン・グッドマンの著書、『事実・虚構・予言』（一九八三年〔邦訳：一九八七年、勁草書房〕）に由来する議論を繰り返す。しかし、彼が無視している重要な事実がある。レーヴェンハイム＝スコーレムの定理は非構成的である。すなわち、意図せざる解釈を生み出す、人間が用いることのできる方法は原則的に存在しない。

8　またパトナムの確信に疑問を投げかけるのに、はじめから専門的な事例がいるわけでもない。パトナムは彼の同僚ロバート・ノージックを（パトナムの考えでは）すべての女性は桜んぼ《チェリー》について話しているときに――「われわれ」男性は桜んぼを意味しているのだが――猫を意味しているかもしれないことをほのめかしているとして引用している。しかしたとえばビングチェリーやペルシャ猫の例が示す、名詞的形容詞が一例として存在する。「ビング」のような名詞的形容詞は「甘い」のような通常の修飾語ではない。というのは甘いビングチェリーは甘い果物だが、「ビング果物」ではないからである。パトナム／ノージックの再解釈はどのように進められるのだろう。彼らの夢想する女性はクイーン・アン・チェリーについて話すときペルシャ猫を意味するのだろうか。つまり、桜んぼの一種は猫の一種に写像されるのだろうか。それはうまくない。桜んぼの種類数は猫の種類数と異なるので、そうした写像は名詞的形容詞の構造を保たないからである。もっと重要な点はクイーン・アン・チェリーはジャムにするかパイにするものであるが、ビングチェリーのほうは熟したのを木から摘んで食べるものである、ということである。これらの事実は猫にかんする諸々の事実の構造のなかにどんなふうに現われるのであろう。

パトナムはおそらく哲学のもっともゆゆしい誤謬の一つを犯している。彼は抽象的な定理を手にしている。次に彼はその内容を、彼の前にはだれも口にしたことはないし、また論理学の外では、普通、口にすることにどんな意味もない一つの文を用いて説明する——「ある桜んぼがある木になっている (Some cherry is on some tree.)」。次に「桜んぼ」を解釈し直すことができるのとまったく同じように、「表示する (denote)」も解釈し直すことができるという主張に移行する。クイーン・アン・チェリーを使ってパイを作ったり、ミューオンと電子との質量比を決めたりする華やかに動き回る日常的世界——その一切が抜け落ちているのである。

これ以上続けるのはやめよう。私はたんに次のことだけを強調したかったのである。(a)指示を確かなものとするのは主として真理を述べる問題ではなく、世界と相互に働きかけ合う問題なのである。また、(b)言語の水準においてさえ、パトナムが議論しているものよりもはるかに多くの構造が存在している。数理物理学の言語にかんする深い問題であれ、ビングチェリーにかんするとるに足らない観察であれ。

唯名論

右の考察はパトナムの考えの基礎になっている哲学に同意してはならないということを意味してはいない。それはたんにすばらしい論証のように見えるものも、これまでのところなされてはいない多くの磨き上げを必要としていると言っているだけである。が、基礎になっている視点とはなんであろう。私はパトナムに従って彼の考えをカントと比較してきたが、一つ重要な違いがある。カントは自分自身を超越論的観念論者と呼んだ。私ならパトナムを超越論的唯名論者と呼ぶだろう。両方とも反実在論の一種である。カント以前には実在論《リアリズム》〔実念論《リアリズム》〕は通常、反唯名論を意味した。カント以後は通常、反観念論を意味した。

観念論は存在にかんするテーゼである。極端な形をとるとき、存在するものはすべて精神的なものであり、人間精神の産物であると言われる。

唯名論は分類に関わっている。それはわれわれの思考様式だけが麦わらから牧草を、葉から肉をわれわれに区分けさせるのだと言う。世界はそのように分類されねばならないわけではない。世界は「自然種」に包まれて差し出されるわけではない。これに対してアリストテレス的実念論者（反唯名論者）は世界はまさしくある分類のなかに現われると言う。それは自然のあり方であって、人のあり方ではない。

観念論者は分類について意見をもつ必要はない。彼は牧草と麦わらとの間にたしかに本物の区別があると考えるかもしれない。彼はただ、物は、牧草と麦わらは実在しないと言う。観念、精神的対象しか実在しない。しかし観念は本物の本質をおそらくもち得るであろう。

逆に唯名論者は本物のものが、精神とは独立に存在していることを否定しない。彼はただ、われわれがそれについて考える仕方とは別に、何か特定の仕方で自然的かつ本質上それが分類されていることを否定する。

実際には唯名論と観念論は同一の精神構造の一部となる傾向がある。「リアリズム」という言葉がどちらの学説に反対する立場をも表わしてきた理由の一つがそこにある。しかしこの二つは論理的には区別される。

私のカントの読み方はことによると極端かもしれない。彼は空間と時間は観念的であると考えた。それは文字通りには実在していない。空間と時間の内部で確定できる経験的諸関係が存在してはいるが、それらの関係は、空間的・時間的であるために精神を超えたところに存在するのではない。カントは、実際、超越論的観念論者である。パトナムはこれにひきかえ超越論的唯名論者である。

パトナムの内在的実在論の帰するところは次のようになる――私の思考体系の内部で私はさまざまな対象を指示し、またそれらの対象について、あるいは真な、あるいは偽なことを言う。しかし、私は私の思考体系の外部に出て、分類と命名の私自身の体系の一部ではない指示に対するなんらかの基盤を保持し得るわけではない。これはまさしく経験的実念論でありかつ超越論的唯名論である。

革命的唯名論

T・S・クーンもまた観念論者として読まれてきた。私は彼もまた超越論的唯名論者――そこにパトナムよりも先にたどりついた者――とするほうがよりよく理解されると思う。しかしパトナムの考察がア・プリオリな定理と言語に対してもっと強弁された含意とに基づいているのに対して、クーンは自分の立場に対してもっと多くの現実の基礎をもっている。

クーンの意見によれば、科学革命は自然のある側面に取り組む新しい方法を生み出す。

それは以前にあった科学には登場しなかったモデル、推測された法則、対象のクラス、因果的力を提供する。まったく議論の余地のないある意味において、われわれは今日十九世紀の蒸気の時代とは異なった世界——飛行機がいたるところを飛び、鉄道が破産に追い込まれる世界——に生きているのかもしれない。（おそらく）もっと哲学的に見ても、それは異なった世界なのである。それは新しいやり方で分類されており、新たな諸可能性、新しい諸原因、新しい諸結果で満たされているものとして考えられているのだから。しかしこの目新しさは精神のなかでの新たな対象の産出ではない。現象に対して——それは新たに創造された現象を含んでいる——新たな分類の体系を負わせたのである。それゆえ、私はこれを一種の唯名論と呼ぶ。次にあげるのはクーン自身による最近の明確な言明の一つである——

それゆえ、革命を特徴づけるのは科学的記述と一般化に先立って必要な分類学上のカテゴリーのいくつかの変化である。さらに、この変化は分類に関わる諸規準の調整であるのみならず、与えられたものや状況が、前もって存在するカテゴリーに分配される方法の調整でもある。このような再分配は常に二つ以上のカテゴリーを含み、またこれらのカテゴリーは相互の間で定義されているので、この種の変更は必然的に全体論的なものである。(3)

クーンは古風な唯名論者ではない。われわれの分類はすべて世界の産物ではなく、人間精神の産物であるが、またこれらの分類は、そうはいってもわれわれの精神の絶対的に安定している特色なのだと考える人であればそうだろう。しかし彼はそうした唯名論者に二つの論点のどちらにおいても異を唱えることができる。明らかに彼は革命的変化の可能性を重視するし、またその実例をわれわれに提供する。が、彼にはわれわれの前科学的カテゴリーの多く――人々と牧草、肉と馬肉――は自然種であることも同じように主張できる。世界は、われわれが何を考えようと、絶対に馬や牧草を含んでいるし、どんな概念枠もそれを認めることになるだろう。世界がそのように区分けされていることを科学の歴史が否定するべきであるという理由はない。文化の比較研究においても、他の人々がどこかで同様のやり方では区分けしていないと想定させるさほどの根拠はない。クーンの唯名論は、それが彼の歴史の研究に基づいている限り、たんに、われわれの科学上のカテゴリーのいくつかは追い出すことができると説くことができるだけである。実体や力のような、由緒あるカテゴリーも没落し得るだろう。時間と空間でさえ打ち負かされることがあるかもしれない。クーンはたしかにある種の相対主義を説く。すなわち、自然のどの側面にかんしても、唯一正しい分類があるわけではない、と。実際、自然のある側面についての観念、まさにこれこれの事象から成っているという観念それ自体が変化し得るものなのである。

ギリシア人たちは電気の概念をもたなかったし、フランクリンは電磁気という概念をもたなかった、とわれわれは言う。そのような「自然の側面」でさえ、われわれの歴史が経過するにつれ、出現し、縫うようにして現われてはまた出ていく。革命的唯名論者はわれわれの道が終わりにたどりついたのではないと推論する。また道の終わりという観念、究極的な科学という観念は本当に理解することができる観念でもない。

過ぎ去った諸々の時代の古風な唯名論者は、われわれの分類の諸体系は人間精神の産物であると考えていた。しかし彼はそれらが徹底的に変化し得るとは思わなかった。クーンはそのすべてを変更したのである。カテゴリーは変化したのだし、ふたたび変化するかもしれない。自然を研究するのにわれわれの現在のカテゴリー、問題、分析の体系、技術と学習の方法をもって行なうことはほとんど避けがたいことである。われわれは実際、経験的実念論者である。すなわち、自然種を、分類の実在的諸原理を用いているかのように考えている。とはいえ歴史的反省を行なうなかで、われわれにもっとも親密な研究にも入れ換えがあるかもしれないことを理解するのである。

この思想を要約しよう――われわれはたしかにわれわれの現在の諸科学が示す自然種に区分けされたものとして自然を探究するが、同時にこの枠組自体がたんに歴史の一事象を構成しているに過ぎないと考える。そのうえ、世界の唯一正しい、究極的な表現は存在しない。

パトナムの意見も同じ方向へと傾かせるものではあるが、ある一つの意味において彼の現在の表現の仕方はどちらかというとカント的である。パトナムは保守的になったのである。カントにとってはわれわれの概念枠からの出口は存在しなかった。パトナムもまたなんらかの通路があると考える理由を与えてはいない。クーンは今日まで諸々の深遠な変革があった、数々の通路を詳述した。それゆえ彼は革命的超越論的唯名論者であるが、これに比べるとパトナムのほうは保守的なのである。

合理性

パトナムの現在の立場には、パースをしのばせるもう一つの見解がある。真なるものとは、合理的な手段によってわれわれが合意に達するものすべてである、と彼は考える。またわれわれがますます多くの推論の様式を発展させていくにつれて、少なくとも進化はあるかもしれないということを認めている。私はこの点はパトナムの哲学の観点からではなく、イムレ・ラカトシュの哲学の観点から説明するのが自然であると考えている。

第8章　真理の代用となるもの

「群集心理学」――イムレ・ラカトシュ（一九二二―七四年）はクーンによる科学の説明をそのように諷刺した。「科学の理論の合理的評価を――そして進歩の規準を――扱う学問分野として考えられていた科学的方法（あるいは「発見の論理」）は消え失せる。われわれはもちろん「パラダイム」の変化を社会心理学の観点から説明することをいまなお試みることができるだろう。それは……クーンのやり方である」(1)（I、三二頁）。ラカトシュは彼がクーンによる科学哲学の心理学への還元と呼んだものに断固として反対した。それは真理、客観性、合理性、理性といった科学の神聖な諸価値に対し、存在する余地を一切残さないと彼は考えた。

これはクーンを曲解するものではあるが、そこから生まれた考えは重要である。科学哲学の現在広く論じられる二つの論争点は認識論的なもの（合理性）と形而上学的なもの（真理と実在性）である。ラカトシュは前者について語っているように見える。実際彼は方法と理性にかんする新しい理論を提出しているものと一般に思われており、その点についてある人々からは賞讃され、ある人々からは批判されている。それが彼のもくろんでいることであるとすれば、彼の合理性の理論は奇怪なものである。それは現在何を信じ、または行なうことが合理的であるかを決断するさいに、少しもわれわれの助けにならない。それはまったく後向きである。過去の科学におけるどの決断が合理的であったかを教えてくれるが、未来にかんしてはわれわれの手助けにはなってくれない。ラカトシュの諸々の論文は未来に関わっている限り、陳腐な話と偏見との騒々しい混ぜ物なのである。にもかかわらずそれらの論文は心に迫るものになっている。私はそれゆえ、それは方法や合理性とは異なる何かに関わっていることを強調するわけである。彼はまさしく、認識論上の論争点にではなく、形而上学上の論争点に取り組んでいるために重要なのである。彼は真理あるいはその不在に関わっている。彼は科学をわれわれの客観性の模範であると考えた。われわれならそのことを、科学的命題は事物の有様を語らねばならぬと主張することによって説明してもいいかもしれない。それは真理に対応しなければならないのである。このことが科学を客観的にする。ハンガリーでヘーゲル的かつマルクス主義的伝統の教育を受けていたので、ラカトシュは対応説のポスト・カント的、ヘーゲル的解体を当然のこととみなしていた。彼はそれゆえパースに似ていたが、後者もまたヘーゲル的土壌のなかで育ち、他のプラグマティストたちと同じく、ウィリアム・ジェイムズが真理の模写説と呼んだものを相手にしなかった。

二十世紀の初頭にイギリスで、そして次いでアメリカで、哲学者たちはヘーゲルを攻撃し、真理の対応説と指示による意味の説明を生き返らせた。これらはいまなお英語圏の哲学の中心的な話題なのである。この点ではヒラリー・パトナムが教訓的である。『理性・真理・歴史』のなかで彼は対応説に引導を渡す自分自身の試みを行なっている。パトナムは自分自身をまったくラディカルとみなしており、「われわれがここに見るのは二〇〇〇年以上にわたって永らえた理論の逝去である」（七四頁）と書く。ラカトシュとパースはその一族の死は約二〇〇〇年前に起こったと考えていた。とはいうものの二人とも西洋の科学の客観的価値の説明を望んだ。そこで真理の代用となるものを見出そうとした。ヘーゲル的伝統のなかで、それは過程のなかに、知識の成長それ自体の本質のなかにある、と彼らは言った。

方法論の歴史

ラカトシュは彼の科学哲学を、哲学のある歴史的系列がそこに帰趨する最終項として提示する。この系列は私が序論ですでに述べておいた、ポパー、カルナップ、クーンにかんする、革命と合理性にかんするおなじみの事実を含むことになる。しかしそれはもっと範囲が広く、またはるかに様式化されている。この物語を今駆け足でたどってみよう。その周辺に現われる主張のうちの多くは一九六五年に科学哲学者の間で流行したものである。

それは次のような割り切り過ぎた見解なのである――原則的には理論の言明と観察の報告との間に区別はない。決定実験は存在しない。後知恵によってある実験を決定的と呼べるだけのことだから。いつでも理論を保持するもっともらしい補助仮説を発明しつづけることができる。ある理論を、それに代わるより優れた理論をもたずに放棄することはまったく分別を欠いている。ラカトシュはこれらの命題のどれに対しても十分な、いや詳しい論証さえ与えてはいない。その大多数は理論に束縛された哲学からの帰結であるので、実験についての真剣な考察によってこれらを訂正するか反駁するかするのが一番よい。私はそれらを、介入を論じた第2部で値踏みしている。決定実験と補助仮説については、第15章を参照されたい。観察と理論の区別については第10章を参照されたい。

ユークリッド・モデルと帰納主義

最初のうち数学的証明が真の科学の模範であった、とラカトシュは言う。結論は証明されなければならないし、絶対に確実なものとされなければならない。完全な確実性に至らぬものはどれも欠陥のあるものであった。科学は定義上誤ることのないものであった。十七世紀が、そして推論の実験的方法がそれを到達不可能な目標であるように思わせた。とはいうもののわれわれが演繹から帰納に移行するにさいしてそのお話はたんに手直しされたに過ぎなかった。信頼できる知識をもつことができないのであれば、せめて確かな基礎の上に立つ蓋然的知識をもつことにしよう。正しく行なわれた観察は基礎として役立てねばならない。しっかりとした実験に基づいて一般化し、類比をとり出し、科学的な結論へと高めていくようにしよう。結論を確証する観察が変化に富み、またその量が多いほどそれは一層確率が高い。われわれはもはや確実性を手にすることはないかもしれないが、高い確率は手中に収めている。

それゆえここに方法論の大道の二つの段階がある——証明と確率が。ヒュームは最初のものがうまくいかないことを知っていたが、一七三九年にはすでに二番目のものにも疑いを投げかけていた。特定の事実はより一般的な言明に対して、または未来にかんする主張に対して決して「立派な根拠」を授けはしない。ポパーは意見を同じくしたが、次いでラカトシュもまた同意した。

反証主義

ラカトシュは方法論のある歴史を切り詰めるが、また他のものを引き伸ばしてもいる。彼はポパーから学んだ事柄のうち順々に精緻になっている解釈を表わすものとして、ポパー(1)、ポパー(2)、ポパー(3)をもってさえいた。これら三者はすべて推測を検証もしくは確証することではなく、それをテストして反証することを強調している。もっとも単純化した見解は、「人々が提案し、自然が決着をつける」というものであろう。すなわち、われわれは理論を考え出し、自然は、誤りであればそれを捨て去る。それは誤り得る理論と自然の基礎的観察との間にかなり鋭い区別があることを含意している。後者は、調べてみてひとたび問題のないものであることが分かれば、究極的で疑う余地のない至上の法廷なのである。観察と整合しない理論は斥けねばならない。

推測と反駁のこのお話のせいで、気持ちの良い客観的で正直な科学をわれわれは心に浮かべる。だがこのお話はうまくない――一つには、「すべての理論は反駁されたものとして生まれる」のである。あるいは知られているすべての事実に調和しないことが分かっているときでさえ理論は提案される、というのは少なくとも至極ありふれたことなのである。それはパズル解きに勤《いそ》しむ通常科学にかんするクーンの論点であった。(ラカトシュに従えば)第二には、理論‐観察のしっかりとした区別は存在しない。第三に、フランスの偉大な科学史家、ピエール・デュエムによってなされた主張がある。彼は理論は補助仮説を仲立ちとしてテストされることに注意した。彼の用いた例を使って言えば、天文学者がある天体がある位置に見出されるであろうと予言したが、その天体は他の位置に現われるといった場合、彼は自分の天文学を訂正する必要はない。彼はおそらく望遠鏡の理論を訂正することができるだろう(あるいは現象が実在とは異なる有様について適切な説明を提出する(ケプラー)か、あるいは天文学的光行差の理論を発明する(G・G・ストークス)か、あるいはドップラー効果は宇宙空間で違ったふうに働くことを提唱することができるだろう)。それゆえ思い通りにならない観察も理論を反駁するとは限らない。デュエムはおそらく、理論が改正されるべきであるか、あるいはその補助仮説がそうであるかは、選択の、もしくは慣行の問題であると考えた。デュエムはひいでた反実在論者でもあったので、そうした結論に魅力があったのである。それはポパーもしくはラカトシュに見られる、科学的実在論に向かう忠実な本能にとっては忌むべきものである。

それゆえ反証主義者はさらに二つの支柱を付け加える。第一に、いかなる理論も、より優れた競合する理論が存在するのでなければ、斥けたり、見捨てたりされるわけではない。第二に、ある理論は、別の理論よりも多くの新奇な予言をするなら後者よりも優れている。伝統的には理論は証拠と整合的でなければならなかった。ラカトシュの言うところによれば、反証主義者は理論が証拠と整合的でなければならない、ということではなく、実際にそれを凌駕するものでなければならないと要求する。

この最後の点は長い論争の歴史をもつことに注意せねばならない。帰納主義者はおおむね、理論と整合的な証拠は理論を支持すると考える――理論が証拠に先立つにせよ、証拠が理論に先立つにせよ。より一層合理主義的で演繹指向の思想家たちは、ラカトシュが「整理棚――うまく設計された――の構築はそこにしまわれることになる事実の記録よりも速やかに進行せねばならないという、ライプニッツ＝ヒューウェル＝ポパーの要求」（I、一〇〇頁）と呼ぶものを大抵は主張する。

研究プログラム（Research programmes）

われわれはこの言葉の二様の綴りを利用して、アメリカ的綴りの'research program'を研究者が研究計画と通常呼んでいるものを表わすために使うことができるだろう——すなわち理論的な考えと実験上の考えとをある明確な仕方で結合させて、それを用いてある問題に特定のやり方で取り組むことを表わすために。研究計画とはある人物もしくはグループが企てることのできるもので、それに対する資金源を捜し、その手助けになるものを獲得し、等々のことを行なう研究の計画である。ラカトシュが'research programme'と綴るものはあまりこれには似てはいない。もっと抽象的で、もっと歴史的なものである。それは数世紀の間持続するかもしれないし、八〇年間忘却の淵に沈み、その後まったく新たに事実なり考えなりを吹き込まれて甦るかもしれないといった、発展する理論の系列のことである。

特定の場合には発展する諸理論の形作る連続体を認めるのはしばしば容易である。一般的な性格づけを提示するのはもっとむずかしい。ラカトシュは「発見法的（heuristic）」という言葉を補助のために導入する。さて「発見法的」とは発明もしくは研究を導く方法もしくは過程を記述する形容詞の一つである。一九五〇年代の人工知能研究が始められた当初から、人々は機械が問題を解くのを助ける発見法的手続きについて語っていた。『いかにして問題をとくか』（一九四五年〔邦訳：一九七五年、丸善〕）および他の著作において、ラカトシュの同国人であり指導者であったジョージ・ポリアは数学的発見法についての現代の古典的研究を提供した。数学の哲学についてのラカトシュの研究は多くをポリアに負っている。その後彼は発見法という観念を研究プログラムをそれと確認する手掛かりに作り変えた。研究プログラムは積極的発見法と消極的発見法によって定義される、とラカトシュは言う。消極的発見法は言う――手をつけるな、ここで干渉するな。積極的発見法は言う――ここには重要度の順に並べられた一群の問題の領域がある、リストの最初の問題にだけ頭を使え。

固い核と防御帯

消極的発見法はプログラムの「固い核（hard core）」、すなわち決して疑いの目を向けてはならない一群の中心的な原理である。それらは反駁不可能とみなされている。たとえばニュートンのプログラムはその固い核に動力学の三つの法則と重力の法則とをもっている。惑星が変則的な振舞いをする場合、ニュートン主義者は重力の法則を訂正することはせずに、目にどうしても見えない惑星、すなわち存在していることを知る必要があるときにもそれが太陽系に惹き起こす振動によってしか探知できない惑星を仮定することによって変則性を説明しようと試みるだろう。

積極的発見法はどの問題に取り組むべきかを決める予定表である。ラカトシュは健全な研究プログラムが積極的に変則性の海に溺れながら、それでも元気溌溂としている有様を想像している。彼の見るところ通常科学に対してクーンの思い描く像はどの変則性がパズル解きの活動の目標となるかをほとんど偶然の事柄にしてしまっている。ラカトシュはこれとは逆に問題には順序付けがあると言う。いくつかの問題が組織立った仕方で研究のために選ばれる。この選択が理論の周囲に「防御帯 (protective belt)」を生じさせる。というのは人々は前もって割り当てられている一群の問題にのみ注意を向けるからである。反駁に見えるその他の事柄は単純に無視される。ラカトシュは、ポパーとは意見を違えて、検証が科学においてはきわめて重要に見えるわけを、これを用いて説明する。人々は取り組むべきいくつかの問題を選んでおり、解決によって立証されたように感じる。これに対して、反駁は関心を惹かないかもしれない。

進歩と退歩

何が研究プログラムを優れたもの、あるいは劣ったものにするのだろう。優れた研究プログラムは進歩的であり、劣ったそれは退歩している。プログラムは理論 T_1, T_2, T_3, ……という列になるだろう。理論は、それに先行する理論と少なくとも同じ程度に既知の事実と整合的でなければならない。それぞれの理論が、めいめいそれに先行する理論が予見していない新しい事実のいくつかを予言する場合、この列は理論的に進歩的である。この予言のいくつかがうまくあたるとき、それは経験的に進歩的である。プログラムは、理論的にも経験的にも進歩的である場合、たんに進歩的である。そうでないときには退歩的である。

退歩的プログラムは徐々にそれ自身のなかに閉じ込められていくプログラムである。次に述べるのは一つの実例である。(2) 名高い成功物語の一つにパスツールの物語があるが、彼は細菌についての研究のおかげで、厄介なさまざまな小さな生物に脅かされていたフランスのビール、葡萄酒、絹製造業を救うことができたのである。後には牛乳のパスチャライズ〔低温殺菌法〕が用いられるようになった。パスツールはまたある微生物を識別し、それによって炭疽と狂犬病の予防接種ができるようになった。ある研究プログラムがそこで展開されたわけであるが、その固い核は、寄生生物や組織の損傷によっては説明できないそれまでに見られた生物の傷害はどれも微生物によって説明することができる、と主張していた。疾病の多くは細菌によっては作り出せなかったので、積極的発見法はもっと小さなもの、すなわちウイルスの探究を指令した。この進歩的研究プログラムはいくつかの退歩的サブプログラムをもっていた。微生物に対する熱狂は大変なもので、われわれが現在欠乏性疾患と呼んでいるものも病原菌によって惹き起こされるはずであった。二十世紀のはじめ頃、熱帯性疾患にかんして指導的な役割を演じた教授、パトリック・マンソンは、脚気および他のいくつかの疾患は細菌接触感染によって惹き起こされると主張していた。

実際には脚気の流行は蒸気精米という新製法から生じていた。この製法はヨーロッパから取り入れられ、米を主食とする何百万人もの中国人やインドネシア人を殺した。米の外皮のなかのビタミンB_1が精米によって破壊されたのである。主として日本海軍の食餌実験のおかげで、人々は微生物の存在ではなく、精白された米のなかにあるものが欠けていることが問題であることを徐々に理解するようになった。他のことがすべて失敗したときに、マンソンは精白していない米ではそういうことはないが精白した米のなかで生死を繰り返す細菌がおり、それが新来の災厄の原因であると主張した。この対応は、理論的に退歩的であった。それは、マンソンの理論の各修正が新たな観察の前にではなく、後になってようやく行なわれているためである。また経験的にも退歩的であった。精白米生物が見出されることがなかったからである。

後知恵

われわれは研究プログラムが進歩的であるかどうかを事実が過去のものとなるまでは言うことができない。パスツールのプログラムにおける見事な問題の推移を考えてもらいたい。そこでは先進世界における大部分の悪疾の根源とされるものが細菌からウイルスに置き換えられる。一九六〇年代には癌——癌腫とリンパ腫——はウイルスによって惹き起こされるという思弁が登場した。いくつかのきわめて稀な成功例は記録に残されている。たとえば、赤道近くの五〇〇〇フィートの高度に住む人々の手足にグロテスクな隆起を惹き起こす風変わりだがぞっとするリンパ腫（バーキット・リンパ腫）の原因がウイルスであることはほぼ確実に突きとめられた。だが癌ウイルスにかんする一般プログラムはどうであろう。ラカトシュはわれわれに言う――「われわれは芽を出しているプログラムを優しく取り扱わなければならない。プログラムがうまく軌道に乗り、経験的に進歩的になるまでには数十年を要する」（I、六頁）。いいだろう。しかしたとえ過去にそれが進歩的であったとしても――パスツールのプログラム以上に進歩的だったものがあるだろうか――このことは「心を開いておきなさい、そして窮地に陥ったときに数多くの異なった種類の研究に着手しなさい」ということの他にはまったく何も教えてはくれない。それは実績のない新しいプログラムの選択を助けてくれないだけではない。たとえパスツールのプログラムの失敗例のいくつかが、たとえば欠乏性疾患の理論のなかに分離吸収されることになったにしても、それにまさる進歩的プログラムをわれわれはほとんど知らないのである。癌ウイルスを見つけようという試みは進歩的であろうか、退歩的であろうか。われわれは後になってはじめて知るだろう。「癌との戦い」のうちどれだけの比率を分子生物学に、またどれだけをウイルスに（もちろん、それは必ずしも相互に排他的ではない）かけるべきかを決めようとしたとしても、ラカトシュはわれわれに何も教えることはできない。

客観性と主観主義

それではラカトシュは何をやっていたのだろう。私の推測するところはこの章の題名が示している。彼は真理の観念の代用になるものを見出したいと思っていた。これはパトナムの次の着想、すなわち真理の対応説は誤っており、真理とはそれを信じることが合理的であるものすべてであるという着想といくらか似ている。しかしラカトシュはパトナム以上にラディカルである。ラカトシュは信念を新たにしたプラグマティストなどではない。彼はたんに真理についてのある特定の理論にではなく、真理に敵意を抱いているのである。彼は対応説の置き換えではなく、真理それ自体の置き換えを望んでいる。パトナムは真理の対応説から自己を遠ざけるために戦わねばならない。英語圏の哲学でははるか昔のプラグマティストの攻撃にもかかわらず、対応説が依然として人気を得ているからである。ラカトシュはヘーゲル的伝統のなかで成長しているため、対応説をほとんど一顧だにしない。とはいえ、彼はパースと同様、ヘーゲルの論説のなかではほとんど役割を演じていない科学の客観性を評価する。彼はこの価値を重んじたが、それはパースと同様、われわれがそれについて意見の一致をみることになる科学の方法が存在し、それが今度はわれわれすべてを意見の一致へと、合理的で保証された信念へと導くだろうと考えたからである。パトナムは、たとえわれわれがすでに究極的な軌道に乗っているということをパースほどには確信していないにしても、単純なパース主義者である。合理性は未来を見通す。ラカトシュはもう一歩先へ行く。先を見通す合理性は存在しないが、われわれの現在の信念の客観性をわれわれがここに至った道を再構成することによって理解することはできる。どこから出発するのか。知識の成長それ自体から。

知識の成長

ラカトシュの試みを支える固定点は、知識は成長するという単純な事実である。その上に彼は表現と関わらない彼の哲学を築き上げようとする。「真理」もしくは「実在」にかんしてどう考えようと、知識が成長することをわれわれは理解できるという事実から出発するのである。この事実の相互に関連した三つの側面に注意しなければならない。

第一に、われわれは直接点検することによって知識が成長したことを知ることができる。これは一般的な哲学もしくは歴史によってではなく、特殊な系列をなしている諸々の文献を詳しく読むことによって教えられる教訓である。疑いもなく過去の天才が把握したよりも多くのことが今日知られている。彼自身が与えている実例をあげれば、原子量にかんしては、ラザフォードとソディの研究および同位元素の発見以後、一八一五年にプラウトが水素は宇宙の素材であり、原子量は水素の原子量の整数倍であるという仮説を立ててから一世紀の間、骨の折れる研究をしてきた人々が思ってもみなかったほど大量の事柄が知られるようになったことは明らかである。私はこのことを、深遠ではあるが初歩的な論点からラカトシュが出発していることを思い起こすために述べているのである。その論点というのは知識があるということではなく、成長があるということである。われわれは原子量についてかつて知っていたよりも多くのことを知っている。たとえ未来の数々の時代がわれわれをこれらの領域の新しい、拡張された再概念化に投げ入れることになるとしても、である。

第二に、なんらかの歴史的事実がたしかに知識の進歩を見せつけているという論証があるわけではない。必要とされるのは、この進歩がどこにあるのかを語り、何がわれわれが科学と呼んでいる進歩で、また何がそうではないのかを教えてくれるような分析である。おそらく同位元素の発見は本物の知識が成長したことにはならないと考えるばか者共がいるだろう。ラカトシュの態度は、彼らと論争することはできない、というものである——彼らは多分怠け者であって、文献を読んだことも、こうした成長のもたらす実験上の所産と関わり合ったこともないのである。われわれはこのような無知の輩と議論するべきではない。彼らは同位元素の利用法を学べば、あるいはたんに文献を読んだだけでも、知識がたしかに成長することを見出すだろう。

この考えが第三の論点へとわれわれを導く。科学的知識の成長は、知的な分析を加えるならば、合理的活動と非合理主義との境界設定を提供するかもしれない。ラカトシュはそんなふうに事態を表現したが、しかしそれは正しい言葉の使い方ではないのである。長い年月にわたってタルムードの注解よりも首尾一貫してかつ持続的に成長してきたものは何もない。それは「合理的」な活動なのだろうか。われわれは「合理的」という言葉は肯定的評価に用いられるとどんなにうつろなものであるかをすぐに理解する。その諸々の注解はわれわれの知るもっとも理を尽くした厖大な文章の集まりである。科学の文献に比べてもはるかに理を尽くしているのである。哲学者たちはしばしば、二十世紀の西洋占星術も、そうしたものだというのになぜ科学ではないのかという退屈な疑問を提起する。境界設定という異論の多い論争問題が横たわっているのはそこではない。ポパーは精神分析もしくはマルクス主義の正史が「科学」であることを主張する権利に異議を申し立てるという、もっと真剣なゲームに身を投じたのである。研究プログラムの道具立て、すなわち固い核と防御帯、進歩と退歩は、価値のあるものだとしても、合理的かつ理を尽くすものと、非合理的かつ理不尽なものとの区別をつけるわけではなく、ポパーとラカトシュが客観的知識と呼ぶものへと導く理の尽くし方と、異なった目的をもち、異なった知性の軌跡をもつ理の尽くし方との区別をつけるものなのである。

科学の理論を評価すること

それゆえラカトシュは、現在競合し合っている科学理論について、前向きの評価を与えてはくれない。彼にはせいぜいのところ後ろを眺めて、彼の規準によれば、なぜこの研究プログラムが進歩的で、なぜ他のものがそうでなかったのかが言えるだけである。未来にかんしては、彼の「方法論」から出てくる助言はほんの少ししかない。競争相手のプログラムが決定的な事柄を述べることになるのかもしれないのだから、われわれは自分たちの企てに対する希望も控えめにするべきである、と彼は言う。またプログラムが不運な時を過ごしている場合には、頑固さにもそれなりの役割がある。理論の増殖、評価の寛大さ、どのプログラムが成果を挙げ新しい研究課題に応えているかをみるための正直な「スコア記録」を標語とすべきである。それは本物の方法論ではなく、イデオロギーから解放されていると主張される科学に対して想定されている価値のリストなのである。

ラカトシュが理論の評価の仕事に携わっていたというのであれば、私は彼のもっとも精彩に富んだ批判者である、ポール・ファイヤアーベントに同意しなければならない。『方法への挑戦』の第十七章に見られるラカトシュに対する攻撃、しばしば鋭い洞察を示す攻撃のほこさきは主に、ラカトシュの「方法論」は現に行なわれている科学研究に助言をなすものとしてはうまい着想ではない、という点を突いている。私も同じ意見であるが、しかし助言を与えることは決して分析の主眼ではなく、これは私の主張だが、この分析がもっとラディカルな目的をもっているのだとしたらどうだろう。ラカトシュは毒舌と確乎たる見解をもち、遠慮などは滅多にしなかった。彼は現在行なわれている研究の企てのあれこれにかんして多くの面白い意見を述べたが、挿入されたこれらの辛辣な小言は私が彼に帰している哲学にとっては副次的なものであり、またそれからは独立しているものだったのである。

ラカトシュの方法論が表向きのものでしかない、ということはその欠陥であろうか。私はそうではないと思う。現在なされている研究の小断片のなかで、何が未来に対する吉兆になるかということにかんして、重要な一般法則などというものはない。分かりきったことだけがある。たった今うまい考えを手に入れた研究者のグループはしばしば少なくともさらに数年はその考えを適用し成果を収めつづけるだろう。こうしたグループは企業や、政府や、財団からしかるべく多額の資金を得る。穏当な社会学的帰納は他にもある。たとえば、あるグループが批判から身を守ることにますます気をつかい、あえて危険を冒すことをしないということになれば、興味深い新しい研究を生み出すことは滅多にない。多分重要な実践上の問題は合理性の哲学者たちからはまったく無視されているのである。五年または一五年も支持してきたある計画への――多くの若者がそれに生活を捧げてきた計画であり――そしてほとんど何も発見していない計画ではあるが――資金の供給をどのようにして打ち切るのか。この現実の危機には哲学と触れ合うところはほとんどない。

科学哲学者の一部の間に、ラカトシュならば「新正当化主義」と呼んだかもしれないものが現在流行している。それは理論評価のシステムが経験則からどのように構築できるかを示そうとしてまるまる一冊の本を生み出す。政府は、現実の科学のプロジェクトにどのように資金供給するべきかを学ぶために、科学哲学の研究に資金供給しなければならない、という提案さえなされている。われわれはこうした官僚主義の産物と、客観的判断の内容を理解しようとするラカトシュの試みを混同してはならない。

内的歴史と外的歴史

客観性を理解するためのラカトシュの道具は、彼が歴史と呼んでいるものであった。科学史家、思弁に貫かれた想像への飛翔に少なからず身を委ねる科学史家でさえ、ラカトシュのなかにはたんに「身の毛をよだたせるような歴史のパロディ」しか見出さない。これは『科学的想像力』(一〇六頁)におけるジェラルド・ホルトンによる性格描写である。多くの同僚が賛意を示す。

ラカトシュは「『内的歴史』と『外的歴史』の非正統的で新しい境界設定」(I、一〇二頁)から始めるが、行なっている事柄についてさして明瞭であるわけではない。外的歴史は普通、科学の内容に直接含まれてはいないが、知識の歴史のなかで起きるいくつかの出来事に影響を与えるか、もしくはそれを説明すると思われる経済的、社会的、技術的要因を扱う。外的歴史であれば地球のまわりに軌道を描くソビエトの最初の人工衛星、スプートニク——これに引き続いて莫大なアメリカの財源がにわかに科学教育に投資されたのであるが――といったような出来事を含むかもしれない。内的歴史は通常科学に密接な関係のある諸々の思想の歴史であり、研究者の動機、コミュニケーションのパターンや知性の系譜――だれがだれから何を学んだか――に注意を払う。

ラカトシュの内的歴史はこのスペクトルの一つの極端に位置することになる。それは主観的もしくは個人的領域にあるものすべてを除外する。人々が信じた事柄は関連性をもたない――それはある種の抽象の歴史でなければならない。それは、手短かに言えば、ヘーゲル的な疎外された知識の歴史、無名で自律的な研究プログラムの歴史でなければならない。

知識が客観的で非人間的な何かへ成長するというこの考えは、彼の主要な哲学的著作の最初のものである、『数学的発見の論理』(一九七六年〔邦訳:一九八〇年、共立出版〕)にその徴候を示していた。数学の本質にかんするこの見事な対話篇の一四六頁に、次のような一節が見出せる――

数学的活動は人間の活動である。この活動――どんな人間の活動についてもそうであるが――のある側面は心理学によって研究することができ、別の側面は歴史によって研究することができる。発見法はこうした側面には主たる関心を注ぐことはない。だが数学的活動は数学を生み出すのである。数学、すなわちこの活動の所産は、それを生み出してきた人間の活動から「自己を疎外する」。それはそれを生み出した活動から自律性を獲得する生きた成長する有機体である。

ここにはそれゆえラカトシュによる「内的歴史」の再定義、すなわち彼の「合理的再構成」の根底に横たわる教義の種子となったものがある。『数学的発見の論理』が与える教訓の一つは、数学は人間の活動の所産であると同時に、数学的知識がどのように成長したかという観点から分析できる、それ自体に内在的な客観性の特徴づけをもつことによって自律的なものでもあるかもしれない、ということである。ポパーはこのような客観的知識は実在の「第三世界」であり得ると提案しているが、ラカトシュはこの考えをもてあそんだ。

第三世界というポパーの隠喩には惑わせるところがある。ラカトシュの定義によれば、「第一世界」は物理的世界である。「第二世界」は意識の、精神状態の、そしてとくに、信念の世界である。「第三世界」は客観的精神のプラトン的世界、観念の世界である」(Ⅱ、一〇八頁)。私自身は第三世界は図書館に収蔵されている本と雑誌の、図、表、コンピュータ・メモリーの世界であると言っているポパーの原典のほうを好ましく思う。これらの人間の外なる事物、発話された文は、プラトンの話がほのめかしていた以上に実在的なものである。

三つの世界からなるリストとして語られると、謎めいたものを手にすることになる。それぞれに対応する法則を備えた、対象の創発的な三つの種類として述べるならばそれもそれほど不可解ではない。最初に物理的世界があった。次いで感覚を備えた反省的な存在が物理的世界から出現したとき、第二世界もまた存在するが、この世界の記述は普遍的な仕方ではまったく物理的世界の記述には還元できない。ポパーの第三世界はもっと推測的なものである。彼の考えというのは、それ自身に属する記述および法則の対象とはなるが、第二世界の事象が第一世界の事象に還元できないのと同様、第二世界の事象に（タイプ対タイプの方法で）還元できない人間の知識の領域（文、プリントアウト、テープ）がある、というものである。ラカトシュはこの考えの隠喩による表現に固執する――「人間の知識の産物、すなわち命題、理論、理論の体系、問題、問題の推移、研究プログラムは「第三世界」に生き、かつ成長する。知識を産出する者は第一、および第二世界に生きる」（Ⅱ、一〇八頁）。それほどまでに隠喩を用いる必要はないのである。人間の「疎外された」自律的な知識にかんする、主観的な信念の諸々の歴史と心理学には還元できない包括的で首尾一貫した記述の集まりが存在するかどうかというのは、難しいとはいえ率直な疑問である。「第三世界」説の実体化された解釈は数学の内容にまさに領土を与えることができる。それは数学は人間の精神の産物ではあるが、それにもかかわらず心理学に固有などんなものの前でも自律を保つことを許す。このテーマの拡張の一つが、「非心理学的」な内的歴史というラカトシュの考えによって与えられている。

内的歴史は現実に起きたことの合理的構成となり、この構成は科学史の最良の出来事のうちの多くのものにおいて、そこで起きたことがなぜ「合理的」および「客観的」というような形容に値するのかそのわけを露に示すだろう。ラカトシュは快く響く格言、カントの高貴な言いまわしの一つのもじりをもっていた——「科学史なき科学哲学は空虚であり、科学哲学なき科学史は盲目である」。これは立派な響きをもってはいるが、カントはある別の事柄について語っていたのであった。いくぶん反省を欠いた科学史にかんして言わねばならないことの一切は、カント自身によって、『論理学』の講義のなかで率直に語られていたのである——「たんなる博識は一つの眼を欠いているキュークロープスのような学識である、すなわち哲学の眼を」。ラカトシュは科学の歴史における「最良の」出来事が進歩的な研究プログラムの事例にあたるように科学の歴史を書き改めたいと望む。

合理的再構成

ラカトシュは一つの問題をもっているが、それは知識の成長を、成長の実例を分析することによって内的に特徴づけることである。ある推測が抱かれている。それは成長の単位は（固い核、防御帯、発見法によって定義される）研究プログラムであり、研究プログラムは進歩的かもしくは退歩的であり、そして最後に、知識は進歩的プログラムが退歩的なプログラムに対して勝利を収めることによって成長する、という推測である。この推測をテストするために、見るからに科学者たちが発見した事柄の解説となるに違いない実例を選び出す。それゆえその実例は科学者たちから、あるいは関連した知識の分野について考えている人々から広く賞賛されているものであるべきである。われわれが正統派に追従しているからではなく、当該領野の研究者たちは門外漢に比べて、何が重要であるかということについてより優れた感覚をもつことが多いからである。ファイヤアーベントはこれをエリート主義と呼ぶ。そうであろうか。ラカトシュの発する指示の次のものは、われわれ全員に対して手にすることのできる文献すべてを読めというものである。それは研究プログラムと、これに従事する人々との全隊列を覆う完全な一時代を包含するものである。たしかに、これを読む時間をもてる者はほとんどいないのだから、それはエリート主義である。しかし、文献が手に入れば、だれもがそれを読むことができるという知能にかんする反エリート的な前提（経済にかんするエリート的な前提に対立している）をもってもいる。

われわれは読んでいるもののなかから、その時代の研究者が何を発見しようと試みていたのかを、またどのようにしてそれを発見しようとしていたのかを表現している一群の文を選び出さなければならない。人々がそれについて感じたこと、創造力に富んだはったり、彼らの動機または役割モデルでさえ切り捨てねばならない。データのこのような「内的な」部分を決めてしまったならば、そこでようやくその結果をラカトシュ流研究プログラムの物語へと組織する企てが可能になる。

大概の研究と同じように、推測と整理されたデータが直ちに適合することは期待できない。三種類の修正を行なえば、推測と選び出されたデータとのかみ合わせが改良されるかもしれない。第一にわれわれはデータ分析をいじり回してもいい。第二に、推測を修正してもいい。第三には、われわれが選びとった事例研究は、結局のところ知識の成長の例にはなっていないと結論してもいい。これら三種類の修正を順に論じていくことにしよう。データ分析の改善ということで、私は嘘をつくことを意味しているわけではない。ラカトシュは「反証」論文のなかで一対の愚かな意見を述べた。それは本文のなかである事柄を歴史的事実として主張しておきながら脚注のなかでそれを撤回し、本文はふんだんな機智をもって受け取るべきであることを強調する(I、五五頁)。歴史として読んでいる読者は、こんなやり方で鼻を引っ張られたことに当然にも腹を立てる。何かの役に立ったというわけでもなかったのである。ラカトシュの小さな冗談は合理的再構成の過程で作り出されたのではなかった。彼がその過程で作り出されたと言っていたのは事実であるが。他の研究の場合にもまったく同じであるが、データの再分析を試みることになにも悪いことはない。それは嘘をつくことを意味しない。たんに、事実を再考すること、または選び出して配列することを意味するかもしれないし、あるいは既知の歴史的事実に新しい研究プログラムを負わせるといった事例であるかもしれない。

データとラカトシュ流の推測を調和させることができない場合、二つの選択が残る。第一に、事例になっている歴史はそれ自体知識の成長とは別の何かとみなされるかもしれない。このような作戦は容易にモンスター排除［例外排除］にもなり得るとはいえ、外的歴史の制約が現われるのもここなのである。彼は、科学の歴史の特定の出来事については「非合理的」であるから彼のモデルに適合しない、といつでも言えるのであるが、そのように言うことを、非合理的な要素がなんであるかを言える場合に限って許すべきであるという要求を、自らに課している。外的な要素は政治的圧力、あるいは堕落した諸価値、ことによると、たんなる愚かさであるかもしれない。ラカトシュのいう諸々の歴史は規範的なものである。それは彼が、研究の一定の部分はそれが現に行なわれたように行なわれる「べきではなかった」と、またそれはプログラムに密接な関わりをもたない外的な要因による妨害によってそのように行なわれたと結論することができるからである。選び出された事例は「合理的」ではなかったと結論するときには、現在広く行きわたっている科学的な分別に逆らうことも許される。しかしラカトシュは、原則的にはこのことを是認できるとはいえ、研究に携わる科学者たちの暗黙の評価に対する敬意に当然にも揺り動かされている。アインシュタイン、ボーア、ラヴォアジエ、あるいはコペルニクスでさえ非合理的なプログラムに関わっていたということを、ラカトシュがこだわりなく認める姿は私には想像できない。「あまりにも多くの科学の現実の歴史が」その場合には「非合理的」になったであろう（I、一七二頁）。ラカトシュのプログラムには、あるがままの知識の歴史の他には訴えることのできる基礎がないのである。後者が全面的に非合理的であると宣告することは合理性を放棄することである。われわれはファイヤアーベントがラカトシュのエリート主義について語ったわけを理解する。合理性は現在の社会が良いと言っているものとして簡単に定義されるだろうし、アインシュタインのような人の俗世からかけ離れた影響力にはどんなものもまったく対抗できないだろう。

そこでラカトシュは客観性と合理性とを進歩的な研究プログラムによって定義し、科学史上の出来事は、その内的歴史を一つながりの進歩的な問題の推移として書くことができる場合には、客観的かつ合理的なものであると認める。

推論における大変動

パースは真理を科学的探究の理念的な終極において到達されるものとして定義した。彼は探究の諸原理を特徴づけることが方法論の仕事であると考えた。一つの分かりきった問題が存在する――万一探究がどこにも収束しなかったらどうなるのか。パースは、今日のわれわれと同様、彼の時代にあっても科学革命についての議論によく通じていたのであるが、知識における「大変動」（彼はそう呼んでいる）は他のものに置き換えられるのではなくて、これは探究の自己修正をするという特徴の一部に他ならない、というふうに考えを決めていた。ラカトシュはパースに似た態度を取る。彼はクーンに帰している学説、すなわち知識はあるパラダイムから別のパラダイムへの非合理的な「改宗」によって変化するという学説を反駁しようと決心していた。

序論で述べたように、クーンを正確に読むならば、ラカトシュがそこに見出したような文化相対主義の黙示録的態度が本当に見出されるとは私は思わない。しかしラカトシュのクーンの研究に対する反発の根底には真に深味のある、ある気がかりなことがあるのであって、それをうわべだけ取りつくろってごまかしてはならない。それはファイヤアーベントが補足的に述べたある重要な批評、すなわちラカトシュの科学的合理性にかんする説明はせいぜい「最近の二〇〇年の」主な業績に適合するだけであるという意見に関連している。

知識の一総体は区別できる二つの仕方で過去と断絶することがあるかもしれない。今ではわれわれは新しい理論がそれに先立つ理論の概念の組織に完全に取って代わるかもしれないという可能性についてはよく知っている。進歩的プログラムと退歩的プログラムにかんするラカトシュのお話はそのような置き換えがどのようなときに「合理的」であるかを決める優れた企てである。しかしラカトシュの論法のすべては推論の仮説演繹モデルと呼べるものを当たり前のこととしている。ポパーに修正を加えたとはいうものの、彼は推測を形作り、防御帯によって選び出されたなんらかの問題に対してテストすることは分かりきったこととしている。知識におけるはるかにラディカルな断絶は推論の正しい様式の全体が姿を現わすときに現われる。「最近の二〇〇年」にかんするファイヤアーベントの嘲笑の意味は、ラカトシュの分析は時代を超越した知識および時代を超越した推論に関わるわけではなく、推論の特殊な様式によって生み出される特殊な種類の知識に関連している、ということである。そうした知識およびそうした様式には特定の始まりがある。したがって大変動にかんするパースの不安がやって来る――さらに新たな種類の知識を生み出すような推論の様式がまだこれ以上存在し得るのではないだろうか。ラカトシュの真理の代用となるものは、局所的でまた最近の現象ではなかろうか。

私はある気がかりなことを述べているのであって、論証を述べているのではない。ファイヤアーベントは大昔の推論のさまざまな方法、またさまざまな見る方法についてさえ、驚嘆に値するが信じがたい主張を行なっている。もっと平凡なものではあるが、私は『確率の出現』(一九七五年〔邦訳：二〇一三年、慶應義塾大学出版会〕)という本のなかで、帰納的証拠にかんするわれわれの現在の考えの一部はルネサンスの末頃ようやく姿を現わしたと主張している。歴史家のA・C・クロンビーは、『ヨーロッパの伝統における科学的思考の諸様式』(一九八三年)という著書――「様式」という言葉を私はこの本から借りたのであるが――のなかで、区別できる六つの様式について書いている。私はクロンビーの考えを別の所でより詳しく述べた。ところでこのことから、新しい様式の出現は大変動であるということが帰結するわけではない。実際われわれは次々と様式を付け加え、蓄積される一群の概念上の道具立てを手にすることになるかもしれない。クロンビーはそのように説いている。明らかにパトナムもラウダンもそれが起こることを予想している。とはいえこれらは最近になってようやく取り上げられた問題であり、理解はまったく不十分な状態にある。こうした問題のために、描写されている種類に属する知識の成長が推論の特定の様式によって成し遂げられた特定の知識に主に関わっていることが明らかになる場合には、その知識の成長から出発する実在性と客観性の説明に対して当然われわれは用心深くなる。

事態をさらに悪い方向へ押しやることになるが、私は推論の様式はそれが生み出す知識の本質そのものを決定するかもしれないと疑っている。ギリシア人の仮定を立てる方法は、長い間知識のモデルとして哲学者に奉仕した幾何学を与えた。ラカトシュはユークリッド的方法の支配を激しく罵る。未来のどんなラカトシュが仮説演繹法および、それが生み出した研究プログラムの理論を罵ることになるだろう。この方法にもっとも固有な特徴の一つは、高次のレベルの法則に現われるとはいえ、実験上の帰結をもつ理論的対象を仮定することである。成功を収めた科学のもっているこの特徴は十八世紀の末にようやく根づいたに過ぎない。われわれの時代に対してカントが要求した客観性にかんする諸々の問いは、まさしくこの新しい知識によって置かれた問いである、ということさえあり得るのではなかろうか。もしそうであれば、ラカトシュがこれらの問いに対して過去二世紀の知識の観点から答えを与えようと試みるのはまったく適切なことである。とはいえわれわれがこの特殊な種類の成長をもとにして真理と実在性の理論にたどりつくことができると考えるのは誤りであろう。ラカトシュが企てたが、書き得ずして逝った書の表題、「科学的発見の変化する論理」を真剣に受けとめるならば、ラカトシュもギリシア人たちと同様、永遠の真理を人間の知識の歴史のなかのたんなるエピソードに依存させたという可能性を真剣に受けとめることになる。

この気がかりなことにも一つの楽観的な解釈が残されている。ラカトシュは西洋の科学のある客観的な価値の特徴を、真理の模写説に訴えることなく描写しようとしていたのである。おそらくこれらの客観的価値はかなり新しいものであって、彼が過去二、三世紀に限定しているのはまさに正しいことなのかもしれない。われわれ自身の伝統を評価する外在的な手段を残してはくれなかったのだが、しかしなんだってわれわれはそのようなものをほしがるのだろう。

小休止　本物と表現

共約不可能性、超越論的唯名論、真理の代用となるもの、推論の諸様式、これらは哲学者の仲間ことば《ジャーゴン》である。それらは理論と世界の関係について黙想にふけることから生まれる。そのすべては観念論の袋小路へと導いていく。どれも実在の健全な感覚へとは誘わない。むしろ、最近の科学哲学の多くは十七世紀の認識論に類似しているのである。自然の表現としての知識にのみ注意を向けることによって、そもそもどうしたらわれわれは表現から抜け出し、世界と接続《フック・アップ》することができるのかといぶかる。この道はバークリーが代弁者を務めるある観念論に通じている。われわれの世紀のことであるがジョン・デューイは西洋の哲学に取り憑いている知識の観客理論について冷笑的に語っていた。われわれがたんに人生の劇場の観客に過ぎないのであれば、過ぎゆくショーに内在的な根拠に基づいて、何が俳優のたんなる表現で、何が実在の事物であるかを一体どうして知るのであろう。仮に理論と観察との間に鮮明な区別があったとしたら、われわれは多分観察されたものを実在的なものとしてあてにすることができるだろうが、一方たんに表現するだけの理論は観念的なものになるわけである。だが哲学者たちが一切の観察には理論が負荷されていると説きはじめているとき、われわれは完全に表現のなかに、そしてそれゆえなんらかの観念論的見解のなかに閉じ込められたように見える。

たとえば、哀れかなしいヒラリー・パトナム。かつては哲学者たちのなかのだれにも劣らぬ実在論者であったので、表現から抜け出そうと、語の意味を構成する要素のリストの末尾に「指示対象」を付け加えることを試みた。それはあたかもなんらかの強力な指示用の空中からの鉤《スカイ・フック》のおかげで、われわれの言語のなかにそれが指示する素材そのものを少しばかり組み込むことができるようになるかのようであった。だがパトナムはそこにとどまっていられなかった。そして超越論的な懐疑にとり囲まれ、ある種の観念論もしくは唯名論に譲歩した挙句、辛うじて「内在的実在論者」に落ち着いた。

私はデューイの考えに賛成である。そのような観念論が生まれるもとになる行為と思考の誤った二分法を斥ける点において、私は彼に従う。おそらく私が叙述してきた科学哲学はすべてより大きな知識の観客理論の一部をなすものなのである。とはいえ、世界の表現としての知識という観念がそれ自体、悪の源泉であるとは私は考えない。害をもたらすのは、介入と行為と実験を犠牲にしたまま、ひたすら表現と思考と理論とに取り憑かれていることなのである。それゆえ私はこの本の第2部で実験科学を研究し、そこに異論の余地のない実在論のたしかな基盤を見出すわけである。が、理論を実験と引き替えに手放す前に表現と実在の観念についてもう少し考えてみよう。

この二つの観念の起源

表現と実在という、この二つの観念の起源はなにか。ロックならそうした問いを心理学的研究の一部として問い、人間の精神はどのようにして観念を形成したり、組み立てたり、構成したりするのかを示そうとしたかもしれない。人間の知的諸能力の成熟を研究する立派な科学が存在しているのに、哲学者たちはしばしば、観念の起源を調べるさいに、ある異なったゲームを行なう。彼らは哲学的教訓を説くために、寓話を物語る。ロックでさえ、精神の自然史を手がけているふりをしたとき、あるたとえ話をこしらえていた。現代のわれらの諸々の心理学は経験的研究の装身具でもっと飾り立てるにはどうしたらよいかを習得してはいるが、空想的なロックからそう思っているほどは隔たっていない。われわれは哲学者として、空想を歓迎しよう。人間の精神にかんする平均的でア・プリオリな空想には、認知科学の公正で中立的だと思われている諸々の観察や数学的なモデル形成よりも多くの真理があるかもしれない。

哲学的人間学

一八五〇年頃のある哲学の文献を想像してもらいたい――「実在は神そのものと同じよ

うに擬人的な創作である」。これは「神は死んだ、実在もまた然り」と語る重々しい口調で語ってはならない。それはもっと明確で実際的な主張であるべきである——実在はまさしくある人類学的事実の副産物である。もっと地味な言い方をすれば、実在の概念は人間存在にかんするある事実の副産物である。

人類学(anthropology)といっても私は民族誌学や民族学、すなわち、今日の人類学の諸学科で行なわれており、多くの現地調査を必要とする諸研究のことを言っているのではない。人類学ということで私は十九世紀の「人間」にかんするニセ科学のことを考えている。かつてカントは三つの哲学的な問いを立てた。何が必然的なのか。何をなすべきか。何を希望してもよいか。晩年に彼は四つ目の問題を付け加えた——人間とは何か。この問いによって彼は(哲学的)人間学(Anthropologie)を起こし、『人間学』と称する本さえ著した。実在論は純粋理性の、判断の、道徳の形而上学の一部であるとは考えられないし、いや、自然科学の形而上学の一部であると考えることさえできない。その分類をカントの諸々の偉大な著作の表題に従って与えなければならないのであれば、実在論はまさに人間学の一部として研究されなければならない。

人間存在の純粋科学というのはいささか冒険的である。アリストテレスが人間は都市に住む動物であり、それゆえポリスは彼がそこへ向けて努力をする人間の本質の一部であるということを提唱したときに、彼の弟子のアレクサンダーは帝国を再発明して彼を反駁した。人間は道具製作者であると、あるいは親指をもつ動物であると、あるいは直立する動物であると言われてきている。これらの偶然的な特徴は、誤って人間Manと呼ばれている種の半分に注目する場合に限って認められるのであって、道具も親指も、直立していることもその種を定義するものにはほとんどならない、とも言われてきた。そうした言明のどれについても、何が賛成や反対の根拠となるのかはあまり明らかではない。ある人が人類を理性的なものとして定義し、他の人がそれを道具製作者として定義したとしよう。一体理性的動物であることと道具を製作することとの外延が等しいと想定しなければならないわけがあるのだろうか。

　人間性の本質的な性格についての諸々の思弁のなかでは同様なことがもっとたくさん許容される。デカルト以来、哲学者たちは人類は話すものであるという推測に惹きつけられてきた。合理性は、その本質そのものからして、言語を必要とし、それゆえ理性的動物としての人類と話すものとしての人類とは実際外延が等しいと力説されてきた。それは空想豊富な人間学くらい脆弱な学科にとっては満足すべき主要定理である。だがこの結論——諸々の浩瀚《こうかん》な書物に活気を与えてきた結論——は明らかに深みのあるものであるにもかかわらず、私はもう一つの空想を提案する。人間存在は表現するものである。ホモ・ファベル〔homo faber 工作する人〕ではなく、ホモ・デピクトル〔homo depictor 描写する人〕と、私は言おう。人は表現を作り出す。

隠喩の限定

人は似たものを作る。絵を描き、めんどりの鳴き真似をし、粘土でかたどり、像を彫り、真鍮を叩きのばす。それらは人間存在の特徴を示しはじめている各種の表現である。「表現（representation）」という言葉には哲学上の過去といったものがある。それはカントの表象（Vorstellung）の訳語として使われてきたが、後者は精神の前に置くことであり、もっと抽象的な思念と並んで心象をも含む言葉である。カントはフランスとイギリスの経験論者の「観念（idea）」にかわる言葉を必要としたのである。が、それはまさに私が表現によって言い表わしてはいないものである。私が表現と呼ぶものはみな公になっているものである。人はロックの観念に触れることはできないが、われわれの先祖が作り出した最初の表現のいくつかに触れるのを制止することは博物館の監視員にしかできない。すべての表現に触れることができると言っているのではないが、すべては公になっている。カントによれば、判断は表象の表象、すなわち精神の前に置くことを精神の前に置くことであって、二重に私的なのである。それは私が表現と呼ぶものとは二重に異なる。しかし私にとっては、公になっている言語的な事象は表現になることが可能である。私が考えているのは単純な平叙文——これはたしかに表現ではない——ではなく、われわれの世界を表現しようと企てる複雑な思弁である。

私が表現と言うとき、まずなによりも物理的対象のことを考えている——小立像、彫刻、絵、彫版、それ自体を調べること、注視することができる対象のことを。それらははるか昔にも人間らしいものが少しでも見つかるならば見出される。ときに運の良い出来事が、それが起きなければ腐ってしまったような木やワラの断片でさえ保存してくれる。表現とは、壁に描かれたきわめて単純なスケッチであれ——「表現」という言葉を私は拡張して用いるのであるが——電磁気力、強い相互作用の力、弱い相互作用の力、あるいは重力についてのきわめて複雑な理論であれ、外にあって公になっているものなのである。

保存されている大昔の表現は通常視覚的なものと触覚的なものであるが、私は他の感覚によって公に近づき得るものも一切除外するつもりはない。鳥笛や風音機もまた、われわれは通常それが発する音を模倣〔にせもの〕と言ってはいるが、似たものを作り出すかもしれない。人類のように怜悧な種であれば、手のほどこしようのない盲目であったとしても、聴覚的および触覚的な表現を見事に使いこなすだろう、と私は主張する。表現することはわれわれの本性そのものの一部だからである。われわれは眼をもっているので、われわれの大抵の最初の表現は視覚的なものであるが、表現はその本質からして視覚的であるわけではない。

表現ということで、多少とも公になっている似たものであることが意図されている。私は外的世界を心の眼に表現するカントの表象やロックの内的な観念を除外する。私はまた通常の公になっている文も除外する。ウィリアム・ジェイムズは彼が真理の模写説と呼んだものを嘲った。それは真理の対応説というもっと堂々としたラベルをつけられているものである。模写説は真なる命題とはなんであれ、世界のなかにあってそれを真にするものの模写である、と言う。ウィトゲンシュタインの『論理哲学論考』は真理の像理論を含んでいるが、これによれば真なる文とは事実を正確に描くものである。ウィトゲンシュタインは誤っていた。単純な文は絵でも、模写でも、表現でもない。疑いもなく表現についての哲学的な話はウィトゲンシュタインの命題（Sätze）を回顧させようとする。それを忘れなければならない。「猫がマットの上にいる」という文は実在の表現ではない。後にウィトゲンシュタインが教えてくれたように、それはさまざまな種類の目的のために使うことができる文であるが、その目的のどれひとつとして世界がどのようであるかを描写することではない。これに対し、マクスウェルの電磁理論では世界を表現すること、世界がどのようであるかを言うことが意図されていた。個々の文ではなく、理論が表現なのである。

ある哲学者たちは、文は表現ではないことを悟って、表現の観念そのものを哲学には無価値であると結論する。それは誤りを犯している。われわれは表現するために諸々の複雑な文をまとめて用いることができる。日常の英語はそれだけのことはする。弁護士は弁護依頼人の意向を表現［代理］できるし、また警察が報告書を用意するさいに不穏当な協力を仰いだと表現することもできる。一般には単一の文が表現することはない。表現は言語的なものであることが可能ではあるが、言語的表現はたくさんの言葉を用いるものなのである。

話すものとしての人類

私の哲学的人間学の最初の命題は、人間存在は描写するものであるということである。仮に民族誌学者が（それがタブーであるからというのではなく、何かを表現するという考えをだれも抱いたことがないので）像を作ることのない種族について教えてくれるようなことがあれば、私はそれは人ではない、ホモ・デピクトルではない、と言わなければならないだろう。オルドワイ峡谷に三〇〇万年以前に人類（その先祖ではなく）が住んでいたことを確信してはいるが、大昔の骨格と足跡の他には大したものを見つけてはいないということがあったとすれば、私は人々はまだ表現することをはじめていなかったと仮定するかわりに、むしろこれらのアフリカの先祖たちが作った表現は砂によって掻き消されてしまったという仮定を設けるだろう。

私の旧石器時代についてのア・プリオリな空想は人類は本質的に理性的であり、理性的であることは本質的に言語的な事柄であるという古来からの考えとどのようにかみ合うのだろう。描写は言語を必要とするとか、または人類は必ずしも理性的ではないと主張しなければならないのだろうか。言語を合理性に詰めこまなければならないとしたら、私は人類は理性的動物になるかもしれないと喜んで結論するだろう。すなわち、ホモ・デピクトルは理性的であるというアリストテレスの御墨付に常に値するわけではなく、われわれが鍛錬し、語りはじめるときにようやくそれを獲得するのである。しばらくの間、描く人々が語ることを学ぶに先立って似たものを作っていると想像してみよう。

言語のはじまり

言語の起源にかんする思弁は想像力を欠き、へり下った姿勢をとる傾向をもつ。言語は狩猟や農耕のような実践的な事柄を補助するために発明されたに違いない、ということを耳にする。「語ることができるということはどんなに役に立つことか。話すことができたなら人々はさらにどれほど有能になったであろう。言葉は狩猟や農耕を営む人々が生きのびることをはるかに見込みのあることにする」、と畳み掛けるように語られる。

こうしたくだらない話を好む学者たちが畑を耕したり獲物を追いかけたりしたことがないのは明らかである。そこではしゃべり立てることではなく沈黙が毎日の普通の状態なのである。畑に出て草をとる人々は普通話をしない。彼らは休息するときだけ話す。東アフリカの平原では殺傷率のもっとも高い狩猟者は野生の犬であるが、それでも気配を感じさせない中年の教授たちのほうが、決して話したり合図を送ったりしないという申し合わせをすれば、どんな野生の犬よりもずっと上手に牛やガゼルをつかまえる。沈黙を立派に保つ人間が素手で狩猟をすれば、うなるライオンや、ほえる犬たちは飢えて死ぬだろう。

言語は実践的な事柄のためのものだということはない。ジョナサン・ベネットは、一人の「部族民」が他の「部族民」に向かって、ココナッが第二の現地人の頭の上に落ちそうだと警告を発したときに言語が生まれるという物語を語っている。[1] 現地人1はまず頭をゴツンと叩くという大げさな身振りでこれを行なうが、やがて警告の声を出してそうするようになり、その結果言語活動を開始する。私は人種差別主義者のこま割り漫画を別にすれば、ココナッが部族民の頭の上に落ちることなどないと思うので、この空想は怪しいものである。私はむしろオルドワイ峡谷を発掘したリーキー一家に帰せられている言語にかんする示唆のほうを好む。その考えというのは言語は退屈から発明されたというものである。いったん火を起こしてしまえば、長い夜を過ごすのに何もすることがない。そこで冗談を言いはじめたのである。言語の起源にかんするこの空想は言葉を人間的なあるものとみなすという大きな長所を備えている。それは熱帯地方の部族民にではなく人々に足場を求める。

ホモ・デピクトルが粘土の小立像や下手な壁絵について、「本物だ（real）」、とか、「そんな様子だ」と翻訳できるような音声を使いはじめるところを想像してもらいたい。会話が「これ本物、ならばそれも本物」、あるいはもっと慣用的な語法で言えば、「これが実際の様子なら、そっちも実際の様子だ」というように続けられるとしよう。人は議論好きにできているので、ほどなく他の音声が、「いや、それではなく、こっちのこれが本物だ」ということを表現するようになる。

こうした空想では、われわれはまず名辞と記述、あるいは哲学者たちが大層好む意義と指示を思い浮かべるわけではない。そうではなく指標詞、論理定項、捜したり見つけたりするゲームからはじめるのである。記述する言語活動はその後、描くことの代用となるものではなく、話すことの他の諸用法が発明されるときに現われる。

言語活動はそれゆえ、ある表現について言われる、「これ本物」から始まる。このようなお話はそれに信用を与えるものとして次のような事実を手中に収めている。すなわち、「これ本物」は「あんたターザン、あたしジェイン」にはまったく似てないのである。というのもそれは入り組んだ、すなわち典型的に人間的な思考を、つまりこの木の彫り物はそれが表現しているものについて、ある本物の何かを示しているという思考を表わしているからである。

この想像上の生活は私が話の始めに引用した、実在は擬人的創作である、という文がもっている心を萎えさせるような性格に対して解毒剤になるようもくろまれている。実在は人間の創作かもしれないが、それは決して玩具ではない。それどころかそれは人間の創作のなかの二番目のものである。人間に特有な最初の発明は表現である。表現するという慣行が存在するようになるやいなや、二階の概念の一つが後につながって現われる。それが実在の概念であるが、これは一階の表現が存在する場合に限って内容をもつ概念なのである。

実在、あるいは世界は、なんらかの表現、もしくは人間の言語が存在する以前から存在していた、という異議がでてくるだろう。もちろんである。しかしそれを実在として概念化するのは二次的なのである。まずこの人間的な事象、表現を作るということがある。次いで表現を本物〔実在的〕か、もしくはにせ物〔非実在的〕として、真または偽として、正確かもしくは不正確として判断することがあった。最後に世界が現われる。一番目にではなく、二番目、三番目、または四番目に。

実在は表現に寄生していると言うことによって、私はネルソン・グッドマンやリチャード・ローティのように、「世界はすっかり失われた！」と叫ぶ人たちと力を合わせるわけではない。世界はたとえ第一の地位ではないとしても、すばらしい地位をもっている。それは実在的なものを表現の属性として概念化することによって見出されたのである。

言語の起源にかんする私のお話に対してほんの少しでも経験的証拠があるのだろうか。否。わずかに風向きを示すくらいのものしかない。表現することは不思議なくらい人間的なことである、と私は言おう。それを種に特有な、と形容しよう。ここにいくらかの真理があることを見るには進化系統樹をかけ登りさえすればよい。ヒヒに麻酔薬を与え、その顔面に化粧して、鏡を見せなさい。普段と違うことに何も気づかないのである。同じことをチンパンジーに行ないなさい。恐ろしく狼狽し、顔面に塗料があるのを見て取り除こうと試みる。人の場合には、一変して化粧を研究するために鏡を好む。ヒヒは決して絵を描かない。言語の研究家、デイヴィッド・プレマックはチンパンジーに絵画的表現を用いる一種の言語を教えた。ホモ・デピクトルは出発点からして、これに勝っている。われわれは今なおそうだ。

似せたもの

表現とはまずなによりも似せたもののことである。そのように言えば哲学的な自明の理にまっこうから逆らうことになる。様式のない表現が存在しないことはわれわれは皆知っている。もっとも粗野な文化でさえ、かりにも表現しようというのであれば表現の様式をもたねばならない。それゆえ、はじめにたんに表現が、似たものをつくるといったことがあったはずがない、と論じられるかもしれない。表現が存在するに先立って、表現の様式が存在したに違いない。

私には、様式は表現に先行しないことが認められる限り、この学説に異を唱える必要もない。様式は素材に手が加えられ、職人がお客の感性に影響を及ぼす工芸品を作り出す間に表現と共に成長する。

哲学的にみて一層の難問の一つがこの辺に潜んでいる。事物は、あれやこれやの点において似ているのであって、単純に似ているということはあるはずがない、と言われている。どこに類似があるのかを表現するために使うなんらかの概念が存在しなければならない。二人の人は同じ歩き方、または同じ態度、同じ鼻か、同じ両親か、同じ性格をもっている。しかし二人の人が互いに単純に「似て」いることなどあり得ない。私はこのことにも同意するが、しかしそれは単純な類似を排除しはしないと、試みに主張してみよう。

事物は一般に単純に、あるいは無条件に似通うことが可能だと主張するには、私はあまりにも哲学に洗脳されている。それらはあれやこれやの点において似ているか、または似ていないか、であるに違いない。しかしある特定の種類の事物、すなわち人の作り出した表現は、それが表現するよう意図されているものと、無条件に似ていることがあり得る。類似性についてのわれわれの一般化された観念は、われわれの実在の観念と同様、われわれの表現の慣行に寄生している。表現が、それが表現するものに類似するなんらかの原初的なあり方があるのかもしれない。非常に縁遠い他国の人々、またきわめて古い人々の作った工芸品には、それが何に似せたものなのかはっきりとは分からないときでさえ、直ちに似せて作ったものであることが認識されるものがあることに疑いの余地はない。そのような絵、彫り物、金の象眼、銅細工、土の面、マンモスを彫った岩、ポケットに入る大きさの埋葬用のカヌー——人々が以前に住んでいたところに見出される手のこんだ破片の一切——は似せて作った物である。私はそれが何に似せたのかを、またその目的を知らないかもしれない。その表現のシステムをちゃんと理解しているわけではないのに、それでも私はそれが表現であることを知っている。私はデルポイで人の、あるいはことによると神の、われわれが形式的もしくは生気を欠く様式と呼んでいる様式に従うアルカイックな象牙の彫り物を見る。私はその象牙がまとっている金のすね当てとマントを見る。それには雄牛とライオンのいる光景がきわめて細かでかつ「写実的（realistic）」な細部に至るまで彫り込まれている。異なった素材を用いながら、アルカイックなものと写実的なものとが考古学者が同じ時代と呼んでいる期間に作られている。私はどちらもなんのためのものか知らない。私は両者が似せたものであることはたしかに知っている。私は準宝石でできた、人間味のある、心動かす落ち窪んだ眼を具えたアルカイックなブロンズの御者を見る。われわれが生気を欠く様式と呼ぶものにあれほど熱心な職人たちがどうして制作物のなかに生命を吹き込んだ他の人々と一緒に働くことができたのだろう、と私は自問する。異なった素材を用いる異なった工芸は異なった速度で発展するからであろうか。知られていない諸々の目的が、忘れられてしまったが、ある関連をもっていたためなのか。こうした細かい疑問はわれわれが当然とみなしていることを背景としてもちだされるのである。われわれは少なくとも次のことを知っているのである――すなわちこれらの工芸品は表現である、ということを。

われわれは、何に似せたものであるのか答えられないときでさえ、似せたものと表現を認める。表面に衣服の素描をもち、多分油を入れる台皿の形にした窪みを頭の代わりにもっている奇妙な小さな粘土の像のことを考えてみよう。こうした指の長さほどのものがミュケナイに散在している。私はそれが何か特定のものを表現していることには疑いを抱く。それは私に、子供たちが雪の上に寝て小さな翼と裾の形を作り出すために腕と足をあちこちばたつかせて作る天使の痕跡をもっともよく思い出させる。子供たちは娯楽のためにその天使を作る。われわれはクノッソスの市民らがその小立像で何をしたのかよく知らない。しかしどちらもなんらかのやり方で似せたものであることは知っている。描かれた天使は地上の何ものにもまったく似ていないのに、その翼と裾は翼と裾に似ている。

表現では一般にどんな様子であるかを言うことが意図されているわけではない。それは肖像でもあり得るが、また楽しみを与えるものでもあり得る。われわれは言葉に取り憑かれてしまっているので、絵や彫刻について反省してみるのがよい。言語哲学者たちは、言語の最初の使用は真理を告げるためのものであったに違いないと語りたい衝動に滅多に逆らわない。絵画にはそうした強制はまったくないだろう。二つの野牛のスケッチについて、「これが実際の様子なら、そっちも実際の様子だ」と議論するのはまったく異常なことなのである。絵は滅多に、そして彫像はほとんどまったく、実際にどうであるかを言うために用いられはしない。それにもかかわらず表現にはある核があって、それが数千年後に考古学者が古代の遺跡の残骸からあるものを拾い上げ、それを似せたものとして見ることを可能にしている。疑いもなく「似せたもの」という言葉はまずい言葉である。というのは「工芸」の作品はたしかに想像の産物を、それ自体のために、また復讐、富、理解、求愛、恐怖のために作られたきれいなものや醜いものを含んでいるものだからである。しかしこれらすべてのなかに、類似性へと帰着するある表現の観念が存在している。類似性は孤立している。それは関係ではない。それは関係する項を作り出す。まずはじめに類似性があり、次いであれこれのものへの類似性がある。最初に表現があり、次いで「本物（real）」がある。最初に表現があり、そしてずっと後になって、類似性が認められるあれやこれやの点を記述することができる概念の創造がある。しかし類似性は自立し得るのであって、x、y、またはzといったなんらかの概念を必要としたり、その結果zの表現である点では似ているが、xやyの点では似ていないといつも語らねばならないわけではない。表現を作るさいに生まれ出る類似性のなまの洗練されていない観念があり、それが人々の材料の加工がより巧妙になるにつれて、何が何に似ているかに注目するさまざまな種類の方法を生み出すと考えてもばかげてはいない。

実在論に問題なし

リアリティがたんに表現の属性であったら、またわれわれが表現の選択可能な諸々の様式を発展させてきたのではなかったとしたら、リアリズムは哲学者にとっても審美家にとっても問題ではなかっただろう。問題はわれわれが選ばねばならない諸々の表現の様式をもっているために生じるのである。

以上のことが科学的実在論における現在の哲学的関心に対する鍵となっている。以前の諸々の「実在論の」危機は、その根を共通して科学のなかにもっていた。プトレマイオスの体系とコペルニクスの体系の間の競合は、道具主義の宇宙論と実在論の宇宙論の間の銃撃戦を請い願った。十九世紀末の原子論にかんする論争は、原子ははたして、あるいはいかなる意味で実在的であり得るのかと人々に考えさせた。科学的実在論にかんするわれわれの現在の論争は、自然科学における対応する現実的問題にあおられているわけではない。ではそれはどこからやって来るのか。知識の成長に伴い、われわれは革命の数々を経て、異なった世界に住むようになるというクーンや他の人々の示唆からである。新しい理論は新しい表現である。それらは異なったやり方で表現し、それゆえに新しい種類の実在がある。そうしたことは実在を表現の属性とする私の説明の単純な帰結である。

言語の起源にかんする私の空想物語において、分化していない唯一の表現しか存在しなかったときには、「本物〔real〕」は曖昧さをもっていなかった。しかし諸々の表現が競い合うようになるやいなや、われわれは何が本物〔実在的〕であるかと考えねばならなくなった。ただ一種類の表現しか身近にないときには反実在論は意味をもたない。後になってそれが可能となる。われわれの時代ではこのことはクーンの『科学革命の構造』の結論として理解された。しかしそれは哲学におけるじつに古いテーマの一つであり、最初の原子論者たちがもっとも見事な実例を与えている。

デモクリトス的夢想

ひとたび表現がわれわれの手元に存在するようになると、実在もほとんど遅れをとることはなかった。それは利巧な種が大事に育てることができる明白な観念であった。われわれの文明の先史時代の有様はさまざまな種類の表現を通して必然的に与えられるのであるが、われわれに残されているものはわずかに小さな物理的対象、描かれた壺、鋳造された炊事道具、象眼、象牙、木片、小さな埋葬用具、飾りつけられた壁、削られた丸石などである。人間学は、想起された言葉、叙事詩、呪文、年代記、思弁をわれわれが保持している場合に限って、私が作り上げた空想のそばを通る。ソクラテス以前の諸々の断章はわれわれが今日冷静に「科学」と呼んでいる諸々の戦略へとたどれる系譜子孫がなかったとしたら、ひどくちんぷんかんぷんなものとなるだろう。今日の科学的実在論者は主にかつて事物の内部構成と呼ばれたものに注目しているので、私はソクラテス以前のもつれからたった一本の糸、原子論へと下っている糸だけを引き抜くことにしよう。レウキッポス、および他の忘れ去られた先駆者がいるとはいえこれをデモクリトス、すなわちソクラテスよりも少しだけ年上の男に関係させるのが自然である。彼の時代の最良の科学は天文学と幾何学であった。原子論者たちは前者にかけては杜撰《ずさん》で、後者には弱かったが、ある尋常でない直感をもってはいた。事物は内部構成をもつ、考えることができ、おそらく露にすることさえできる内部構成をもつ、と彼らは考えた。少なくとも彼らは次のように推測することができた――原子と空虚とが存在するものの一切であり、われわれが見たり触れたり聞いたりするものはその変化に過ぎない。

原子論は知識についてのこの夢想にとって本質的なものではない。重要なのはわれわれが感覚によってとり入れるものの背後にある理解可能な組織なのである。西洋文明の形成にさいしては宇宙論、ユークリッド的証明、医術と冶金が中心的役割を演じたとはいえ、科学的実在論にかんする現在の諸問題は主にデモクリトス的夢想に端を発している。それはある新種の表現を目指している。とはいえそれは依然として類似性を目指してもいる。それこの石は――とデモクリトスという人が語るのを私は想像している――眼に見えているようなものではない。それはこのようなものである――そして彼はここで砂の上か、または板の上に点々を描くが、砂や板はそれ自体空虚とみなされているのである。これらの点は連続的で一様な運動をしていると彼は言い、彼の後継者たちが奇妙な図形や、バネや、力や場へと変えた粒子――それらは皆あまりにも小さかったり大きかったりするので集団をなしている場合を別とすると、見たり触れたり聞いたりすることはないのである――にかんするお話を語りはじめる。しかしこれらの集団はこの石、この腕、この地球、この宇宙に他ならない、とデモクリトスは続けて言う。

おなじみの哲学的反省が起こる。懐疑主義は避けがたい。というのも原子と空虚から実在的なものが成り立っているのだとしたら、一体どうしてそのことを知ることができるのか。プラトンが『ゴルギアス』のなかに記しているように、この懐疑主義は三つまたになっている。デモクリトスが原子論を定式化して以来、懐疑主義は皆三つまたになっていたのである。まずはじめに、デモクリトスの夢想のどんな特定の解釈もたしかめることができないのではないかとの疑いがある。ずっと後になってルクレティウスが原子に鉤を付け加えるが、そのとき彼が正しいのか、べつの思弁家が正しいのかを、どうして知ることができるのだろう。第二に、この夢想はたんなる夢想に過ぎないという懸念がある——すなわち原子も空虚もまったく存在せず、ただ石だけが存在し、この石にかんしてわれわれはさまざまな目的のためにある一定のモデルの数々を構成することができるが、このモデルの唯一の試金石、比較の唯一の基盤、その唯一の実在性はその石それ自体に他ならないのではないかと。第三に、われわれはとてもデモクリトスを信じることはできないとはいうものの、彼のお話が可能であるということそれ自体が、われわれは見ているものにも確かな信頼を置くことはできないし、それゆえおそらく〔内部構成が問われている〕その容れ物について、知識を目指さずに、よくよく考えたうえで無知を目指したほうがいいということを示しているのではないかとの疑いがある。

知られているものにかんする像がどんなに略画的なものであっても、哲学は知識の産物である。「私の前にあるこれは手だということを私は知っているのだろうか」という種類の懐疑主義は「素朴」と呼ばれている。退歩的と描写するほうがよいのではあるが。これと関連をもつ本格的な懐疑主義は、「これはヤギや幻覚ではなくて手なのか」ではなく、肉と骨として表現されている手は誤りで、これに対して原子と空虚として表現されている手はもっと正しいのではないかという、より挑戦的な迷いと共に生じる懐疑主義なのである。懐疑主義は原子論や他の発生期の知識の産物である。現われと実在との間の哲学的裂け目もまたそうである。デモクリトス的夢想に従えば、原子は石の内部構成に似ているに違いない。「実在的」が描写の属性であるなら、彼の学説を主張するにあたって、デモクリトスは彼の粒子の絵は実在を描いていると言うほかない。すると茶色で、外殻に蔽われていて角ばっていて、手で握られているものとして描かれる石の描写はどうなるのか。それは現われである、と原子論者は言う。

その対立物、実在とは異なって、「現われ（appearance）」は徹頭徹尾、哲学的な概念である。それは表現と実在という最初の二つの層の頂上に居を定める。多くの哲学はこの三つ組の順序づけを誤る。ロックはわれわれは現われを所有し、次いで精神的表現を形成し、そして最後に実在を探求する、と考えた。そうではない。われわれは公になっている表現を作り、実在の概念を形成し、そして表現のシステムが増えるにつれ、懐疑的になり、たんなる現われという概念を形成する。

デモクリトスを科学的実在論者と呼ぶものはいない——「原子論（atomism）」と「唯物論（materialism）」だけが彼にあてはまる「論（-ism）」である。私は原子論を石器時代から科学的実在論へ向かう自然な歩みであるとみなす。それは「事物の内部構成」の観念を繰り広げるからである。この十七世紀の言葉を用いて、われわれは考えられる構成、そして、望むらくは、露呈されるべき構成のことを語っている。だが実に長い間、だれも原子を実際に見つけはしなかった。デモクリトスは夢を伝えたが、知識を伝えはしなかった。複雑な概念は適用の規準を必要とする。デモクリトスに欠けていたのはそれである。彼は自分の諸々の思弁を超えたことはあまり知らなかったので、彼の絵が実在の絵であるのかそうでないのかの規準をもつことができなかった。彼の最初の指し手は「実在的」と叫び、事物の外観をたんなる現われとして中傷することであった。科学的実在論もしくは反実在論は、事物の内部構成が表現されているようなものであるかどうかを判断する規準が存在するに至るまでは、存在し得る学説にはならないのである。

実在の規準

デモクリトスはわれわれに一つの表現を与えた——世界は原子から作り上げられている。それほどオカルト的ではない観察者たちはわれわれに別の表現を与えた。彼らは浜の小石に色を塗り、人間を彫刻し、物語を語った。私の説では、「実在的」という言葉は最初はたんなる無条件の類似性を意味していた。だが次に、利巧な人々は種々の点について推測上の類似性の数々を手に入れた。「実在的」はもはや曖昧さがないわけではなくなった。われわれが今日思弁的物理学と呼びたく思うものが選択可能な諸々の実在の像をわれわれに与えるや、直ちに形而上学〔メタ物理学〕が導入された。形而上学は実在の諸規準に関わっている。形而上学が表現のよいシステムを悪いシステムから選別することがもくろまれている。表現の規準はすべて表現それ自体に内在的であると思われている場合に、形而上学は表現を分類するものとして導入される。

これが古い形而上学の歴史であり、また実在論の問題の創造なのである。科学の新時代はそれらすべてからわれわれを救い出すように見えた。バークリーのような哲学の反体制派がいたにもかかわらず、十七世紀の新科学は組織を確立していた宗教にさえとってかわり、世界の正しい表現を与えつつあるのだと語ることができた。ときには人々は誤解に陥っていたとはいえ、誤った観念を投げ捨てることはわれわれを結局は正しい道となるものに従わせることに他ならなかった。たとえばラヴォアジェの化学革命は本物の革命として眺められた。ラヴォアジェはいくつかの事柄を誤解した。私はすでに二度、すべての酸はなかに酸素をもっているという彼の確信を例として用いている。そこでわれわれはその誤りを取り除いた。一八一六年にハーヴァード・カレッジの化学の新任教授は、入学したばかりの十代の若者たちに対して行なわれた就任講義のなかで化学の歴史を物語る。彼は最近起きた諸々の革命についてとくに言及し、われわれは今や正しい道の上に立っていると言う。これからは修正があるだけだろう。同一の事実を表現するいくつかの方法があるかもしれない、という認識が生まれるまではそれですべて具合がよかった。

私はこの観念がいつ現われたのか知らない。それは一八九四年の重要な遺作、ハインリヒ・ヘルツの『力学原理』〔邦訳：一九七四年、東海大学出版会〕のなかに明らかに見られる。これは注目に値する作品であり、しばしばウィトゲンシュタインを、彼の一九一八年の『論理哲学論考』の中核である、意味の像理論へ導いたと言われてきた。おそらくこの本、あるいは一八九九年のその英訳が、科学の「イメージ」というはっきりした用語をはじめて提供する——今ではクーンの『構造』の冒頭の文章のなかで不滅のものとなり、また、ウィルフリッド・セラーズの後を追って、ファン・フラーセンの反実在論的著作の書題として用いられているのであるが。ヘルツは「力学の三つのイメージ」を提出する——物体の運動について当時存在していた知識を表現する三つの方法を。ここで、おそらくはじめて、われわれは表現の異なったシステムを示されたのである。それらの利点が天秤にかけられ、ヘルツは一つを選ぶ。

それゆえもっとも理解が進んでいる科学——力学——の内部においてさえ、諸々の表現のなかから選択するための規準をヘルツは必要とした。ポスト印象主義、とかなにかそのように呼ばれている表現の新しいシステムを与えてくれているのは一八七〇年代と一八九〇年代の芸術家たちだけではない。科学でさえ何が「似て」いるのか、何が正しい表現とみなされるべきであるかについて規準を生み出さねばならない。美術は表現の選択可能な諸々の方法と一緒に生きていくことを学ぶのに対して、ヘルツはここで力学に対して正しい表現方法を一つだけ見出そうと勇敢にも試みている。伝統的諸価値——一九八三年に依然として崇められている諸価値——予言、説明、単純性、産出力、等々の価値はこの仕事をしっかりとやってはくれない。具合が悪いのはヘルツの言うように、力学を表現する三つの方法はみななかなりよい働きをし、あるものはこの点でより優れ、あるものは他の点でより優れているということなのである。とすれば物体の運動にかんする真理とはなんなのか。ヘルツはピエール・デュエムを含む実証主義者からなる次の世代の人々が、その件にかんしては真理など存在しない——たんに表現のより優れたあるいはより劣ったシステムが存在するだけだし、力学の互いに整合的でないが等しく優れたイメージがいくつも存在することに不思議はない、と語るようにしむけるのである。

ヘルツの本は一八九四年に出版され、デュエムの本は一九〇六年に出版された。その数年の間に物理学のほぼ全体がひっくり返ってしまった。以前にもまして、物理学を全然知らない人々はあらゆる事柄はその人たちの文化に相対的なのだとしゃべり回ったが、しかしまたしても物理学者たちは真理への唯一の道の上にいることを確信していた。彼らは実在の正しい表現について疑いを抱かなかった。われわれは類似性についての唯一の基準――仮説演繹法をもっているのである。仮説を提案し、結論を演繹し、それが真かどうかを見るのだ。同一の現象にもいくつかの表現があるかもしれないというヘルツの警告に注意が向けられることはなかった。論理実証主義者、仮説演繹主義者、カール・ポパーの反証主義者――彼らは皆一九〇五年の新科学に深く動かされており、また彼らの哲学が彼らをいくらか反実在論者にするはずであったときでさえ、一人残らず科学的実在論者であった。物理学がかなり鎮静化されたときになってようやく、クーンが筋書き全体を疑いのなかに投げ込むことになる。科学は仮説演繹的ではない。それはたしかに仮説をもち、演繹を行ない、たしかに推測をテストするが、しかしこれらのどれ一つ理論の推移を決定しない。実在のどの表現がもっとも優れているのかを言うための規準は存在しない――クーンの極端な読み方に従うならば。表現は諸々の社会的圧力によって選択される。議論することがあまりに恐ろしい一つの可能性としてヘルツがあげたことを、クーンはなまの事実であったと語った。

人間学的要約

人は表現する。それは人であることの一部をなしている。最初は、表現するとはわれわれの周囲にある事物に似た対象を作ることであった。類似性は問題を孕んではいなかった。

次いでさまざまな種類の表現が可能となった。何が似ていて、どれが本物なのか。科学とその哲学はそのそもそもの始まりからこの問題をかかえている。デモクリトスや彼の原子のおかげで。科学が近代世界の正統的見解となったときに、われわれは束の間、われわれが目指す一つの真理があるという空想を抱くことができた。それが世界の正しい表現である。しかし選択可能な諸々の表現は種子としてそこにもあった。ヘルツはわれわれの世紀の入口となった革命的な科学の新しい波の手前で、すでにそのことを描き出していた。クーンは革命を暗に意味されている彼自身の反実在論の基礎とみなした。われわれは次のことを学ぶべきである――事柄の究極的真理――たとえば私のタイプライターがテーブルの上にあるという真理――が存在するときには、われわれが語ることは真であるか偽である。それは表現の問題ではない。ウィトゲンシュタインの『論考』はまさしく誤っているのである。通常の単純な原子文は何かの表現ではない。ウィトゲンシュタインが彼の意味の像理論をヘルツから引き出したとしたら、彼がそうしたのは誤りであった。しかしヘルツは表現にかんして正しかった。物理学において、また多くの他の興味深い会話においてわれわれはたしかに表現を――お望みならば、言葉で絵を――作る。物理学ではこれをモデル化の、構造化の、理論化の、計算の、近似の諸々のシステムを精巧に磨き上げることによって行なう。それらは世界の有様の本物の、明確に秩序づけられた表現である。物理学の表現は私のタイプライターの位置にかんする単純で非表現的な主張とはまったく異なっている。タイプライターにかんしては真理が存在する。物理学には究極的真理は存在せず、多かれ少なかれ教訓的な表現が大量にあるだけである。

ここで私は世紀の変わり目に生きたイタリア系スイス人の禁欲主義者、ダニーロ・ドモドサーラの警句の一つをたんに長々と繰り返しただけのことなのである。曰く、「究極的真理が存在するときには、われわれが語ることは簡潔であるし、またそれは真か偽かのどちらかである。それは表現の問題ではない。物理学のように、世界の表現をわれわれが供給するときには、究極的真理は存在しない」。物理学に究極的真理が欠けていることは困惑させるどころかまったく逆のことであるはずだ。生き生きとした探究の正しい姿は、『精神現象学』(一八〇七年)の序論のなかでヘーゲルによって描き出されている。曰く、「真なるものは、かくしてバッカス祭の酒宴であって、そこでは参加するだれもが酔っていないわけではない。しかし参加する各々は流れから抜け出すと意気阻喪することになるので、酒宴のほうはまさにそれだけ透明で単純なやすらぎを保つのである」。実在論と反実在論とは相手を打ち倒してくれる何ものかを表現の本質のなかで手に入れようとして、せわしなく動き回っている。がそこには何も存在しない。そこで私は表現を離れ介入へと向かうのである。

行為

愉快なアイロニーの精神に則り、この本の実験にかんする部分への導入を、近年のもっとも理論指向的である哲学者、すなわちカール・ポパーを引用することで行なってみたい――

「実在的（real）」という言葉のもっとも中心的な用法は普通の大きさの物体――赤ん坊がつかむことができて、（むしろ）口に入れることができるもの――を特徴づけるという用法であると私は思う。「実在的」という言葉の用法はこうしたものから始まって、最初にもっと大きなもの――鉄道の列車、家、山、地球、星のようなつかむには大き過ぎるもの――へ、そしてまたもっと小さいもの――ほこり、またはダニのようなもの――へと拡張される。もちろん、それはさらに、液体へと、次いで空気、気体、分子、原子へと拡張されもする。

この拡張の背後にある原則はなんであろう。われわれが実在的であると推測する対象は明白に実在的である事物――すなわち普通の大きさの物体――に対して因果的作用を及ぼすことができるはずであるということではないか、と私は思う。つまり普通の物体からなる世界における変化を、実在的であると推測されている対象の因果的作用によって説明することができる、ということなのである。

これは「実在的」という言葉のわれわれの用法にかんするカール・ポパーの特徴描写である。伝統的なロック的空想の始まりがあることに注意してもらいたい。「実在的」はわれわれが幼児だったとして口のなかに入れることができる事物から得ている概念である。それは魅力的な絵ではあるが、あやがないわけではない。そのばかばかしさは、実在的なものと表現とにかんする私自身の途方もないお話のばかばかしさに匹敵する。とはいえポパーは正しい方向を向いている。実在性は因果関係と関わりをもたねばならないし、われわれの実在性の観念は世界を変えるわれわれの諸々の能力から形成されている。

ことによると「実在性」の観念にはまったく異なった二つの神話的起源があるのである。一つは表現の実在性であり、他の一つはわれわれに影響を及ぼすものおよびわれわれが影響を及ぼし得るものの観念である。科学的実在論は表現の見出しの下で通常議論されている。今度は介入の見出しの下で議論してみてはどうだろう。私の結論は明白であり、つまらないものでさえある。われわれは世界のなかで他の何かに影響を及ぼすために使うことができるものを、あるいはわれわれに影響を及ぼすために世界が用いることができるものを実在的とみなすだろう。介入としての実在性は近代科学に至るまでは表現としての実在性とかみ合うきざしさえなかった。十七世紀よりあとでは、自然科学は表現と介入が連動して行なった冒険であった。今こそ哲学がわれわれの過去の三世紀に追いついたときなのである。

第2部

介入すること

第9章　実験

科学哲学者は理論と実在の表現について絶えず議論しているが、実験、またはテクノロジー、あるいは世界を変えるための知識の使用についてはほとんど何も語らない。これは奇妙なことである。というのも、「実験的方法」はまさに科学的方法の別名であるのが普通だったからである。科学者として思い浮かべられる通俗的で幼稚なイメージは、実験室のなかで白衣を着ている人物であった。もちろん科学は実験室より先にあった。アリストテレス主義者は実験を重視せず、第一の諸原理からの演繹を重んじた。しかし十七世紀の科学革命はその一切を永久に変えてしまった。実験が知識への王道であると公式に宣告されたのであるし、スコラ学者は自分たちのまわりの世界を観察するかわりに本に頼って論じていたために嘲笑された。この革命の時代の哲学者はフランシス・ベーコン（一五六一―一六二六年）であった。彼は自然に手を加えぬまま観察するだけではなく、「獅子の尻尾をねじる」、すなわちその秘密を学び知るために世界を操作することも行なわなければならないと説いた。

科学における革命は新しい諸制度を一緒にもたらした。その最初のものの一つは、一六六〇年に設立されたロンドン王立協会であった。それはパリ、サンクトペテルブルク、あるいはベルリンの国立アカデミーのモデルとしての役割をもった。新しい形式のコミュニケーションが発明された——すなわち科学の定期刊行物が。とはいえ、『王立協会哲学会報』のはじめのほうの頁は奇妙な雰囲気をもっている。これは協会に提出された論文を印刷して記録にとどめたものであったが、常になにがしかの数学と理論化を含んでいたとはいえ、また事実、観察、実験、実験から推論された諸々の事柄の年代記でもあったのである。ヘブリデス諸島における海の怪物や気候の報告がロバート・ボイルやロバート・フックのような人々の記念すべき仕事と隣り合わせになっている。またボイルやフックのような人も、集まった会衆を前にして、新しい装置や実験的現象のデモンストレーションを行なわずに協会での講演をすることはまずなかった。

時代は変わった。自然科学の歴史は今日ではほとんどいつでも理論の歴史として書かれている。科学哲学はあまりにも理論の哲学になってしまったせいで、前理論的観察や実験の存在さえもが否定されてきた。私は以下の諸章で、ベーコンへ帰る運動をはじめたいと思っているのである。そこでは実験科学がもっと真剣な考察の対象となる。実験活動はそれ自身の生活をもっているのである。

階級とカースト

言い伝えによれば、またおそらくはその性分から、哲学者は作業台よりも肘掛け椅子に慣れている。われわれが実験を犠牲にして理論に夢中になったのもさして驚くべきことでもない。とはいえわれわれはいつもこんなに隔離されてきたわけではない。ライプニッツは歴史上もっとも偉大な純粋な知性の持ち主として描かれてきた。彼はあらゆる事柄について考えた。彼は銀の採鉱に用いる風車の建設にかけては微分計算の思いつきほどにはうまくいかなかったとはいえ、この最高の知性による実験の役割にかんする意見は、疑いもなく現代の哲学の教科書のなかに登場する多くの見解に比べて当時および今日の科学的実践に忠実である。ベーコンやライプニッツのような哲学者はわれわれが反実験的である必要はないことを示している。

実験の哲学について考える前に理論家と実験家の間の、ある階級的、もしくはカースト的差別について記しておかねばならない。それは哲学にはほとんど関係していない。理論を優遇する偏見は過去に遠く溯っても制度化された科学が存在する限り見出される。プラトンとアリストテレスはアテナイのアカデメイアに出入りしていた。その建物はアゴラ、すなわち人々の集まる中心地の一方の側に位置している。それはヘルクラネウム、すなわち、冶金家たちの庇護者である火の女神の神殿からほとんど精一杯遠い所にあった。後者は「反対の区域〔別の階層〕」にあったのである。この階級差別に忠実に従って、われわれは昔ギリシアの幾何学と哲学者たちの教えについてはいくらか知っている。ギリシアの冶金術について何か知っている人がいるだろうか。とはいえ神々は彼ら自身のやり方でわれわれに話しかける。かつてアテナイのアゴラに光彩を添えた建物すべてのなかで、たった一つだけが、時の流れ、あるいは再建築で損なわれることもなく、いつもそうであったように現在も立っている。それが冶金家たちの神殿である。アカデメイアはとうの昔に倒壊した。そして再建されたのである——一部はピッツバーグの製鋼所で稼いだ金で。

実験に自らを捧げた新科学でさえ理論家を優遇する実際上の偏向を保持した。もちろん、例をあげれば、たしかにロバート・ボイル（一六二七—九一年）はロバート・フック（一六三五—一七〇三年）よりもなじみのある科学の世界の人物である。理論化も行なった実験家であるフックはほとんど忘れられているのに対して、実験も行なった理論家のボイルは今でも小学校の教科書のなかで言及されている。

ボイルは小さなはずむ、あるいはバネ様のボールからできている世界の思弁的なヴィジョンをもっていた。彼は当時そう呼ばれていたのだが、粒子論的かつ機械論的哲学の代弁者だった。彼の重要な化学の実験はそれほどよく記憶されてはいないし、一方フックはたんなる実験家であるという評価を得ており——彼の理論的洞察は概して無視されているのである。フックは王立協会での諸々の実験の監督者であり、人に争いをしかける怒りっぽい年寄りじみた性格の持ち主であった——その理由の一端は彼自身の実験家としての相対的に低い地位にあったのである。しかし彼はたしかに科学の英雄たちのなかに席をもつに値する。彼はボイルが空気の膨張（ボイルの法則）を実験的に研究するさいに用いた装置を組み立てた。彼は弾性の法則（フックの法則）を発見したが、それをたとえば懐中時計のうず巻きバネを作るさいに役立てた。原子間のバネについての彼のモデルはニュートンが引き継ぐところとなった。彼は斬新な反射望遠鏡を組み立てた最初の人物であり、それで新たに主要な星の数々を発見した。彼は木星が軸の回りに自転していることを認識したが、それは目新しい考えであった。彼の顕微鏡による研究は最高級の仕事であり、他ならぬ「細胞」という言葉を、われわれは彼に負っている。ミクロな化石の研究によって彼は進化論の初期の提案者の一人になった。彼は重力を測定するためには振子をどのように使えばよいかを理解した。彼は光の回折の共同発見者の一人である。（光は鋭い角で曲がり、そのために影はいつもぼやける。一層重要なことであるが、光は影のなかで明暗の縞に分かれる。）彼はこのことを光の波動論の基礎として利用した。まず間違いなくニュートンに先立って、彼は重力の逆二乗の法則を述べた。ただし形式の完全性という点では劣っていたが。このリストにはまだ先がある。この人物はわれわれが生きている世界について多くのことをわれわれに教えてくれた。彼が今日では数人の専門家以外にはだれにも知られていないということは実験ではなく理論へとかたよる偏向の一端である。それはまたボイルは貴族であったがフックは貧しく独学であったという事実のせいでもある。理論／実験の身分差別は社会的階級をモデルにして作り出されている。

またこうした偏向は過去の事柄でもない。私の同僚のC・W・F・エヴァリットは『科学者の伝記事典』のために二人の兄弟について書いた。二人とも超伝導のわれわれの理解に対して基礎となるような貢献をしていた。フリッツ・ロンドン（一九〇〇―五四年）は著名な低温理論物理学者だった。ハインツ・ロンドン（一九〇七―七〇年）は理論のほうにも貢献した低温実験家であった。彼らは偉大なチームであった。フリッツの伝記を『事典』は快く受け入れたが、ハインツの伝記は短縮するようにと送り返された。編者（この場合にはクーン）は実験についてよりも理論について聞きたがる標準的な好みを表に出した。

帰納と演繹

科学的方法とは何か。それは実験的方法なのか。この問いは立て方がまずい。なぜ科学の唯一の方法が存在しなければならないのか。家を建てるのに、またトマト栽培でさえ、たった一つの方法しかないわけではない。われわれは知識の成長のようにさまざまなものが混じっているものが一つの方法論に縛りつけられることなどを期待するべきではない。

二つの方法論から出発しよう。それは実験にまったく異なった役割を割り当てるように見えるのである。例として、二つの所説を取りあげよう。どちらも前世紀の偉大な化学者が述べているものである。彼らの間にある不一致はもう見られなくなったというわけではない――それはまさにカルナップとポパーを分け隔てるものである。序論で言ったように、カルナップは帰納の論理を展開することを試みたが、これに対してポパーは演繹の他には推論は存在しないと主張している。次に挙げるのは帰納的方法についての私の気に入っている説明である――

化学の哲学の基礎は観察と実験と類比である。観察によって事実が判明また詳細に精神に印象づけられる。類比によって類似する事実が関係づけられる。実験によって新しい事実が発見される。そして知識が進歩するさいには、類比を手引きとする観察が実験へと導き、実験によって確証された類比が科学の真理となる。

一つの例を挙げれば――夏にほとんどどんな小川、湖、池にも見られる細い緑色の植物性の細糸（糸状藻類 *Conferva rivularis*）を日陰と日向のさまざまな状況下で注意深く調べる人はだれでも細糸の上の空気の小球を日陰［ではなく水中の日の当たる場所］に見出すだろう。それは光が存在することに基づく結果であることを見出すだろう。これは観察である。しかしそれは空気の性質についてどんな知識も与えはしない。ワイングラスに水を満たして糸状藻類の上でさかさまにしてみよう。すると空気がグラスの上の部分に集まるだろう。そしてグラスが空気で満たされたなら、手で塞ぎ、普通の姿勢にして置き、そのなかに点火した細いローソクを入れることができるだろう。ローソクは大気中よりも輝かしく燃えるだろう。これは実験である。その現象について推論をし、この種類の植物はすべて、淡水中でも海水中でも、似たような状況下ではそのような空気を作り出しはしないかどうかという問いを立てるなら、研究者は類比に導かれている。そして新しい試みによってその通りであると決着がつくとき、一般的な科学的真理の一つが確立される――糸状藻類はすべて日向では炎をより明るい状態に保つある種の気体を作り出すという真理が。それはさまざまな小さな研究によってその通りであることが示されたのである。

これはハンフリー・デイヴィー（一七七八―一八二九年）が彼の化学の教科書、『化学の哲学の基礎』の書き出しに用いた言葉である。彼はその時代におけるもっとも有能な化学者の一人であったが、一般には多くの残酷な死を防いだ鉱夫の安全ランプの発明により記憶にとどめられている。しかし彼の知識への貢献のなかには電解化学分析、すなわちどの物質が元素（たとえば塩素）で、他のものはそうでないのかを決定することを彼に可能にしたある技法が含まれている。化学者のだれもがデイヴィーの科学の帰納的見解を分けもっていたわけではない。次に挙げるのは人工窒素肥料を開発して農業に間接的に革命をもたらした有機化学の偉大な草分けであるユストゥス・フォン・リービヒ（一八〇三―七三年）の言葉である――

すべての研究においてベーコンは実験に大きな価値を置いている。しかし彼はその意味をまったく理解していない。彼はそれを一度動かしてやれば自分自身で結果をもたらす一種の機械仕掛けであると考えている。しかし科学においてはすべての研究は演繹的、すなわちア・プリオリである。実験は計算同様、思考の補助であるに過ぎない。すなわち実験がなんらかの意味をもつべきであるなら、思考が常にかつ必然的にそれに先行していなければならない。研究の経験的な方法というものは、この言葉の通常の意味においては存在していない。理論が、すなわち考えが先行していない実験は科学的研究に対して、子供のガラガラが音楽に対してもっているのと同じ関係をもっている。（『ヴェルラムのフランシス・ベーコンと自然研究の方法について』一八六三年、四九頁）

私が引用した二つのものの間の対立はどれほど深いのだろうか。リービヒは、実験は理論、すなわち考えに先立たれていなければならないと言う。しかしこの言明は曖昧である。それは弱い解釈と強い解釈とをもっている。弱い解釈はたんに、実験を行なう前に自然および使う装置についてなんらかの考えをもっていなければならない、と言うだけである。

まったく精神を欠き、結果を解釈するための理解も能力も備えていない自然への干渉はほとんど何も教えてはくれない。この弱い解釈に異を唱える人はいない。デイヴィーは藻類で実験するときたしかにある考えをもっている。彼は緑色の細糸の上の気体の泡はある特定の種類のものではないかと考えている。尋ねるべき最初の問いはその気体は燃焼を支えるのか、それとも消してしまうのかということである。彼はローソクが燃え上がるのを見出す（そこから彼はその気体は異常に酸素に富んでいるのではないかと推論する）。その程度の理解ももっていない場合には実験は意味をなさない。ローソクの燃え上がりはせいぜい意味を欠いた観察であるにとどまるだろう。だれも気がつきさえしない、というほうがありそうなことである。こうした考えをもたない実験はまったく実験ではない。

しかしリービヒの言明には強い解釈がある。それは調べている現象にかんする理論をテストしている場合に限って実験は意味をもつと言う。たとえば、ローソクは消えるという（もしくは燃え上がるという）見解をデイヴィーがもっていた場合に限って彼の実験はなんらかの価値をもつ。私はこれは単純に誤りであると信じている。人は何が起こるか見ようという好奇心から実験をすることができる。当然のことながらわれわれの実験の多くは頭のなかにもっと特定の推測をもった上でなされている。たとえばデイヴィーは同一の種類の藻類はすべて、淡水中であれ海水中であれ、この種の気体——彼は疑いもなく酸素を推測してもいるが——を作り出すかどうかを問う。彼は新しい試みを行ない、それが彼を

「一般的な科学的真理」へと導く。

私はここでは、カルナップならそう言ったであろうが、デイヴィーが本当に帰納的推論を行なっているのか、それとも彼は結局ポパーの推測と反駁の方法論に暗に従っているのかということに関心はない。デイヴィー自身の与えた例が、彼はそうだと思ってはいたが、科学的真理ではないということも問題ではない。デイヴィー以後のわれわれの藻類の再分類は糸状藻類は自然種でさえないことを示している！　そうした属または種は存在しないのである。

私は強い解釈の問題に関心をもっているだけである――実験が意味をもつためにはテストにかけられる推測が存在していなければならないのだろうか。違う、と私は思う。たしかに弱い解釈でさえ疑いの余地がないわけではない。物理学者のジョージ・ダーウィンは、一カ月の間毎朝チューリップに向けてトランペットを吹くという、まったく常軌を逸したような実験を時々でよいが欠かさず行なうべきであると言うのを常とした。おそらく何も起こらないだろう。しかし何かが起これば、それは途轍もない発見となろう。

理論と実験と、どちらが先に来るのか

われわれはデイヴィーとリービヒの間の世代の隔たりを軽視してはならない。おそらく二つの引用された文を隔てる五〇年の間に化学の理論と化学の実験の間の関係が変化して

いたのである。デイヴィーが書いていたときには、ドールトンや他の人々の原子論は表明されたばかりであったし、化学的構造にかんする仮説的モデルの使用もまだはじまったばかりだった。リービヒの時代になると化学の活動はもう化合物を電気的に分解したり、燃焼を助けるかどうかを見て気体を同定したりすることではやっていけなかった。理論的モデルで精神に活力が注がれている人だけが有機化学物質の謎を解くことに着手することができた。

われわれは理論と実験の関係はさまざまな発展の段階に応じて異なっていることを、またすべての自然科学が同一のサイクルを経過するわけではないことを見出すだろう。考えてみれば、そのくらいのことはあまりにも明白なのであるが、それが実にしばしば、否認されてきたのである――たとえばカール・ポパーによって。当然のことながら、われわれはポパーが実験よりも理論を好む人々のなかでもっともその傾向の強い人の一人であることを予期するだろう。次に挙げるのは彼が『科学的発見の論理』［邦訳：一九七一―七二年、恒星社厚生閣］で語っていることである――

理論家は実験家にある明確な疑問を渡し、後者は他の疑問に対してではなく、これらの疑問に対する決定的な解答を引き出すことを実験によって試みる。彼は努めて他のすべての疑問は排除する……実験家が「理論家の仕事を軽減すること」、あるいは

> ……理論家に帰納的一般化の基盤を供給することを【目指す……】と考えるのは誤りである。それどころか理論家はずっと前に自分の仕事を、あるいは少なくともその仕事のもっとも重要な部分をやってしまっていなければならない。すなわち、彼は自分の疑問をできるだけ明確に定式化していなければならない。それゆえ実験家に道を示すものこそ理論家なのである。しかし実験家といえども大抵は精確な観察を行なうことに従事しているというわけでもない。彼の仕事は概して理論的な類に属する。理論は最初の立案から実験室で最後の仕上げを行なうまで実験的作業を支配する。（一〇七頁）

これはこの著書の一九三四年版におけるポパーの見解である。大幅に増補された一九五九年版の脚注で、「観察は、またなおさら観察言明および実験結果の言明は常に観察された事実の解釈であり、それらは諸理論の光の下での解釈であるという見解」をも強調しておくべきでもあった、と彼は付け加えている。理論と実験のさまざまな関係についての最初の簡潔な概観を行なうにあたって、ポパーに対する明白な反例から始めれば、うまくいくだろう。デイヴィーが藻類の上を蔽う泡に注目しているのはその一つになる。デイヴィーは最初どんな理論ももっていなかったのでそれは「理論の光の下での解釈」ではない。またローソクの燃え上がるのを見るのは解釈でもない。おそらく、彼が「ああ、するとこれは酸素だ」と次に言ったとすれば、解釈を行なっていたということになろう。が、彼はそう言わなかった。

注目すべき観察（E）

一六〇〇年と一八〇〇年の間に生じた、光学の発展の初期における多くの事柄はなんらかの驚くべき現象に単純に注目することに依存していた。おそらくすべてのなかでもっとも実りが多かった観察は氷州石、すなわち方解石における複屈折の発見である。エラスムス・バルトリン（一六二五―九八年）はアイスランドから持ち帰ったいくつかの美しい結晶を調査していた。これらの結晶の一つをあなたがこの印刷された頁の上に置いたとすれば、あなたは印刷を二重に見ることになるだろう。だれでも普通の屈折については知っていたし、バルトリンが発見した一六八九年には屈折の法則はよく知られており、眼鏡、顕微鏡、望遠鏡はおなじみのものであった。この背景が氷州石を二つの水準で注目すべきものにする。今日でもまだ人々はこれらの結晶に驚き、かつ楽しむ。さらに当時の物理学者にとって一つの驚きであったが、というのも彼は屈折の法則を知っていたので、通常の屈折された光線に加えて、今なおそう呼ばれているが、「異常な」光線があることに気がつくからである。

氷州石は光学の歴史において基本的な役割を演じている。それは偏光を生み出す最初に知られた物質だからである。この現象の理解はホイヘンスによってきわめて漠然とした仕方で与えられた。彼は異常光線は球状ではなく楕円体の波面をもつことを提案したのである。しかしわれわれの現在の理解は光の波動論が復活されるまではお預けになっていた。現代の波動理論の創始者、フレネル（一七八八―一八二七年）は堂々とした分析を与えた。そこでは二つの光線は一つの方程式で記述され、その解が二葉の四次の面になるのである。偏光が光の理論的理解をさらに深める手引きとなることは再三再四明らかになっている。

こうした「驚くべき」観察だけで一つの系列をなしているものが存在する。グリマルディ（一六一八―六三年）と、次いでフックはわれわれが皆漠然と気づいているある事柄――不透明な物体の影にいくらかの明るみがあること――を注意深く調べた。注意深い観察は影の端のほうに規則的に間隔をおいた縞があることを明るみに出した。これは回折（diffraction）と呼ばれているが、それはもともと光のこの縞における「断片への崩壊」を意味していたのである。これらの観察は特徴的な仕方で理論に先行していた。ニュートンによる分光の観察、またフックとニュートンによる薄膜の色についての研究もそうだった。やがてそれはニュートン環と呼ばれる干渉現象へと導く。この現象の定量的な最初の説明は、一世紀以上後になって一八〇二年にようやくトマス・ヤング（一七七三―一八二九年）によって行なわれた。

さてもちろん、バルトリン、グリマルディ、フック、ニュートンは頭のなかに「考え」

をもっていない愚かな経験論者ではなかった。彼らは好奇心に富み、せんさく好きで、思慮深い人々であったために彼らが見たものを見たのである。彼らは理論形成を企てていた。だがこれらのすべての事例において観察がどんな理論形成にも先行していたことは明らかである。

理論への刺激（E）

もっと後の時代には理論への刺激となる同じく注目に値する観察が見出される。たとえば一八〇八年に反射による偏光が発見された。ナポレオンの工兵隊の隊長、E・L・マリュス（一七七五―一八一二年）は氷州石で実験を行なっていたが、近くにあったリュクサンブール宮殿の窓で反射している夕陽の生み出す効果に気がついた。彼の結晶を垂直な平面で支えると光はそのなかを通り抜けたが、その結晶を水平な平面で支えると光は遮られた。同じように、蛍光はジョン・ハーシェル（一七九二―一八七一年）によって一八四五年にはじめて注目された。それは硫酸キニーネの溶液をある一定の仕方で照明したときにそこに発せられる青い光に彼が注意を払い始めたときのことであった。

注目すべき観察は、その本性上、たんにはじまりであるに過ぎない。理論に先行する最初の観察があるという論点を認めながら、それにもかかわらず、すべての計画的実験活動はポパーが言っているように理論に支配されていると主張してはいけないだろうか。だめだと私は思う。今日忘れられてはいるがかつては多くの成果をもたらした実験家であった、デイヴィッド・ブルースター（一七八一―一八六八年）のことを考えてもらいたい。ブルースターは一八一〇年から一八四〇年の間、実験光学の中心人物であった。彼は偏光に対して反射と屈折の法則を決定した。彼は応力が加えられた物体に複屈折（すなわち偏光させる性質）を誘発させることができた。彼は二軸性複屈折を発見し、金属反射の複雑な法則へ向けての最初で基礎となる一歩を踏み出した。われわれは今日フレネルの法則、すなわち反射された偏光の強度についての正弦法則と正接法則について語るが、ブルースターはフレネルがそれを波動理論のなかで扱うより五年早く、一八一八年にそれを公にしていた。ブルースターの研究は波動理論における多くの発展がそれに基づくことになった素材を確立したのである。とはいえ何か理論的見解をもっていたときには、彼は深く染まったニュートン主義者であり、光は粒子から成る光線でできていると信じていた。ブルースターはまったく理論をテストしたり比較したりはしていなかった。彼は光がどのように振舞うのかを見出そうと試みていた。

「正しい」理論によってのみ、すなわち他でもなく彼が声高に否認した理論によってのみ理解することのできる現象を作り出している間、ブルースターはしっかりと「誤った」理論にしがみついていた。彼は実験で見出した事柄を彼の誤った理論の光の下で「解釈」しはしなかった。彼はどんな理論も結局は説明しなければならないいくつかの現象を作り出した。またこの点においてブルースターは孤立しているわけではない。もっと最近の才気に富んだ実験家にR・W・ウッド（一八六八—一九五五年）がいたが、彼は一九〇〇年と一九三〇年の間に量子光学に対する基本的な貢献をしながら、その間も量子力学についてはほとんどまったく無知であり、また懐疑的であった。共鳴放射、蛍光、吸収スペクトル、ラマンスペクトル——これらすべては量子力学的理解を必要とするが、ウッドの貢献は理論からではなく、ブルースターの貢献と同様、新しいやり方で振舞うよう自然を仕向ける鋭い能力から生まれたのである。

意味のない現象

私は注目すべき観察がそれ自体でなんでもやってしまうと主張しているわけではない。たくさんの現象が大きな興奮を呼び起こしはするが、それが何を意味するのか、それがどのように他の何かに関連するのか、またどのようにしてそれを利用することができるのかがだれにも理解できないために、その後は利用されないまま放置されざるを得なくなる。一八二七年に植物学者、ロバート・ブラウンは水に浮遊した花粉［から出た粒子］の不規則な運動について報告した。このブラウン運動は六〇年も前に他の人々によって観察されていたのである。それは生きている花粉自身の生命作用であると考える人々もいた。ブラウンは辛抱強い観察を行なったが、長い間なんの結果も得られなかった。二十世紀の最初の一〇年になってはじめて、花粉［から出た粒子］は分子に当たって跳ねまわっていることを示す、J・ペランのような実験家とアインシュタインのような理論家が同時に行なった研究が見出されるのである。これらの成果は気体の運動理論に対してもっとも懐疑的であった人々をもとうとう転向させたものであった。

同じような物語を光電効果について語ることができる。一八三九年にA・C・ベクレルは大層奇妙な事柄に気がついた。彼は小さなボルタ電池、すなわち一対の金属板を希薄な酸の溶液に浸したものをもっていた。板の一つを光で照らすと電池の電圧が変化した。これは大きな関心を呼んだ――二年の間は。他にも孤立した現象が注目されていた。たとえば金属セレンの抵抗は照明するだけで減少した（一八七三年）。起こっている事柄を理解することは今一度アインシュタインの仕事として残された。われわれはフォトンの理論、およびテレビ（光電池が対象で反射された光を電流に変換する）を含む無数のおなじみとなっている応用をこのことに負っているのである。

それゆえ私は実験的研究は理論から独立して存在し得るという主張はしていない。そうしたものはベーコンが「たんなる経験論者」として嘲った人々の盲目的研究となるだろう。とはいえ真に基本的な研究の多くは関連をもつどんな理論よりも先立つという主張が消えてしまうわけではない。

幸福な出会い

全面的に理論によって生み出される深遠な実験的研究がある。前理論的実験から立ち現われる偉大な理論もある。ある理論は実在の世界とのかみ合わせを欠いているためにしぼみ、一方ではある実験上の現象は理論を欠いているためにいたずらに一つ所にとどまっている。また別の方向からやってきた理論と実験が出会う幸福な家族もある。私は実験上の奇妙な事柄にいちずに専念してきたことが、あるしっかりとした事実に導き、それがまったく異なった方面から現われた理論と突然かみ合ったという例を与えよう。

大陸間無線通信の初期の時代にはたくさんの空電が常にあった。雑音源の多くは突きとめることができた。いつも除去できたわけではなかったが。あるものは激しい雷雨から来たものだった。一九三〇年代にすでにベル電話研究所のカール・ヤンスキーは銀河の中心から来る「ヒス」を突きとめていた。このように宇宙には身近な空電の雑音を引き起こしている電波エネルギーの源が存在していた。

一九六五年に電波天文学者、アーノ・ペンジアスとR・W・ウィルソンはこの現象を研究するよう電波望遠鏡を改造した。彼らはエネルギー源を探り当てることを期待していたが、また実際見つけたのである。彼らはその上きわめて仕事熱心でもあった。宇宙のいたるところに一様に分布しているように見える少量のエネルギーを見出したのである。まるで宇宙にあるものは、エネルギー源を除いてすべて約4°Kの温度をもっているかのようであった。それはよく理解できることではなかったので、彼らは装置の誤差を発見するために最善を尽くした。たとえば、この電波のいくぶんかは望遠鏡に巣を作っている鳩から来るのかもしれないと考え、鳩を追い払おうとしておぞましい時間を過ごした。だが考えられるあらゆる雑音源を除去した後にも、3°Kの一様な温度が残された。完全に一様な背景放射はよく理解できないことだったので、彼らは公にするのがいやだった。

幸運なことに、彼らがこの意味のない現象をたしかだと思ったちょうどその時に、プリンストンの理論家のグループが、宇宙がビッグ・バンによって始まったとしたら、宇宙にはくまなく、一様な温度が、最初の爆発が残した温度が存在するだろうということを定量的な仕方で説いている前刷りを配付していた。そのうえ、このエネルギーは電波信号という形で見つけられるだろう、という。ペンジアスとウィルソンの実験上の仕事は、そうでなければたんなる思弁になったであろう事柄と見事にかみ合った。ペンジアスとウィルソンは宇宙の温度はほとんどいたる所で絶対零度より約三度高く、これは創造の後に残ったエネルギーであることを示した。それはビッグ・バンを本当に信じさせずにはおかない最初の根拠であった。

天文学においては実験はしない、観察できるだけである、ということがときに言われている。宇宙の遠い領域にわれわれが大して介入できないということは正しいが、ペンジアスとウィルソンによって用いられた技巧は実験室の実験家が用いる技巧と同じだった。この物語を参考とするとき、ポパーと共に、一般に「理論家はずっと前に自分の仕事を、あるいは少なくともその仕事のもっとも重要な部分をやってしまっていなければならない。すなわち、彼は自分の疑問をできるだけ明確に定式化していなければならない。それゆえ実験家に道を示すものこそ理論家なのである」と言うべきだろうか。それともある理論はある実験に先行するが、ある実験とある観察はある理論に先行し、また長い間それ自身の生活をもつかもしれない、と言うべきだろうか。私がたった今描写した幸福な家族は理論と熟練した観察との交わりである。ペンジアスとウィルソンは物理学においてノーベル賞を与えられた数少ない実験家のなかに数えられる。彼らは何かを反駁したからではなく、宇宙を探索したからそれを手に入れたのである。

理論－歴史

理論に支配された科学史と科学哲学が実験についてのわれわれの理解をゆがめる有様を、私が誇張してきたように思われるかもしれない。しかし実際には言い足りていないのである。たとえば、私は三度についての物語を、まさにペンジアスとウィルソン自身が、自伝的な映画、『三度』[1]で語っていたように物語ったのである。彼らは探索している間に、それにかんするどんな理論よりも先に一様な背景放射を見出したのである。しかし次に挙げるのは、他ならぬこの実験にそれが「歴史」となるとき起こる事柄なのである——

理論天文学者たちは何十億年も以前に爆発があったとすれば、その出来事以来絶え間なく冷却が進んできているだろうと予測した。冷却量は多分最初の温度である一〇億度を3°K——絶対零度の3°上——に減じているだろう。電波天文学者たちは非常に感度のよい受信機を空の空白部、すなわち空っぽであるように見える領域に向けることができるなら、理論家たちが正しいかどうかを決定することができるかもしれないと信じた。それは一九七〇年代の初期に行なわれた。ベル電話研究所（カール・ヤンスキーが宇宙電波を発見したのと同じ場所）の二人の科学者は「空っぽ」の空間からの電波信号を拾い上げた。知られていた信号源を全部とりのけた後にも彼らに説明できなかった3°の信号が依然として残っていた。この最初の実験以来、他の諸々の実験が実行されてきている。それらは常に同一の結果——3°の放射——を生み出す。

宇宙は絶対的な冷たさをもってはいない。宇宙の温度は3°Kであるように見える。それはまさしく宇宙がすべて約一三〇億年昔にビッグ・バンと共に始まったとすればそうなっているはずの温度である。(2)

われわれは、第6章に描写した、ミューオン、すなわち中間子の場合にこのような歴史の書きかえの別の例を見てきた。研究者の二つのグループが宇宙線の霧箱研究と、ベーテ＝ハイトラーのエネルギー損失公式とに基づいてミューオンを検出した。今日、歴史は彼らが実際には湯川の「中間子」を捜しており、それを見つけたと誤って考えたことを告げている——実際には彼らは湯川の推測を聞いたこともなかったのだが。私は有能な科学史家はひどくまずく事を扱うものだということをほのめかしたいのではなく、通俗的歴史や民間伝承の絶え間なく生じるずれに注意を与えるつもりで述べているのである。

理論家、アンペール

新たに始められる科学ではたとえ後になって理論が観察に先行することになろうとも、実験と観察が理論に先行する、と考えないようにしよう。A-M・アンペールは理論的足場から仕事に取りかかった偉大な科学者の見事な実例である。彼は最初は化学で研究をしており、原子の複雑なモデルを作って、実験的研究を説明し、また発展させた。彼はこの方面ではとくに成功を収めたわけではなかった。ただし彼は一八一五年頃、われわれが今日アヴォガドロの法則と呼んでいる事柄、すなわち、等温等圧では気体の等しい体積は、気体の種類に関係なく厳密に等しい数の分子を含むものであるということを独立に認識した人々の一人であったのであるが。すでに第7章で見たように彼はカントを大いに賞讃しており、理論科学は現象の背後にある本体の研究であると主張していた。われわれは物自体、すなわち本体にかんして理論を形成し、それゆえ現象を説明することができる。それは厳密にはカントが意図したことではなかったが、しかしこのことは問題ではない。アンペールは絶頂の瞬間を一八二〇年、九月十一日に迎えた理論家であった。彼は羅針盤の針が電流によって偏向するというエルステッドのデモンストレーションを見た。九月二十日に始まっているが、アンペールは毎週の講義のなかで電磁気学の基礎を定めた。彼は先に進むにつれそれを完全なものにした。

いずれにせよ、言い伝えはそう言っている。C・W・F・エヴァリットはもっと他の部分があるに違いないと、またアンペールは自分の正式なポスト・カント的方法論をもっていなかったので、彼の著作をカントに合うように書いたのだと指摘している。電磁気学の偉大な理論家かつ実験家のジェイムズ・クラーク・マクスウェルはアンペールと、ハンフリー・デイヴィーの弟子のマイケル・ファラデーについて「帰納主義者」ファラデーと「演繹主義者」アンペールの双方を賞讃しながら両者の比較論を書いている。彼はアンペールの諸研究を「科学におけるもっとも輝やかしい業績の一つで……形式的に完全で、精確さにおいて隙がなく、……そこからすべての現象が演繹できるような公式にまとめ上げられている」と描写するが、続けて次のように述べた——ファラデーの諸論文は彼の精神の働きを率直に明かるみに出しているのに対して、われわれはアンペールが作用の法則を、本当に彼が記述している諸実験を手立てとして発見したとはとても信じることができない。われわれは、実際、彼自身がわれわれに語っていることでもあるが、その法則をわれわれには示されていないなんらかの操作によって発見し、後に完全な証明を築くときになってそこに登った足場の痕跡をすべて取り去ったのではないかという考えに導かれる。

メアリー・ヘッシーは『科学的推論の構造』(二〇一頁および次頁、二六二頁)で、マクスウェルがアンペールを電気学のニュートンと呼んだことに触れている。これは帰納の本性についての、ニュートンに溯る別の伝統のことをほのめかすものである。ニュートンは現象からの演繹について語ったが、これは帰納的な手続きである。われわれは現象からそれを一般的な仕方で記述する諸命題を推論し、その後熟考をこらして、これまで考えたこともない新しい現象を作り出すことができる。それは、いずれにせよ、アンペールの手続きなのである。彼は毎週の講義を通常、聴衆の前である現象を実際に示して見せることから始めた。しばしばその現象を作り出した実験は前の週の講義の終わった時点では存在していなかった。

発明（E）

理論と実験という言葉を用いて立てられる問題は理論を事物のかなり均質な種類の一つとして、また実験を同じような別の一つとして扱っているので、誤解を招きやすいものである。私は第12章で理論の多様性に目を向けよう。これまでにさまざまな実験のうちいくつかを眺めてきたが、まだ他にも関連のあるカテゴリーがある。そして発明はそのなかのもっとも重要なものの一つである。熱力学の歴史は次第に理論的分析へと導かれていった実用的な発明の歴史である。新しい技術にたどり着く一つの道は理論と実験とを精巧に仕上げた後にそれを実用上の問題に適用するというものである。しかし別の道も存在しており、そこでは発明がそれ自身の実用上のペースで進展していき、理論はその余剰力で別個に新設される。もっとも明白な実例は最良の実例——蒸気機関である。

発明といくつかの実験上の考えには三つの段階があった。発明のほうはニューコメンの大気圧機関（一七〇九—一五年）、ワットの凝縮機関（一七六七—八四年）、トレビシックの高圧機関（一七九八年）である。ニューコメンの独創的な発明の後の発達の半数ほどは基盤になった概念として物理学的であるのと同じくらい経済学的でもある、機関の「効率(duty)」という概念をもっていた。すなわち石炭一ブッシェル当りの汲み上げられる水のフィート・ポンド数である。だれがそのアイデアを得たのかは知られていない。おそらくそれは科学史に記録されているだれかではなく、コーンウォール地方の鉱山経営者のなかの冷静沈着に金に見合うものを追求する姿勢を貫いた人たちであろう。彼らはある機関が他のものよりも効率的に水を汲み上げられることに気づいたが、隣の鉱山はより優れた見積りができるのに自分たちは少ししか実収が得られない理由が分からなかったのである。最初のうち、ニューコメン機関の成功はきわどい状況にあった。というのは深い鉱山を別にすると、馬を使って動かしていたポンプに比べて作動させるのがほんの少しだけ安くつくに過ぎなかったからである。一七年間の試行錯誤の後にワットがなしとげたことは、最良のニューコメン機関よりも少なくとも四倍の効率をもつことが保証される機関を作ったことだった。(現在ある車と同じパワーをもっているが、一ガロン当り二五マイルではなく一〇〇マイル走ることができる市場性の高い自動車を想像してもらいたい。)

ワットは最初に分離凝縮器を導入し、次に機関を複動式にした。すなわち、シリンダーの一方の側が真空を作り出す間に他方の側に蒸気が入るようにした。そしてとうとう一七八二年に膨張作用の原理を、すなわち行程の初期にシリンダーのなかへの蒸気の流入を断ち、行程の残りをそれ自身の圧力で膨張させる、という原理を導入した。膨張作用の原理は所定の大きさの機関からパワーがいくらか奪われるが、「効率」が増大することを意味している。以上のアイデアのなかで、純粋科学にとってもっとも重要なのは膨張作用であった。ワットの仕事仲間であった、ジェイムズ・サザンによって一七九〇年頃に考案されたきわめて役に立つ実用的装置がインディケータ図表であった。インディケータは機関にとりつけることができて、シリンダーのなかの圧力を、行程の距離から測られる体積に対してグラフ表示する自動記録器であった。そのようにして描かれる曲線の囲む面積は各行程でなされる仕事の物差しとなった。インディケータは機関が最大の性能になるよう調整するのに使われた。他ならぬその図表が理論熱力学のカルノー・サイクルの一部となった。トレビシックの偉大な貢献は、最初は理論の問題であるよりも勇気の問題だったのであるが、爆発の危険があるにもかかわらず高圧の機関の組み立てを敢行したことであった。高圧での動作を支持する最初の議論はコンパクトであるということであった。すなわち所定の大きさの機関からより大きなパワーを得ることができるのである。そこでトレビシックは一七九九年にはじめてうまく使える機関車用の機関を組み立てた。すぐに他の成果が現われてきた。高圧機関を初期に蒸気をカットオフして膨張作用によって作動させると、その効率は最良のワット機関よりも高く（最終的には大いに高く）なったのである。この現象を把握し、高圧機関の利点は圧力にあるだけではなく、圧力に伴う水の沸点の増大にもあることを理解するにはサディ・カルノー（一七九六―一八三二年）の天才を必要とした。機関の効率はシリンダーのなかに入って来る蒸気とシリンダーから去る膨張した蒸気の圧力差にではなく、温度差に依存している。このようにしてカルノーサイクル、すなわち熱力学的効率の概念が生まれ、そして最後にカルノーの考えがエネルギー保存の原理と統一されたときに、熱力学が生まれた。

実際のところ、「熱力学（thermodynamics）」とは何を意味しているのだろう。この学科は熱の流れを扱うのではなく——そうであれば熱の動力学（dynamics）と呼んでもよかろう——、熱静力学的現象とでも呼んでいいものを扱っている。それは名付け誤りであろうか。そうではない。ケルヴィンは一八五〇年に蒸気機関またはカルノーの理想的機関に類似した機関全体を表現するために「熱-力学的（thermo-dynamic）機関」という言葉を作り出した。これらの機関は熱を仕事に変換するので力学的と呼ばれた。こうして他ならぬ「熱力学」という言葉が、この科学が一連の注目すべき発明の深遠な分析から生まれたことを思い出させる。この技術の発展は果てしのない「実験」を伴うものではあるが、その「実験」は理論をテストするというポパー的意味をもつものでも、デイヴィー風の帰納的意味をもつものでもない。実験は産業革命の中心を占める技術の完成のために必要とされた想像力に富んだ試行だったのである。

理論を待機する多数の実験的法則（E）

『金属と合金の諸性質に関する理論』（一九三六年）は古くからの標準的な教科書であり、その著名な著者、N・F・モットとH・ジョーンズはなかでもとくにさまざまな金属物質における電気と熱の伝導について論じている。この分野における申し分のない理論は何を包含しなければならないのだろう。モットとジョーンズは金属伝導の理論は、なかでもとくに次の実験上の結果を説明しなければならないと言う――

(1) 熱伝導と電気伝導の比がLT――ただしTは絶対温度、Lはすべての金属に対して同一な定数――であることを述べているヴィーデマン゠フランツの法則。

(2) 純粋な金属の電気伝導の絶対的な大きさおよびそれがその金属の周期律表のなかの位置に依存すること。たとえば一価の金属の大きな伝導率と遷移金属の小さな伝導率。

(3) 固溶体における少量の不純物による抵抗の比較的大きな増大、および固溶体における少量の異種金属による抵抗の変化は温度に依存しないと述べているマティーセンの法則。

(4) 抵抗の温度および圧力への依存。

(5) 超伝導の出現。

モットとジョーンズは続けて言う。「(5)を例外として、量子力学に基づいた伝導理論は少なくともこれらすべての結果の定性的な理解を与えた」(二七頁)。(超伝導の量子力学的理解は結局一九五七年に得られた。)

このリストにある実験上の諸結果はそれにうまく適合する理論が存在するよりずっと以前に確立されていた。ヴィーデマン＝フランツの法則(1)は一八五三年に溯り、マティーセンの法則は一八六二年に(3)、伝導率と周期律表のなかの位置の関係は一八九〇年代に(2)、超伝導(5)は一九一一年に溯る。データはすべてそこにあり、必要とされたのは統合する理論であった。この事例と光学および熱力学の事例との相違は理論が直接データから生じたのではなく、原子構造に対するはるかに一般的な洞察に由来したということである。量子力学は刺激でもあり解決でもあった。一般理論の内部での現象論的法則の編成はたんに帰納、類比、または一般化の問題であると示唆することは分別があればだれにもできないであろう。理論は結局のところは知識に、知識の成長に、その応用に対して決定的な意味をもつことになった。そう言ったからといって、固体物理学のさまざまな現象論的法則はそれが知られるに先立ってある理論を——どんな理論であれ——必要としたなどと言い張らないようにしよう。実験活動はそれ自身の多くの生活をもっているのである。

実例が多過ぎるのだろうか

実験と理論の多くのさまざまな関係の実例にこんな具合にベーコン風に面喰らわせられた後では一般性のあるなんらかの言明を述べることはできないかのように思われるかもしれない。が、このことはもうそれだけで一つの成果なのである。というのは、デイヴィーとリービヒからの引用が示しているように、実験の一面的な見解はたしかに誤りだからである。今度はなんらかの積極的な結果を目指すことにしよう。観察とは何か。顕微鏡を通して実在を眺めるのだろうか。決定実験は存在するか。なぜ人々は取り憑かれたようにいくつかの量を測定するのだろう。その値に、少なくとも小数点以下三桁までは理論あるいはテクノロジーも本質的な関心をもってはいないというのに。実験活動の本質のなかに実験家を科学的実在論者にするものがあるのだろうか。最初のものからはじめよう。観察とは何か。科学におけるあらゆる観察が理論で負荷されているのだろうか。

第10章　観察

観察にかんするありふれた事実が二つの哲学上の流行によって歪められてきた。一つはクワインが意味論的上昇と呼んでいるものの流行である（事物について語ってはならない、事物について語る方法について語れ）。他の一つは理論による実験の支配である。前者は観察についてではなく、観察言明について考えよと言う——つまり、観察を報告するのに用いられる言葉について。後者はあらゆる観察言明は理論に負荷されていると言う——理論化に先立つ観察は存在しない。それゆえいくつかの非理論的で非言語学的な分かりきった事柄から始めるのが、具合がよい。

1　データの第一次的なソースとしての観察はいつでも自然科学の一部をなしてはきたが、それはそれほど重要であるわけではない。私はここで哲学者の観察の理解について語っている——実験家の生活は理論をテストするか、その上に理論が築かれるデータを提供するような観察を行なうことに費やされるという観念である。この種の観察は大部分の実験では比較的小さな役割しか演じていない。偉大な実験家のなかには観察家としては不十分な者もいた。実験の仕事は、その巧妙さのテストや、あるいは偉大さのテストでさえ、しばしば観察し報告することにあるよりも現象を信頼できる仕方で呈示するなんらかの装置を作ることにある。

2　しかし立派な実験活動に不可欠な、もっと重要であるがそれほど注目されていない観察の一種がある。優れた実験家はしばしば装置のあちらこちらに見られる意味のある癖や予期していない結果に目をとめる注意深い観察家であることがある。注意深く観察していないと装置は働かそうとしても働かないだろう。ときにはそれほど優れてはいない実験家ならほうっておくような異常に、持続的に注意を払うことがまさに新しい知識へ導くものとなることがある。しかしこれは、哲学者たちの〈眺めるものを報告することとしての観察〉にかんする問題であるというよりは、ある人物を観察が鋭い（observant）と呼び、別の人物はそうではないというさいにわれわれが用いている言葉の意味の問題である。

3　前章に描写したような注目に値する観察はときに研究を新たに始めるに当たっては不可欠なものとなったが、滅多にその後の研究を支配することはない。実験がただの観察に取って代わる。

4　観察は技巧である。ある人々は他の人々よりもこの点で優れている。この技巧は訓練と実践でしばしば改良することができる。

5　観察と理論の間には数多くの区別がある。純粋な「観察言明」という哲学的観念はすべての言明は理論負荷的であることを根拠に批判された。これは攻撃の根拠としてはまずい。前理論的観察言明はたくさんあるが、それは滅多に科学の年報・紀要には登場しない。

6 「肉眼で見る」という概念は存在しているが、科学者たちは観察を滅多にこれに限定しない。通常われわれは対象や出来事を装置で見る。二十世紀の科学では「見られる」事物が人間の肉眼で観察できることはまれである。

観察は過大評価されてきた

観察、観察言明、観察可能性にかんする議論の多くはわれわれの実証主義の遺産に由来するものである。実証主義以前には観察は中心的な位置を占めてはいなかった。フランシス・ベーコンは帰納的科学の初期の哲学者である。人は彼が観察についてたくさんのことを語っていると期待するかもしれない。事実はと言えば、彼はその言葉を使ってさえいないように見える。実証主義はまだ襲来していなかった。

「観察」という言葉はベーコンが著作していた頃にはよく使われており、主として太陽のような天体の高度の観察に適用されていた。それゆえそもそもの始めから、観察は道具の使用と結びついていた。ベーコンはもっと一般性のある術語を用いているが、それはしばしば、特権的事例 (prerogative instance) という奇妙な熟語を用いて翻訳されている。一六二〇年に彼はその異なる二七の種類を列挙した。そこに含まれているものに今日われわれが決定実験（crucial experiment）と呼ぶもの、彼が決定的事例と、もっと正確に言えば、分かれ道の事例（instantiae crucis）と呼んだものがある。ベーコンの二七種類の事例のいくつかは前理論的な注目に値する観察である。他のものは理論をテストしようという願望に動機をもつものである。いくつかのものは「感覚器官の直接の働きを助ける」装置によって行なわれている。それは新しく登場した顕微鏡やガリレオの望遠鏡だけではなく、「視覚を拡張しはしないが、これを修正し導く、測量ロッド、アストロラーベ、等々」をも含んでいる。ベーコンは「感覚不可能なものを感覚可能なものに変える、すなわち、直接知覚できないものを、知覚できる他のものを手立てとして明白なものとする、喚起する（evoking）」装置へと話を進める。（『ノヴム・オルガヌム』xxi-lii）

このようにベーコンは直接知覚できるものと、たんに「喚起する」ことしかできない不可視の出来事との区別を知っていた。この区別はベーコンにとっては明白なものでもあり、瑣末なものでもあった。それが本当に重要になったのはようやく一八〇〇年以後のことであることにかんしてはいくらかの証拠があるが、その頃に「見る」という概念がいくらか変化しているのである。一八〇〇年以後は、見るということは事物の不透明な表面を見ることであり、すべての知識はこの道を経てやって来なければならないのである。これは実証主義と現象学の双方にとっての出発点である。ここでは前者だけに関心がある。われわれは推論と肉眼で（あるいは補助を用いない他の感覚で）見ることとを明確に区別することの必要性を実証主義に負っているのである。

実証主義的観察

実証主義が、原因への反対、説明への反対、理論的対象への反対、形而上学への反対であることを、思い出そう。実在的なものは観察可能なものに限定されている。観察可能な実在をしっかりと把握することによって、実証主義者は彼が望んでいることを他のことと一緒に行なうことができる。

他に彼が望んでいることというのは場合により変化する。論理実証主義者たちは、理論が事実を表現し観察可能なものにかんする思考を組織立てるための論理的略記法になるよう、論理学を用いて理論的言明を「還元」するという考えを好んだ。ある一つの解釈によればこれは気の抜けたような科学的実在論に導くことになるだろう――すなわち、その話のどの部分もあまりに文字通りに理解するということがない限り、理論は正しいかもしれないし、それが言及する対象は存在するかもしれない、という。

論理的還元の別の解釈に従えば、理論的対象を指示する語は、分析してみれば、まったく指示名辞の論理的構造をもってはいないことが示されるだろう。それは指示するものではないので、なにものも指示してはおらず、理論的対象は実在するものではない。還元のこの用法はかなり厳格な反実在論へと導く。だが、興味深い自然科学のどれ一つとしてだれかが論理的還元を行なったというわけではないので、このような問題は空虚である。実証主義者はそこで別の道筋をとる。彼はコントやファン・フラーセンと共に、理論的言明は文字通りに理解されなければならないが信じるべきではない、と言うかもしれない。後者が、『科学的世界像』のなかで言っているように、「科学者が新しい理論を提案するとき、実在論者は彼を要請（の真理）を主張しているものとして見る。しかし反実在論者は彼を、この理論を表明し、いわば目立つように掲げ、それにかんしてある長所を主張しているものとして見る」（五七頁）。理論はそれが現象を説明し、かつ予測を助けるので受け入れられるかもしれない。それは文字通りに正しいと信じられるわけではないが、そのプラグマティックな長所のために受け入れられるかもしれない。

コント、マッハ、カルナップ、ファン・フラーセンは理論と観察の間に区別があることをこのような多様なやり方で主張した。それが形而上学による破壊活動に対して世界を安全に保つ彼らのやり方である。

区別の否定

観察と理論との区別がそんなに重要なものになったとすれば、それが否定されることになるのも確かだった。否定の二つの根拠がある。一つは保守的であり、その傾向において実在論的である。もう一つはラディカルであり、よりロマン的であり、しばしば観念論へと導く。一九六〇年頃、両方の種類の反応が噴出した。

グローバー・マクスウェルは実在論的反応の実例を与える。一九六二年の論文のなかで、彼は観察可能であることとたんに理論的であることとの対照は曖昧であると言っている。それは世界の構成のなかに見出される何ものかに依存しているというより、しばしばより多く技術に依存している。(1)またその区別は自然科学にとって大して重要ではない、と彼は続けて語っている。われわれは理論的対象は本当には存在しないことを論証するためにその区別を用いることはできない。

マクスウェルはとくに、真空を通して見ることから始まる一つの連続性が存在すると言う。次に来るのは大気を通して見ることであり、次いで光学顕微鏡を通して見ることが続く。現在のところこの連続性は走査型電子顕微鏡で終わっているかもしれない。遺伝子のようなものはかつてはたんに理論的なものであったが、観察可能な対象へと変貌している。われわれは今日では大きな分子を見ている。それゆえ観察可能性は科学の対象を実在的なものと非実在的なものに分類するうまい方法を提供するわけではない。

マクスウェルが提供した議論はまだ終結していない。われわれは彼が分かりきったものと見ている他ならぬ諸々の技術にもっと詳しく注意を向けるべきである。私は次章で顕微鏡にかんしてそれを試みる。マクスウェルが存在論の基盤としては可視性を軽視することに私は賛成なのである。この章の後のほうで議論する論文のなかで、ダッドリー・シェイピアは、物理学者は眼や他の感覚器官がどんな本質的役割もまったく演じることがあり得ない装置を用いながら、観察すると、さらには見るとさえ通常語っている、という論点をさらに持ち出している。彼のあげている例をひけば、われわれは太陽の内部を核融合過程によって放出されるニュートリノを用いて観察しようと試みている。何が観察とみなされるかはそれ自身その時々に流布している理論に依存する、と彼は言う。このテーマには後でまたもどるが、まずその前にわれわれは理論と観察の区別に対するもっと大胆でまた観念論に傾いてもいる拒絶を眺めておくべきである。マクスウェルは対象の観察可能性はその存在論的身分とは関係がないと語った。同じ頃、他の哲学者たちは、観察言明はすべて理論に感染しているので、純粋な観察言明というものは存在しない、と語っていた。私がこれを観念論に傾いていると言っているのは、もっとも貧弱な科学的発言についてさえ、その内容そのものを精神から独立した実在にではなく、われわれの考え方に決定させているからである。こうした相違は次のような仕方で図式化することができる。

実証主義——
（理論と観察の明確な区別）

保守的反応（実在論的）——観察可能な対象と観察不可能な対象との間に重要な区別は存在しない。

ラディカルな反応（観念論的）——すべての観察言明は理論負荷的である。

理論負荷的

一九五九年にN・R・ハンソンは彼のすばらしい著書、『科学的発見のパターン』〔邦訳：一九八六年、講談社〕で「理論負荷的」という標語をわれわれに与えた。観察語および観察文の一切は理論という荷物を一緒に運んでいると考えられる、というのがその主旨である。

言語にかんする一つの事実が『科学的発見のパターン』の「理論負荷的」という言葉が現われる部分をとりしきろうとする傾向をもっている。われわれは、もっとも平凡な言葉、たとえば動詞「負傷させる（to wound）」と名詞「負傷（wound）」についてさえ、きわめて微妙な言語規則が存在することを思い出させられる。まったく特殊な種類の状況下においてのみ、ある切り傷、損傷、等々は負傷とみなされる。外科医が人の脚部の深い裂け目を負傷と描写するなら、それはその人が争いや戦闘で傷つけられたことを暗に意味するかもしれない。このような含意は常に生じているが、それは私の考えでは理論的仮定と呼ぶには値しない。理論負荷の学説のこの部分は日常言語にかんする重要かつ非のうちどころのない主張ではある。が、それはすべての観察の報告が科学の理論という荷物を背負わなければならないということを含意しない。

ハンソンはまた事物を興味深いものとする、あるいは少なくとも意味のあるものとする予測、しばしば理論的な種類に属する予測をもつ場合に限ってわれわれは事物に注目する傾向をもつ、と指摘する。これは正しいけれども、理論負荷の学説とは異なっている。私はほどなくその点にもどろう。その前にまず、いくつかのもっと疑わしい主張を取り上げよう。

観察にかんするラカトシュの考え

ラカトシュはたとえば次のように言う。反証主義のもっとも単純な種類――われわれがしばしばポパーに帰しているような種類――は、理論／観察の区別を当然のものとみなしているのでうまくいかない。人々が理論を提案し、自然がそれに結着をつけるのだというような、理論にかんする単純な規則を保持することはできない。それは二つの誤った仮定に依存している、と。第一のものは、思弁的な命題と観察命題の間に心理的境界線があるという仮定、また第二のものは、観察命題は事実（を眺めること）によって証明できるという仮定。過去一五年の間これらの仮定は嘲罵されてきてはいるが、そうはいってもわれわれは論証もするべきである。ラカトシュの論証はがっかりするほど安直でまた効力のないものである。「いくつかの特徴的な事例がすでに第一の仮定を掘り崩している」と彼は言う。実際に彼は一つの例を、ガリレオが太陽黒点を見るのに望遠鏡を用いた――この場合の見ることは純粋に観察的なものではあり得ない――例を挙げている。それは理論／観察の区別を反駁すると思われているのだろうか。あるいはせめて掘り崩す、と。

第二の点、すなわち眺めたうえで観察文が真かどうかを見ることができるという点にかんしてラカトシュは強調を付して書いている――「どんな事実命題も実験から証明されるということはあり得ない……人は経験から言明を証明することはできない。……これは初等論理学の基礎事項であるが、今日でさえ比較的わずかの人々にしか理解されていない」（I、一六頁）。「証明する（prove）」という動詞をこのように曖昧に用いるということは、この動詞のいくつかの意味について私が学んだ著者が行なう場合にはとくに落胆させるものとなる。私はこの動詞は「テスト」という意味を正式にもっていること（プディングのプルーフは食べること〔論より証拠〕、校正刷り（galley proofs））、そしてこうしたテストはしばしば事実（プディングは胃にもたれる、校正刷りは誤植だらけ）を確立することへと導くことを学んだのである。

理論的仮定を含むことについて

ハンソンの研究と同時期に属するものであるが、ポール・ファイヤアーベントの諸々の論文もまた理論と観察との区別を軽視するものであった。彼はそれ以来、言語と意味にかんする哲学的強迫観念を放逐するようになった。彼は他ならぬ「理論負荷的」という熟語を非難したのである。しかしそれはわれわれが語る事柄には理論から自由なものもあると考えたからではない。まったく逆である。言明を理論負荷的であると言うことは、理論的成分が積み込まれる一種の観察トラックがあることを示唆している、と彼は言う。そんなトラックは存在しない。理論はいたるところにあるのである。

彼のもっとも有名な著書、『方法への挑戦』(一九七七年)において、理論と観察との区別にはどんな意味もない、とファイヤアーベントは言う。奇妙なことに、彼は言語の議論を公然と否認しているにもかかわらず、依然として理論／観察の区別は諸々の文の間の区別であるかのように語っている。彼はそれはたんに明白な文とそれほど明白でない文の、あるいは長い文と短い文の間の問題のようなものに過ぎないと示唆する。「だれもそのような区別をすることを否定しはしないが、だれもそれを重要視したりはしないだろう。それは科学という仕事ではどんな決定的な役割も演じていないからである」(一六八頁)。われわれはまた「理論負荷」の学説そのものであるかのように聞こえてくる部分をも目にしている――「観察の報告、実験結果、「事実」言明は理論的仮定を含んでいるか、またはそれが用いられる方法を通してそれを主張している」(三二頁)。私はここで実際に言われていることに異議があるが、その理由を説明する前に、こうした意見によってほのめかされているある事柄を無効にしておきたいと思う。というのは実験結果は実験にとって重要なことを汲み尽くしており、実験結果は観察の報告、または「事実言明」によって述べられ、あるいは構成さえされている、という観念が与えられているのである。が、私は実験をするということは述べたり報告をしたりすることではなく、行なうことである――そして言葉で行なうことではない――という分かりきったことを主張することになる。

言明、記録、結果

観察と実験とは一つのものではないし、また滑らかな連続体の対立する両極でさえない。興味深い多くの観察は明らかに実験とは無関係である。クロード・ベルナールの一八六五年の『実験医学序説』〔邦訳:一九七〇年、岩波書店〕は実験の概念と観察の概念とを区別する古典的な企てである。彼は自分の分類を、内科で得た観察と実験とがごちゃまぜになっているたくさんの困難な実例によってテストする。ボーシャン博士の場合を考えよう。彼は一八一二年の英米戦争のさい、長い期間にわたって、胃をひどく負傷したある男の消化管の働きを観察するという幸運をつかんだ。それは実験だったのか、それともほとんど類例のない状況における一連の重大な観察だったのか。私はこうした点を追及しないで、その代わりに医学においてよりも物理学において一層顕著なある事柄を強調したいと思う。

マイケルソン゠モーリーの実験はよく知られているという利点をもっている。後知恵をもっているために、ある歴史家たちにそれは電磁エーテル理論の全体を反駁し、それゆえアインシュタインの相対性理論の先駆けであるように思われたせいで有名なのである。一八八七年のその実験にかんする主な公刊された報告は一二頁の長さのものである。観察は七月八、九、十一、十二日に二時間ほど行なわれた。実験の結果はよく知られているように論争の種となっている。マイケルソンは主要な結果はエーテルに相対的な地球の運動の反駁であると考えた。第15章で示すように、彼はまたその結果が、星がそこに位置しているように見える場所には正確には位置していないことの理由を説明するのに使われていた理論を疑わしいものにするとも考えた。ともかくも実験は一年間続けられた。これは装置を作ったり作り直したりすることを、それが働くようにすることを、そしてとりわけいつ装置が働くかを知る興味深いこつを手に入れることを含んでいた。「マイケルソン゠モーリーの実験」というラベルは、一八八一年にマイケルソンが収めた最初の成功（あるいはさらにそれ以前のいくつかの失敗）を起点として続けられ、一九二〇年代のミラーの仕事をも含む一連の断続的な仕事を表示するために用いるのが普通の慣行となっている。実験は半世紀間続けられたが、観察のほうは多分一日半続いた、と言うことができるだろう。そのうえ、実験結果ではないというものの、実験の主要な成果は測定の諸々の可能性の徹底的な変化であった。マイケルソンは彼がエーテル理論に与えた衝撃のためではなく、このことのためにノーベル賞をかち得た。

要するに、ファイヤアーベントの「事実言明、観察報告、実験結果」は同一の種類の事柄でさえない。それをひとまとめにしてしまえば、実験科学のなかで進行していることにかんしてはどんなことに注目することもほとんど不可能になる。とくにそれは長い文と短い文との間のファイヤアーベント的差違とはなんの関係ももっていない。

理論なき観察

観察の報告、等々は常に理論的仮定を含んでいるか、あるいは主張しているかする、とファイヤアーベントは言う。この主張はそれらの言葉にまったく弱められた意味を結びつける——その場合にはこの主張は真ではあるが瑣末なものとなる——のでなければ、明白に偽であるため、論争する価値はほとんどない。

言葉の上でのこじつけの大部分は「理論」という言葉から生じてくるが、この言葉はかなり明確な思弁の総体または明確な主題をもった諸命題にあてるのがもっとも適切な言葉である。不幸なことに私が引用した部分においてファイヤアーベントは「理論」という言葉をあらゆる種類の未発達の信念、潜在的な信念、または負わせられている信念を表示するために用いたのである。悪意抜きに彼の考えを要約したいのであるが——習慣や信念と彼が言っているいくつかのものについて彼は次のように書いている——

正常な状況の下でテーブルを眺めるときにテーブルは茶色であると言ったり、あるいは他の状況の下で眺めるときにはテーブルは茶色に見えると言ったりするわれわれの習慣……われわれの感覚印象には真実を告げるものもあればそうでないものもあるというわれわれの信念……われわれと対象との間の媒体は歪んではいないという信念……接触を保つ物理的対象は真なる像を伝えるという信念……

これらすべてはわれわれのありふれた観察の基礎となる理論的仮定と考えられている。また「科学者の自由になる材料はそのもっとも壮大な理論やもっとも洗練された技巧をも含めて、まったく同じように構造化されている」

ところで以上の大部分は文字通りにとるなら、礼儀にもとることのないように言っても、相当軽率に語られている。たとえば、「正常な状況下でテーブルを眺めるときにテーブルは茶色であると言う」この「習慣」とはなんなのか。生まれてからこの方、「テーブルは茶色である」とか「テーブルは茶色に見える」というような文を私が語ったことがあるか疑わしいのである。私は適切な光の下でテーブルを見るときにはじめの文を語る習慣をもっていないのは確かである。私はそういう習慣をもった人物にはたった一人お目に掛かっただけだが、それは気のふれたフランス人で、正常に眺められる状況下で排泄物を見るときはいつでも――たとえば畑に肥をまいているときに――それは糞だ（C'est de la merde, ça）、と習慣的にまた繰り返し口にした。また私は憐れなブル゠ブル氏にファイヤアーベントが列挙した仮定のどれかを帰することはないだろう。ファイヤアーベントはわれわれに観察、発話、理論、習慣、報告については語らないでおくやり方を示したのである。

もちろん、われわれが何かを言うときには、さまざまな種類の予期、先入見、意見、作業仮説、習慣をもってはいる。なかにはわれわれが表現するものもある。文脈のなかで含意されるものもある。人間精神の鋭敏な研究者によって話し手に負わせられるものもある。文脈のなかでは仮定や前提となり得る命題にも、日常生活という文脈のなかではそうではないものがある。たとえば私と印刷された頁の間にある空気は私が見ている言葉の形を歪めはしない、という仮定を立てることはできるし、また私はことによるとこの仮定を研究することができるだろう。（どのように？）しかし声を出して読んだり、この頁に修正を加えたりするとき、私は私が関心をもつあるものとたんに作用し合っているだけであって、仮定について言うのは誤りである。とくに理論的仮定について言うのは誤りである。空気によって歪まないという理論がどんなものになるのか私には少しも分からないのである。もちろん人があらゆる信念、原信念、作り出すことのできる信念を、理論と呼びたいのであれば、そうすればよい。しかしその場合には理論負荷性にかんする主張はつまらないものとなる。

科学の歴史のなかにはまったく理論的仮定を含んでいない重要な観察があった。前章の注目に値する観察はその実例を提供する。次に述べるのは、もっと最近の時代に属する別の例であり、そこではわれわれは汚染のない観察言明を書き留めることができる。

ハーシェルと放射熱

ウィリアム・ハーシェルは真夜中の空の巧妙であくことを知らない探究者、彼の時代の最大の望遠鏡の製作者であったが、またわれわれの星空のカタログを著しく拡張していたのである。ここでは、ハーシェルが六一歳になっていた一八〇〇年のある偶然的な出来事について考えよう。それは今から述べるように、彼が放射熱を発見した年だった。彼は約二〇〇の実験を行ない、その主題について四つの主要論文を公にしたが、最後のものは一〇〇頁もの長さをもっていた。それらはすべて一八〇〇年の『王立協会哲学会報』で見ることができる。彼はわれわれが今日放射熱にかんする正しい提案とみるものを作り上げることから始めたのであるが、最後にはどこに真理があるのか確かでなくなり、困惑に陥っていた。

彼は自分の望遠鏡の一つで着色フィルターを用いていた。異なった色のフィルターは熱の異なった量を伝えることに彼は注目した——「それらのあるものを使ったときには、ほんの少ししか光は得られなかったのに、熱の感覚を受け取った。これに対して他のものは多くの光を与えたが熱の感覚はほとんど伴わなかった」。われわれは物理的な科学の全体を通して、これに勝る感覚所与の報告を見出すことはないだろう。もちろんわれわれはそれを感覚的な質のためにではなく、次に生じた事柄のために思い起こすのである。ハーシェルはなぜ次に何かを行なったのであろう。何よりもまず太陽を見るのにより適したフィルターがほしかったのである。たしかにまた当時表立ってきていたある思弁的な問題にも彼の心は向いていた。

彼はプリズムで分離した光線の熱効果を研究するために温度計を用いた。このことが実際、彼を先へ進ませることになった。というのはオレンジはインディゴよりも温まりやすいということだけではなく、目に見える赤のスペクトルの下にも熱効果があることを見出したからである。この現象について彼が最初に推察したのは大体われわれが今日信じている事柄である。彼は太陽からは可視光線と不可視光線の双方が放出されていると考えた。われわれの眼は放射スペクトルの一部にだけ感受性をもつ。一部重なるが異なった部分によってわれわれは温められる。彼はニュートンの光の粒子説を信じていたので、粒子から構成されている光線という見地から考えた。視覚はすみれ色から赤にいたる粒子に反応するが、一方熱の感覚は黄色から赤外部に至る粒子に反応する。

次に彼は熱線と可視スペクトルの光線とは同一の性質をもつかどうかを見ることによってこの考えを調べはじめた。そこで彼は反射、屈折、光線により変化する屈折性、半透明物体によって押しとどめられる傾向、粗い表面で散乱されやすい性質をそれらの間で比較した。

ハーシェルの論文のこの段階には透過光のさまざまな角度、比率、等々の多数の観察がある。彼はたしかにある実験上の考えをもってはいたが、ただかなり漠然とした種類のものでしかなかった。彼の理論はまったくニュートン的なものである――彼は光は粒子からなる光線で構成されていると考えていたが、しかしこれは彼の研究の細部には限られた影響しか与えていない。彼の直面する困難は理論的なものではなく実験上のものであった。測光――透過光のさまざまな様相を測定する実践――は四〇年来まずまずの状態にあったが、熱量測定はほとんどなされていなかった。光線をこし分ける手続きは存在していたが、どうして熱線をこし分けたらいいのか。ハーシェルは現象に探りをいれているのであった。彼は今日われわれが見当違いであると考えるところで精確さについて多くの主張をした。彼は光の透過率だけではなく、熱の透過率を千分の一まで測定した。彼にはそれはできなかったはずだ！　しかしわれわれが彼の行なったかもしれないことを再現したいと思っても、特殊な問題に直面する。というのはハーシェルは手元に多種多様なフィルターをもっていたのであるから――たとえばデカンタのなかのブランデーのような。ある歴史家が注意したように、彼のブランデーはほとんどピッチのように黒かった。われわれは今日、その物質がどんなものであったとしても、それについての測定を再現することはできない。ハーシェルは反射、屈折、光線により変化する屈折性において、熱と光が似ていることを示した。彼は透過率で困難に陥った。彼は半透明な媒体がある特徴をもった光線、たとえば赤い光線を一定の比率で押しとどめるという様子を思い描いていた。熱線は赤色光の屈折率で屈折するので、同じ屈折率をもつ赤色光と同一であるというのが彼の赤色光にかんする考えだった。それゆえx%の光が透過し、熱と光がスペクトルのこの部分で同一だとすると、x%の熱も透過するはずである。彼は問う、「熱は赤色光線と同じ屈折性をもっているので、その光線の光によって生み出されるのだろうか」。そうではないことを彼は見出した。ほとんどすべての赤色光を透過するあるガラス片は熱の九六・二%を妨害した。それゆえ熱は光と同一のものではありえない。

ハーシェルは彼の最初の仮定を放棄したが、どう考えたらよいのかよく分からなかった。こうして一八〇〇年の終わり頃、二〇〇の実験と四つの主要な出版の後に、彼は断念した。そのちょうど翌年のことであるが、干渉の研究によって光の波動説を作りはじめた（あるいは再創造した）トマス・ヤングはベーカー講義を行なったが、そのなかで彼はハーシェルの最初の仮説に賛成していた。このように彼はハーシェルの実験上のディレンマにはかなり無頓着だった。おそらく波動説は光の粒子から成る光線というニュートン理論よりも放射熱を受け入れやすいものだったのだろう。が、実際には放射熱にかんする懐疑はニュートン理論が衰退した後も長い間残っていた。それはマセドニオ・メローニ(一七九八―一八五四年)が発明した装置によってようやく解消されたのである。熱電対を発明する(一八三〇年)とすぐに、さまざまな物質による熱の透過を測定する道具を今や手に入れたのだということをメローニは理解した。これはある発明が実験家に別の研究を企てることを可能にし、それが今度は理論家が通らねばならない道筋に横たわる障害を取り払うという無数の実例の一つをわれわれに与えている。

ハーシェルはもっと素朴な実験上の問題をもっていた。彼は何を観察していたのだろう。これは彼の批判者たちが問うた問題である。彼は一八〇一年にはかなりひどく攻撃された。諸々の実験結果は否定された。一年後にそれらは多かれ少なかれ再度生み出された。厄介でかつ単純な実験上の難題がたくさんあった。たとえば、プリズムは赤のところできちんとおしまいになりはしない。とり囲む光のいくらかが散乱し弱い白色光として赤の下側に来る。そうだとすると、ことによると「赤外〔赤の下の〕」熱はこの白色光によって生み出されるのではなかろうか。新しい実験上の考えがここに介入してきた。紫色の上には取るに足る不可視の熱は存在しないとはいえ、ことによるとそこにもやはり「放射」があるのではないか。塩化銀がスペクトルの紫色の端に晒されると反応することが知られていた。

（これは写真の始まりである。）リッターはそれをすみれ色《ヴァイオレット》を超えたところに晒し、反応を得た。われわれは今日彼は一八〇二年に紫外線《ウルトラヴァイオレット》を発見した、と言っている。

注目すること

ハーシェルは着色光による差異のある熱作用の現象に注目し、それを物理学でわれわれが見出すであろうものとしてはもっとも純粋な感覚所与言明のなかで報告した。私はN・R・ハンソンが力説した事実、すなわち人はある現象に、それに意味を与える理論をもっている場合にしか見たり注目したりすることはないかもしれないということを過小に見積もるつもりはない。ハーシェルの場合には、彼をはっとさせ、注目させたのは理論が欠けているということであった。しばしばわれわれは逆の事態を見出す。ハンソンの著書、『陽電子』（一九六五年）は、発見にかんする議論の余地のあるいくつかの説明を含んではいるが、このテーゼを支持する実例の一つである。彼は人々は理論が存在したときはじめて陽電子の軌跡を見ることができた――理論の登場した後は、どんな学部学生もまったく同一の軌跡を見ることができるのだが――と主張する。われわれはこれを、注目は理論負荷的であるとする学説と呼ぶことができるだろう。

疑いもなく人々は、興味深かったり、驚くべきものだったりする、等々の事物に注目する傾向があり、こうした予期および関心は彼らが保持している理論に影響を受けている

——われわれは生まれつきの才能をもった「純粋」な観察者の可能性を軽視すべきだというわけでもないのであるが。しかし陽電子の物語のような物語から、写真乾板を見て、「それは陽電子だ」と報告する人はだれでもそのことによって多くの理論的事柄を含意するか、または主張しているのだと推論する傾向がある。私はそのようには考えない。理論にかんしては見当さえつかないのにそうした軌跡を認識するよう助手を訓練することはできる。イギリスでは、一六歳か一七歳以後は正式の教育を受けてはいないが、たんに装置にかんして並み外れて扱いが巧みであるのみならず、たとえば自分で電子顕微鏡を用いて用意した写真乾板に奇妙なものがあることに注目するのが一番素早いといった、若い技術者を研究所に見出すのも、今なおさして珍しいことではない。

しかし——と問われるかもしれない——われわれが「それは陽電子である」に代表させてもよいようなタイプの発言に対する真理条件もしくは真理前提のなかには陽電子にかんする理論の中身があるのではないか。ことによるとそうだが、私は疑いをもつ。理論はそのときにはすでに「それは陽電子である」に代表される一群の観察言明となっているものにまったく手を付けずに、放棄されたり、陽電子にかんするまったく異なった理論に取って代えられたりすることがあるかもしれないのである。もちろん現在の理論はまったく違った仕方で破滅するかもしれない。いわゆる陽電子の軌跡は実験装置が作り出す人工の産物であることが分かるというように。それは羊はすべて羊毛のスーツを着た狼であることが発見される可能性よりもほんの少しだけ起こりそうなことだというに過ぎないが。そうした出来事が起こったときにもまたわれわれは違った語り方をすることになるだろう！ 私は「それは陽電子である」の意味は「それは羊である」と同様に話の他の部分と関係していないと言っているわけではない。私はただ、その意味は必ず何か特定の理論と深くかかわっており、その結果、人がそれは「陽電子である」と言うたびにいつもなんらかの仕方でその理論を主張しているということになるとは限らないと言っているだけである。

観察は技巧である

ハンソンの例に類似した実例の一つが注目と観察は技巧であることを示している。私はキャロライン・ハーシェル（ウィリアムの妹）は歴史上の他の人物のだれよりも多くの彗星を発見したと思っている。彼女はたった一年の間に八個見つけたのである。いくつかのことが彼女のその発見の手助けになった。彼女は根気強かった。雲のない夜は彼女はいつも持ち場についていた。彼女はまた賢明な天文学者を兄としていた。彼女は一九八〇年になってようやくマイケル・ホスキンによって復元された装置を用いていたが、それを用いて彼女は毎夜、天空のどの隅も手を抜くことなく、空全体を、一片一片調査することができた。(2)「肉眼によって」何か興味深いものを見つけたときには、彼女はもっと詳しく見るための優れた望遠鏡をもっていた。しかしなかでももっとも重要な点は、彼女は彗星を直ちに認識することができたということである。多分兄のウィリアムを除けば、他の人の場合にはその本性にかんしてなんらかの見解にたどりつく前に、彗星ではないかと疑われるものの道筋を追跡しなければならなかったのである。(彗星は放物線の軌道をもっている。)

キャロライン・ハーシェルは見るだけで彗星を識別できたと言っているからといって、私は彼女が精神を欠いた自動機械だったと言いたいわけではない。まったく反対である。彼女は彼女の時代では宇宙論をもっとも深く理解していた一人であり、もっとも深遠な思弁的精神を備えた一人であった。彼女は天空を見回すという退屈な仕事が特別に好きだったからではなく、宇宙のことをもっと知りたかったから根気強かったのである。

彗星にかんするハーシェルの理論が根本的に誤ったものであったことが明らかになったとしても不思議はない。非常に異なっているために彼女の理論とは共約不可能であるという人もいるような理論と今日では置き換えられてしまっていたかもしれない。そうだとしても彼女の名声に対する資格を疑問視する必要はない。彼女がだれよりも多くの彗星を発見したことは依然として真実であることだろう。実際、われわれの新理論が彗星をたんなるつまらないもの、宇宙的規模での光学的錯覚に変えてしまうことがあったとすれば、彼女による一年に八つの彗星の発見には感嘆して息をのむことよりも、見下した微笑をもたらすことのほうが多くなるかもしれない。だがそれは別のことなのである。

見ることは言うことではない

観察を言語的対象（観察言明）で置き換えようとする衝動が最近の哲学を貫いて存続している。たとえばW・V・O・クワインは、われわれは「観察についての話をやめにして、その代わりに観察言明、観察を報告するために語られる文について語る」べきであると、ほとんど新しいことであるかのように、提案する。（『指示の根源』三六―三九頁）

キャロライン・ハーシェルは観察とはただ何かを言う問題であるという主張をはねつける手助けとなるだけではなく、クワインの主張の根拠を疑問視するようわれわれを促しもする。クワインはすべての観察は理論負荷的であるという学説にはきわめて慎重に反対の見解を書いていた。完全に区別可能な一群の観察言明が存在する、と彼は言う。なぜなら「観察とは目撃者たちが即座に同意するものである」のだから。「どんな出来事にかんしてであれ、言語共同体のその出来事を目撃している成員のほぼ全員が文の真理値に同意するようなものである限り、その文は観察的なものである」と彼はわれわれに向かって断言する。そして「われわれは言語共同体の成員をたんに対話がよどみなく行なわれることから認識することができる」

自然科学における観察に対するこれ以上に間違った取組み方を想像するのは困難である。キャロライン・ハーシェルの言語共同体のなかではだれひとり、一夜の観察に基づいて、新しく見つけられた彗星にかんして彼女に同意したり異議を示したりすることは一般にはなかっただろう。彼女だけが、そして程度は劣るがウィリアムだけが、必要な技巧を身につけていた。これは、他の手段を用いる他の研究者が、彼女が識別したものの多くについて最終的に同意しないということがない限り、彼女が技巧をもっていたとわれわれは言うだろう、ということを意味してはいない。彼女の判断はこの時代の豊かな科学的生活を背景にしてはじめて欠けるところのない妥当性を獲得する。しかしクワインの「即座」の同意は科学における観察とほとんど関係をもっていない。

科学的生活の包括的な説明を望むのであれば、クワインのまさしく正反対に立って、観察言明についての話をやめにして、そのかわりに観察について語るべきである。報告、技巧、実験結果について注意深く語るべきである。われわれは、たとえば、立派に機能を果たしているため、熟達した実験家がその実験が提供するデータはある重要性をもつかもしれないということを知るようになるような実験を行なうということはどのようなことであるのかを考えなければならない。実験家を確信させるものはなんであろう。観察はこの疑問にはほとんどまったく関係をもたない。

感覚を増強すること

補助を欠いた眼は大して遠くを、あるいは深くを見ない。われわれのなかには実際上盲目になることを避けるために眼鏡を必要とする者がいる。感覚を拡張する一つの方法はますます創意豊かな望遠鏡と顕微鏡を使うことである。次章ではわれわれは顕微鏡で見ているのかどうか（私は見ていると思うが、問題は単純ではない）を議論する。観察の観念のもっとラディカルな拡張が存在する。実験科学のもっとも深遠な方面では、われわれが観察不可能と素朴にも考えている――「観察可能」がほとんど補助を使わずに五感を用いることを本当に意味するのであれば――ものを「観察する」ことについて語るのはありふれたことである。もちろんわれわれがベーコンのような前実証主義者であれば、「それがどうしたのか」と言っただろう。だがわれわれはいまだに実証主義の遺産を抱えており、それゆえ物理学者の決まり文句となっている意見に少しばかり驚かされる。たとえばフェルミ粒子は1/2とか3/2のような角運動量をもった素粒子で、フェルミ＝ディラック統計に従う。そこには電子、ミューオン、中性子、陽子、および名高いクォークを含む他の多くのものが含まれる。次のように言われている――「これらのフェルミ粒子のなかで、tクォークだけがまだ見られていない。PETRAにおけるe^+e^-消滅でtt、状態が観察されていないのは依然として謎である[3]」

素粒子物理学者の間で慣行となってきた言語活動は中間子の表のような公式のものを眺めることによって理解できるだろう。一九八二年四月の中間子の表の冒頭には「イタリック体で記された量は新しいか、あるいは一九八〇年四月以降に一標準偏差（旧）以上変化したものである」[4]と書かれている。現在記録されている中間子についてはその種類を数える方法さえ明確ではないが、われわれは六つの異なった特性に従って分類されている九つの中間子について書かれている一つの見開き（二八―二九頁）に話を限定しよう。興味深いのは「粒子の崩壊モード」と、九〇％以上の信頼水準をもつ統計的分析がある場合に限って量が記録されている崩壊の分岐比である。これら九つの中間子と関係している三一の崩壊のなかに、われわれは一一の量すなわち上限を見出すが、「大」という記入が一つ、「見られた」という記入が一つ、「支配的」〔イタリック〕という記入が六つ、「おそらく見られた」という記入が八つ、「見られた〔イタリック〕」という記入が三つ、「支配的」seen」という記入が三つある。[5]彼は実例をクリーニング流体をなしている大量のニュートリノを集め、太陽の内側のさまざまな性質を推定することによって太陽または他の星の内部を観察するという話から選んでいる。明らかにここには、「直接知覚できないものを知覚できる他のものを手立てとして明白なものとする」というベーコンの考えを、いく層にも積み重ねたものが含まれている――ベーコンが夢にも思わなかったような。厄介なのは物理学者はこれを依然として「直接観察」と呼ぶ点である。シェイピアは次のような多くの引用を行なっている――「星の内部を見るのにニュートリノによるもの以外の方法は知られていない」。「ニュートリノは」熱い星の核を「直接観察する唯一の方法を提供する」と別の著者は書いている。

シェイピアはこの用法は適切なものであると結論し、以下のように分析する――「(1)情報が適切な受容器で受け取られ、また、(2)情報が直接、すなわち妨害なしに、対象x（これは情報源である）から受容器に伝達されるならば、xは直接観察される」。私はある物理学者の用法は――私のクォークにかんする右の引用が実例となっているように――これよりもっと自由なものではないかと考えているが、明らかにシェイピアは正しい分析の端緒を与えている。(6)

大規模に理論負荷的な観察（E）

シェイピアはあるものが直接観察可能かどうかはその時々の知識の状態に依存することに注意している。受容器の働きについての、あるいはニュートリノによる情報伝達についてのわれわれの理論はすべて膨大な量の理論を仮定している。それゆえわれわれは、理論が分かりきったものとみなされるにつれて、われわれが観察と呼ぶ領域が拡張されると考えてもよかろう。とはいえ、諸々の区別をすることなしに理論について語るという誤りの犠牲にならないようにしなければならない。

たとえば、ニュートリノと太陽とにかんしては観察について語ることには立派な理由がある。ニュートリノとその相互作用の理論は太陽の核に関する思弁からはほとんど完全に独立しているのである。観察する（一団の大量の理論的仮定を展開して）ことを自然の別の側面（それについてわれわれは関連のない一群の考えをもっている）に対して可能にするのはまさしく科学の非統一性である。もちろん二つの領域が無関係かどうかはそれ自体、厳密には理論ではなく、自然の本性についての直感を必要とするのである。太陽にかんする少しだけ異なる実例がこのことを例証するだろう。

太陽の内部はその表面よりも一〇倍速く自転するというディッケの仮説をどのように研究すればよいのであろう。三つの方法が提案されている。すなわち、(1)太陽の偏平率にかんする光学的観察を用いる。(2)太陽の四極子質量モーメントをスタープローブ、すなわち太陽半径の四倍以内を飛行する衛星の近接飛行によって測定する。(3)太陽の周囲に軌道を描くジャイロスコープの相対論的歳差を測定する。これら三つのうちのどれかはわれわれに内部の回転を「観測する」ことを許すのだろうか。

最初の方法は光学的形状は質量の形状と関係していることを仮定している。太陽のある形状は内部回転についてわれわれがなにごとかを推論する手助けになるかもしれないが、それはある不確定な仮説に基づいた推論であり、その仮説自体が研究中の主題に関連している。

第二の方法は四極子質量モーメントの唯一の原因は内部回転であると仮定しているが、それは内部磁場にも帰することができるようである。それゆえ太陽のなかで起こっている

（あるいは起こっていない）事柄にかんする仮説それ自体がわれわれが内部回転にかんして推論を導くのに必要なのである。

これに対して、ジャイロスコープの相対論的歳差は太陽とはなんの関係ももたない理論に基づいており、また現在の理論の枠組のなかでは太陽の周囲を極軌道で巡るジャイロにこれこれの相対論的歳差を生み出し得るものは物体（たとえば、太陽）の角運動量の他には考えることができない。

重要な点は相対論的な理論が他の二つの考えられる実験に含まれる諸理論よりしっかりと確立されているということではない。ことによると相対論的歳差理論は最初に放棄されることになるかもしれない。肝心なのはわれわれの現在の理解の枠組のなかでは、ジャイロの提案の基礎にある一群の理論的仮定は太陽の核にかんして人々が発明した諸命題とはまったく異なった道筋を経て到達されたものであるということである。これに対して、最初の二つの提案はそれ自身のうちに太陽の内部にかんする諸々の信念に関わる仮定を含んでいるのである。

それゆえ、実験家にしてみれば、極軌道を巡るジャイロは太陽の内部回転を観察する方法を与えるが、一方他の二つの研究はたんに推論を提案するだけであろう、と述べるのは自然である。これは第三の実験が最良の実験であると言っているのでさえない――たんなるその漠大な経費と困難さは最初の二つのほうをより魅力的にしているのである。私はたんにどの実験が観察に導き、どれがそうでないかということにかんする哲学的な主張を行なっているだけである。

おそらくこのことは私がこの章を始めるに当たって取り上げた理論負荷的観察についての論争と関連している。多分最初の二つの実験は研究中の主題に関係した理論的仮定を含んでおり、これに対して第三の実験は理論に負荷されてはいるが、そのような仮定をまったく含んでいない。テーブルを眺める場合も同様に、たとえわれわれの言明が（「理論」および「含む」という言葉の濫用によって）視覚にかんする理論的仮定を含んでいるにせよ、それは研究中の対象に関係した理論的仮定をまったく含んでいない。

独立性

この見地に立つと、シェイピアの最小限の規準を満足する場合、またそれが依存している一群の理論が研究中の主題にかんする事実とからみ合っていない場合には、推論しているのではなく、観察しているのだとみなされる。顕微鏡を論じている次の章がこの提案のもつ意味を確証する。私はこの問題はさして重要だとは思っていない。データを作り出し記録するという哲学者が用いる意味での観察は、実験的研究のたんなる一側面に過ぎない。実験家がするどい観察力をもつ（observant）必要があるというのは別の意味においてなのである——敏感で注意を怠らぬこと。観察の鋭い者だけが実験を台なしにする問題を探り当て、誤りを捜して直し、ある異常が自然に対する手掛かりなのかそれとも機械の人工的産物なのかに注意を払いながら、実験を進めていくことができる。こうした観察が仕上げられた実験報告に現われることは滅多にない。それは少なくとも最終的に書き上げたもののなかに含まれるどんなものにも劣らず重要であるが、哲学的な事柄は何ひとつそれによって決まりはしない。

シェイピアは観察の分析においてもっと哲学的なある意図をもっていたのである。彼は古くからある知識の基礎論的見解は正しい道を歩んでいたと考えている。知識は結局のところ観察を基礎としている。観察とみなされるものは世界と、諸々の特殊な効果にかんするわれわれの理論に依存しているので、絶対的な基礎文もしくは観察文のようなものは存在しないことに彼は注意する。しかし観察することが理論に依存するという事実は、すべての観察は理論負荷的であるというテーゼから時に推論されてきた反合理主義的帰結を何ひとつもってはいない。こうしてシェイピアは最近におけるもっとも優れた観察にかんする広範な研究を著してはいるが、結局のところ、理論的信念の基礎づけ、およびその合理性にかんして、胸に一物を秘めている。ちなみにファン・フラーセンもまた理論は観察の限界を定めることに注意している。彼の目論見はまた異なったものである。彼にとって実在的なものは観察されるものであるが、彼は理論そのものが観察されるもの、および実在的なものにかんするわれわれの信念を修正し得ることを認めている。この章における私の目論見はもっとありふれたものであった。私は観察にはより平凡な側面があることを主張したかったのである。実験科学の哲学は、理論支配の哲学が他ならぬ観察の概念そのものを疑わしいものにすることを許すことができないのである。

第11章　顕微鏡

中位の大きさの理論的対象にかんする一つの事実が、中位の大きさのものにかんする科学的実在論を支持する逆らいがたい論証になっているので、哲学者たちは顔を赤らめながらそれについて議論する――顕微鏡のことである。たとえば、これこれの遺伝子があるとまず最初に推測し、その後、それを見ることができる装置をわれわれは開発する。実証主義者といえども、その証拠を受け入れるべきではなかろうか。否。理論だけが、レンズがわれわれに教えることは真実だと思わせる、と実証主義者は言う。われわれが信じている実在は、顕微鏡を通して現われて来るものの写真に過ぎず、決して信頼のできる実在するとても小さな事物などではない。

このような実在論／反実在論の対決は、真剣な研究者の形而上学の傍らでは色を失う。私の教師の一人はもっぱらより優れた顕微鏡を作ろうとしている技術者であったが、平然と次のような意見を述べることができた――「X線回折顕微鏡は、今日、原子構造と人間の精神との間の、主な接点となっている」。実在論と反実在論について議論する科学哲学者たちはこのような雄弁を鼓吹する顕微鏡にかんして少しは知っていなければならない。光学顕微鏡でさえ、驚異のなかの驚異なのである。それは訓練を受けていない大抵の人々が考えているようには働かない。しかしそれがどのように機能するかをどうして哲学者が気にしなければならないのか。それは実在の世界にかんして発見を行なう一つの方法だからである。問題は——どんなふうになされるのか、である。顕微鏡使用者は、実践を伴わない知覚の哲学の研究者よりも、そのもっとも想像力豊かな研究者に比べてもずっと多くの驚くべき策略をもっている。「今やその拡大能力によって、かつて全世界が見たよりも多くのものをわれわれは見ている」[1]のだと言う。それらの驚くべき物理的システムについて、なにほどかの理解をもっているのが当然である。

存在の大いなる連鎖

哲学者たちは望遠鏡については印象的に書いてきたものである。ガリレオ自身が、天界における視覚の法則は地上におけるそれと同一であることを仮定しながら木星の月を見たと主張したときに、哲学的思弁を招き入れた。ポール・ファイヤアーベントは他ならぬこの事例を、偉大な科学者は理性によるのと同じくらいプロパガンダに頼って事を運ぶ、ということを力説するために用いた。ガリレオは口先のうまい人間だったのであり、実験によって推論する人ではなかったのである。ピエール・デュエムはうまく適合しない現象は常に補助仮説を変えることによって適合させることができる（星が理論の予測する位置に存在しなければ、天空のせいにせずに望遠鏡のせいにせよ）のだから、どんな理論もまったく否認する必要はないという彼の有名なテーゼをもちだすのに望遠鏡を用いた。これに比較すると顕微鏡は慎ましい役割を演じてきており、哲学的な逆説を生み出すのに用いられることは滅多になかった。それはだれもがこの地上では、諸世界のなかに諸世界を見出すことを期待したからであろう。シェイクスピアが『ロミオとジュリエット』のなかで、マブの女王と「一組のちっぽけな小人（原子 atomy）たちにひかれた」彼女の小さな馬車について、「……御者は灰色の外套を着た蚊で、女中の無精な指をちくりとさす小さな丸い虫の半分の大きさもない」と書いているとき、彼はたんに存在の大いなる連鎖の思想をはっきりと表現した詩人であるに過ぎない。人間の視覚の領域を超えた下のほうにも小さな生物がいることが期待されていたのである。屈折を利用する眼鏡が使えるようになったときに、直接視覚と屈折にかんする諸法則は疑問にされないまま放って置かれた。それは誤りであった。エルンスト・アッベ（一八四〇―一九〇五年）以前にはだれ一人顕微鏡がどのように働くのか理解してはいなかった、と私は思う。王立顕微鏡学会のある会長の素早い反応は、何年間にもわたり、ゲージの『顕微鏡』――長い間、顕微鏡法についてのアメリカの標準的な教科書であった――の多くの版のなかに引用されたのであるが、それは結局のところわれわれは顕微鏡を通して見てはいないという主旨のものであった。分解能の理論的限

界は、

> 「A」アッベの研究によって説明できるようになっている。顕微鏡的な視覚は独自のものであることが証明されている。顕微鏡的視覚と巨視的視覚との間にはどんな類似もないし、またあり得ない。小さな対象の像は通常の屈折法則によって輪郭を与えられているわけではない。それは屈折光学上の結果ではなく、全面的に回折の法則に依存している。

この引用を私は以下でたんに「A」と呼ぶことにするが、それはわれわれは顕微鏡によっては、通常の意味においては、見ていない、と言おうとしている。

顕微鏡の哲学者

二〇年間かそこいらごとに、哲学者は顕微鏡について語ってきた。論理実証主義の精神がアメリカにやって来た頃、人々はグスタフ・ベルクマンが次のように語るのを読むことができた――自身は哲学用語を用いるのであるが、「顕微鏡的〔微視的〕対象は文字通りの意味においては物理的事物ではなく、たんに言葉のあや、および生き生きとした想像にかられてそう言うのである……顕微鏡を覗くとき私が見るのは壁の上の影のように視野をはっていく色片だけである」[2]。やがてグローバー・マクスウェルは観察される対象と理論的な対象との根本的な区別を否定しながら、視覚の連続性を強調した――「窓ガラスを通して見ること、眼鏡を通して見ること、双眼鏡を通して見ること、低倍率の顕微鏡を通して見ること、高倍率の顕微鏡を通して見ること、等々」[3]。あるときには不可視であったが、新しい技術上の芸当のおかげで後には観察可能となる対象がある。観察可能なものとたんに理論的なものとの区別は存在論の関心をまったく惹かない。

グローバー・マクスウェルはある形の科学的実在論を主張していた。彼はわれわれは理論から出てくる観察可能な対象の存在のみを信じるべきであると主張する反実在論を一切拒絶した。『科学的世界像』においてファン・フラーセンは強い姿勢で異議を述べる。先に第1部で見たように、彼は自分の哲学を構成的経験主義と呼び、「科学は経験的に十全な理論をわれわれに与えることを目指しており、また理論の受容は信念としてはただそれが経験的に十全であるということだけを伴っている」(一二頁)と主張する。六頁後で彼は次のような説明を試みる――「理論を受け入れるということは(われわれにとっては)それが経験的に十全であることを――(われわれに)観察可能なものにかんして理論が語ることは真だということを信じることである」。それゆえ明らかにファン・フラーセンにとっては観察可能なものと観察不可能なものとの区別を復活させることが不可欠なのである。ただ彼にとっては、その境界線を正確にどこに引くべきかということは本質的なことではない。彼は「観察可能」は曖昧な言葉であって、その外延自体がわれわれの理論によって決定されるかもしれないことを認めている。とはいうものの彼はその境界線が彼にとってもっとももたやすく防御できるところに引かれ、たとえ論争の経緯のなかで少しだけ後退を迫られたとしても、柵の「観察不可能」の側に依然として多くのものが残っていることになるのを望んでいる。彼はグローバー・マクスウェルの主張する連続性を信用せず、見られた対象から推論された対象への地すべりをできるだけ早く阻止しようと試みる。彼は連続性という観念を事実上拒絶するのである。

グローバー・マクスウェルのリストから生まれるまったく区別された二種類の事例がある、とファン・フラーセンは言う。人は窓を開け、もみの木を直接見ることができる。双眼鏡を通して見るもののうち少なくともあるものに歩み寄ることができ、ありありと肉眼で見ることができる。（明らかに彼は野鳥観察者ではない。）しかし肉眼で血小板を見る方法はない。虫眼鏡から低倍率の顕微鏡への移行でさえ、補助なしで見ることができるかもしれないようなものから、道具がなければ観察することができないものへの移行なのである。ファン・フラーセンはわれわれは顕微鏡を通しては見ないと結論する。とはいえわれわれは望遠鏡を通しては見ている。木星へ行き、その衛星を眺めることはできるが、ゾウリムシの大きさに縮んでそれを眺めることはできない。彼はまたジェット機が残した飛行機雲と霧箱のなかの電子のイオン化の飛跡を比較する。どちらも同じような物理的過程から生じるが、飛行機雲の前方を指差しジェット機を見つけることはできる、あるいは少なくともそれが着陸するのを待つことはできるのに、電子が着地して見えるようになるのを待つことはできない。

覗き込んでばかりいてはならない――介入せよ

哲学者たちには顕微鏡を一端に光源を備え、他の一端に覗く穴をもったブラック・ボックスとみなす傾向がある。グローバー・マクスウェルが言うところによれば、低倍率の顕微鏡と高倍率の顕微鏡とがあるし、同一種類のもののなかでますます多くのものが存在するようになる。それは正しくないし、顕微鏡はただ覗くためのものではない。実際哲学者は顕微鏡のいくつかを使うことを学び終えるまでは、間違いなく顕微鏡を通して見ることはないだろう。見ているものを描くよう頼まれれば、彼はジェイムズ・サーバーのように、映っている自分自身の眼玉を描くかもしれないし、グスタフ・ベルクマンのように「壁の上の影のように視野をはっていく色片」を見るだけかもしれない。ほどほどの倍率の顕微鏡の下でミバエを解剖するということを始めてみたのでなければ、間違いなくミバエの唾液腺をゴミの粒子と見分けることはできないだろう。

これが最初の教訓である――すなわち顕微鏡を通して見ることは、たんに眺めることによってではなく、行なうことによって学ぶものなのである。バークリーの一七一〇年の

『視覚新論』にもよく似たことが述べられているが、この本によれば、われわれは世界を動き回り、これに介入するというのはどういうことなのかを学んだ後にはじめて三次元的視覚をもつのである。触覚はわれわれの二次元的であると言われている網膜像に関係づけられるが、この学習された情報獲得が三次元的知覚を生み出す。同様にスキューバダイバーは泳ぎ回ることによってはじめて海という新しい環境のなかで見ることを学ぶ。原初的視覚にかんしてバークリーが正しかろうが正しくなかろうが、幼児期以降に獲得される見る新方法は、たんに受動的に眺めることではなく、行なうことによって学習することを必ず伴っている。細胞のある特定の部分が想像した通りであるという確信は、単純な物理的手段を用いて、細胞のその部分にある液体をミクロ注入したときに——控え目に言っても——補強される。われわれは小さなガラスの針——われわれ自身が顕微鏡の下で手作りした道具——が網膜壁を突き通るのを見る。大きなまったく巨視的なプランジャについたマイクロメーターのネジをゆるやかに回していくと、その針の先端から脂質が滲み出て来るのを見る。ちくしょう！　不器用なせいで、私は細胞壁を破いてしまい、別の標本で今一度試みねばならない。ジョン・デューイの「知識の観客理論」に対する嘲笑は顕微鏡法にかんする観客理論に対しても相応しい。

だからといって実践的顕微鏡使用者は哲学的難問から解放されていると言っているのではない。生物学者を対象として書かれた役に立つ教科書のなかでもっとも綿密なものである、E・M・スレーターの『生物学における光学的方法』から、二つ目の引用、[B]を載せよう。

[B]顕微鏡使用者は低倍率顕微鏡のなかのおなじみの対象を観察し、その対象と「同一」のやや拡大された像を見ることができる。倍率を高めると対象の肉眼には見えない細部が現われる。それらもまたその対象と「同一」であると仮定するのが自然である。(この段階で細部が顕微鏡用のプレパラートを作る間に標本に与えた損傷によって生じたものではないことを確認することが必要である。)しかし「像は対象と同一である」という言明によって実際には何が意味されているのだろう。

明らかに像は純粋に光学的な結果である……。対象と像との「同一性」は実際には、眼に対象を見えるようにする(あるいは十分に大きければ見えるようにする)光線の物理的相互作用は顕微鏡のなかに像を形成するもととなる物理的相互作用と同一であることを意味している……。

とはいえ、像の形成に用いられる放射は紫外線、X線、あるいは電子であると、あるいは顕微鏡が位相の違いを強度の違いに変換するなんらかの装置を用いているとしよう。その場合には像は、たった今定義した限定された意味においてさえ、決して対象と「同一」ではあり得ない! 眼は紫外線、X線、あるいは電子放射を知覚することはできないし、光線の間の位相のずれを探り当てることはできない……。
この方向に考えを押し進めると、像は標本と像を作る放射との間の相互作用の写像であることが明らかになる。（二六一―二六三頁）

著者はさらに続けて、彼女が言及した方法のすべて、およびその他のものも、「ある意味で標本に「似た」「真なる」像を生み出すことが可能である」と言う。彼女はまた、放射能写真のような技法では「もっぱら放射性の原子の位置を視点として得られる……標本のある「像」が得られる」とも述べている。「このタイプの「像」はきわめて専門的なものなので、一般には、その上に重ねられる補助的像、すなわち顕微鏡写真の助けなしには解釈できるものではない」

この顕微鏡学者は標本と光線の物理的相互作用が、顕微鏡のなかと眼のなかでなされる像形成に対して「同一」である場合に限ってわれわれは顕微鏡を通して見る、と満足気に語っている。もっと以前の世代からの引用［A］と対照してもらいたい。それは通常の光学顕微鏡は回折によって働くので、すでに通常視覚と同一ではなく、独自のものであると主張している。もっとも単純な光学顕微鏡について意見が異なる［A］と［B］の顕微鏡学者が「見る」ことにかんして正しい哲学的考えをもっているということはあり得ることなのだろうか。「像」および「真なる」の前後のカギ括弧が［B］のほうにより多くのためらいがあることを暗示している。顕微鏡法における「像」という言葉にはとくに警戒するべきである。それはときに指差すことのできる何か、スクリーン、顕微鏡写真等々の上に形態を表わす。しかし他の場合には眼自体へのいわば入力を表わすのである。この融合は幾何光学から生まれたものであるが、そこでは標本を焦点に置き「像」を焦面に置くシステムを図で示すが、この場合「像」は人が眼をそこにおけば見ることになるものを指している。私は引用［B］からも引き出されるかもしれない一つの推論を阻止しよう。顕微鏡によって見られるものにかんする言明はどれも理論負荷的であるように思われるかもしれないのである。光学もしくは他の放射にかんする理論を負わされているというように。私の意見は異なる。顕微鏡を作るには理論が必要である。が、それを使用するのに理論は必要ではない。干渉差顕微鏡で知覚される対象がなぜそのまわりに非対称な外縁をもつのかを理解するのに理論は助けになるが、この効果を無視することはまったく経験的に学習し得るのである。生物学者はほとんどだれも物理学者を満足させるほど光学について知っているわけではない。実践――私は一般に眺めることではなく、行なうことを意味しているのであるが――がプレパラートや装置の可視的な人工構造と顕微鏡によって見られる実在的構造とを区別する能力を作り出す。この実践的能力が確信を生む。その能力は生物学のいくらかの理解を必要とするかもしれない。とはいえ生物学さえ知らない第一級の技術者を見出すこともできるのであるが。いずれにせよ、顕微鏡的〔微視的〕実在性に生物学者が与える意味に対しては物理学は端的に筋ちがいである。観察と操作はどんな物理論の荷も滅多に背負ってはいないし、後者に見出されるものは研究されている細胞や結晶からまったく独立している。

不良顕微鏡

私は、レーウェンフックが顕微鏡を発明し、それ以来人々は同一の種類のより優れた機種を次々と作り続けて来たという受け取り方に出会ったことがある。私はこのような考えを訂正したいと思っている。

レーウェンフックは、実際には最初の顕微鏡使用者ではないが、天才的な技術者であった。彼の顕微鏡は一枚のレンズしかもっておらず、彼は調べる標本のおのおのに対してレンズを作った。対象はピンの上にきちんと正しい距離を保って固定された。われわれは彼がどうやって標本の驚くほど正確な描写を行なったのかをよく知らない。彼の標本付きレンズのもっとも代表的なコレクションはロンドンの王立協会に与えられたが、王立協会は一世紀かそこらの後に疑わしい事情というように言葉を慎んで語られるある事態のなかでその全体を失ってしまった。しかしその頃はもう彼の標本の膠《にかわ》は強度を失っており、対象はピンから転げ落ち始めていた。レーウェンフックがレンズ製作ではなく照明にかんするある秘訣のおかげで彼の驚くべき成果をあげたことはほとんど確実であり、彼はこのテクニックを一度も世間に教えなかったように見える。多分レーウェンフックは顕微鏡ではなく、暗視野照明を発明したのである。この推測は、顕微鏡法における主な進歩の多くは光学とまったく関係がないということを思い出させてくれる事柄、考えられる一連のその種の事柄の最初のものとして役立つだろう。われわれは標本をより薄くスライスするためにミクロトームを、染色するのにアニリン染料を、純粋光源を、そしてもっとささやかな水準では焦点を調整するためのネジマイクロメーター、定着剤、遠心分離機を必要としてきたのである。

最初の顕微鏡は諸世界のなかに諸世界を示すことによって大変な大衆的興奮を惹き起こしたのではあるが、フックの複合顕微鏡以降、技術が著しく改良されたわけではないことに注意するのが重要である。また最初の観察の興奮の後に新しい知識が続いてたくさん生まれたのでもない。顕微鏡はイギリスの淑女らと紳士連の玩具となった。その玩具は顕微鏡と植物の世界、動物の世界から選ばれて固定された標本の箱からできているのが普通だった。固定されたスライドグラスの箱のほうが顕微鏡それ自体の買物よりも高くつくのも無理からぬことであったことに注意せねばならない。人々はたんに池の水の一滴を細長いガラスの小片に落とし、それを見たというのではなかった。もっとも熟練した者を別にすると、だれにとってもどんなものであれ、見るためには出来合いの固定スライドグラスを必要としたのである。実際、光学収差を考えると、そもそも複合顕微鏡を通してだれかが何かを見たということは驚くべきことである。もっとも、実験科学ではいつでもそうだが、実際には、本当に熟達した技術者はひどい装置で驚異的なことを行なうことができるのであるが。

簡素な光学顕微鏡法にはおよそ八つの主な収差がある。重要な二つは球面収差と色収差である。前者はレンズを無作為に磨いて滑らかにすることから生じる。証明されているが、それで球面が得られるのである。軸と小さな角度をなしてやって来る光線は軸にもっと近い光線と同じ点には集まらない。$\sin i$がiと少しでも異なる角度に対しては、光線の共通の焦点は得られないので、標本中の点は顕微鏡のなかのしみのようなものとして見ることしかできない。このことをホイヘンスはよく理解していたし、また彼はその修正法の原理をも知ってはいたのだが、球面収差を避けるための凹面レンズと凸面レンズの実用的な組み合わせは長い間開発段階にとどまっていた。

色収差は異なった色の間の波長の相違によって惹き起こされる。このために標本の同一の点から発散される赤と青の光は異なった点に集まって来ることになる。鋭い赤い像が青いしみに重ねられるか、あるいはその逆になる。金持ちたちは娯楽のために家に顕微鏡を置いておくことを好んだとはいえ、真剣に取り組まれた科学がこの道具と無関係であったことにも不思議はない。われわれはしばしばクサヴィエ・ビシャを組織学、すなわち生きている組織の研究の創始者とみなしている。一八〇〇年に彼は自分の実験室では顕微鏡の存在を認めようとしなかった。『一般解剖学』の序論のなかで彼は書いている――「ぼんやりとした状況下では人々は各々自分自身のしかたで、また受け取る感じに従って見る。それゆえわれわれの導きとならねばならないのは」最良の顕微鏡が提供してくるぼやけた像ではなく「生きた諸性質の観察である」

色消し顕微鏡を作ることをきわめて熱心に試みた人は一人もいなかったのだが、それはニュートンが色消し顕微鏡は物理的に不可能であると書いていたからだった。それは通常のガラスと異なる屈折率をもったフリントガラスの登場によって可能となった。屈折率の異なるレンズからなる二重レンズ系は所定の赤と青の波長の対に対しては完全に収差を中和するように作ることができる。その解決法は全スペクトルに対しては不完全であるとはいえ、三重レンズ系によって結果を改善することはできる。正しい着想を得た最初の人物は非常に秘密主義的だったので、異なった種類のガラスから作るレンズの設計書を二人の異なった請負人に送った。彼らは二人とも同じ職人に下請けさせていたが、後者はそれらのレンズは同一の装置のためのものであると鋭く推測した。それゆえ、一七五八年に、その着想は盗まれた。特許権に関する法廷での訴訟では略奪者であるジョン・ドロンドを支持する決定がなされた。高等法院は判定を下した――「こうした発明に対する特許の利益を得るべきは書き物机に発明をしまい込んだ人物ではなく、それを公衆の利益のために公にした者である」(4)。公衆はそんなには利益を受けなかった。一八六〇年代に入ってもまだ顕微鏡を通して見られる小球が装置による人為構造なのかそれとも生きている標本の本物の要素であるのか真剣な論争が行なわれていた。(それは人為構造であった。) 顕微鏡はたしかに次第に優れたものになったし、顕微鏡法に対する補助器具もどちらかというとその後は一層速やかに改良された。発展のグラフを描いてみると、最初の山は一六六〇年頃に来るが、ゆっくり上昇する高地をなしつつ一八七〇年頃の大飛躍に至っている。次の偉大な時代――これにはわれわれもまだ属しているが――は一九四五年に始まる。ある歴史家は物差しとしてさまざまな時代の残存する装置の分解能を用いながら、このグラフをきわめて正確に描いている。顕微鏡の重要な応用についての主観的な評価をするなら、同様なグラフを描くことになるだろうが、ただし一八七〇年/一六六〇年の対照はもっと著しいものになるだろう。一八六〇年以降まで顕微鏡にかんしては本当に記憶にとどめるべき事実というのはほとんどない。新しい顕微鏡法の高まりは部分的にはアッベによるものであるが、進歩のもっとも直接的な原因は染色にアニリン染料を利用できることになったことであった。生きている物質は大部分透明である。アニリンの新染料はわれわれに細菌や他の多くのものを見ることを可能にした。

アッベと回折

われわれは「普通には」どうやって見るのか。大抵はわれわれは反射光を見る。だが背後から照明された標本を拡大鏡を用いて見るときには、われわれが「見て」いるのは透過光、あるいは吸収である。それゆえ次のような考えをわれわれは抱く――光学顕微鏡を通して何かを見ることは透過する光、あるいは吸収された光の比率に対応する明暗の斑点を見ることである。われわれは光の振幅の変化を見る。私の考えでは、ホイヘンスでさえこの考え方に何か誤ったところがあることを知ってはいたのだが、一八七三年になって初めてアッベが顕微鏡がどのように働くのかを実際に説明した。

エルンスト・アッベは赤貧から大金持ちになるという話のもっとも見事な実例を提供している。紡績工場の労働者の息子であった彼はギムナジウムで数学を学びまたその力量を保証してもらった。彼は数学、物理学、天文学の講師となった。光学研究がきっかけとなって彼はイエナのカール・ツァイスが所有する小さな企業に雇われることになり、ツァイスが亡くなってからは所有者になった。退職した後は慈善事業の生活を送った。アッベの無数の数学上のまた実用上の新機軸はカール・ツァイス社を光学関連企業のなかで最大のものとした。ここでは私は一つだけ考察してみたい。

アッベは分解能に関心をもっていた。二つの異なる点を一つの大きなしみに「拡大する」ならば拡大にも価値はない。点々を二つの別個の像に分解する必要があるのである。それは回折の問題である。回折のもっともおなじみの例は鋭い境界をもつものの影がぼやけているという事実である。これは光の波動的性質に由来するものである。光が二つの狭いスリットの間を通るときには光線のなかのあるものは真直ぐに進むが、そのあるものは主だった光線とある角度をなして折れ曲がり、さらにあるものはより大きな角度をなして折れ曲がる。すなわちこれらは、一次回折光、二次回折光、等々である。

アッベは珪藻（鯨が一〇億単位で食べる小さな海洋性生物）の表面の平行線を分解する（すなわち視覚的に区別する）方法を見出すことを彼の問題とした。これらの線は互いにきわめて接近しており、ほとんど一様な間隔と幅とをもっていた。彼はほどなくさらにもっと規則的な人工の回折格子を利用することができた。彼の分析は純粋科学が応用される方法についての興味深い実例である。というのは彼はたんに珪藻もしくは回折格子を眺めるという事例のために理論を考え出したうえで、これは顕微鏡で雑多な対象を見ることにかんする物理の無限の複雑さを代表するものであると推論したのであるから。

光が回折格子に当たるとその大部分は透過せずに回折される。光は格子から、一次回折の角度、二次回折の角度、三次回折の角度をなして発散するが、その場合回折される光線の角度は部分的には格子上の線の間の距離に依存している。アッベは格子上のスリットを見るには透過光だけではなく、少なくとも一次の回折光線をも取り集めなければならないことを理解した。人が見ているものは、実際には、透過光線と回折光線とのフーリエ合成として表現するのがもっとも適している。それゆえアッベによれば対象の像は光源の主像と回折の結果である光源の二次的な像とから発散する光の波の干渉によって生み出されるのである。

実用的な応用はたくさんある。明らかに対物レンズの口径をもっと大きくとれば、もっと多くの回折光線をとり集めることにはなるのだが、その場合には、球面収差もまたずっと多くなる。そうするかわりに標本とレンズの間の媒体を変えることができる。油浸顕微鏡のように、空気より密度の大きなものを用いれば与えられた口径のなかにより多くの光線を捕えることになり、したがって顕微鏡の分解能は増大する。

最初のアッベ＝ツァイス顕微鏡は優れたものであったが、理論のほうはとくにイギリスとアメリカ――一世紀にわたって市場の支配を享受していたのである――で何年間も抵抗に出会った。一九一〇年になってもまだ、イギリスの本当の最良の顕微鏡はアッベからいくつかのアイデアを盗んでいたとはいえ、純粋に経験に基づいて作られており、それでもツァイスの装置と同じくらい、あるいはよりよく分解することができた。これはまったく異常だというわけではない。帆船はほとんど常に人類の文化の一部となってきたが、帆船におけるもっとも偉大な改良は一八七〇年と一九〇〇年の間になされている。それは汽船がそれを時代遅れのものとしたときにあたっている。職人の技能が頂点に達したのはまさにその頃であった。顕微鏡の場合にも同様に、とはいえもちろん金がかかり非理論的な顕微鏡の職人たちの運命は帆船と同じく絶望的だった。

だが、ある人々にアッベを信じるのを躊躇させたのは商業上の、もしくは国家的な競合関係だけではない。私は先に引用［A］はゲージの『顕微鏡』のなかで用いられていることに注意した。この教科書の第九版（一九〇一年）のなかで著者は顕微鏡の視覚は「肉眼、望遠鏡、写真機と同一である」という代案となる理論にも言及している。「これは独創的な見解であり、今日では多くの人々が支持している見解である」。第一一版（一九一六年）ではこれは修正されている――「ある大変すばらしい諸実験がアッベの仮説の正確さを示すために工夫されたが、多くの人々が指摘したように、顕微鏡の通常の使用はこれらの実験のなかで実現されている諸条件を伴ってはいない」。これはラカトシュが退歩的な研究プログラムと呼んだものの見事な一例である。この一節は第一七版（一九四一年）になっても、本質的な点では同じものにとどまっている。このように、引用［A］が述べているように、「顕微鏡的視覚と巨視的視覚の間にはどんな類似もないし、またあり得ない」と語るアッベの学説に対しては実に根深い反感があったのである。

（私のもっと近い現代に属する引用［B］が依然として主張しているように見えるように）われわれが見ているものは本質的には眼のなかのある種の物理的処理であると主張するなら、他の一切はむしろ光学的錯覚かせいぜい写像の領域に属しているということになるはずである。この説明によると、レーウェンフックとフックのシステムはたしかに見ることを可能にしている。アッベに従うならば型通りの光学顕微鏡でさえ本質的には一次回折と二次回折とのフーリエ合成機である。それゆえ見るという観念を修正するか、本格的な顕微鏡を通しては決して見ていないと主張するかしなければならない。この問題にかんして結論に行き着く前に、もっと最近の装置のいくつかを調べてみるのが賢明である。

顕微鏡の夥多

第二次世界大戦以後へと話を進めよう。諸々の着想の大部分は大戦間の時代に存在していたが、後になってはじめて試作段階を超えるようになった。発明の一つはもっとずっと古いものであるが、しばらくの間適切に活用されることがなかった。

細胞生物学者にとっての最初の実践上の問題は大部分の生きている標本は透明であるために通常の光学顕微鏡の下では見えてこないということであった。なんであれ見るためには標本を染色しなければならない。大部分のアニリン染料は第一級の毒物であり、それゆえ見ようとするものは通常まさしく死んだ細胞なのであるが、それはまた構造上損傷を受けた細胞であって、プレパラートの人為的産物である構造を示している確率も高い。しかし生きている標本は複屈折する（偏光する）性質において変化があることが明らかになる。それゆえ顕微鏡のなかに偏光子と検光子を組み込んでみよう。偏光子は標本に一定の性質をもった偏光だけを送る。もっとも単純な場合として、偏光子の偏光と逆の偏光をもつ光だけを送るために、検光子を偏光子と直角に置くようにしよう。結果は完全な闇である。しかし標本自体が複屈折性をもっているとしよう。するとそれは入射光の偏光面を変化させ、そのために見ることのできる像が検光子によって形作られるかもしれない。横紋筋の透明な繊維はこのようにして、染色をまったく行なわずに、光のわれわれが通常「見て」はいない一定の性質のみに基づいて観察されるかもしれない。

アッベの回折理論は偏光顕微鏡に補強されて、ちょっとした概念上の革命へと導く。生きている標本のなかに構造を知覚するためには視覚の「通常」の物理は必要とされない。事実われわれはそれを滅多に用いない。標準的事例においてさえ、われわれは「通常の」視覚の物理を通して標本を見るのではなく、回折された光線を合成している。偏光顕微鏡はわれわれに光には屈折、吸収、回折以外にもまだ何かがあることを思い出させる。標本の構造を研究するためには標本と相互作用する光の性質ならなんでも使うことができるだろう。実際われわれはそもそもどんな種類の波のどんな性質でも使うことができるだろう。

たとえ光に固執するとしても行なうべき多くのことがある。紫外線顕微鏡は分解能を二倍にする。ただしこれが関心を集めるのは、主にある生物学上重要な物質に特有な独特の紫外線吸収に注目しているためである。蛍光顕微鏡では入射する照明は相殺され、自然の、または誘導された燐光もしくは蛍光によって異なった波長で再放射される光だけが観察される。これはある種の生きている物質に対する非常に貴重な組織学上の技法である。しかし、光の伝送もしくは放射の普通ではない方式を用いることよりもさらに興味深いものは、われわれが光そのものと演じることのできるゲームである。すなわちゼルニケ位相差顕微鏡とノマルスキー干渉顕微鏡である。

透明な標本は光の吸収については一様である。とはいえその構造のさまざまな部分で屈折率の目に見えない差異をもっているかもしれない。位相差顕微鏡はこれらを標本の像における目に見える強度の差異へと変換する。通常の顕微鏡では像は回折されたD波と直接伝送されたU波から合成されている。位相差顕微鏡ではU波とD波とは、巧妙だが物理的には単純な方法で物理的に分離され、その後どちらかの種類の波が標準的な位相遅延にかけられるが、それは焦点に標本の屈折率の相違に対応する位相差を作る効果をもっている。

干渉差顕微鏡は多分もっと容易に理解できる。光源は半ば水銀を塗った鏡によって単純に分割され、光の半分は標本を通り抜けるが、半分は変化を受けない参照波として残され、出力像を得るために再結合される。標本中の異なった屈折率のために生じる光路の変化はこのようにして参照ビームとの間に干渉効果を生み出す。

干渉差顕微鏡は錯覚である縞につきまとわれるが、標本内部の屈折率の定量的決定を与えるのでとくに価値がある。もちろん一度こうした装置を手に入れると、偏光干渉顕微鏡、多重ビーム干渉、位相変調干渉、等々無数の変種が組み立てられるかもしれない。

理論と信念の根拠

光の理論のなかのあるものは、もちろん新しい種類の顕微鏡を組み立てるのに不可欠であり、また通常古くからある種類を改良するためにも重要である。干渉もしくは位相差顕微鏡は光の波動理論がなければきっと発明できなかっただろう。回折の理論はアッベと彼の会社がより優れた顕微鏡を作る手助けとなった。しかしわれわれは発明とあちらこちらをいじり回す活動のもつ前理論的な役割を過小評価するべきではない。古くからの経験に頼る顕微鏡製造業者たちはツァイスよりも優れた顕微鏡を二〇年の間作った。電子顕微鏡の着想が実用に移されたときには、それは大ばくちだった。というのは人々は理論的根拠から、標本は直ちにフライにされ、次いで燃え尽きてしまうと信じていたからである。X線顕微鏡は長い年月、理論上は可能であったが、ようやくその後の数年の間に線型加速機から借りることのできる高品質のビームを用いて実際に組み立てることができた。同様に以下で記述する音波顕微鏡は長い間明らかに可能だと受け取られていたが、最近の一〇年間にようやく質のよい高周波の音と高級な走査機を作り出す高速電子工学を手にすることになった。理論はこれらの巧妙な仕掛けを組み立てることにかんしてはささやかな関心しかもってこなかった。含まれている理論は大抵、学部の「物理学」で学ぶような種類のものである。重要なのは工学なのである。

理論は別の水準に登場するように見えるかもしれない。顕微鏡を用いて作り上げる画像をわれわれはどうして信じるのか。真実の画像を作り出しているとするある理論をわれわれが所有しているからではないのか。これは、われわれが観察と呼ぶものはそれ自体理論に決定されているというシェイピアの見解のもう一つの事例ではないのか。部分的にだけはそうだと言える。ビシャがいたにもかかわらず、人々は前アッベ的顕微鏡を通して見るものの大部分を信じていたが、それは正しいことだった。だが彼らはそれを支持する（あいにく誤った仕方で）のにもっとも不適切な平凡な理論しかもっていなかった。視覚的表示は理論の変化の下でも不思議なくらい確固としている。人々は表示を作り出し、ちっぽけな標本がどうしてそのように見えるのかにかんして理論を手に入れる。後になって自分の顕微鏡にかんする理論を一変させるのだが、人々は依然としてその表現を信じている。われわれが見ているものは事物の本当の有様だというわれわれの確信の源は、本当に理論であり得るのだろうか。

ハインツ・ポストは手紙のなかで私にこう言った。ずっと昔に彼は巨大分子の視覚的表現を作り出すことの重要性を例証するために、電界放射顕微鏡について議論したことがあった、と。（彼の実例はアントラセン環に関係していた。）当時この装置はF・A・ケクレ（一八二九―九六年）が一八六五年に仮定したこと、すなわちベンゼン分子は六つの炭素原子を含む環であることを確かめるものと思われていた。電界放射顕微鏡にかんする最初の理論は、人々は本質的には分子の影を見ている、すなわち、われわれは吸収現象を見ているというものであった。ポストはずっと後になって基礎理論が一変したことを知った。人々は回折現象を見ていた。それはいささかの相違も生み出さなかった。人々は分子の顕微鏡写真を本当に正しい表現とみなし続けた。これはただのたわごと、一種の信用詐欺であろうか。理論支配的な哲学だけが人にそう思わせるのだろう。顕微鏡を用いる実験生活は実在の事物からわれわれの人為構造を選り分けるのに理論ではないものを用いる。それがどう行なわれるのかを見ることにしよう。

顕微鏡法における真理

干渉差技法は次の特徴によって顕著なものである——対象内部の明確に見ることのできる輪郭（端）も連続的構造（細溝縞）もその真実の外形が像として浮かぶのである。

手元にあるカール・ツァイス社の販売カタログの一つはそう言っている。熱心な販売係にこれらいくつかの光学システムによって作り出される像は「真実のものだ」と思わせるのはなんであろう。もちろん、像はわれわれが歪みを無視することを学んだときにはじめて真実のものとなる。知覚されている構造の一断片が本物である、もしくは真実のものであるという確信には多くの根拠がある。もっとも自然な根拠がもっとも重要である。それを私自身の実験室での最初の経験を例として示そう。低倍率電子顕微鏡法は赤色血小板の小さな斑点を明るみに出す。これらは濃密体と呼ばれる。つまりそれはたんにそこでは電子が濃密であり、どんな準備もなしに、すなわち染色をまったくしないままで透過電子顕微鏡で見えるということを意味している。細胞の発達、あるいは疾病のさまざまな段階におけるこのかたまりの運動と密度とを基礎にすると、それが血液生物学で重要な役割を演じるかもしれないと推測されている。が、また一方ではそれはたんに電子顕微鏡の人為構造であるのかもしれない。テストの一つは明らかに次のものになる——まったく異なった物理的手法によって同じそのかたまりを見ることができるか。この場合には問題はかなりたやすく解ける。低分解能電子顕微鏡は高分解能光学顕微鏡とおよそ等しい倍率をもっている。濃密体はどんな技法を使っても見えるというわけではないが蛍光染色とこれに引き続く蛍光顕微鏡による観察が明るみに出す。

赤色血小板の切片が顕微鏡格子の上に固定される。これは文字通りの格子である。つまり顕微鏡を通して見ると格子が見えるが、その枡目には大文字で標識が付されている。電子顕微鏡写真はこうした格子の上に固定された切片について作られる。濃密体がとくに著しく現われている標本は次に蛍光顕微鏡法用のプレパラートにされる。最後に電子顕微鏡写真と蛍光顕微鏡写真が比較される。電子顕微鏡が細胞の同一の断片を示しているということは分かる。この断片は明らかに、たとえばPという標識のある格子の枡目にあるからである。蛍光顕微鏡写真には電子顕微鏡写真に見られるのと正確に同一の仕方で配置された格子、同一の細胞の一般的構造、および「かたまり」がある。そのかたまりは電子顕微鏡の人為構造ではないと推論されるのである。

二つの物理的過程——電子透過と蛍光再放射——がかたまりを見出すのに使われている。これらの過程が共通にもっているものは実質的には何もない。それらは物理学の本質的に無関係な二つの領野である。二つの完全に異なった物理的過程が再三再四、同一の視覚上の配置を作り出すが、それは細胞内の本物の構造ではなく物理的過程の人為構造であったというのであれば、途方もない偶然の一致ということになるだろう。

実際生活ではだれもこの「偶然の一致からの論証」を実際に行なったりはしないことに注意せねばならない。人はたんに異なった物理的システムから得た顕微鏡写真の二つ（または望むべくはそれ以上）の集合を眺め、顕微鏡写真の各々の対にはまったく同じ場所に濃密体が生じていることを見る。このことが一瞬にして問題にけりをつける。私の恩師、リチャード・スケアは濃密体は人為構造であることが証明されると実際に予期していた。出来上がった実験の顕微鏡写真を調べて五分後に彼は自分が誤っていたことを知った。

また濃密体がなんであるかについて考えをもっている必要もまったくないことにも注意すべきである。いくつかの技法によって見えるようになった細胞のある構造上の特徴があるということがわれわれの知るすべてである。顕微鏡法それ自体はこれらのかたまりについてすべてを告げてくれはしない（仮に告げるべき重要なことが何かあるとしても）。生化学の助けを求めねばならないのである。また今日では電子顕微鏡と分光分析器とを結びつけて、濃密体を構成要素に分析する瞬間的な分光分析が利用できる。これは多くの点で星の分光分析と同じように機能する。

偶然の一致と説明

この偶然の一致からの論証は第3章で言及した宇宙的偶然の論証の特殊な一事例のように見える。理論は多様な現象を説明するものであるが、ある理論が誤っており、それにもかかわらず諸現象を正しく予測していたのだとすれば、それは宇宙的偶然であろう。われわれはその理論は正しいという「最善の説明へ向けて推論する」。諸々の現象の共通の原因は理論によって仮定されている諸々の理論的対象に違いない。科学的実在論の論証としてはこの考えは多くの論争を惹き起こした。それゆえ偶然の一致にかんする話はあたかも私を現在進行中の争いのただなかに置くかのようである。が、そうではない！　私の論証はもっとずっと範囲の限られたものである。

まず第一に、こうした論証はしばしば観察的語彙と理論的語彙の観点から行なわれている。(「観察的語彙によって言及されている振舞いを無数の幸運な偶然が惹き起こしている――あたかもそれは理論的語彙で語られている存在しない事物が惹き起こしているかのように」。) ところで、われわれは観察的語彙で理論的語彙には関わっていない。顕微鏡下に見られる事物に対して理論的語彙が存在しないとしても無理はない――「濃密体」は、濃密なもの、すなわち染色もしくは他の準備を一切することなしに電子顕微鏡下に見えるあるもの、の他に何も意味してはいない。第二にわれわれは説明に関わってはいない。われわれは電子顕微鏡を使おうが蛍光顕微鏡を使おうが、同一の斑点の布置を見るのであるが、何か一定の種類の事物(その本質はまだ知られていない)が斑点の繰り返し現われる配置に責任をもっていると述べることは、このことの「説明」ではない。第三にわれわれはかなりの幅のある諸現象を予言する理論をまったくもっていない。第四の、そしておそらくもっとも重要な違いは次のものである――われわれは実在的対象から人為構造を区別することに関わっているのである。実在論にかんする形而上学的論争においては、対照は「実在的ではあるが観察不可能な対象」と「実在的対象ではなく、思考の道具であるもの」との間にある。顕微鏡の場合はわれわれは顕微鏡写真に斑点があることを知っている。問われているのは、それは物理的システムのつくる人為構造か、それとも標本それ自体のなかにある構造かということである。偶然の一致からの私の論証はたんに、仮に二つのまったく異なる種類の物理的システムが顕微鏡写真に斑点の正確に同一の配置を作り出すようなことがあればそれは、途方もない偶然の一致であろう、と言っているに過ぎない。

格子の論証

ここで私は科学的実在論という話題についてあえて一哲学者の独白を試みてみよう。地球上に位置しているときには木星の衛星を見るのに望遠鏡が必要だが、われわれはそこへ出掛けて行くことができ、肉眼で衛星を眺めることができる。だから、われわれは望遠鏡を通して見ることができるのだとファン・フラーセンは言う。それはそう聞こえるほどには空想的なことでもない。というのはこの地上から肉眼で木星の衛星を見分けることのできるごくわずかな人々がいるらしいのである。とはいえわれわれのなかでそれほどの鋭さをもたない人々にとっては、それは目下のところはＳＦである。顕微鏡使用者は空想を避ける。木星へ飛行する代わりに、われわれは可視的世界を縮ませる。濃密体を再識別するために使われる格子を考えてもらいたい。小さな格子は金属で作られている。それは肉眼ではほとんど見えない。それはペンとインクできわめて大きな格子を描くことによって作られる。文字が格子の各々の枡目の角にきちんと書き込まれる。次に格子は写真によって縮められる。今日では標準的技法となっているものを用いて、結果として得られた写真の上に金属が被覆される。格子は一〇〇、二五〇、一〇〇〇個入りのパケット、あるいはむしろチューブで売られている。こうした格子を作る操作は完全によく知られており、また他の質の高い大量生産のシステムと同様の信頼性をもつ。

要するに、想像上の宇宙船でわれわれ自身を木星へ運ぶのではなく、われわれは日常的に格子を縮めている。次にわれわれはほとんどどんな種類の顕微鏡を通してであれ、その小さな円板を眺めて、最初に大きな尺度で描いたのとまったく同一の形と文字とを見る。私がピンセットでつまんでいる小さな円板が実際には標識を付された格子という構造をもっていないという考えを本気で抱くのは不可能である。われわれは格子をまさしくそのように作ったのであるから、顕微鏡を通して私の見るものが真実を告げていることを私は知っている。製造の過程が信頼のおけるものであることも私は知っている。なぜなら結果を顕微鏡でチェックできるからである。そのうえ、われわれは像を作り出す一ダースほどの関連のない物理的過程のどれかを用いて、どんな種類の顕微鏡でも結果をチェックできるのである。それにもかかわらず、これはある途轍もない偶然の一致であるという可能性を考えることができるだろうか。円板が、微視的には、標識を付された格子である、というのは誤りだろうか。大きな尺度の格子が、一二の異なった種類の顕微鏡を用いて見たときに依然として格子のように見えはするが格子ではないあるものへと縮んでいるのは、一三のまったく関連のない物理的過程の途轍もない共謀だろうか。格子にかんして反実在論者であるためには、顕微鏡の悪意あるデカルト的悪魔を呼び出す必要があるだろう。

格子の論証は、少なくとも現象論的水準において、科学の非統一性についての健全な認識を必要とする。光学顕微鏡は、分かりきったことだが、すべて光を使っているとはいえ、干渉、偏光、位相差、直接透過、蛍光、等々の光の本質的に関連のない現象論的側面を活用している。同一の構造が光の波のこれらの多様な側面を用いて識別できるのであれば、その構造はさまざまな物理的システムすべての作る人為構造であると本気で考えることはできない。そのうえ、これらの一切の物理的システムは人々によって作られていることを私は強調しよう。われわれは自然のある側面を純化し、たとえば光の位相干渉の特徴を孤立化する。光学はよく理解されている科学であるため、どのように働くのかを原理的には正確に知りながら、ある装置を設計する。いくつかの試作機の不良箇所を改めるのに数年を費やし、ついに製品としての装置を手に入れるが、後者を通してある特定の構造が識別される。まったく異なった原理に基づいて組み立てられ製品となった、他のいくつかの装置も同一の構造を明るみに出す。デカルト的懐疑家でもなければだれも、その構造は標本のなかに内在するのではなく装置によって作られたと考えることはできない。

一八〇〇年には、繊維の構造ではなく光学系の作る人為構造を明るみに出すという単純な理由から顕微鏡を組織学の実験室からしめ出すのは、可能であったばかりではなくまったく思慮深いことであった。だがもはやそうではない。見えているものが光学的な準備の段階で作られる人為構造ではなく本当に標本のなかにあると確信するに至ることが、革新的な顕微鏡法に伴ういつもながらの問題である。しかし一九八三年には、一八〇〇年とは違って、こうした確信を得る方法の膨大な蓄えをわれわれはもっている。私はたんに「視覚的」な側面を強調しているだけである。その点においてさえ私は単純化し過ぎているのである。異なったいくつかの物理的システムを用いて構造の同一の基本的特徴を見ることができれば、「それは人為構造である」ではなく、「それは本物だ」と言うための立派な理由をもっている、と私は言っている。それは決定的な理由ではない。とはいえ状況は通常の視覚の場合と異なってはいない。熱い日にタールマカダムで舗装した道路上の黒い斑点が無数の視角から、しかし常に同一の位置に見られるならば、おなじみの錯覚ではなく、水溜りを見ているのだと結論される。それでも間違っているかもしれない。顕微鏡法でもまたときどき誤る。実際、巨視的知覚と顕微鏡的〔微視的〕知覚とにおいて犯される誤りの種類がまったく類似していることが、われわれは顕微鏡を通して見ると単純に語る傾向を助長しているかもしれない。

私は、大きな尺度の視覚とまったく同様、現実の像または顕微鏡写真は実在への信頼のほんの一小部分に過ぎない、と繰り返し述べておきたい。分子生物学者G・S・ステントは最近の講義のなかで、一九四〇年代末に『ライフ』誌が興奮した調子で「遺伝子の最初の写真」と銘打たれた電子顕微鏡写真を全面カラーの表紙にしたことがある（一九四七年三月一七日）ことを引き合いに出した。遺伝子についてのその当時の理論を、または理論の欠如を前提とすると、この表題は意味をなさない、とステントは言った。遺伝子がなんであるのかについてもっと多くのことを理解してはじめて、顕微鏡写真が示すものについての確信がもたらされ得る。われわれは染色体上の帯と中間帯の実在性をたんにそれを見ているからではなく、それが何をなし、なんのためにあるのかについての考えを系統立てているからこそ確信するようになる。しかしこの点においてもまた、顕微鏡的〔微視的〕視覚と巨視的視覚とは異なっていない――コンゴにおけるラップランド人は、ジャングルのなかに存在するものについてなんらかの考えをもちはじめるまでは奇妙な新しい環境のなかに多くのものを見ることはないのである。

それゆえ私は偶然の一致からの論証を、顕微鏡を通して正しく見るというわれわれの確信の唯一の基礎として提出するわけではない。それは理解のもっと知的な方法、および実験的研究の他の種類のものと結合される一つの要素、人を動かさずにはいない一視覚的要素である。実践的生化学なき生物学的顕微鏡法は概念を欠いたカントの直観のように盲目なのである。

音波顕微鏡

私はここでは電子顕微鏡を避けている。「唯一の（the）」電子顕微鏡が存在しないのは「唯一の」光学顕微鏡が存在しないのと同じである——電子ビームのありとあらゆる種類の異なった性質が用いられているのである。ここはそれらすべてを説明するのに適した場所ではないが、可視光線の性質に基づいたあまりに貧弱な日々の実例を心に浮かべることのないよう、想像できるものとしてはもっとも種類の隔たった放射について簡潔に考察しよう。すなわち音について⑤。

空中戦のために発明されたレーダーと、海戦のために発明されたソナーは縦波の波面と横波の波面は同じ目的のために利用することができることを思い出させる。超音波はきわめて高い振動数をもった「音」である。母親の子宮内における胎児の超音波検査は最近当然のことではあるが広く認められるようになった。四〇年以上も前にソビエトの科学者たちは可聴音より一〇〇〇倍大きな振動数をもつ音を用いる顕微鏡を提案した。工学は最近になってようやくこの着想に追いついた。役に立つ試作品がちょうど今作動中である。

顕微鏡の音響的部分は比較的単純である。電気信号が音信号に変換され、次に標本との相互作用の後、電気へと再変換される。現在の装置の精密なところは音響学にではなく電子工学にある。音波顕微鏡は走査していく装置である。それは信号をテレビスクリーン上の空間的表示へと、顕微鏡写真へと、あるいは多数の細胞を研究しているときにはビデオテープへと変換することによって像を作り出す。

いつものことだが、新しい顕微鏡はそれが明るみに出すかもしれない標本の新しい姿のために興味深い。屈折率の変化は光と比べて音のほうがはるかに大きい。そのうえ音はまったく不透明な対象も透過する。それゆえ音波顕微鏡の最初の応用の一つは冶金にあり、またシリコンチップの欠陥の検出にもある。生物学者にとってもまた展望はすばらしいものである。音波顕微鏡は生きている材料の密度、粘性、たわみ性を感受する。そのうえ走査装置が用いるごく短い音の発射は細胞を直ちに破壊することはない。それゆえまったく文字通りの意味において細胞の生活を研究することになるのかもしれない。すなわち細胞がせっせと仕事をしているときに粘性やたわみ性の変化を観察することができるだろう。

音波顕微鏡の急速な発達はそれがどこへ導いていくのかを不確かなままにしている。二年ほど前には研究報告の数々は電子顕微鏡とのいかなる競合も注意深く否定した。分解能としておよそ光学顕微鏡程度のものを与えて喜んでいた。今では、過冷却固体中での音の性質を用いて、電子顕微鏡の分解能と競争することができる。ただしそれでも生きている組織の研究者には大した助けにはならないのであるが！

われわれは音波顕微鏡で見ているのだろうか。

顕微鏡によって見るということ

レンズを通して見るのがテクノロジーの第一歩であった。やがて複合顕微鏡の筒を通して覗くようになった。しかし装置を「通して」見るということは重要なことではない。われわれは顕微鏡でとった写真を研究する。電子顕微鏡の大きな焦点深度のせいで大きな平らな表面の上に像を見ることが自然な事柄となり、その結果だれもが周囲に立って興味深いものを指差すことができる。走査顕微鏡は像をどうしてもスクリーンもしくはプレートの上に構成しなければならない。どんな像もデジタル化することができ、テレビジョン表示、等々に再伝送することができる。そのうえ、デジタル化はノイズの除去に対して、また失われた情報の再構成に対してさえ驚くべき力をもっている。しかしテクノロジーを恐れかしこむなかれ。結晶構造の研究ではノイズから解放される良い方法の一つは顕微鏡写真を系統的な仕方で切断し、ふたたび貼り合わせ、位相差を求めてふたたび撮影する。それゆえ一般にわれわれは顕微鏡を通して見てはいない。われわれは顕微鏡によって見る。しかし顕微鏡によって見るのだろうか。「見る」という言葉の通常の用法に基づいて論争するのは愚かなことであろう。とくに前節の最後に引用したような用法、すなわちわれわれは大部分のフェルミ粒子を「見」、あるいは太陽の核をニュートリノによって「観察する」というような用法があるのだとすれば。レーダーによる検知を避けるために地表から二〇ヤードそこそこをかすめていく、核兵器を搭載した低空飛行ジェット機のための装置を考えてみよう。数百フィートの下方と何マイルも離れたところの双方を見ることが必要なパイロットにとっては垂直方向の尺度と水平方向の尺度の両方に関心がある。視覚的情報はデジタル化され、プロセスされ、風防ガラスの上にある前方を向いたまま読めるディスプレイに投映される。距離は縮められ、高度は引き伸ばされている。パイロットは地形を見ているのだろうか。見ているのである。この事例はパイロットが飛行機から降りて、うまく眺めれば、地形が見えたであろう、といった事例ではないことに注意するべきである。装置を使わずにそんなに多くの風景を眺める方法はまったく存在しないのである。

私が結晶の像を普通の空間かあるいは相反空間——今日ではスイッチを切り換えるだけで得られる——に作り出している電子干渉顕微鏡のことを考えてもらいたい。電子の干渉のパターンは結晶の原子的構造と相反的なので、おおまかに言えば、相反空間は裏返しになった普通の空間である。近くが遠く、遠くが近いわけである。結晶学者はしばしば標本を相反空間で研究するのがもっとも自然であることを知る。彼らは結晶を相反空間で見るのだろうか。彼らはたしかに見ていると語っており、したがって知覚空間の唯一性についてのカント学説に疑問を投げかけている。

見るという概念をどれほどおし拡げることができるのだろう。私が、電子絵筆をもっていて、細胞の精確な絵(a)をテレビの画面に描くとしよう。その細胞は以前に、たとえばデジタル化され再構成された像(b)で私が研究したものだとしよう。たとえ(b)の場合に「細胞を見ている」としても、(a)の場合には私は細胞の素描を見ているだけである。その違いはなんなのか。重要な特徴は、(b)の場合には波源、対象、対象の像で終わる一連の物理的事象の間に直接的相互作用があるということである。引用［B］をもう一度用いるならば、(b)の場合には、われわれは標本と像を作り出す放射との間の相互作用の写像をもっているのである。写真が優れたものであれば、(b)は顕微鏡で見ているのである。

これは疑いもなく見るという観念のリベラルな拡張である。われわれは音波顕微鏡によって見る。もちろんわれわれはテレビによって見る。われわれは暗殺未遂をテレビによって（with）見たとは言わず、テレビで（on）見たと言う。それは「私はラジオで（on）聞いた」から受け継いだたんなる言い回しである。われわれはテレビの生放送であるか否かを区別する。われわれはさまざまな副詞、形容詞によって、また前置詞によってすら行なうことのできる限りのない区別をもっているのである。顕微鏡で見ると語ることから生じるであろう混乱といったものは私には分からない。

科学的実在論

像が標本と放射の像の間の相互作用の写像であるなら、また写像が優れたものであるとき、われわれは顕微鏡によって見る。優れた写像とは何か。収差もしくは人為構造を捨てるか無視するかした後では、写像は標本のなかにあるなんらかの構造を標本のなかに現実にあるのと本質的に同一な二次元的もしくは三次元的関係の集合のなかで表現しなければならない。

このことは科学的実在論と関係をもっているだろうか。まずそれはささやかな形でしか関わりをもつことができない点を明らかにしておこう。最初はファン・フラーセンに惹きつけられており、光学顕微鏡で見えるに過ぎない対象は観察可能とはみなせないと思っている一読者を想像しよう。この読者は考えを変え、そうした対象を観察可能な対象のクラスに入れることがあり得るだろう。が、これはファン・フラーセンの反実在論の主要な哲学的見解のすべてを依然として無傷に保つであろう。

しかし光学的顕微鏡によって見ると結論づけるならば、われわれが見ていると報告する対象は実在的なのではなかろうか。そうではない。というのは私が語ったのはたんに「現象学付きの実証主義」という十九世紀のお決まりの型にへばりつくべきではなく、顕微鏡で見ると語ることを許すべきである、ということだけなのである。こうした勧告は顕微鏡にかんする実在論への強いコミットメントを含意するが、論点先取でもある。このことは高エネルギー物理からの私の引用を通して明らかである。電子ニュートリノ等々を見たという威勢のよいお話から。物理学者は実在論者でもある。そして彼はこのことを「見る」という言葉を用いることによって示してはいるが、しかし彼の用法はそのような事物があるという論証ではない。

それでは顕微鏡法は実在論の問題にかんして論点先取をしてしまうのだろうか。そうではない。われわれはさまざまな種類の顕微鏡を用いて観測している構造にまさに確信を抱いているのである。われわれの確信は部分的には収差と人為構造を系統的な仕方で取り除くことに成功したことから生まれている。一八〇〇年にはそのような成功は存在していなかった。ビシャは彼の解剖室から顕微鏡をしめ出した。その当時は標本のなかに存在することを確かめることのできる構造を観測してはいなかったからである。しかし今日ではわれわれは収差からは大体解放されている。われわれは多くの人為構造を取り除いたし、他の人為構造を無視し、検知されていない食わせものにいつも警戒している。われわれは見ているように思われる構造を信じているが、それは、たとえばミクロ注入といったまったく物理的な方法でそれに干渉することができるからである。まったく異なる物理的原理を用いる装置が、われわれに同一の標本のなかにほとんど同一の構造を観察させるから信じているのである。われわれはわれわれに見ることを可能にする装置を組み立てるのに用いられる物理学の大部分を明瞭に理解しているることからも確信しているが、この理論的な確信は比較的小さな役割しか演じていない。われわれをより一層確信させるのは生化学との見事な交叉なのであるが、後者は顕微鏡でわれわれが識別する構造は、また別個の化学的諸性質によって特性づけられてもいることを確かめている。われわれは細胞にかんする強力な演繹的理論によってではなく——そのようなものは存在しない——われわれが顕微鏡のなかで現象を制御したり創造したりすることを可能にしている互いに絡み合った多数の水準の低い一般化によって確信している。要するにわれわれは顕微鏡的世界のなかで動き回ることを学んでいる。バークリーの『視覚新論』は発達初期の両眼三次元的視覚にかんする完全な真理ではないかもしれないが、顕微鏡がわれわれに明らかにする、諸世界のなかの新たな諸世界へとわれわれが踏み入るときには、それはたしかに正しい方針をとっているのである。

第12章 思弁、計算、モデル、近似

私はこれまで観察という唯一の一枚岩的な実践があるという考えに水を差してきた。今度は同じ戦術を理論と観察という古くからある二重奏の別の側面に適用しなければならない。理論が一つの種類の事柄でないのは観察と同じなのである。豊かではあるが初歩的な実例がこの事実を例証するだろう。

ファラデー効果

製本屋の徒弟、マイケル・ファラデー(一七九一―一八六七年)は二一歳のとき、ハンフリー・デイヴィーの助手という職を手に入れた。彼はその後われわれの知識を押し進め、われわれの機械類を変容させた。彼のもっとも持続性のある二つの洞察は互いに関連している。すなわちそれは電動機(そして、逆に発電機)の発明と、電流の変化が磁力の強度を変化させる(逆に、磁場を横切る回転は電流を生み出す)という認識なのである。その他にも、ファラデー効果、もしくは磁気光学効果と呼ばれているものがある。ファラデーは磁気が光に影響を及ぼし得ることを発見した。これはきわめて大きな歴史的重要性をもっている。それは光と電磁気とを統一する単一の理論があるかもしれないということを暗示している。ジェイムズ・クラーク・マクスウェルは一八六一年までにその理論をまとめ、一八七三年に体系的に提示した。ファラデー効果は一八四五年には実験的に証明されていたのである。

信心深い人物であったファラデーは、自然のすべての力は互いに関連しているに違いないと信じていた。ニュートンは統一科学のための空間を作り出したが、それは一八〇〇年までもちこたえた。その年、第10章で見たように、ウィリアム・ハーシェルが放射熱の問題を作り出した。同じ年ジュゼッペ・ボルタは最初のボルタ電池を作った。初めて定常電流の電源が存在することになったが、この定常電流は、ほどなくエルステッドが示したように、磁気羅針盤の針に影響を与えることができたのである。一八〇一年にトマス・ヤングが光の波動理論を公表し、光のニュートン的光線理論が支配した一世紀に終止符を打った。要するに科学のニュートン的統一は破滅状態にあった。そのうえ、電磁気の力、重力、光の力の間に見たところは関係がなかった。マイケル・ファラデーはこの問題に取り組んだのである。第9章で触れた偉大な実験家、デイヴィッド・ブルースターは一八一九年にある種のガラスにひずみを与えることによってガラスが光を偏光させるようにすることが可能であることを示した。ファラデーはこのことを類比として用いて、物体にひずみを与えることが光の透過に影響を与えるのであれば、物体が帯電することもまたそうであるかもしれないと推測した。ファラデーは一八二二年、一八三四年、一八四四年に、繰り返しその効果を見出そうと試みた。その後一八四五年に彼は帯電をあきらめ、その代わりに磁気を試みた。が、これすら彼が別の目的のために数年前に開発した密度の高いガラスを用いるまでは失敗であった。彼は光線がこのホウケイ酸塩ガラスを通して、磁力線に平行に送られたときには、その偏光面が回転することを見出したのである。フランスの物理学者M・E・ヴェルデ（一八二四―六六年）は後にこの性質を広い範囲の物質について探究し、そのことを通じてこれが自然の一般的な特性であることを確立した。

ファラデー効果を説明すること（E）

ファラデーは彼が見出した事柄についてどんな理論ももってはいなかった。翌一八四六年にG・B・エアリー（一八〇一―九二年）はそれを光の波動論の内部で解析的に表現する方法を示した。光に対する方程式は変位の時間に対する二階の導関数をいくつか含んでいた。エアリーはいくつかの、一階もしくは三階の導関数からなる、アド・ホックな項を付け加えた。これは物理学での標準的な手段である。方程式を現象に合わせるために、方程式に加える多分に標準的な追加の項のいくつかが棚から引き出されてくるのである。別のものではなくあるものが目的にかなう理由を知っているわけではないのであるが。

一八五六年にケルヴィンは物理的モデルを提案した——磁場がガラスの塊のなかの分子を力線に平行な軸のまわりに回転させる。これらの分子回転は光の波によって誘導された振動と結合し、このことを通じて偏光面を回転させる。

ケルヴィンのモデルはマクスウェルによって手直しを受け、彼が光の電磁理論を形成する手助けとなった。とはいえそれはヴェルデが報告した実験の詳細と十分には合致しなかった。そこでマクスウェルは現象を記述するのに用いられる電磁場ベクトルのラグランジアンの付加項を決定するのに対称性の論法を用いた。最後に一八九二年にH・A・ローレンツはマクスウェルの方程式を彼の電子論と結合させた。これが今日用いられている説明を与えたのである。問題となっている効果は物理的には——ケルヴィン的な様式では——力線のまわりの局所的運動によって説明される。しかしまさに起きているのはケルヴィン的な神秘的分子回転ではない。それは電子の電磁気的に誘導された運動である。

「理論」の六つの水準

われわれの物語は理論の少なくとも六つの水準を例として示している。それらはたんに大きくなる一般性または演繹能力の諸水準ではなく、むしろ思弁のさまざまな種類なのである。基礎的な実験的研究はファラデーのものであり、これにヴェルデが続く。「理論的」な着想は現われた順にあげれば、以下の通りである。

1 科学の統一性に対する信念に動機づけられて、ファラデーは電磁気と光との間になんらかの関連があるに違いないと思弁的に考えた。

2 ブルースターの発見へのファラデーによるアナロジーが存在する——電磁気的なあるものが偏光の諸性質に影響を及ぼすかもしれない。

3 エアリーがアド・ホックな数学的表現を提供する。

4 ケルヴィンはガラスのなかの回転する分子という力学的描像を用いながら、物理的モデルを与える。

5 マクスウェルは新しい電磁理論の内部で形式的分析を与えるために対称性の論法を用いる。

6 ローレンツは電子論の内部で物理的説明を提出する。

私はこれらさまざまな種類の仮説が研究全体との関係のなかで生まれたとも、またこの順序で現われねばならなかったともほのめかすつもりはない。この幾分ベーコン的な歴史は大ざっぱな着想とアナロジーとで始まっている。それは実験によって具体的なものとなり、次いで次第に満足すべきものになっていく理論的定式化へと発展していく。無論、しばしば壮大な思弁(6)が最初に現われたりもする。この実例はたんに、「理論」は多数の作品を覆っているという月並みではあるが忘れやすい事実を例証しているだけである。辞書の語るところによれば、「理論」という語は、語源的には、一つの意味として、思弁にあたる、あるギリシア語に由来している。これに注意を向けてみよう。

思弁

C・W・F・エヴァリットと私とは単純な二分法よりも、むしろ活動の三分割を好んでいる。私はそれを思弁、計算、実験と呼ぶ。

「思弁（speculation）」という言葉はさまざまな種類の他愛のない考えや株式売買に適用することができる。私は思弁ということで、関心を惹く何ごとかを知的に表現すること、世界のなんらかの一般的性格の少なくとも質的な理解を与えるために、諸々の考えと戯れかつ再構成すること、を意味することにしよう。

思弁はたんに質的なものに過ぎないのだろうか。無論、そうではない。物理学は量的な科学である。そうはいうものの大部分の理論は実験によって埋められる自由なパラメターのいくつかをもっている。根底にある理論はより一層質的なものである。古からある思弁の一つは大地に向かって自由に落下する物体が移動する距離は落下に要する時間の平方に比例するというものである。これは$\frac{1}{2}gt^2$というように表現される。重力の局所的加速度、gの数値は最初の思弁の一部をなしているわけではない。それはたんなる空欄であり、それを非理論的な測定によって埋めるのである。現在のところはすべての量的な理論が結局のところ次のように言っている――「方程式はこれこれの形をしているが、経験的に埋めなければならない自然のある定数を備えている」。基礎定数を説明し去ろうとするライプニッツ風の夢は古くから存在しているが、それはまだ興奮させるプログラムなのであって、結果の出た領野ではない。このようなわけで、量をあれこれ装備しているとはいえ、思弁は本質的に質的なのである。

少なくとも表現の種類と同じくらい多くの思弁の種類が存在する。ファラデー効果のケルヴィンによる説明が例を与えているような物理的モデルが存在する。数学的な構造もある。この二つの取り組み方はいずれも注目すべき洞察へと導く。誤解のもととなりやすい十九世紀後期にかんする一つのありふれた考えに従えば、ドイツの物理学者たちはまず第一に数学的な取り組み方を用いた一方、イギリスの物理学者たちは物理的モデルを作ったことになる。が、二種類の研究は共同して仕事を行ない、また二種類の研究者はしばしばまったく異なったやり方でほとんど同一の事実を発見したのである。そのうえ、詳しく調べてみると、大部分の物理的モデル化、たとえばマクスウェルのモデル化は抽象的構造を含んでいることが明らかになる。たとえば彼の統計力学の要素は堅固な粒子ではなく、明白な物理的意味をもっていない数学的微分であった。逆にドイツにおける応用数学の大部分は明瞭な物理的モデルの記述によって定まっていた。人間精神のこれらの側面は一般に分離可能ではなく、われわれに予見できないような仕方で並び換えられ、改められ続けるだろう。

計算

クーンは通常科学は彼の言う明確な連関形成（articulation）の問題である、という意見を述べた。われわれは理論が世界とより見事にかみ合い、実験的検証ができるようになるようにと理論の明確な連関形成を行なう。大抵の最初の思弁はまったくといっていいほど世界とかみ合っていない。これには二つの理由がある。一つは、原理上はテスト可能であるという結果さえ思弁から直接演繹できることは滅多にない、ということである。もう一つは、原理上はテスト可能な命題でさえ、たんにどうやってテストを行なったらよいかだれも知らないために、しばしばテストできない、ということである。新しい実験上の思いつきや新種の技術が必要とされる。ハーシェルと放射熱の例では、ハーシェルの最初の思弁を徹底的に調べるには熱電対とマセドニオ・メローニの着想が必要だった。

それゆえクーンの明確な連関形成は二種類の事柄を表わしているに違いない。理論の明確な連関形成と実験の明確な連関形成とを。私はこれらの活動のうちより理論的なほうを勝手に「計算」と呼ぶことにする。たんなる算定ではなく、世界とのより緻密な共鳴をもたらす、ある特定の思弁の数学的な変形のことを考えているのである。

ニュートンは偉大な思弁家であった。彼はまた偉大な計算家でもあった。彼は惑星の運動にかんする彼の思弁の数学的構造を理解するために微分計算を発明した。ニュートンはまた天分に恵まれた実験家でもあった。すべての部門で偉大な科学者というのはほとんどいない。P・S・ラプラス（一七四九―一八二七年）は最高の計算家の一例である。一八〇〇年頃のものである彼の天体力学は、当時においては、ニュートンの惑星理論にかんして周到な計算を行なったもののなかで卓越していた。ニュートンは無数の問題に解答を与えずに放置していたが、答えるためには、またときには問題を言い表わすためにさえ、新しい数学が必要であった。ラプラスはこれらすべてを注目すべき仕方で総合した。彼はまた確率論へのおそらく最大の貢献をなした者としても知られている。確率についての有名な入門的講義の冒頭で、彼は決定論の古典的解釈の一つを述べている。至高の精神は宇宙の諸々の方程式と一群の境界条件を与えられれば、あらゆる粒子の位置と運動を未来の全体にわたって計算することができるだろうと、彼は言う。ラプラスはこの〈至高の存在〉を〈偉大な計算家〉ラプラスをほんの少し上回ったその似姿として考えていたという感じがする。ラプラスは引力と斥力というニュートンの考えを熱と音速を含む大概の主題に適用した。先に注意したように、ちょうどラプラスがニュートンのやり終えた仕事に強力な計算を冠のようにかぶせていた頃、地味な実験家たちはボルタ電池や、羅針盤や、さまざまな色の光学フィルターで、控え目に言ってもニュートン的プログラムを一時差し止めの処分に付していたのである。

仮説演繹的図式

私が行なう三つの区別——思弁、計算、実験——は、N・R・キャンベルの『物理学——原論』（一九二〇年、『科学基礎論』として再版されている）が与え、またR・B・ブレイスウェイトの『科学的説明』（一九五三年）で精巧に仕上げられているような、科学にかんする伝統的な仮説演繹的説明と衝突するわけではない。キャンベルは完成された理論においてさえ理論的言明は観察可能な何かに直接結びついているわけではないことに注目した。たとえば、古典物理学の中心的な命題から実験によるテストを演繹する方法は存在しない。そこでキャンベルは命題を二つの層に区別した。仮説、すなわち「その理論に特徴的な観念のある集まりにかんする言明」が存在する。そしてまた「これらの観念と、異なった性質をもついくつかの観念との関係についての言明から成る辞書」——ブレイスウェイトはそれをキャンベル的辞書と呼ぶ——が存在する。

私は言語学的観点からの言明のこの区別には賛成しないが、この考えには真理らしいものが聞き取れる。これは推測と反駁の二段階の図解よりも真相に近い。キャンベルとブレイスウェイトはパズルに対する答えを指し示しているのである。思弁がある領域の質的な構造を志向し、実験が私の主張するように、ときにそれ自身の生活を追求するとしたら、その二つの間の適合とはなんなのであろう。答え——計算がときに初歩的な教科書に見られるようなかなり緊密な仮説演繹的構造を作る。計算家たちは辞書を著す。彼らは理論と観察との間に意味論上の橋を渡す。思弁と実験とは一般には密接に関連する必要はないのであるが、私が計算と呼ぶ活動がその二つの間の量的適合を識別するのに十分なだけ両者を近づけるのである。

私は重なり合わない三つの生活形式への網羅的な分類を主張しているわけではない。たんに、二つではなく三つの層を備えた仮説演繹的なお話のうまい解釈は、成熟し数学化された諸科学の内部で区別されねばならない三種類の能力の、ぼんやりとしてはいるがまったく望みがないわけではないスナップ写真なのだ、と言っているのである。

モデル

仮説演繹的図式を参照することによって、思弁、計算、実験への分割が保守的であることが示される。磁気光学効果が例を与えているような、理論的言明のさまざまな水準はさしてなじみの薄いものではない。ナンシー・カートライトの著書、『物理法則はどのように嘘をつくか』(一九八三年)は伝統からの一層ラディカルな離脱を行なっている。これまでのところ私はあたかも理論を自然のありうる諸々の決定とかみ合わせることはたんに明確な連関形成と計算の問題であるかのように書いてきた。われわれは思弁から事を始め、それを実験によるテストが演繹されるかもしれない形のなかへ徐々にかたどっていく。そうではないのだ。モデル形成と呼ぶのがもっとも適している途方もなく広い範囲に及ぶ中間の活動があるのである。

「モデル」という言葉は諸々の科学においてさまざまな事物を意味するようになった。分子生物学の初期には、分子のモデルというのは子供たちが趣味で作る航空機の縮小モデルのようなものであった。つまり、針金、木片、プラスチック、接着剤を少しずつ集めたものだった。私はバネ座金、磁石、たくさんのスズ箔から作られた、廃棄された分子生物学モデルで一杯になった屋根裏部屋を見たことがある。十九世紀の物理学者のなかには自然の内部構成の手でもてるモデル――滑車、バネ、糸、封蝋でできたモデルを作った人々がいた。しかしもっとも一般的には物理学におけるモデルは手でもつのではなく頭のなかにもつあるものである。そうではあるがやはり、図的なものと数学的なものとの奇妙な混合がある。たとえばN・モットとI・スネドンの『波動力学』のような、優れた教科書を眺めてほしい。次のような文章が見出される――

以下のような理想化された問題は、現実の物理現象にあてはまるわけではないとはいえ、教育的である。(四九頁)

われわれはまず原子核を無限の質量をもつものとして扱うだろう。(五四頁)

われわれは分子を剛体棒として扱う。(六〇頁)

われわれはこれから磁場にさらされている原子のなかの電子のエネルギーのレベルをスピンを考慮に入れないで計算する。（八七頁）

しかし自由粒子に対しては、われわれは結果に影響を与えることなしに、先進ポテンシャルまたは遅延ポテンシャルのいずれをとってもよいし、あるいはまた結果を対称的な形に置いてもよい。（三四頁）

最後の引用はカートライトが利用するところとなる。そのうちのせいぜい一つが（論理的に）物理的世界について真であり得る三つのモデルが、ある特定の問題では区別されずに交換可能な形で用いられている。

モデルの役割

われわれが理論、モデル、現象が存在すると言うとしよう。モデルは二重にモデルであるというのが自然な考えだということになろう。それは現象のモデルであり、理論のモデルである。すなわち、理論はわれわれにとってその諸々の帰結を見分けるには常にあまりにも複雑なので、それを数学的に扱いやすいモデルへと単純化する。同時にそのモデルは宇宙の近似的な表現でもある。この図解では、クーンが明確な連関形成と呼ぶものの一部は、人間精神と既知の計算上の技法で操作し得るモデルを構築するという問題になる。このことは次のような考えへと導く。

1 現象は実在的であり、われわれはそれが生起するのを見た。

2 理論は真である、あるいはともかくも真理を目指している。

3 モデルは中間的なものであり、実在的な現象からある側面を吸い上げ、数学的構造を単純化することで、その側面を現象を支配する理論に関連づける。

この図解では、現象は実在的であり、理論は真理を目指し、しばしば真理にかなり近づいている。その通り、まさしくそうした関係の実例が存在する。カートライトはまた多くの別の種類の関係もあることに注意している。彼女はいくつかを詳しく描写している。ここでは彼女が報告している二つのものについてだけ触れ、彼女の与えた実例を繰り返し述べることは避ける。

なんに関する実在論なのか

問題点は科学的実在論と緊密に結びついている。カートライトは理論にかんしてはおおむね反実在論者である。モデルはこの点について一つの基礎を提供する。彼女は、モデルはそれが埋め込まれている理論から演繹可能でないばかりか、物理学者たちは、便利さを狙って、同一の理論の内部で多くの相互に整合的でないモデルを用いることができることに注視する。それにもかかわらず、これらのモデルはわれわれが真だと考えている現象論的法則の利用できる唯一の形式的表現なのである。われわれはそれら現象論的法則の他には頼るべき何ものももってはいない、と彼女は言う。われわれのもつそれらの形式的モデル化は相互に整合的ではないのだからまったく真であるはずなどない。またあるものが他のものよりも全般的に優れていると考えるための確かな理由も存在しない。どれをとってても、その内部でモデルが提起されている理論に信念の根拠を持ち帰ってはくれない。そのうえ、モデルは理論変化にさいして頑強に振舞う傾向がある。すなわち、人はモデルを保持し、理論を投げ捨てる。非整合的な諸モデルのなかには一層高尚な理論に比べて多くの局所的真理がある。

これは科学の現在の段階にかんする意見であると言われるかもしれない。実在論者はある未来、ある理想について語るのだと、論じられている。われわれは単純化を行なうモデルによって現象の法則に徐々に関連させていきながら諸理論へと収束するのかもしれない。それがわれわれの目指す真理である。私はこれに対しては帰納的なやり方で応えよう。一八四〇年以来どの一年をとっても、また物理学だけをとっても前の年に用いたよりも多くの(両立しない)現象のモデルを毎日の仕事のなかで使い、成果を挙げてきている。科学の理想的な目標は統一ではなく絶対的夥多なのである。

この見解は科学を統一しようとする計画への熱烈な賞讃と同棲することが可能である。磁気光学効果のファラデーの発見がわれわれ皆に対する教訓なのである。偉大な宇宙論者であるスティーヴン・ホーキングは、ケンブリッジ大学における一九八〇年の教授就任講義の題目に、「理論物理学に終わりは見えているか」というものを選んだ。答えはイエスであると彼は考えている。われわれは一つの統一理論をもつだろう。彼は付言した——それは大部分の物理学をそのままにしておくだろう。われわれは依然として、何が起こるかを事例から事例へと計算しながら、応用物理学をやらねばならないだろうから。

近似

モデルの理論に対する関係、また現象に対する関係はさまざまであり、また複雑である。近似はもっと簡単なもののように思われる。が、カートライトはそうではないことを示す。近似についてのわれわれの通常の観念は、われわれは真である事柄から始め、乱雑さを避けるために、近似的に真であるだけの方程式を書き下す、というものである。しかし真理から離れるそうした近似も存在してはいるが、真理に向かう近似がはるかに多く存在する。数理物理学の多くの理論には純粋に仮説の水準にあるいくつかの方程式、解くことのできない方程式をすでに単純化したものである方程式を用いたある構造の表現がある。これをある水準の現象論的法則に適合させるために考えられる近似は際限なくある。十分にいじり回した後に、ある近似は現象に見事に符合することをだれかが理解する。これがわれわれの用いることになる近似であることを理論のなかの何かが語っているわけではない。それが真理であることを理論のなかの何かが言っているわけでもない。しかし何かが真理であるとしたら、それが真理なのである。カートライトは理論自体はそのなかに真理をもってはいないと断言する。それはわれわれが考えるのを助けるが、たんなる表現に過ぎない。どこかしらに真理があるとすれば、それは近似のなかに位置しているのであって、背景にある理論のなかにではない。

世界

カートライトは彼女の序論的な論文をピエール・デュエムの二種類の精神の間の一九〇六年の区別、深いが狭いフランス人の精神と広いが浅いイギリス人の精神の区別に触れてしめくくっている。(デュエムの時代の深い数理物理学はドイツ人によってなされていたのであるし、デュエムが引き合いに出した幅の広い物理的モデル化の大部分はスコットランド人によるものであったという排外主義の屁理屈には構わないでもらいたい。この引用のなかの、かのラグランジュはイタリア人であることを誇っていた。)

フランスの精神は【彼女は書いている】事物を上品で、統一された仕方で眺める。それはニュートンの三つの運動法則と重力の法則を取り上げ、それらをラグランジュ的数学の美しい抽象的な数学計算へと変える。イギリスの精神はまったくの対照をな

していると デュエムは言う。それは歯車や滑車を巧みに処理し、糸がもつれ合わないようにする。一〇〇〇の異なった細部を、抽象的な秩序または組織をたくさん負わせることもなく、すべて一度に把握する。実在論者と私との相違はほとんど神学的なものである。実在論者は宇宙の創造者はフランスの数学者のように仕事をしたと考える。しかし私は、神はイギリス人のまとまりのない精神をもっていると考える。(一九頁)

私自身はアルゼンチンの空想を好んでいる。神は古いヨーロッパの人々が想像したような〈自然の書〉を書きはしなかった。彼はボルヘス風の叢書を著したのである。そのどの一つの本も可能な限り簡潔であるが、その一つ一つの本は他のどの本とも整合的ではない。どの本も余計なものではない。というのはどの本に対しても、人間に理解のできる自然のある断片があり、そこではその本が起こりつつあることの理解、予言、またそれに影響を与えることを可能にするのであって、他のどの本もそうはしないのであるから。まとまりがないどころか、これは〈新世界〉のライプニッツ主義なのである。ライプニッツは神はもっとも単純な法則を選びながら、一方では現象の多様性を最大にしたと言った。まさしくその通り――しかし現象を最大にし単純な法則をもつ最良の方法は、互いに整合的でない諸法則、一つ一つがあれやこれに適用されるが、どれもすべてには適用されない法則をもつことなのである。

第13章 現象の創造

実験のある一つの役目はあまりに無視されていて、われわれはその名称すらもっていない。私はそれを現象の創造と呼ぶ。伝統的には科学者たちは彼らが自然のなかに発見する現象を説明すると言われている。私は彼らはしばしば現象を創造しており、その後その現象は理論の中心を占めるようになる、と言おう。

「現象」という言葉は長い哲学の歴史をもっている。ルネサンスの頃、天文学者のなかには「現象を救う」こと、すなわち既知の規則性に適合する計算の体系を作り出すことを試みた人々がいた。だれもがそれを賞讃したわけではない。フランシス・ベーコンは一六二五年の随筆、『迷信について』のなかで次のように書いているが、だれに彼の嘲りをかろんじることができよう——「彼らは現象を救うために離心円や周転円やそうした天体の機械仕掛けを捏造した天文学者らのようである。そうした事物が存在しないことを彼らは知ってはいたというのに」。とはいえ、フランスの偉大な科学史家で科学哲学者、傑出した反実在論者でもあるピエール・デュエムは彼の著書の一つ——『現象を救う』(一九〇八年）——を名づけるために同じ決まり文句を賛美の念をもって取り上げたものだった。バス・ファン・フラーセンは彼の著書、『科学的世界像』の一章のためにそれを再利用している。こうした著者たちは理論は現象を首尾一貫した秩序のなかに埋め込むためのある形式を提供するが、理論は現象を超えて拡がるときには、いかなる実在も指し示しはしない、と説いている。彼らは現象は観察者と実験家とによって発見されることを当然のこととみなしているのである。とすれば私はどうして実験の主要な役割の一つが現象の創造であるなどと言えるのだろうか。私はデュエムでさえ「所与」とみなす現象をわれわれが作るとするある種の究極的な観念論を提唱しているのだろうか。その逆なのである。現象の創造は冷静な科学的実在論のほうを一層強く支持する。

文献学的脱線

「現象」という言葉は古代からの哲学的系譜をもっている。ギリシア語ではそれは見ることのできる事物、出来事、または過程を表わしており、「現れる」を意味する動詞から派生している。まさしく最初からそれは現われと実在にかんする哲学的思考を表現するために用いられてきた。この言葉はその後は哲学者の地雷原のようなものである。とはいえ科学者のありふれた著述のなかではそれは比較的明確な意味をもってきた。現象は注目すべきものである。現象は識別できる。現象は通常、明確な状況の下で規則的に起こるある一定のタイプに属する出来事または過程である。この言葉はまたわれわれが特別に重要なものとして選び出す独特な出来事を表わすこともできる。現象のなかに現われている規則性を知っているとき、われわれはそれを法則的な一般化のなかに表現する。こうした規則性があるという事実そのものがときに現象と呼ばれている。

こうした用法にもかかわらず、古代の人々の多くは現象を本質、永遠の実在に対立させて、変化する感覚の対象と考えていた。それゆえ現象は実在とは対照的なものであった。ファン・フラーセンのような現代の実証主義者は現象は唯一の実在であると主張する。「現象」という言葉はこれら二つの学説の間にあって中立的なものである。

ヘレニズムの著作家たちは現象を本体、それ自体で存在するものとしての事物と対比させた。カントはこれを近代の哲学へと譲り渡し、本体を不可知なものとした。すべての自然科学は現象の科学となった。次に実証主義の夜明けがやってきた。不可知なものは、あたかも存在しないかのように、度外視して構わない。「現象」は、経験論の哲学者のある部分にとっては、感覚所与——私的、個人的感覚——を表わすようになる。ミルの言葉を借りるなら、現象主義とは事物はたんに感覚の恒久的可能性に過ぎず、外的世界は現実的および可能的感覚所与から構成されているという学説である。

「現象学」という言葉は一七六四年に物理学者J・H・ランベルトにより現象の科学に対する名称として導入されたが、この言葉はそれ以来、二つの実質的には別個の意味へと分裂している。哲学者たちはヘーゲルの『精神現象学』（一八〇七年）は精神がそれ自身を現われとして知るさまざまな段階を経て発展しながら、最後にはそれ自身を実在として把握する有様の研究であることを知っている。二十世紀の初期に「現象学」はフッサールをもっとも有名なメンバーとするドイツの哲学の学派の名称として選ばれた。私はこの言葉のこの哲学的意味になじんだ教育を受けたので、ノートルダムの『展望』シリーズ（これには大変感謝している）で目下の題目について講演をしたとき、その大学の物理学科で現象《フエノメノ》論者《ロジスト》をやとっていると聞いてびっくりしたものである。現象論《フエノメノロジー》は固体物理学と素粒子物理学の重要な一部門である。私が第6章でミューオンと中間子について書いたことを確認したいと思ったとしたら、読者は多分ベーテの『中間子と場』のような古典的参考文献のどれかを開けてみただろう。そこで読者はミューオンを調べただろうし、現象論にかんする長い一節へと続く議論を見出したであろう。「現象」という言葉の私の用法は物理学者の用法に似ている。それは可能な限り哲学者の現象主義、現象学、私的で、はかない感覚所与から引き離して置かねばならない。現象というのは私にとっては公的で、規則的で、おそらく法則的ではあるが多分例外的なものなのである。

それゆえ私はこの言葉の用法では物理学と天文学にならう。ルネサンスの天体観測家は天体の観測される規則的な運動と、天体のなんらかの法則的な構造から生じていることが証明されるだろうと考えていた、火星の掩蔽のような、特定の出来事との双方を意味させていた。しかし、もちろん天文学者たちは哲学者でもあったのであって、われわれと比べると、この言葉のギリシア的な含みにより密着していた。現象は「現われ」であったのである。科学史家のニコラス・ジャーディンは私に次のように教えてくれた。すなわち、ケプラーはわれわれが眺めるさいには現象を——そこでは惑星が動いているように現われる——見つめることになり、天体の真の位置と軌道を見ることにはならないことをわれわれの太陽系の欠陥とみなしていた、と。

現象を解くこと

現象を救うことについての古い天文学者たちの話はときにまったく真剣になされたものではあったが、私は、ベーコンよりもずっと以前に、その用法はしばしば幾分皮肉を含んだものになっていたと考えている。十七世紀の間に「現象」という言葉の科学的な適用は「自然の現象」と呼ばれたものすべてに拡張された。これは法則的な規則性と、われわれ現代の保険会社が相変わらず神の仕業と呼んでいるもの、すなわち地震のような目立って恐ろしい出来事、の両方を含んでいた。ダニエル・デフォーは真昼に星が見えることを現象として語っている。現象は既知のなんらかの規則性であるどころかおそらく変則性のことでもあり得たのである。

「現象を救う」という表現はある語呂合わせの犠牲になった。この表現はギリシア語に、次いでラテン語に溯ることができるのであるが、後者では「救う」にあたる言葉は*salve*であった。十七世紀にこれは「救う（save）」にではなく、「解く（solve）」に移し換えられ、その結果、たとえばデイヴィッド・ヒュームは当時「現象の解明（solution）」と書くのを常とした。それはほとんど現象の説明を意味したのであって、デュエムが現象を救うことによって意味したこととまさに正反対なのである！　文献学が哲学になんらかの教訓を与えることを期待している人は懲らしめられたように感じるだろう。

とすれば、「現象」という言葉の系譜がそんなに急激に狂ってしまった以上、その言葉に私の考えている意味を結びつけることには見込みはないのだろうか。いや、それも見当外れなのであって、私の用法につながるものは自然科学における最近の中心的用法であると同時に、驚くほど健全なものでもある。十八世紀の間、「現象」という言葉は主に私の用法で使われていた。バークリーは外的世界を感覚所与へと還元することから、今日現象主義者と言われているため、一つの反例になると思われるかもしれない。ところがまったくそうではない。彼は『サイリス』（一七四四年）を書いたが、その晩年の頃でさえ、その言葉を四〇回以上使っているのが分かる。この本は便秘から、科学を経て、神への信仰に至るあらゆる事柄にかんする、いくらか熱に侵されたような様子はあるが驚くべき著作である。彼は「自然の現象」という語句を当時の標準的なやり方に従って、既知の規則性を表わすように使っている。たしかにバークリーはすべての現象は現われであると考えてはいた。とはいえそれは彼がそれらを感覚所与であると考えたからではない！　この著作の哲学的な部分で、バークリーはボイルの伝統とニュートンの伝統のなかで仕事をしているイギリスの自然哲学者たちをやりこめることを試みている。彼は現象の解明について徹底的に非唯物論的でいくらか反実在論的な説明を提供しているが、彼の見解は物質と因果作用にかんする彼の理論に由来するのであって、「現象」が感覚所与を表わすこの言葉の非標準的な意味に由来するわけではない。

ここでは辞書に頼りきることはできないのである。『オックスフォード英語辞典』の用例のあれほど豊かな鉱脈も、この書物が書かれた町で当時流行していた時代錯誤に染まった哲学のやり方すべてを反映しているので、哲学的な言葉にかんしてはしばしば誤っている。たとえば『オックスフォード英語辞典』は「現象」という言葉は一七八八年のトマス・リードの『人間精神の能動的力能論』の出現と共に「感覚的経験の直接的内容」を意味するようになる、と言っている。これは引用されている一節それ自体の読み誤りなのである。リードは自然の諸現象について語っており、バークリーと同じように、標準的な実例として羅針盤に対する磁石の効果を取り上げている。この効果は、辞典が述べているようななんらかの「感覚的経験の直接的内容」ではなく、自然の観察可能な規則性である。リードはコントの実証主義の一部となる標準的なニュートン的路線について論じているのである。――すなわち、現象の解明は記述的法則を提供するが作用因については教えない、と。

われわれは「現象」という言葉の「哲学的な」意味の再生をドイツ哲学に負っており、これはイギリスの現象主義という学派および大陸の現象学という学派の双方に暗号化されているのである。逆説的なことではあるが、イギリス人たちがバークリーやリードのような自国の大家に忠実であったとしたら、彼ら自身の経験論の行き過ぎに陥ることはなかったであろう。

効果

物理学者たちは本当に学ぶものがある現象を手に入れたときに、それを効果(effect)と呼ぶようになった。私はそれがいつに始まるのかよくは知らないが、一八八〇年代にはその慣行は定着していた。たとえば、ファラデー効果、すなわち磁気光学効果、コンプトン効果、ゼーマン効果、光電効果、異常ゼーマン効果、ジョセフソン効果。エヴァリットはマクスウェルが『熱の理論』(一八七一年)のなかでペルチェ効果について語っていることに注目している。おそらくこの用法の始まりはそこにあるのだろう。

「効果」は実際一八八〇年代中頃には物理学のなかに堆積しはじめていた。このことを物理学の新しい段階の徴候そのものとして用いてもよいかもしれない。効果とは何か、また人々はなぜあるものを「効果」と呼ぶようになるのか。実例として、E・H・ホールがジヨンズ・ホプキンズ大学にあるローランドの新しい物理学研究所の研究生であった頃発見した効果を取り上げよう。ローランドはホールに、ジェイムズ・クラーク・マクスウェルの幾分無造作に示されたある見解にかんして研究するよう求めていた。『電気と磁気に関する論考』のなかで、マクスウェルは電流を担っている導体が磁場の影響下にあるときには、磁場は電流ではなく導体に働きかける、と言っていた。ホール効果についての最近の研究において、ジェド・Z・ブッフバルトは当時のマクスウェル理論の精神の一部分をよび起こすためにこの一件を用いている。ホールは、マクスウェルは導体の抵抗が磁場によって影響を受けるかもしれないと、さもなければ電位差が生じるかもしれないと言っていたのだと推測した。彼は第一の効果を手に入れることはうまくいかなかったが、とうとう第二の効果を探り当てた。彼は磁場と電流の双方に対して直角をなす一片の金箔の各部で生じる電位差を手に入れた。最初のいくつかの説明は、さまざまな導体は金と反対の向きに電位差の効果を現わすことが理由となって、欠陥のあるものであることが明らかになった。ホール自身その効果を現象として記述したのである――標準的な物理学の辞典の多くが、「ホール効果」の見出しの下で、「……する現象」と書かれているように。一八七九年、十一月十日のノートの書き込みのなかで、ホールは注目に値する実験上の成功について記述した後に、次のように書いた――

そのときでさえ、新しい現象が発見されたと信じるのはかなりあぶなかしく思われたのだが、今では二週間近く経過しており、また実験は何回も、またさまざまな状況下で首尾よく反復されており……磁石が電流にある効果を、あるいは少なくとも回路にこれまでは表立って観察されるか証明されるかしたことのない効果をたしかに与えると宣言しても、おそらく早まったということはなかろう(1)。

クラーク・マクスウェルの理論上の展望のなかから生じた意見でなければホールに注意深い観察を行なわせはしなかっただろう。彼が見出したのは、クラーク・マクスウェルが見出されるかもしれないと考えたものではなかった。またホールは理論をテストしていたのでもない。これは探険だったのであり、あたかもマクスウェルがその海図にない海域にある種の島があるかもしれないと語ったかのようなのである。

現象と効果は同じ事柄に関係している。すなわち注目に値する識別可能な規則性なのである。「現象」という言葉と「効果」という言葉はしばしば同意語の役割を果たすが、しかし、別の方向を向いている。現象は世界に介入はしないで星を見張っている才能に恵まれた観察者が記録することのできる出来事を、言語の半ばは意識されているかの貯蔵所のなかで、われわれに思い出させる。効果は、一般にその人にちなんで効果が命名される偉大な実験家たちをわれわれに思い出させる。すなわち、少なくとも最初は、その他の理論を背景としてはじめて規則的（または不規則的）なものとして見ることができる規則性を作り出すために自然の推移に介入した男性や女性、かのコンプトンやキュリーを。

創造

ホールは彼の効果を創造したのではなかった！　彼は磁場のなかで、金箔中を電流が流れると、磁場と電流に垂直な電位差が生じることを発見したのである。彼と他の研究者たちは後にこの効果の細かな区別を研究した。たとえば金以外の導体、あるいは半導体には何が起きるだろうか。この仕事にはすべて工夫が必要だった。装置は手作りだった。諸々の発明品が創造された。だが、実験室のなかで明るみに出た現象は神の制作物の一部分であって、発見されるのを待ち受けていたのだと、われわれは感じがちである。

こうした姿勢は理論支配の哲学からすれば自然なものである。現象は規則性であり、こうした規則性は世界にかんする理論を定式化する。自然のさまざまな法則を推測する。現象は規則性であり、こうした諸法則の帰結である。われわれの理論は宇宙にかんして常にあてはまってきた事柄——〈神〉は始まりに先立って〈彼の本〉のなかに諸法則を書いたのである——を目指しているのだから、現象は発見されるのを待ち受けていつでもそこにあったということが帰結する。

私はこれに反して、ホール効果はある種の装置の外部には存在していない、と示唆しているのである。ホール効果の現代版はテクノロジーとなっており、信頼性が高く、決まった手順で作られている。その効果は、少なくとも純粋な状態においてはこうした装置によってのみ具体化することができるのである。

これは逆説的に聞こえる。磁場に直角な導体を通り抜ける電流は、自然のどこであろうと電位差を作り出すのではないのか。そうであり、かつそうではない。自然のどこであろうとそのような配置があって、じゃまをする原因がなければ、ホール効果は生起する。しかし実験室の外ではどこにもそうした純粋な配置は存在していない。自然界にはホール効果と他の多くの効果から結果として生じる事象は存在している。しかしそのような描写の仕方——多数のさまざまな法則の相互作用、もしくは合力——は理論指向的である。それはわれわれがどのように複合事象を分析するかを語っている。神が左手でホール効果をまた右手で別の法則を書き入れ、次いで結果を決定したというような像を描いてはならないのである。自然界には複雑なものしか存在していないが、われわれはそれを分析することにかけては著しく有能なのである。われわれは頭のなかで数多くのさまざまな法則を区別することによってそれを行なう。また実験室のなかで、純粋で、孤立させた現象を呈示することによって、そうする。

われわれは数多くの自然の法則が、合わせると一つの「結果〔合力〕」にゆきつくという考えをもっている。この隠喩は力学から来ているのである。この力とあの力、このベクトルとあのベクトルがあるとすれば、なにが結果として生じるかを見るために定規とコンパスを使ってうまい図を描くことができる。ジョン・スチュアート・ミルはずっと以前に力学にかんするこの事実は一般化されないと述べていた。科学の大部分は力学ではない。ルネサンスには「現象」という言葉はなによりも太陽の、また天文学上の規則性と変則性を表わしていた。私のボルヘス的空想を共有しない人々は神が太陽と地球を創造するよりもずっと以前に、神は頭のなかになんらかの〈普遍的な場の理論〉をもっていたと想像するかもしれない。神が天体と地球を作ったときには、それらは重力および他の場の諸原理に従った。諸法則は常にそこにあったのだ、とわれわれは想像する。しかし現象は――あるいは古の天文学者たちが現象と呼んだものは――宇宙のわれわれに近い部分が創造されるまでは存在していなかった。同じように、ホール効果は、彼が偉大な工夫をこらして、実験室のなかでそれを孤立化し、純粋にし、創造する方法を発見するまでは存在していなかったのではないか、と私は言っているのである。例を最近のものにとるならば、二〇年以前には宇宙にはメーザーもしくはレーザーは存在していなかった。ことによるとそれは誤りかもしれない。ことによると一つか二つは存在していたかもしれない。(宇宙論的現象のいくつかがメーザー現象らしいと最近になって言われている。)とはいえ今では宇宙には何万ものレーザーがあり、そのなかの多数が、私がこう書いているとき、私から三、四マイルの範囲内にある。

現象の希有性

ルネサンスの頃に「現象」という言葉が主に天体の事象に適用されたのは偶然のできごとではない。また今日もっとも尊敬されている古代の経験科学が天文学であるというのも偶然ではない。証明されているわけではないが、世界のいたるところに多種多様な巨大な大昔の土木工事跡、環状列石、ストーンヘンジ、マヤの神殿といったものが散在しているが、それは星もしくは潮汐を研究するために、莫大な犠牲を払って築いたものであるというのはもっとももらしい推察である。どの大陸においても大昔の科学が星から始まったように見えるのはどうしてだろう。それは空だけがいくつかの現象を展示してくれており、また注意深い観察と照合によって得られるさらに多くの現象を伴ってもいるからである。惑星と、さらに遠方にある天体だけがカオスを背景に複雑な規則性の見事な結合を有しているのである。

神は人間存在に、天体、潮汐、月経のような月に関連する他の現象の他には注目すべき現象を用意しなかったのか。世界は明らかな現象に満ち満ちていると抗議されることであろう。田園生活で心にとまるさまざまな事柄が思い出されることであろう。とはいえそれらは主にその生涯に一度も穀物を刈り入れたりヤギの乳をしぼったりしたことのない都市に居住する哲学者たちの話す事柄である。(世界が現象を欠いていることについての私の反省の多くは私のヤギ、メディアとの乳しぼり場での早朝の会話に由来している。幾年にもわたる毎日の研究も、多分「彼女はしばしば強情になる」というのを例外として、メディアにかんして真な一般化を明らかにすることにまったく失敗した。）世界には現象はほとんど存在しないと私が言えば、返答として母親、狩人、船乗り、料理人が身につけた豊かな知識が持ち出される。とはいえ、賢くなって自然へ帰れと忠告するロマン主義者と語るとき、われわれは自然の現象に注目するのではなく、そのリズムの一部となるよう命じられるのである。そのうえ自然的と呼ばれている事柄の大抵――たとえばパンをふくらませるためにイーストを入れること――は長い技術の歴史をもっているのである。

惑星と星と潮汐を別にすると、観察されるのを待ち受けている現象は自然にはたしかにほとんど存在しない。動物および植物の種はそれぞれ習性をもってはいる。私はその一つ一つが現象であると考えてみよう。ことによると自然誌は夜空のように現象に満ち満ちているのである。自然界のほうには観察できる現象はこれこれの数――たとえば六〇――しかないと言うたびに、もっとたくさんあるということを賢明にも思い出させてくれる人がいる。しかしもっとも長大なリストを作り上げる人々でさえ現代物理学の現象の大部分は製造されているということに同意するだろう。種にかんする現象――たとえばライオンの群れは次のような狩をする。すなわち雄はほえてホームベースに座し、雌はこわがるガゼルを追いかけて殺す――は逸話なのである。しかし物理学の現象――ファラデー効果、ホール効果、ジョセフソン効果——は宇宙という錠を外す鍵である。人々は鍵を作る——そしておそらくはその鍵が差し込まれる錠前をも。

ジョセフソン効果

絶対零度の約四度上で、多くの奇妙な事柄が起きることが古くから知られていた。物質は超伝導体となり、その結果、熱スイッチを使いつつ閉回路に電気を誘導すると電流は永久に流れ続ける。超伝導体を電気絶縁体の薄片で分離したとすると何が起きるであろう。二つの超伝導体を電池で結合しておくと何が起きるであろう。ブライアン・ジョセフソンは一九六二年に絶縁体で分離した超伝導体の間に電流が流れることを予言した。そのうえ電池をつなぐと正味の流量はないが電流の激しい振動がある。

ジョセフソン効果はその五年前にJ・バーディーン、L・N・クーパー、J・R・シュリーファーが提案していた超伝導体理論（BCS理論）から演繹されている。超伝導はクーパー対と呼ばれる電子対の運動であり、この電子対は低温体のなかでは抵抗に出会わないのである。電流が停止するためにはクーパー対のすべてが同時に停止しなければならない。それは冷蔵庫のなかで水が沸騰するのとおよそ同じ頻度で起こる。超冷却された物体が温められると、電子たちは分かれ、原子とか何かそのようなもののなかにさまよい出し、停止する。ジョセフソンはクーパー対は絶縁体を越えて拡がっていき、ジョセフソン電流を形成することを理解した。ことによるとこの驚くべき効果は、BCS理論が先に存在していなければ捜し出されなかったであろう。こうした推察は時代錯誤的な（最近の）歴史なのかもしれない。基本的な着想は当時大いに論議された磁束の量子化にあるからである。磁束の量子化がBCS理論の「明白な」帰結の一つとなったのは、それ以後のことに過ぎないのである。事実の詳細な点はどうであれ、われわれは一つの連続性のようなものに気づく。ファラデーは電磁気と光の間になんらかの相互作用があるに違いないと考えたために磁気光学効果を見出した。ホールは、マクスウェルの電磁気学が二、三の相互作用のうち一つは存在するはずだと示唆したために彼の効果を見出した。ジョセフソンは理論の諸前提からの見事な演繹によって彼の効果を見出した。ホールは登録簿にもう一つのマクスウェル的事実を追加したとはいえ、マクスウェルの理論を「確証」したわけではない。ジョセフソンは超伝導の新理論を実際に確証したのである。これは新理論が現象の最善の説明を提供したからだというわけではないことに注意してもらいたい。その理論がなければまさしくかの現象を創造することをだれも決して思いつかなかっただろうというのがその理由である。

私は前の段落で、言語の使い方を、効果を見出すことから現象を創造することへと転換した。それは考えがあってのことなのである。ジョセフソン効果は人々が装置を創造するまでは存在しなかった。効果は理論に先立ってはいなかった。現象の創造についてのお話は、明確に述べられたどんな理論にも現象が先行しているときにおそらくもっとも力強いものになるのだが、しかしそうである必要はない。多くの現象は理論の後に創造される。

実験はうまくいかない

実験結果は反復可能でなければならない、という格言よりもなじみ深い格言はない。私の考えではそれは一種の同語反復として機能している。実験は現象の創造であり、現象は識別可能な規則性をもたねばならず——それゆえ反復可能でない実験は現象を創造しそこなっている。

学部学生やハイスクールの学生は違った認識をもっている。実験室での教育を一環としてもつコースの「授業評価」に書かれるコメントでこれ以上にありふれたものもない。つまり、実験はうまくいかない。数値はでっち上げなければならないし、反応は反応しないし、ファージは成長しない。実験室をまさに改良しなければならないのだ！

この問題は見習い期間以前の年月に特有のものではない。ここにもう一つのありふれたお話がある。私の大学は大層複雑で高価な装置Xを所有しているが、それは世界にもほんの数台しか存在しない。おそらくわれわれのものだけがきわめてうまく働いている。それはXを用いての二日間の研究を許可されるためには、一年前に予約し、数多くの審査委員会の判断を仰ぐといった種類の装置である。われわれの機関の若いやり手の人物AがXを用いてあるきわめてすばらしい結果を手に入れつつある。同じ分野の、評価の定まった人物Bが彼にあてられた二日間にたどりつき、挫折して去る。彼はわれわれはAの研究をじっくり綿密に検討するべきだとほのめかしさえする。Aは本当に得ていると主張しているものを手に入れているのであろうか。それとも彼はだましているのか。（これは私が加わったあるテニュア審査に基づく本当の話である。）

さてもちろんたんに嘆かわしいだけの研究所のなりゆきというものもある。ときには年輩のBはこつを失ってしまったか、若いAがだましているかする。しかし逆説めいた一般化であるが、大抵の実験は大半の時間はうまくいってはいない、と言うことができるのである。この事実を無視することは実験活動が行なっていることを忘れることである。

実験することは現象を創造し、作り出し、精密にし、安定化をはかることである。仮に現象が、夏のブラックベリーのように摘み取るばかりといった有様で、自然界に満ちていたとしたら、実験がうまくいかないというのは注目すべきことだろう。しかし現象を安定したやり方で作り出すのは困難なのである。私がたんに現象を発見することについてではなく、創造することについて語るのはそのためである。それは長い困難な仕事である。

あるいはむしろ無数のさまざまな仕事がある。うまくいくかもしれない実験をデザインすること。どうしたら実験がうまくいくかの学習。しかしおそらく本物のこつは、いつ実験がうまくいくかを知ることであろう。それは観察――この言葉の科学哲学における用法においてーーは実験科学では比較的小さな役割しか演じていないということの理由の一つである。ダイアルの読みに注目し報告することーーオックスフォードの哲学による実験のイメージーーはとるに足らない。が、別の種類の観察は重要である。すなわち自分の装置のふざけた振舞いのなかにある奇妙なもの、まずいもの、教訓的なもの、もしくは歪められたものを選び出す不思議な能力である。実験家というのは伝統的な科学哲学の「観察者」ではなく、用心深く目ざとい人物のことである。装置を正しく作動させたときにだけ、観察を行ない記録することができる。それは楽な仕事である。

学校の実験室での見習い期間以前というのは大部分実験がいつうまくいくかを知る能力を獲得する、または獲得し損なうことに費やされる。考えることはすべて考え、デザインも、実行もすべて抜かりないのに、依然として何かが欠けている。いつ実験がうまくいくかを知る能力は、もちろん実験を正しく行なう方法を知るために必要な、これこれの技巧がどんな具合に機能するかについての十分な勘といったものを含んでいる。すべての実験がうまくいくような実験のコースはすばらしいテクノロジーではあろうが、実験活動については何も教えないだろう。階級の上端で、若いやり手のAが結果を手に入れ、著名なビジターのBの手には入らないというのも驚くべきことではない。Aは装置をよりよく知る機会を得ていた。彼は装置の一部を作り、それがうまく働かないということで苦しんだことがあった。これは現象を創造する方法を知ることの不可欠な一部なのである。

実験を反復すること

民間伝承は実験は反復可能でなければならないと言う。これが哲学的擬似問題を生み出した。多様な実験が同一の事象の反復よりも説得力があることは明らかなのである。そこで哲学者たちは反復は最初のものと同じくらい貴重であることを示そうと試みたか、あるいはたとえば確率の計算を用いて、なぜ反復は価値が低いのかを示そうと試みた。これは大まかに言えば、だれも決して実験を反復しはしないのだから擬似問題である。典型的には実験の真剣な反復は同じことをより見事に行なおう——現象のより安定的で、ノイズの少ない姿のものを作り出そう——とする試みである。実験の反復は通常、異なった種類の装置を用いる。ときどき人々が実験結果をまったく信じなかったり、懐疑家がふたたび試みるという場合がある。自由クォークが、重力波の場合と同様、そうした実例を提供する。二〇年前にある虫のような生物に迷路をうまく通り抜けさせることができるということがセンセーショナルに提唱された。同じ種の他の虫が訓練された虫を食べたとき、共食いした虫もまた迷路を前より上手に通るようになった。この結果をだれも信用しなかったのでこの実験は反復された。それはまた、まったく正しいことでもあった。

学校や大学では実験はむかつくくらいに反復される。こうした教室での実習の主眼は決して理論をテストしたり精巧に仕上げたりすることではない。その主眼は人々に実験家になる方法を教え――そして実験科学が適した職業ではない人々をふるい落とすことである。あたかも実験が反復されねばならない領域が一つ存在しているかのように思われる。それはわれわれが光速のような自然の定数の精密な測定を試みる場合である。われわれは数多くの測定を行ない、それを平均化するべきであるように見える。他にどうやって光が毎秒二九万九七九二・五プラスマイナス〇・四キロメートルの割合で伝わることを決めることができるだろう。しかしこの領域でさえ、求められているのはより優れた実験であって、できの劣った装置で質の劣った試みを反復することではない。K・D・フルームとL・エッセンは『光と電波の速度』(一三九頁)という概説のなかで次のように書いている――

われわれは実験的測定についてのわれわれの哲学を繰り返し述べたい。もっとも重要な目的は系統的な誤りを測定し排除することができるように測定の精度を増大することである。経験は広範囲の平均化操作もいつも結果のなかに思いがけない系統的な誤りを残すことを示している。古典的な光学的方法や、最近の測定のあるものにおいて行なわれたような莫大な数の測定を行なうことに利点はまったくないことをわれわれは理解している。われわれはまた残されている系統的な誤りはより多くの測定を行なうことによって減少されはしないのだから、単一の観測の標準偏差をとるかわりに平均値の標準偏差をとることは健全でないとみなしている。精確さの見地からは、一九五八年のフルームの測定はエッセンの測定（一九五〇年）およびハンセンとボルの測定（一九五〇年）にまさる唯一のものである。

第14章　測定

われわれはいつも測定してきたように見える。バビロニアの測量士は幾何学の先駆者ではなかったのか。六十進法の数桁までの精確さを誇る惑星の観察は古代世界のはるかな過去に遡ることができるのである。歴史家たちはかつて、ガリレオは手で仕事をした実験家であるという以上に、頭のなかで事を運んだプラトニストだったと言ったが、彼らはその後斜面上での物体の加速の精確な数値を用いた彼の観測のいくつかを捜し出した。われわれはハーシェルが彼の円熟した生涯の一年を光と放射熱の反射、屈折、透過度のきりのない測定に費やしたことに注目した。ホールの横向きの電位差の検出は電流の鋭敏な測定を必要とした。ブラッグが行なったX線回折に関連した測定は分子生物学への旅を開始するものだった。

測定は科学の生活の一部をなしていることはきわめて明白なので、いくらかの偶像破壊も損害を与えることはないだろう。測定は物理科学のなかでいつでも今日のような役割を果たしてきたのだろうか。われわれは歴史上もっとも精確で、精妙で、多くの賞讃を受けている測定の主眼を十分に理解しているのだろうか。測定は科学的精神が本来備えるその一部分なのだろうか、あるいはそれはある哲学的立場を表現するものなのだろうか。測定は自然のなかの実在的な何かを測定するのか、それともそれは主にわれわれが理論化を行なう方法がもたらす人工的産物なのだろうか。

奇妙なこと

私のもっともばかげた心配はオックスフォード科学史博物館のなかにある一枚の葉書を眺めたときに始まった。それは『測定者たち』と呼ばれている十六世紀の絵画の写しである。館長はそれを、その絵画と同時代の真鍮の道具の見事なコレクションをうまく補足するものと考えているに違いない。一人の婦人が布を測っている。建築家が砂利を測っている。砂時計が時を告げる。六分儀、アストロラーベ、製図器具が周囲に横たわっている。とはいえだれも何も測ってはいない。建築家たちは彼らの箱のなかの砂利の高さに注意を払ってはいない。砂時計のなかで砂が気づかれることもなく落ちる。婦人は巻尺を布に当ててはいるが、それがぴたりとではない。巻尺は輪になって垂れており、そのため巻尺の読みは布の長さより一フィートは長いだろう。

おそらくこの絵は諷刺なのであろう。それともことによると婦人はただ布を測りはじめているだけかもしれない。ある人物はアストロラーベを拾い上げようとしているのである。

建築家たちは砂が箱からあふれていることをもうすぐ知るだろう。砂時計もじきに注目されるだろう。それともこの絵を、諷刺としてか、そうでなければ一時停止された始まりとしてか、その二つのうちのどちらかの仕方で読まなければならないのは時代錯誤を犯すわれわれだけなのだろうか。われわれは「測定」の古い意図を十分に理解しているのだろうか。

ハーシェルはさまざまな物質を透過する光と熱の割合を一〇〇〇分の一まで測定した。われわれは彼が光に対してそのような精確なことができたことに疑いをもつし、それは熱に対しては不可能だったろうということを知っている。注意深い真正のニュートン的帰納主義者の、乱暴な誇張を伴う、この一八〇〇年の振舞いはなんだったのだろう。述べられている数となされた観察との関係を求めてさらに以前の時代を眺めるときに、歴史家たちはなお一層困惑する。ガリレオは平均について考えた最初の人物であったのかもしれないが、算術平均——平均化——が実験家たちにとってありふれたものになるまでにも長い時間がかかったのである。ガウスは一八〇七年には誤差論を提出しており、天文学者たちはそれを用いた。現代の物理学的測定はすべて誤差の指示を要求しているが、天文学を除けば物理学は一八九〇年代(あるいはもっと後)に至るまで誤差の評価を報告しなかった。

数と測定についてのわれわれの考え方は十九世紀の末になってはじめて明確で疑問の余地のないものになった。一八〇〇年以降かそれぐらいに社会科学においてもっとも顕著に数値のなだれ（avalanche of numbers）が起こった。クーンは彼の主要な論文、「近代物理科学における測定の機能」のなかで、初めて広範な物理科学の諸領野が「数学化」[1]された、第二の科学革命があったと提唱している。彼はそれを一八〇〇年と一八五〇年の間のどこかに置いている。彼はわれわれが今日考えているような測定が基本的な役割を引き受ける年として一八四〇年を提唱している。

自然の定数

多分、転換点のきざしは、一八三二年に現われている。デジタル計算機の発明者である、チャールズ・バベッジ（一七九二―一八七一年）が諸々の科学と技術で知られている定数すべての表を出版するよう力説した簡潔な小冊子を発行した年のことだ。すべての既知の定数が印刷されることになっていた。それらの二〇のカテゴリーがある。バベッジは天文学的量、比重、原子量、等々のおなじみの表から始めている。生物学上の数、地理学上の数、人間にかんする数もある。たとえば、川の長さ、人が一時間に挽くことのできる樫の量、人の生命を一時間維持するのに必要な空気の量、いくつかの種の骨の平均の長さ、大学の学生数と大図書館の書籍の数。

合衆国基準局のチャーチル・アイゼンハートはかつて私に、バベッジの小冊子は「自然の定数」についての現代的な観念の始まりをしるしていることを示唆した。彼は定数がそれまでは知られていなかったのだと言わんとしたわけではない。バベッジ自身あれやこれやの数の最近の出所をたくさん挙げている。基礎定数の一つである、ニュートンの重力のGは少なくとも一七九八年以来知られていた。彼の同時代の多くの人々の頭のなかにあったことではあるが、世界は、定数と呼ばれることになるであろう、一群の数で定義されるかもしれないと公式に述べることによって、バベッジがそうした仕事をまとめあげている、ということが重要な点なのである。

精確な測定

測定という日常的実践は説明を必要としないかもしれない。かなり精妙な種類の測定を欠いては、ホールは電位に対する電流と磁場の影響を見ることができなかったであろう。はじめは彼はたんに質的な効果だけを必要としたのかもしれないが、彼の後継者たちはかなり精確な測定がなければ諸々の導体の間での差異に気づくところまでいけなかったであろうし、さまざまな物質の特徴として「ホール角」を定義することもできなかったであろう。しかし問題を孕むもっと顕著な測定の別の部類が存在する。それは歴史上もっとも偉大な測定の多くを含んでいるのである。

正午に井戸を見下ろし、砂漠を横切って歩測することによって地球の直径を見出そうというアリスタルコスの驚くべき考えについて多くを知るためには原典を再構成しなければならない。しかしわれわれはキャヴェンディッシュが一七九八年にどうして、またなぜ「地球の重さを測った」のかということについてなら多くのことを知っている。光速についてのフィゾーの一八四七年の研究は精確さの点で傑作である。その後を継いだのはマイケルソンの回折格子の技法であったが、これは測定の可能性を大きさで数桁増大させた。電子の電荷のミリカンによる一九〇八―一三年の測定はもう一つの画期的事件である。

これらの際立った実験の主眼はなんであろう。それらは少なくとも二つの理由から賞讃されている。第一に並み外れて精確だったのである。われわれはこれらの開拓者の得た数値に対してはとるに足らぬ程度の修正しかしていない。第二に、それぞれの人物はすばらしい新技法を作り出した。どの実験家もたんにすばらしい新しい実験の着想を見出す天稟をもっていただけではなく、しばしば数多くの補助的な実験上の考えと技術上の新機軸を発明することによって、その着想がうまく生かされるようにする天分をもっていた。

これら二つの平明な答えは申し分のないものではないかもしれない。精確さのもつ重要性とはなんなのか。大して重大ではないきわめて精確な数値を得ることにかけての見事な工夫の才のもつ意味はなんなのか。初めは過度に一般化しないようにしよう。実験についての研究は常にそうであるが、すべての事例にあてはまるような答えはない。

ミリカンの実験の第一の帰結は電荷の最小の単位が存在することの定性的な確証である。彼は油滴上の電荷はある一つの数に小さな整数を乗じたものであることを見出した。またその最小の電荷は電子が担う電荷であるに違いないと推論された。ミリカンはそれだけのことを予期しただけだが、電子が揺籃期にあった当時としては、それは価値のある結果であった。この文脈では、eの精確な値はまだほとんど重要ではない。ミリカン自身の言葉によれば、彼は「電子の電荷は、どのようにして作り出されたものであれ、すべて一つのはっきり定まった電気素量の正確な倍数であることの直接的で具体的証明を提供することができた……」のであった。もちろん彼はまた「電気素量の値を……精確に決定する」ことができたことを誇らしく思ってはいた。また私はノーベル賞の授与式のスピーチのなかの言葉、すなわち、ミリカンの「単位の厳密な測定は、多数のもっとも重要な物理定数を高度の精確さをもって計算することをわれわれに許すので、物理学に対して測り知れぬ貢献をなした」という言葉を否定するわけではない。しかし精確な測定にかんして偶像破壊的に振舞うとすれば、他の測定を生み出す測定の能力というのはほとんど説得力をもたない測定の正当化である。

一九〇八年には、はっきり定まった最小の負の電荷eがあることを疑うのも無理からぬことだった。しかしキャヴェンディッシュが一七九八年に「地球の重さを測った」ときには、われわれの惑星がある比重をもっていることをだれも疑いはしなかった。キャヴェンディッシュの勝利はこの見たところ測定不可能な量を測定する点にあった。それは人が本来的に備えている好奇心を満足させただけでなく、推論の短い連鎖を通して、重力定数G

の値を与えもした。ニュートンは実際のところその答えを初めから知っていた（『プリンキピア』、第三巻、命題十）。彼はまた諸々の実験を提案してもいたが、それは後に一七四〇年頃になってフランスのエクアドル遠征隊によって行なわれ、測鉛線が高さ六二六七メートルのチンボラソ山のような巨大な自然物に引きつけられるときにどの程度垂直から偏向するかに注目することによって比較的優れた結果を手に入れた。キャヴェンディッシュはGを決定するさいに人工的なおもりを用いるという新しい実験上の着想（彼の独創ではない）を実行に移すことができたので、重要性においてまさったのである。

キャヴェンディッシュの行なった仕事と、一八四七年のフィゾーの光速の測定との間にある類比が存在する。一六七五年にレーマーは木星の衛星の蝕の観察から光速を見積っていた。惑星間の距離についての彼の知識は貧しかったので、彼は二〇％も誤ってはいたが、（ミリカンとの類比が見られるが）われわれが今日cで表わしている、光の有限な速度が存在することを示しはしたのである。その世紀の末にホイヘンスは天文学の十分な知識を所有した上でcの優れた値を与えた。一八四七年までには光速はレーマーの方法によって、考えられるどんな目的に対しても十分に知られていた。

するとフィゾーの狙いはなんだったのだろう。もちろんさまざまな方法が同一の結果を与えるということは重要である。仮にフィゾーがレーマーの方法とはひどく異なった答えを得ていたとしたら、われわれは地球上と太陽系とでは異なった速度で伝わる光を前にして、前ガリレオ的天文学へと投げ返されたことであろう。もっと重要なことはキャヴェンディッシュとフィゾーとがまったく人工的な装置を備えた実験室のなかで仕事をしたことである。木星の衛星や、チンボラソ山をいじり回すことはできない。これは私が現象の創造と呼んだものと関係している。実験室の環境のなかでは、顕著な管理能力を用いながら安定した数値という現象を作り出すことができるのである。

フィゾーはほどなく別の実験を行なった。光速は流水の管を通過するときどんな影響を受けるであろう。速度はたんに光と水の速度の和になるのだろうか。彼のもともとの狙いはエーテルの理論と関係していたが、その背景については次章でいくらか述べよう。フィゾーの頭に浮かびそうにもない（あるいは一八五二年に頭に浮かび得たとも思えぬ）事柄は古典的ニュートン理論と相対性理論との間のテストであった。一九一六年の一般向けに書かれた本、『相対性理論』［邦訳：一九八八年、岩波書店］において、アインシュタインは運動を加え合わせる二つの方法について書き、次いで次のように述べている――「この点について、われわれは才気あふれる物理学者フィゾーが半世紀以上も前に行ない、またそれ以来最良の実験物理学の何人かによって反復されているので、その結果にかんしては疑うことができないきわめて重要な実験に啓発された」。次いでアインシュタインは、この現象の理論はH・A・ローレンツによって与えられたと述べているが、続いて次のように言う――「このことは相対性理論の決定テストとしてその実験がもつ決定的な性格をいささかも減少させるわけではない。というのは端初となった理論が基づいていたマクスウェル＝ローレンツの電気力学は相対性理論にまったく対立していないからである」。注目すべき発言である。つまり、五〇年以上も昔の実験ができたての理論の決定テストだったのである！　伝統的なエーテル理論はフィゾーの結果にかんしてどんな問題ももってはいなかったし、また次章で見るように、この種の実験を一八八六年に「反復した」マイケルソンとモーリーとは、自分たちは古典的ニュートン的エーテルの存在を確証したと考えたのであるから、この意見は二重に奇妙である。われわれが手にしているのは人々が自分たちの諸々の目的のために役立てる測定の見事な一様式である。一つの目的はなんであれ人々の好む理論である。もう一つの目的はその技法のさらに一層巧妙な変形を発展させることであり、マイケルソンの一八八一年の仕事がそのもっとも有名な例となった。この事例ではときに、長らく死んでいた実験を行きあたりばったりに餌にしながら、寄生する瞬間を喜び迎える偉大な理論家、すなわちアインシュタインが見出される。

「他の手段による理論」

ファン・フラーセンの『科学的世界像』は「現場の科学者にとっての理論の本当の重要性は、それが実験の設計の一要因であるということである」（七三頁）という。彼はミリカンについての議論へと進み、この実例について、「実験活動は他の手段による理論の継続である」と書く。これら二つの意見は互いに調和しないように見える。おそらく彼は実験が自分自身のブーツのつまみ革をひき上げるというイメージ、つまりもっと多くの実験ができるようになるために他の手段によって理論を行なうというイメージを手にしているのだろう。これはミリカンの例については悪いイメージではない。eについての値を手にしたので、じつにさまざまな実験が可能になったのだから。

「他の手段による理論」というアフォリズムは次のような考えに基づいている。電子が存在するということを、また電子は一定の電荷をもっているということを理論が示唆していた。しかし理論には空白がある。どんな理論的な反省もeの値を埋めることはできない。われわれはeの実験的決定を行なうことによって「他の手段によって」理論を押し進める。

これは魅力的な隠喩であるが、私はそれに大きな重要性を置くことには気がすすまない。キャヴェンディッシュは重力定数Gの値を埋めたが、私の考えでは、彼はニュートンの理論を少しも先へ進めなかった。なるほど、こんなふうに考えてみることもできるだろう。ニュートン理論は互いにdの距離で隔たっている二つの質量m_1とm_2の間に存在する重力にかんする言明、すなわち

$$F = G\frac{m_1 m_2}{d^2}$$

を含んでいる。

しかし定数Gの値はまったく理論の一部ではないのである。Gを埋めることによってキャヴェンディッシュは理論を前進させたわけでもない。実際のところGは独特な自然の定数である。すぐ後で述べるように、大部分の物理定数は物理学の法則によって他の定数と結びついている。これはおのおのの定数を決定するさいの重要な事実の一つである。しかし、Gは他の何ものにも関係していない。

当然のことながら、われわれはGが何かに関係していることが明らかになることを期待している。重力および電磁力は、強い相互作用の力および弱い相互作用の力と同様いつかはもっともらしいある理論に埋め込まれるかもしれない。あるいはことによるとP・A・M・ディラックの五〇歳の頃の思弁の後を追う次のような考えが存在するであろう。宇宙の年齢が約10^{11}歳だとしよう。するとわれわれは重力が電磁力と比較して、毎年約10^{-11}だけ減少していることを期待してもよかろうが、この違いは現在の技術でもだいたい測定可能なものである。こうした測定は世界についてわれわれにたくさんのことを教えるかもしれないが、しかしそれはニュートンの理論を――または何か他の理論を――他の手段でひき続き押し進めているということではないだろう。

ミリカンは電子の理論にとって、キャヴェンディッシュが重力の理論に対してもっているよりももっと多くの重要性をもっているが、それは彼が理論のなかの空白を埋めたからではない。それはむしろ彼が電荷の最小の単位が存在することを確証したからである。ここまで来れば、実験家たちは理論をテストし、確証し、あるいは反駁することを命じられるのを、何もせずに待っているのだという科学のモデルに対するファン・フラーセンの反感を、私も分けもっているということは明らかである。そうはいうものの、彼らはしばしば、ミリカンの場合のようにそれが中心的な動機でないときでさえ、たしかに理論を確証する。理論に対するミリカンの関係は、ある推測上の対象である電子と多分関係している最小の負の電荷が存在しているという意味をもつ、考えられるさまざまな思弁の数々を確証した、というものであるように私には思われる。彼はまたその最小の電荷の値を見出しもしたのだが、その数値は理論とはさしたる関係をもってはいない。その決定的な利点は、先に引用したノーベル賞の表彰にあるように、それが他の定数を一層精確に定めるのを助けた点にあるのであるが、それらの定数もまた理論の成り行きに大きな影響を与えたわけではなかった。

精確な自然の定数は存在するか

測定に親しんでいた唯一の偉大な哲学者は長い間、合衆国沿岸測地測量局とボストンのローウェル天文台に傭われていた、C・S・パースであった。彼はGを決定するための精密な振子実験のいくつかを設計した。彼はアームチェアの哲学者とは違って、「ある連続量は精確な値をもつ」という公準に対してはたんに嘲りしか感じていなかった。一八九二年に彼は「必然論批判」〔邦訳：『偶然・愛・論理』所収、一九八二年、三一書房〕――大抵のパースの著作集のなかにある論文――のなかで次のように書いている――

裏の事情が分かる立場にいて、他のすべての測定を精確さにおいてはるかに凌いでいる質量、長さ、角度のもっとも精密になされた比量が、それにもかかわらず銀行預金口座の精確さに及ばないことを、また雑誌に毎月毎月顔を出すような、物理定数の日常的な決定は室内装飾業者のじゅうたんやカーテンの測定とほぼ同程度のものであることを知っている人には、実験室において数学的な精密さが証明されるなどといった考えはたんに滑稽なものに思われるであろう。（J・バックラー編『パースの哲学』三二九頁および次頁）

ピエール・デュエムにも同じような要素が見られる。彼は自然の定数をわれわれの数学の人為的産物とみなしている。われわれは理論を作り出すが、それは内部に、Gのような、さまざまな空欄をもっている。が、Gがこれこれの値をもっているというのはわれわれの宇宙にかんする客観的事実ではない。それはわれわれの宇宙が一定の数学的モデルによって表現できるという質的な事実である。そしてこのことから、われわれの数学ともっともうまくやっていけるある精確な数値のようなものが存在しているのだという、別の質的な事実が生じている。これは理論と自然定数にかんするデュエムの辛辣な反実在論の基礎なのである。

最小二乗調整

デュエムとパースは定数が精確でない場合は切り捨てるのだろうか。必ずしもそうではない。過去二〇年間もっとも一般に受け入れられていて、科学技術データ委員会(2)が国際的な使用を勧告している一群の基礎定数を考えてみよう。編集者のコーエンとテイラーは世界中の主な国立研究所での研究に基づく莫大な数の基本定数を所有している。データは「より精確」、「あまり精確でないWQEDデータ」、「あまり精確でないQEDデータ」として区別されている。QEDは量子電磁力学の理論を用いた研究を表わし、一方、WQEDはそれを用いない研究を表わしている。最後にいくつかの「他のあまり精確でない量」がある。最後の区分にわれわれの友である重力定数が見出される。これにかんして問題とされる点は、「現在のところGを他のなんらかの物理定数に関係させる検証された理論の方程式は存在しない」ということである。「それゆえそれはわれわれの調整から得られる諸数値に直接関係をもつことはあり得ない」(六九八頁)

われわれが他の定数の場合に大抵行なうのは二つの定数の比を決定することである。たとえば一九六二年に発見されたジョセフソン効果（第13章を参照）は精確な測定に大幅な変化を生み出した。それは電子の担う電荷とプランク定数との間の関係、e/hを決定するひどく容易な方法を与えたからである。一九七二年には、われわれは電子とミューオンの質量の比の精確な値を小数五桁まで知っていた。これはそれ自体、他の諸々の比から決定されている。

結局、諸々の定数がどういう数になるのかについて数多くの見積りが得られる。それからその「最小二乗適合」へと進む。われわれは大まかに言えば、ある一定のグループのなかのすべての理論は正しい（たとえばQEDまたはWQED）と仮定する。それゆえたくさんの数値を関係させるたくさんの方程式をわれわれは手に入れる。当然のことながら数値のすべてが方程式すべてにぴたりと適合するわけではない。そこでわれわれは、すべての方程式を正しいものとし、またさまざまな定数と、定数の比とのもっとも良い最初の独立の見積りすべてのなかの誤りを最小にするような、数値の精確な割当てを見出す。当然のことながらこの仕事はもう少し複雑である。というのはわれわれは最初の測定のなかに精確さのさまざまな水準を付随させるからである。特定の誤差を組み込んだ評価を与えることになる、この「最良適合」はそれゆえ科学における「最初の」定数、すなわちGのような少数の単独行動者を除く定数全体に対して、一つの評価を提供する。

ジョセフソン効果における比の導入は以前の一群の見積りを変化させた。それらはすべて「修正された」のである。この過程は決して終わりに達してはいない――

しかし一九七三年の調整の公刊以来、いくつかの新しい実験が完了しており、定数のいくつかに改良された値を与えた……しかし最小二乗調整によって得られる値は複雑な仕方で関係しており、定数の一つの測定値における変更は通常他の定数の調整された値の対応する変化へと導くので、一九七三年調整から得られた値ともっと最近の実験の結果の双方を用いて計算を行なうさいには注意深く行なわねばならないことを理解しなければならない(3)。

疑いもなく次の最小二乗調整が公刊されるとき(近々である)には、理論と数値との織物全体はしばしの間より満足のゆくものに見えることであろう。にもかかわらず懐疑家はわれわれが行なっていることはわれわれの定数に結びつけるもっとも便利な一連の数値を見出すことだけであると主張できる。おそらくわれわれの手続き全体はデュエム的な型にはめ込むことができるのである。いずれにせよ定数決定のこの特徴ある形式を「他の手段で理論を押し進めること」と呼ぶことはまずできない。

一切を測れ

測定に対する情熱はかなり新しいものだとクーンは言う。彼はケルヴィンを引用する──「私はしばしばこう言っている。あなたが語っているものを測ることができる場合には、あなたはそれについてなにごとかを知っているのだ。測ることができないときには……あなたの知識は貧弱で満足の得られない類に属するものである、と」[4]。ケルヴィンが頻りにそう語ったせいで、多くの歪曲された異説が出回っている。カール・ピアソンは「現象を測り、それを数値に変えるまでは、あなたはそれにかんする貧しく曖昧な理解をもっている、というケルヴィン卿の言葉」[5]を思い出している。仮にだれかが測定への熱狂はイデオロギーに染まっているわけではないと考えるとしたら、マイケルソンの拠点となっていたシカゴのライアソン研究所にかんする長い狂詩のなかの次の混成詩を考えてもらいたい──

さあこれがライアソンの法律でまたこれが平和の代価なのさ
人は争いがやまないうちに測定することを学ぶべし、ってね

ピアソン、ケルヴィン、ライアソン研究所はどれも十九世紀末に登場した。世紀末は数

値のなだれで始まったのである。世界は今や以前のどの時代に比べてもより定量的な仕方で考えられた。世界は数の大きさで構成されているものとして眺められた。精確な数値を測定することに対するフェティッシュは自然科学の進路にどんな影響を与えたのだろう。これに答えるにはすでに言及したクーンの論文、「近代物理科学における測定の機能」を眺めてみるべきである。これは『本質的緊張』〔邦訳：『科学革命における本質的緊張』一九九八年、みすず書房〕に再録されている。

測定の機能

なぜ測定するのか。一つの答えはポパーの推測と反駁の弁証法である。この見解によれば、実験は理論をテストするためにもくろまれる。最良の実験は理論を最大の危険にさらす。それゆえ精確な測定は最良の実験であるに違いない。測定された数値はきっと予測された数値と喰い違うだろうから。

アンデルセンのお伽話のなかの子供は王様は裸だと言った。クーンはその子供に似ている。というのは推測と反駁の美しい衣裳の一切、ポパーが想像したお話はほとんどまったく起きることのないことなのだから。人々は理論をテストするために精確な測定を行ないはしない。キャヴェンディッシュは重力理論をテストしたりなどまったくしなかった。彼はGを決定したのである。フィゾーは光速のより優れた値を手に入れ、次にこれを目的として考案していた技術を、光はそのなかを移動する媒体の速度に依存してさまざまな速さをもつかもしれないという可能性を研究するために（テストするためではない）用いた。六〇年後にはじめて突如アインシュタインがそれは「決定テスト」であることを見出す。もっと月並みな仕事の場合にも、実験室のなかで決定される数値は通常、理論を危険に陥れようとするためのものではない。クーンが主張するように、実験は普通まさしく人々が多かれ少なかれそれを手に入れることを予期していた数値を、いくらか精確に手に入れる場合に酬いられるのである。

それゆえ大抵の測定はクーンが通常科学と呼んだものなのである。優れた測定は新しい技術を要求し、それゆえ実験的な部類に属する多くのパズル解きをもたらす。測定は既知の材料の細部を明確に表わす。するとケルヴィンにおいて頂点に達する測定のフェティシズムは「通常の」活動を強化する他には科学にまったく影響を与えなかったということになるのだろうか。決してそうではない。クーンは測定の機能を次のように要約している――「私の信じるところでは、十九世紀に物理科学の数学化は課題選択に対する大幅に洗練された専門的規準を作り出し、またそれは同時に専門的な検証手続きの有効性を大いに増大させた」（二二〇頁）。脚注のなかで彼は三つの問題、すなわち光電効果、黒体放射、比熱の選択に導いた「奥義に通じた者だけが認める定量的不一致」に言及している。量子力学はこれらの問題に対する解決であったのである。クーンは量子力学の最初の見解が

「専門家集団」に受け入れられた迅速さに注目している。彼はこれらの問題の二番目のものにかんして比類のない著書、『黒体理論と量子的不連続性、一八九四―一九一二』をわれわれに与えてくれた。

私はクーンを以下のように注解しよう。われわれは測定の機能を測定に対する公言されている理由から区別しなければならない。実験家たちは測定に対してさまざまな動機をもっている。彼らは測定の巧妙な仕掛けを考案する場合に酬いられる。しかし測定の実行はケルヴィン、ピアソン、ライアソン研究所がまったく予期しない副産物をもたらす。ときに実験上の数値のさまざまな集まりが、予期に反してかみ合わないことが明らかになる。それは変則性の一つであり、ときに「効果」とさえ呼ばれる。精密さへのフェティッシュが大きければ大きいほど、より頻繁に「奥義に通じた者だけが認める不一致」に出喰わすものである。実際には多くはないけれどもたしかに不意に現われてくるものがあり、そしてこれらの魅惑的ないくつかの変則性は専門的な問題解決に焦点を提供するのである。だれかが新しい理論を提出する場合、その仕事は「奥義に通じた者だけが認める不一致」を説明することである。次いで新しい理論が直面しなければならない急ぎのテストがある。これらはクーンが書いている効果的な検証手続きであり、それは科学革命にかんする彼の見解にその構造の一部を提供している。

この機能のお話に夢中にならないようにしよう。これが話のすべてではない。もちろん多くの実験は理論をテストするために慎重に考案されている。器具設計はテストを一層説得力のあるものにするためとくに発達をとげている。哲学の影響もないわけではない。ケルヴィンの時代には古い事実発見流実証主義がはびこっており、自分の実験を描写する場合には、数値にかんするしっかりとした事実を見出そうと試みているのだと言った。今日では、ポパーの哲学がはびこっており、自分の実験を描写するとき、理論をテストすることを試みているのだと言う（さもないと資金が得られない！）。測定にかんするクーンの説明もポパーのものとそんなには違っていないとも付け加えておこう。精確な測定は理論に適合しない現象を掘り出し、そこで新しい理論が提案される。しかしポパーがこれを実験家の表立った目的とみなすのに対して、クーンはそれは副産物であると主張する。実際この「機能」にかんする彼の説明は、社会科学のなかで機能主義と呼ばれているものにきわめて類似している。

機能主義

クーンの哲学はしばしば社会学になったと言われている。経験社会学のことを意味しているのであれば、それは誤っている。クーンは次のような定理をまったく与えなかった。すなわち、「研究所がN人以上の科学者を職員として有するならば、研究所に入りその経歴を伸ばし続けていく若い科学者の比率はk、他の仕事に転じる比率は$(1-k)$である」。

クーンは決して経験社会学者ではないが、ある程度までは古風な思弁的な社会学者である。そのなかでも、機能主義者と呼ばれているある人たちは社会または下位文化のなかにある慣習を発見しようとした。どうしてそれがそこに入り込んだかを問おうとはしなかったが、どのようにしてそこにとどまっているのかを問おうとした。彼らは、そのグループの他の局面を前提とすると、この慣習はその社会自体の存続に寄与する諸々の長所をもっていると推測した。それがこの慣習の機能である。それは社会の成員には知られていなくても無理はない。しかしわれわれはその慣習をその機能の観点から理解しなければならない。

同じように、クーンは測定が物理科学で演じる役割が増大していることに注目する。一八四〇年になってようやく徹底的な数学化が見出されるに過ぎないと、彼は示唆する。それがどのようにしてそうなったのかと彼は問わない。それがなぜとどまったのかを問う。シニカルな人々は測定は科学者になすべき事柄を提供するというかもしれない。クーンは精確な測定の支配のなかで避けがたく出現する変則性が、彼が危機と呼ぶ状態においてさえ、後に続く活動を集中させる働きをもつと言う。またある理論が先行する理論の優れた置き換えであるというのはどういうことであるのかを決定しもする。それゆえ測定は、通常科学−危機−革命−新しい通常科学というクーンの見解のなかに重要な持ち場を得ている。

公式的見解

クーンは好奇心旺盛で偶像破壊的である。定数を精確に測定する人々は彼の意見を軽視するが、それは定数の決定はそれ自身一つの世界という地位を獲得しているように思われるからである。ジョセフソン効果のおかげで、「合衆国国立基準局は一九七二年七月一日、合衆国の法定もしくは維持基準ボルトの維持に使用するため精密な値 $2e/h$=483593.420 GHz/V を採用した」(六六七頁)。日本、カナダ、等々における一一の主要な国立研究所にそれぞれ依存する少なくとも一二の他の維持基準ボルトがある。一二の地域「ボルト」をもつことはまったく気狂いじみているというわけでもない。やっかいな事柄の一つなのであるが、実験家があるボルトを得たいと望むときにもっとも近くにある研究所に行くか、「船積み可能な温度調整されたボルト移動標準器」を用いなければならないからである。次に見るのは測定の哲学の一つである。それは右に言及したコーエンとテイラーによる通覧、『一九七三年最小二乗調整』の最後に登場している——「われわれは基本定数の分野にまだなさねばならない多くの有益な仕事があり、次の小数位のロマンスを、それ自体を目的とするのではなく、そこに現在隠れて横たわっている新しい物理学と自然のより深い理解のために情熱的に追求するべきであると信じている」(七二六頁)

第15章 ベーコン的主題

フランシス・ベーコン（一五六一―一六二六年）は実験科学の最初の哲学者であった。[1] 彼は科学的知識にどんな貢献もしなかったが、彼の方法論上の考えの多くは今なおわれわれの下にある。「決定実験」はその一例である。

彼はエリザベス一世の長い治世に生まれあわせた廷臣の一人だった。（「女王からいくつかと尋ねられて、彼は、その頃ほんの少年に過ぎなかったのに深い分別を働かせ、私は女王陛下の幸福な御代より二歳年下です、と答えた」[2]。）彼は当時の検事総長であり、「犯人と死罪を犯した者とを等しく」告訴した。（「ベーコンは彼らに対して侮辱的で横柄に振舞う性分をまったくもたず、常に心優しかった、……実例を厳格なまなざしで、だが人物を憐れみと同情のまなざしで眺める人間として……」。）彼は賄賂を受け、捕えられた。（「私はこの五〇年間に英国に存在したもっとも公正な判事であった。しかしそれはこの二〇〇年間の議会におけるもっとも公正な譴責であった」。）

彼は自然の観察は実験に比べるとわれわれに教えるものが少ないことを理解した。（「自然の秘密はそれ自身のやり方で進んでいくときよりも技術によって苦しめられているときのほうが容易に明るみに出る」。）彼はいくらかはプラグマティストであった。（「それゆえ真理と有用性とはここではまさに同じ事柄であり、成果それ自体も生活の快適さに寄与するものとしてよりは真理の保証としてより多くの価値をもっている」。）彼は「自然のひだを振って広げる」ために実験を行なうことをわれわれに命じた。われわれは「獅子の尻尾をひねら」ねばならない。彼がソロモンよりも多く引用した賢者はいない——「神の栄光は事物を隠すことにあり、王の栄光はそれを探し出すことにある」。彼はこの金言の本当の意味に従って、探究者はだれもが王であることを説いた。

蟻と蜜蜂

ベーコンは知識を第一の諸原理から引き出す、スコラ的で書物にしがみつく人々の試みをさげすんだ。そうするかわりに概念を創造し、より低い一般性の水準にある諸々の真理を発見しなければならない。科学は上向き《ボトム・アップ》で築くべきである。彼は思弁、仮説形成、数学的連関形成の価値を予見していなかった。われわれは、可能などんな方式のテストよりも先にそれらをうまく用いることをその後習得することとなった。彼が事実を超えて進む著作家を軽蔑するとき、彼の頭にあるのは、新科学ではなくスコラ主義であった。それゆえ彼は現代の理論支配の哲学者のなかの多くの人々に粗笨《そほん》な扱いを受けてきた。彼らはベーコンを帰納主義者と呼んでいる。とはいえ「反対の事例を手中にすることなく、特殊の単純枚挙に基づいて結論する（論理学者が行なっているように）ことは悪質な結論づけである」と語ったのはベーコンであった。彼は単純枚挙による帰納を幼稚またはおとなげないものと呼んだ。

ベーコンは実験の哲学者であったので、帰納主義と演繹主義の単純な二分法にはうまくあてはまらない。彼は結果はどう出るにせよ、自然を探究することに努めた。「試みた実験が自分の期待に応えてくれなくても落胆したり挫折したりするべきではない。成功した実験が一層快いものであるにせよ、うまく行かない実験はしばしば一層教訓的なものであるからである」。つまりベーコンはすでに反駁を通じて学ぶ価値を知っていた。彼は新科学は実験上の技巧と理論上の技巧が協力し合うものになることを理解していた。彼の時代の流儀でもあるが彼は昆虫の生活から一つの教訓を引き出している――

実験の人々は蟻のようなものである。彼らはたんに収集し用いる。理性の人々は蜘蛛に似ている。蜘蛛は自分自身の中味から蜘蛛の巣を作り出す。しかし蜜蜂は中間の道を選ぶ。それは庭や野原の花から物質を集めはするがそれを自分自身の力によって変化させまた消化する。哲学の本当の仕事はこれに似ていないわけでもない。というのはそれはもっぱら、あるいは主に、精神の諸能力に依存するのでもないし、自然誌および機械的な諸実験から集めた材料をとって、それを見出されたままに、まるごと記憶のなかに貯えるのでもない。そうではなく手を加え消化したうえ悟性のなかに貯えるのである。

「それゆえ」、と彼は続ける、「これら二つの能力、すなわち実験的能力と理性的能力の間のより緊密でより純粋な同盟（そのようなものはまだ作られたことがない）から、多くの事柄を期待してよかろう」

科学の何がそんなに偉大なのか

実験的能力と理性的能力との協力はベーコンが予言的にそう書いたときにはまだほとんど始まっていなかった。今日、ポール・ファイヤアーベントは、第一に、「科学とは何か」と問い、次いで、「科学の何がそんなに偉大なのか」と問う。私は第二の問いがそれほど差し迫ったものであるということは理解できないが、しかしわれわれはときに自然科学におけるある事柄をかなり偉大なものとして見ることができるのであるから、その偉大なものを的確に指摘するためにベーコンを利用することはできる。科学は二つの機能、すなわち理性的能力と実験的能力の間の同盟である。第12章において私はベーコンの理性的能力を思弁と計算とに分け、これらは異なった能力であると主張した。科学のきわめて偉大である事柄というのはそれがさまざまな種類の人々——思弁家、計算家、実験家——の共同作業であるということなのである。

ベーコンは独断論者と経験論者とをきびしくとがめたものだった。独断論者は純粋理論の人々であった。当時の独断論者の多くは思弁的傾向の精神をもっていたのかもしれない。経験論者のある者たちは本当の才能をもった実験主義者であったに違いない。どちらの側も単独ではほとんど知識を作り出せなかった。科学的方法の特質とはなんであろう。それは人間の第三の天分、私が明確な連関形成と計算、と呼んだ天分を用いてこれら二つの能力を出会わせる。純粋数学でさえこの共同作業から恩恵を得る。数学はギリシア時代の後、ふたたび「応用」されるようになるまでは不毛だったのである。今日でさえ、多くの純粋数学が力を誇っているとはいえ、深遠で「純粋な」諸観念へのもっとも偉大な貢献者の多く——ラグランジュとかヒルベルトとかいった人々——はまさしく当時の物理諸科学の基本的問題にもっとも親しんでいた人々であった。

最近の物理科学にかんする注目すべき事実はそれが三つの基本的な人間的関心、すなわち思弁、計算、実験に最大限の活動範囲を与えることによって、新しい、共有の、人工物を創造していることである。その三つの共同作業に従事することによって、そのおのおのが豊かになるが、これは他の方法では不可能だったであろう。

それゆえ社会諸科学についてわれわれのなかのある人々が共に抱いている疑念に対して

診断を下すことができる。これらの領域は今なお独断論者と経験論者の世界なのである。数知れぬ「実験活動」はあっても今のところまだ安定した現象をほとんど顕にしてはいない。大量の思弁がある。数理心理学もしくは数理経済学でさえ大量にあるが、それらは思弁とも実験活動とも深く関係する事柄をまったくもってはいない純粋科学である。私はこの事態にかんしてなんらかの評価を提出しようなどというのではない。おそらくこれらの人々は皆新たな種類の人間の活動を創造しているのであろう。しかしわれわれのなかの多くの者は社会科学を概観するとき、一種のノスタルジアを、ある悲哀感を経験する。多分これは社会科学が比較的最近の物理科学のもつきわめて偉大である事柄を欠いているせいであろう。社会科学者たちは実験を欠いてはいない。計算を欠いてもいない。思弁を欠いてもいない。彼らはこの三つの共同作業を欠いている。また彼らはそれにかんして思弁をなすべき本物の理論的対象——たんなる仮定された「構成物」または「概念」ではなく、われわれが用い得る対象、安定した新しい現象の計画的創造の一部をなす対象——をもつまでは共同作業を行なわないのではないかと、私は想像している。

特権的事例

一六二〇年のベーコンの未完の『ノヴム・オルガヌム』は彼が特権的事例と呼んでいるものの興味深い分類を備えている。これらは驚くべき観察と注目に値する観察を含んでいる。さまざまな種類の測定、またわれわれの視覚を拡張する顕微鏡と望遠鏡の使用を含んでいる。本来不可視的なあるものを、それとわれわれが観察できるものとの間の相互作用を用いて明るみに出す諸々の方法を含んでいる。第10章で述べたように、ベーコンは観察について語らないし、またたんに見ているだけの事例を慎重な実験から引き出される推論の結果である事例から区別することが重要であるとも考えていない。実際、彼の事例の用法は実証主義の哲学に見られる観察の概念よりも、現代物理学の観察についての語り方のほうに概して一層似通っている。

決定実験

ベーコンの一四番目の種類にあたる事例は Instantiae crucis である。これは後に決定実験 (crucial experiment) と訳された言葉である。もっと文字通りの、そしておそらくもっと役に立つ訳語は、「分かれ道の事例」というものであろう。古い時代の翻訳家たちはそれを「道標の事例」として表現している。ベーコンは「その言葉を道が分かれているところに立てられ、いくつかの方向を指示する道標から」借りているからである。

後世の科学哲学者たちは決定実験を絶対的に決定的なものに変えた。二つの理論が競合しており、次いで一つのテストが単独で理論の一つを決定的に支持し、他の理論を犠牲にするというのがその描像である。たとえ勝利を収めた理論が正しいと証明されたわけでなくても、少なくとも競争相手は倒されて動けなくなる。が、これはベーコンが道標の事例について言っていることではない。ベーコンは新しい考えに比べて真実に近いのである。彼は道標の事例は「きわめて強力な光を与え、また高い権威をもつものであって、解釈の過程はときにそこで終わりになり、完成される」と言っている。私は「ときに」という言葉を強調している。ベーコンはたんに決定（crucial）事例はときに決定的であると主張しただけである。実験は後知恵をもっている場合に限って決定的であり、その時点では何も決定しないと語るのが最近になって流行している。イムレ・ラカトシュはまさしくそう言った。そこから誤った対決が生まれてきた。哲学者たちがベーコンの申し分のない理解から離れずにいたとしたら次のような相反する命題の対は避けていたかもしれない――(a)決定実験は決定的に決定し、直ちに理論の一つの却下へと導く。(b)「科学には決定実験は存在しなかった」（ラカトシュII、二一一頁）。ベーコンがラカトシュと意見が異なるのは確かであるし、それは正しいのだが、しかし彼はまた(a)にも同意しない。

ベーコンの実例

ベーコン自身の実例は寄せ集めである。道標の事例のなかに彼はある非実験的データを含めている。たとえば彼は潮汐に関する「道の分岐」を考察している。われわれはたらいのなかで水が揺れており、あるときはこちら側の水が高くなり、あるときはあちら側の水が高くなるというモデルをもつべきであろうか。それとも水が沸騰するときに、上がったり下がったりするのと同じように、潮汐は水が底から昇って来ることなのだろうか。そこでわれわれはパナマの住人に地峡の反対の側で同時に海の潮が満ちたり引いたりしているかどうかを尋ねる。ベーコンは直ちに理解するのであるが、結果として得られるものは決定的なテストではない。というのは理論の一つを救う補助仮説が存在するかもしれないから。たとえば地球の自転に基づいた仮説が。彼はそこで太洋の湾曲にかんする他の考察へと向かう。

ベーコンは大抵の決定的事例は自然が供給するわけではないことに注意する――「それらは大部分新しいものであり、特別にまた意図的に追求し傾注するものであって、またまじめで積極的な努力によってのみ発見される」。彼のもっともすばらしい実例は重さの問題にかかわっている。「ここで道は二つに分かれるだろう、次のように――重い、重量のある物体はそれに固有の形態のために、それ自体の本性から地球の中心に向かって進むか、さもなければ地球自身のかさと密度に引きつけられるか、そのいずれかでなければならない」。彼の実験は次のようなものである。すなわち、鉛のおもりで動かされている振子時計とゼンマイ時計をとり、地上で時刻を合わせる。それらを尖塔または他の高い場所へもって行き、後に深い鉱山のたて坑に下ろす。時計が等しい時刻を保っていなければ、それはおもりと地球の引きつける塊までの距離の影響のせいに違いない。これはベーコンの時代には実行不能なものであるとはいえ、すばらしい着想である。多分彼はどんな影響も見出すことがなかったであろうし、それゆえ固有運動という誤ったアリストテレスの理論のほうを支持したであろう。しかしながら、誤った道へ送り出されたという事実もそれほどベーコンをまごつかせはしなかったであろう。彼は決定実験は解釈の仕事を終了させなければならないとは決して主張しなかった。道標は誤らせやすいものであるから誤った道へ送り込まれるということはいつでも起こり得るのだし、足跡をたどって引き返さなければならないのである。

補助仮説

ベーコンの実験が一六二〇年に熱心に試みられたとしても、だれも振子時計とゼンマイ時計の間の差を見つけなかっただろうと考えなければならない。とにかく装置はそんなに正確に時を刻まなかったし、同じ場所の近辺にあるもっとも深いたて坑ともっとも背の高い尖塔とはその装置が違いを示すほど十分に離れてはいない。重力理論の擁護者はもっと精密な測定が必要だと主張して、多分実験結果を退けることができたであろう。

それは仮説を決定実験の否定的結果から救うもっとも単純な方法である。仮説をこの方法で救うことはいつでも可能であるように見えるかもしれない。そこでフランスの科学哲学者かつ科学史家であるピエール・デュエムが主張したもっと一般的な論点が存在するわけである。ある仮説をテストするとしても、テストの方法と関係している補助仮説のいくつかを訂正することによって好ましく思っている仮説を救うことはいつでもできる。第8章で確認したように、イムレ・ラカトシュは、これは仮説が実験によって単純かつ直ちに反証されるという考えを滅ぼす手頃な道具であると考えた。彼の言葉に従えば、「まさしくもっとも高い評価を得ている科学理論でも、どんな観察可能な事態をもまったく禁じることはできない」（I、一六頁）。このことを支持する事柄として事実ではなく「惑星の奇妙な振舞いにかんする想像上の事例」が与えられている。これは、補助仮説を付け加えることによって理論をとりつくろうことは通常可能であって、仮説の一つがうまく働けばそれは理論にとっては勝利であり、一方うまくいかなければより多くの補助仮説を手にする試みを続けるだけのことである、というデュエム的な主張の正しさを示す。こうして理論は何も禁じてはいない、と主張される。われわれは間に介在する仮説を通じてのみ観察との矛盾を手にするのだから、と。が、これもまたまずい仕方で行なわれた論証であって、別の種類のずさんさの例となっている。仮説がときに救われたという歴史的事実から仮説は常に救い得るということが推論されている。これは想像上の事例によって論証されているというより、歴史的事象の想像力に富む悪用によって論証されている。

一八一四年と一八一五年にウィリアム・プラウトは二つの注目すべきテーゼを提唱した。その当時、ドールトンや他の人々に従うことによって、原子量の精確な決定が可能となったのである。プラウトはすべての原子量は水素の原子量の整数倍であり、それゆえH＝1と置けば、C＝12、O＝16のように、すべての他の物質は整数になるだろうと提案した。測定値と整数との食い違いはその場合には実験上の誤りとなろう。第二に、すべての原子は水素の原子から作られているだろう。それゆえ水素原子は宇宙の根本的な基礎単位であろう。

プラウトはもともと化学に興味をもつ医師であった。彼はほとんど同時にアヴォガドロの法則を推測したいく人かの研究者の一人であった。彼は胃のなかにHClがあり、それが消化で大きな役割を演じていることを発見した。生物学的化学薬品についてある役に立つ研究を行なった。彼は水素にかんする大胆な推測に対しては理論的根拠をもっていなかった。そのうえそれは一見して誤りであった。塩素は約三五・五の原子量をもっていたからである。ラカトシュは仮説が変則性の海で転げ回りながら浮かんでいられる有様を例示するためにプラウトを使っている。彼はプラウトを塩素は三五・五の原子量をもっているのを知ってはいたが、それでもなおその原子量は「本当は」三六であると提唱した注目に値する人物に仕立てる。次いで彼は脚注でこの言明を「訂正」する。プラウトは実際にはあたかもすべてがうまくいくように見せるためたんに数をごまかしたのだ、と。しかしラカトシュは、イギリスの有能な化学者の多くが数字がまずいものに見えたときでさえプラウトの仮説に固執したと言っている点では正しい。ヨーロッパの大陸のほうではるかに要求のきびしい分析が実践されており、はるかに少数の人々しかプラウトを真面目に受け取らなかった。

ここでわれわれは仮説を救う補助的方法に目を向けよう。塩素は不完全な仕方で精製されていたと主張し続けることができるのだから、決してプラウトを反駁できないとラカトシュは言う。だから現実の試料は三五・五という結果を示すが本物の塩素は三六の重量をもっているのだ。ラカトシュはわれわれに想像上の言明、「一七の精製手続き $p_1, p_2, \ldots, p_{17}$ がある気体に適用されるならば、後に残るのは純粋な塩素である」を与える。図式的に提示されているので、p_{18} が適用されることを要求することによって、これを退けることができることが直ちに理解される。しかし現実にはこのようにはいかない。イギリスの（整数の）原子量が大陸のものと喰い違うことに当惑して、さまざまな委員会が開催され、エドワード・ターナーが問題の核心をつかむことを委任された。彼は例に違わず三五・五を得たが、しばらくの間は批判された。たとえばプラウトは塩化銀はいくらかの水を含んでいるかもしれないと示唆した。その可能性を取り除く方法が見出された。塩素が約三五・五の原子量をもつことがイギリスの科学者の世界ではほどなく明らかになった。パリのもっと精巧な仕方で事を運ぶ実験室では、水素は宇宙の基礎単位であるという可能性に相変わらず興味がもたれていたし、また炭素については古い諸々の決定が誤っていることが発見されたことに衝撃を受けたこともあって、再度完全にやり直すことが試みられた。だが大変な骨折りをした後にも塩素が三六の原子量をもっているという可能性はなかった。より優れた化学精製に期待をかけて仮説を救う方法は存在せず、それでおしまいだった。

結局のところ、その仮説は真理の間近に来ていたのだが、そこに達するにはまったく異なった研究プログラム、および元素の物理的分離という考えが必要とされていた。われわれの世紀のはじめに、ラザフォードとソディは元素は唯一の原子量をもっているのではなく、さまざまな同位元素の混合物であり、したがって三五・五という原子量はいくつかの本当の原子量の平均であることを示した。さらに、プラウトの第二の仮説は大体において正しかった。水素についてではなく、水素イオン、すなわち陽子について語るのであれば、すべての同位元素の原子量は本質的にその整数倍の重量なのである。それは唯一の基礎単位ではないがたしかにその一つであることが判明する。

われわれはプラウトの仮説を補助仮説によって「救われた」ものとして考えるべきではない。分析上の誤りを排除する過程は完全に終点に達した。地球上の塩素の原子量はまさに約三五・五であり、何ものもそれを変えることはできない。同位元素の発見について言えば、それはプラウトのいわゆる研究プログラムを救う新しい補助仮説ではなかった。それはまったく新しい一仮説だった。プラウトはたんにその物理的観念を先触れした幸運な化学者であったに過ぎない。これはデュエムのテーゼとなんの関係もない。

後知恵をもっている場合にのみ決定的

決定実験に対するラカトシュの反論は、理論の一つを支持し、別のものをくつがえすノックアウト・テストが存在し得るという、非ベーコン的観念を否定する。歴史家は回顧においてのみ実験を決定的なものとみなす、と彼は言う。彼の研究プログラムの方法論はまさにそのことを教える。TをプログラムPのなかにある現行理論とすると、われわれはTを$T^{\star}$に対してテストする実験を考案するかもしれない。このラウンドでTが勝っても、$P^{\star}$は力を取り戻して、より優れたある理論を提案し、これが今度はTをノックアウトすることは可能である。ある時間を経た後で、$P^{\star}$が死んだときに限って$T^{\star}$が決定的であったと後からわれわれは言う。

ベーコンのもっと穏当な術語で言えば、分かれ道の実験はその時点でそのようなものとして見ることが可能である。試練がTを支持すれば、そのとき真理はPの方向にあるかもしれないと道標は言う。われわれはベーコンをラカトシュ化することができる。二人の著者は共に大いに不愉快であろうが。道路網を——普通の道路地図を想像してもらいたい。一つの交差点で道標は、真理は一つの方向に、TとPの方向にあると言うかもしれない。そこでわれわれは$P^{\star}$路は下らない。その道はやはり後になってP路と交差するかもしれない。$P^{\star}$は修正された理論$T_1^{\star}$を立てる。Tと$T_1^{\star}$をテストする道標の事例は今後は$P^{\star}$路をたどることをわれわれに指図するかもしれない。P路上のわれわれが決してP★を横切らない場合に限って、われわれは後知恵を用いて、はじめの分かれ道は決定的であったと言うべきだろう。

しかしこれは実験の役割をあまりにも軽視することである。ある一定のタイプの実験上の発見は水準点として機能する。すなわち、未来のどんな理論もそれに適応しなければならないし、またこれと同等の理論上の水準点と一緒になって、われわれを一つの方向へかなりの程度永久的といった仕方で押しやる、現象にかんする永遠の事実として。

われわれはこのことを議論の絶えないマイケルソン＝モーリーの実験の場合に見ることができる。これは以前には、空間はすべてに浸透するエーテルに満たされているというニュートン的な考えを決定的に斥けるものとして引用された。アインシュタインはそれをアインシュタインの相対性で置き換えたのである。しかし彼自身はマイケルソン＝モーリーの実験をほとんど知らなかったのであるし、その歴史はたしかに「ニュートンとアインシュタインをテストすること」の歴史ではない。ラカトシュはこの事実を決定実験に対する猛攻撃の最重要事項として用いた。彼はまたすべての実験は理論に従属すると論じるためにもそれを用いている。

実際にはその実験は自然のベーコン的探究の優れた実例なのである。あまりにもたくさん議論されてきたので、それは常に論争の的になるものではあるだろう。しかしラカトシュの説明と並べて実験主義者の説明を示すことも役に立つ。そうするためにわれわれはエーテルを忘却から呼び戻さなければならない。

すべてに浸透するエーテル

「全空間には弾性をもった媒体、すなわちエーテルが浸み渡っているが、それは音の振動を伝播することができる。ただしはるかに大きな速度で」とニュートンは書いた。彼は続けて、光はエーテルの内部の波ではなく、エーテルは光線がそのなかを移動する媒体である、と言った。ニュートンの光学はエーテルをほんのわずかしか利用していない。ライプニッツ主義者たちはちょうど重力を「オカルトな力」として追放しようと試みたように、それも「オカルトな実体」として嘲って満足していた。

波動――波動理論が実際にエーテルを仕事につかせる。このことは波動理論の創始者（あるいは再発明者）、トマス・ヤング（一七七三―一八二九年）が明瞭に述べたことである。

――「(I)光を伝えるエーテルは宇宙に浸透し、希薄で高度の弾性をもつ。(II)物体が光を発するところではどこでもエーテルのなかに波動が引き起こされる。(III)異なった色の感覚は光によって網膜に引き起こされる振動の異なった振動数に依存している」[3]

エーテルの風――われわれは波動理論の数学をオーギュスタン・フレネル（一七八八―一八二七年）に負う。彼は光が媒体を通り抜けていき、しかもその媒体自体が反対の方向に移動しているのだとすれば、一定の「風」効果が存在するであろう――光の見掛け上の運動は減少するであろう――という仮定を付け加えた。これはJ・ドップラー（一八〇三―五三年）によって一八四二年になされた発見と曖昧さはあったが符合した。光源が観察者と相対的に運動している場合、光の知覚される振動数（色）に変化が生じているのである。これは音――当時は汽笛、今日では警察のサイレンと結びつけられて心に浮かぶ音高の変化――を通じて親しいものとなっている、顕著な波動現象の一つである。

天文学的光行差――星はそこにあるように見える位置に寸分違わずあるというわけではない。この「天文学的光行差」はいくつかの説明を与えられていた。フレネルはエーテル風から一つの説明を得た。一八四五年にG・G・ストークスは、運動する物体は周囲にエーテルを引きずっていくという対立する考えを提案した。「私の考えでは、地球と惑星とはエーテルの一部を伴って動いているために、それらの表面に近いエーテルはその表面と相対的に静止しているが、しかしエーテルの速度は表面から離れるにつれ変化し、ついには、さほど遠くないところで、空間に対して静止する」(4)

電磁気学――ジェイムズ・クラーク・マクスウェルは光の理論と電磁気の理論とを鮮やかに統一した。彼はエーテルについては熱心ではなかったが、次のように結論した――「エーテルの構成について首尾一貫した観念を形成するさいにどんな困難に出会おうとも、惑星間および恒星間の空間が空虚ではなく、物質的な実体すなわち物体によって占められていることに疑念の余地はない……」(5)。問題の一つは弾性固体モデルはどんな具合に変化させてもうまくいかない、つまり反射と複屈折の既知の法則を与えない、ということであった。

無線波――一八七三年にマクスウェルは光の波動に似た、不可視の電磁的波があるに違いないと予言した。H・R・ヘルツ(一八五七―九四年)は電波を取り出すことによってマクスウェルの正しさを立証した。ヘルツはエーテルにかんしてはいくらか疑わしく思っていた。だがその死後、一八九四年に彼の偉大な師であった、H・ヘルムホルツはヘルツについてこう書いたものである――「これらの研究によってヘルツは物理学を自然現象にかんする新しくまたもっとも興味深い諸々の見方で豊かなものにした。光波がすべてに浸透しているエーテルの電気的振動から成ること、またエーテルが絶縁体と磁気媒体の諸々の性質をもっていることにはもはやいかなる疑いも存在し得ない」(6)

実験

以上はマイケルソンが今日では名高い一連の実験を開始した頃の状況をできる限り簡潔に要約したものである。私の意図はラカトシュの描写を実験家が与えてくれるそれと対比させる点にある。一八七八年にマクスウェルは後に『ブリタニカ百科事典』の第九版に「エーテル」として現われた記事を書いていた。それはマイケルソンの実験に結びつく着想を示唆しているが、同時にそれを実行する望みはないことをほのめかしている。

地球の表面で一つの測点と他の測点の間を光が伝わるのに要する時間を観測することによって光の速度を決定することが可能だったとしたら、われわれは反対向きに観測された速度を比較することによって、これらの地球上の測点に対するエーテルの速度を決定することも可能であろう。しかし、地球上での実験から光の速度を決定することが実現可能となる方法はすべて、ある測点から他の測点へ、またふたたびもと来たほうへという二重の行程に要する時間の測定に依存しており、また軌道内での地球の速度に等しい、エーテルの相対速度に起因する時間の増加は伝達の全時間の約一億分の一でしかないだろう。それゆえそれはまったく感知できないだろう。(7)

実験の着想――「すべての方法」は失敗するだろう、とマクスウェルは言った。そうではない。光線を半透明鏡で分割し、光線の半分を地球の運動の方向に、他の半分をそれと直角の方向に送り出せばよいことをマイケルソンは理解した。それらが反射して戻ったときに、光の合成されている二つの速度によって引き起こされる位相の変化のせいで、なんらかの干渉の効果が生じているかどうかを見ることができるだろう。ほとんどだれもそれがうまくいくとは思わなかった。マイケルソンもまた厄介な問題をもっていた。たとえば、戸外を通り過ぎる馬が、他の場合には気づかれない建物の揺れを起こして実験をまったくだめにした。とうとう彼は田舎に行き、「ノイズ」を減衰させるために水銀の浴槽に実験全体を浮かべた。これは望ましくない現象を取り除く独特な実験的方法の一つである。

理論をテストするための実験――ラカトシュは書いている――「マイケルソンは最初エーテルに対する地球の運動の影響にかんする、フレネルとストークスの互いに矛盾する理論をテストするために実験を考案した」

これは正しくない。マイケルソンは実験家としてマクスウェルが不可能だと言ったこと、すなわちエーテルに相対的な地球の運動を測定することを――だれの理論にも頓着せずに――やりたかった。彼はベルリン、一八八〇年十一月二十二日、と日付の記された、サイモン・ニューカム宛の手紙のなかでまさにそう言っている。マイケルソンはパリでフィゾーの弟子の一人の下で研究していたことがあり、彼自身の実験的測定に対して準備ができていた。彼の後援者はアレクサンダー・グレアム・ベルであったが、この人物にあてて一八八一年四月十七日に彼は書いた――「エーテルに対する地球の相対的運動にかんする実験はたった今成功のうちに終結致しました。結果は否定的なものでした(8)」

否定的結果――結果は実際否定的であった。肯定的な結果であればあっといわせるようなものであったであろう。というのは肯定的結果は空間のなかでの地球の絶対的運動を決定したであろうから。自然が協力さえしてくれれば、これは数世紀の思弁の勝利として歴史にとどめられたことであろう。われわれは空間が絶対的であることを、また地球が空間を横切る絶対速度を知ることになっただろう。

実験の結果――ラカトシュは書いている――「マイケルソンは一八八一年の彼の実験は【光行差のフレネルとストークスの説明の間での】決定実験であったと、またそれはストークスの理論を証明したと主張した」。そういった種類のことはマイケルソンは何も言わなかった。彼は書いた――「これらの結果の解釈は干渉縞のずれは存在しないというものである。こうして静止エーテルの仮説から得られるその結論は正しくないことが示され、そしてその仮説は誤りであるという必然的な結論がでてくる(9)」。彼はストークスが正しいことを証明するとは主張せず、せいぜいのところフレネルが誤っていたことを主張しただけである。

光行差――マイケルソンは続けて、彼の結果は「光行差の現象の一般に受け入れられている説明に」、すなわちフレネルの説明に「まったく矛盾する」と言う。最後に彼はストークスの論文からの「抜粋を付け加えることは場違いではないかもしれない」と言う。ストークスは「実験との比較を許すような結果で、われわれが採用する理論(すなわちストークス自身の理論、またはフレネルの理論)によれば異なるであろうといった結果は」存在しないように思われると言っていたのである。ストークスは言う。「仮に二つの理論をなんらかの決定的な実験のテストにかけることができたとしたら、申し分のないことではあったろうが」。マイケルソンはさりげなくなんの注釈も付けずにストークスを引用する。彼は自分はストークスの正しさを証明したと――ラカトシュの言い方だが――「遠まわしに言って」はいない。彼はこれを決定的な実験と呼んではいない。彼がほのめかしているのは理論家に対する実験家の勝利である――今私はこれまであなたの手に届かなかったことを決定することができるのです。

一八八六年の実験――マイケルソンは一八五二年のフィゾーの実験を再度行なうために

モーリーとチームを組んだが、この実験では光が流水中の水の流れと反対の方向に送られていた。モーリーはガラスを吹く天分をもった化学者として参加した。流水のための精巧なガラス細工のために必要とされていたのである。彼らはフレネルの理論をいくらか解釈し直したのではあるが、フィゾーは概して正しいと結論した。彼らは次のように言ってしめくくっている——「それゆえこの研究の結果、フィゾーによって公表された結果は本質的には正しい、そして光を伝えるエーテルはそれが浸透している物質の運動にはまったく影響を受けないということになる」[10]。私はラカトシュはこの実験にはまったくふれていないと思う。

理論の登場——世紀の変わり目の偉大な理論家の一人、H・A・ローレンツはエーテルに強い関心をもった。ラカトシュはこの事実をいくらか誇張している。

よくあることだが、実験家のマイケルソンはそこで一人の理論家から教えを受けた。指導的な理論物理学者であったローレンツは……マイケルソンの計算が誤っていることを……示した。フレネルの理論はマイケルソンが計算したものの半分の結果しか予言してはいない……。実際フランスの物理学者、ポティエがマイケルソンに彼の一八八一年の間違いを指摘したとき、マイケルソンは訂正の覚え書きを公にしないことを決心した。

これは誤りである。マイケルソンは覚え書きをフランス語で『報告（*Comptes Rendus*）』九四巻（一八八二年）、五二〇頁に公にしている。ポティエに対する脚注もあった。

一八八七年の実験――これはもっとも有名なマイケルソン＝モーリーの実験である。ラカトシュは「ローレンツの論文に注意を引きつけたレイリーからのある手紙」について語っている。「この手紙が一八八七年の実験のきっかけとなった」。これは誤りである。その手紙は一八八七年のはじめの頃に書かれている。実験は一八八七年七月に行なわれた。ラカトシュが早合点した理由は理解できる。実際には実験は一八八六年に計画され、その後十分な資金を供給された。研究は十月に始められたが、一八八六年の十月二十七日の火災で文字通りの基盤が破壊されたので、その結果実行が大幅に遅れることになった。それゆえ実験はきっかけとなったと言われているレイリーの手紙よりもずっと以前に始められていたわけである。（しかし、それはその前年のボルティモアでのケルヴィンの講義がきっかけとなったのかもしれない。）

一八八七年の実験はある点でマイケルソンが期待したほど満足のいくものではなかった。より見事に磨きあげた装置を用いてみても二人の研究者はゼロだという結果は手にしなかった。一八八七年にマイケルソンがレイリーにあてて書いたように、「エーテルが実際に地球をすべって通り過ぎるのだとすれば、相対速度は地球の速度の六分の一以下である」[11]。彼はモーリーと共に一年のさまざまな時期に仕事をやり直し、またエーテルの風に対して高度が識別できる影響を与えるかどうかを見るべきであると考えた。ラカトシュは、マイケルソンが次に行なうべきであると語ったことを取り上げなかったことに意外だと感じている。それは理論のほうが行なっていたことに彼が悩まされたからだろうか。そうではない。彼は実験家であった。彼は自分の発明品、干渉計についての新しい一連の仕事――彼がエーテルよりも魅力的に感じた仕事――全体を公にした。彼は「光波の請願」――彼の発明を用いるならば、その波で標準一メートルを定義する新しい方法を提供することができるであろう――によって米国科学振興協会の想像力を捉えたのである。

実験の反復――マイケルソンはたしかに二度エーテルにもどった。ラカトシュは書いている――「マイケルソンの一八八一年から一九三五年に至る長い実験の系列は、エーテル・プログラムのその後に現われた諸々の見解をテストするために行なわれたものであるが、退歩的問題推移の魅力的な実例を提供している」。なんと、彼が一九三一年から一九三五年にかけて行なった実験はアストラル界〔あの世〕で行なわれたに違いない。彼は一九三一年に死んだのだから。一八八一年と一九三五年の間にマイケルソンによって行なわれた「長い実験の系列」は、正確には以下の年に行なわれた実験をさす——一八八一年、一八八六年、一八八七年、一八九七年、一九二五年。多くの人々がマイケルソンの結果に改良を加えたり、または修正したりすることを試みてはいたが、マイケルソンの実験の長い系列は存在していない。

彼の一八九七年の実験は高度が実験に影響を与えないことを示した。そして彼は多くの説明があるかもしれないが、それについて騒ぎたてるのは理論家たちに任せると言う。ことによると地球の大気はわれわれが考えているより大きいかもしれない、と彼は言う。ことによると、フィッツジェラルド短縮という考え——ちょうど当時はやっていた——は正しいかもしれない。ことによると最初からストークスが正しかったのかもしれない。実験家マイケルソンはラカトシュが書いているどんなプログラムをも追いかけているわけではない。一九二五年の実験について言えば、ミラーがエーテルの風を見つけたと主張したので、七十五歳のマイケルソンは自分はとんでもない間違いを犯していたのではなかったということを確認するために彼の若い頃の実験をやり直したのだった。彼は誤っていなかった。

実験的能力と理性的能力

ポパーはマイケルソン゠モーリーの実験を相対性理論に関連する明確な決定実験とみな

した。とり分けそれは光はあらゆる媒体、あらゆる方向に同一の速度をもつという考えをもたらす、と。ラカトシュと他の多くの人々は歴史的な関連はごくわずかであると正しく述べている。ポパーもラカトシュもただ理性的能力を強調しているだけである。マイケルソン＝モーリーの実験についてはさらに多くの公になっている空想が存在しており、私は無論自分の簡潔なスケッチが究極的なものだと主張してはいない。私はラカトシュ自身の哲学は重要であると考えているのでラカトシュを実物教授のために選んだのである。しかし、プラウトあるいはマイケルソンの場合のように、現実の事例から理論的推論を引き出す段になると、いつもあまりにも性急な推論が行なわれてしまう。理論支配の哲学は人々を現実に対して盲目にする。

疑いもなくマイケルソンはベーコンの蟻にいくらか似ている。機械を使う実験の達人で、理論には弱い——理論を知らないわけではないのだが。同様にローレンツはベーコンの蜘蛛に（程度は一層低いが）いくらか似ている。二人の人物はお互いに高く評価し合っていた。ローレンツはマイケルソンの仕事を励ます一方、同時にそれをうまく説明して片づけてくれるエーテルの数学を展開することを試みていた。仮に退歩的プログラムがあったとしたら、私見ではそれはローレンツのものだった。もっと重要なことであるが、われわれは二種類の才能の相互作用を見るのである。アインシュタインの相対性理論の並み外れた興味深さは当然のことながらこの領域において理論的な仕事のほうをより重要なものとする。

マイケルソンもまた実験の技法の新しい領域を開いたのである。ベーコンが書いたように、科学は蟻と蜘蛛の両方の才能をもっているが、より多くのことをする、すなわち実験と思弁の両方を消化しかつ解釈する蜜蜂に似ているに違いない。

第16章　実験活動と科学的実在論

実験的研究は科学的実在論に対してもっとも強力な証拠を提供する。それはわれわれが諸々の対象にかんする仮説をテストするからではない。原則的に「観察される」ことのあり得ない諸々の対象を新しい現象を作り出すために、また自然の他の側面を研究するために規則的な仕方で操作するものだからである。それらは考えるためではなく行なうための道具であり、手段である。哲学者のお気に入りの理論的対象は電子である。私は電子がどのようにして実験的対象、あるいは実験家の対象になったのかを実例に沿って述べよう。われわれがある対象を発見する初期の段階には、それが存在するという仮説をテストするかもしれない。が、それでさえお決まりの手順ではない。一八九七年にJ・J・トムソンが、自分で「微粒子（corpuscles）」と呼んだものが熱陰極から沸騰して逃げ出すことを理解したとき、最初に行なったと言ってよいのはその負に荷電した粒子の質量を測定することであった。彼は電荷eの大ざっぱな見積りをし、e/mを測定した。彼はまたmの値もほぼ正しく知った。ミリカンはトムソンのキャヴェンディッシュ研究所においてすでに議論されていたある考えを追求し、一九〇八年には電子の電荷を、すなわち電荷の多分最小の単位と思われるものを決定していた。それゆえまさしく最初から人々は電子の存在をテストしていたというより電子との相互作用に関わり合っていた。電子のもつ諸々の因果的な力のいくつかをよりよく理解するようになるにつれ、十分に理解された効果を自然の他の諸部分で作り出す装置を次第にうまく組み立てることができるようになる。自然の他の諸部分を系統だった仕方で操作するために電子を用いることができるようになる頃には、もう電子は仮説的なものや推論されたものではなくなっている。それは理論的であることをやめ、実験的なものになっている。

実験家と諸々の対象

実験家の圧倒的大多数はある理論的対象、すなわち彼らが用いる対象にかんして実在論者である。私は彼らはそうあらざるを得ないと主張する。多くの者は疑いもなく理論にかんしても実在論者であるが、このことは彼らの関心の中心からは一層隔たっている。

実験家はしばしば彼らが研究する対象にかんして実在論者であるが、しかしそうでなければならないわけではない。ミリカンは電子の電荷を測ることを始めたとき電子の実在にかんして多分ほとんど懸念を抱いていなかった。しかし彼は自分が見出そうと思っているものにかんしてそれを見出すまでは懐疑的でいることもできたであろう。見出した後、相変わらず懐疑的でいることさえできたであろう。ことによると電荷の最小単位は存在していても、まさしくその電荷の単位をもった粒子もしくは対象は実在しないかもしれない。ある対象にかんして実験するからといって、それが実在するという信念にのめりこんでいるとは限らない。ある対象を、他の何かについて実験するために操作する場合に限って、そうすることが必要なのである。

そのうえ電子を疑うことを不可能にするのは他の何かについて実験するために電子を使っているということでさえない。電子の因果的性質のいくつかを理解していれば、他のあるものに何が起きることになるのかを見るために、望み通りに電子を組織することを許すきわめて巧妙で複雑な装置の組み立て方を思いつくものである。いったん正しい実験の着想を得れば、装置の組み立てをどんなふうに試みたらよいのかは大まかな形ではあらかじめ分かっている。電子をこれこれの仕方で振舞わせる方法はこれだ、ということを知っているからである。電子はもはやわれわれの考えを系統立てる、または観察された現象を救う手段ではない。それは自然の他のある領域で現象を創造する手段である。電子は道具である。

対象にかんする実在論と理論にかんする実在論との間には重要な実験上の相違がある。後者は、科学は正しい理論を目指す（aim at）という信念であると言うことにしよう。これを否定する実験家はほとんどいない。哲学者だけがそれを疑う。しかし真理を目指すというのは無限の未来にかんする何ごとかである。電子線を向ける（aim）ことは現にそこにある電子を使うことである。ある電子をたたき出してイオンを作り出すために精細に調整したレーザーを特定の原子に向けることは現在の電子に向けることである。これとは対照的に、信じなければならない一揃いの現在の理論といったものは存在しない。理論にかんする実在論が科学の目的にかんする学説であるとすれば、それは一定の種類の価値を負荷された学説である。対象にかんする実在論が次の週に電子を向け、その次の週には他の電子にねらいをつけるというような問題であるとすれば、それは諸価値の間ではるかに中立を保った学説である。実験家たちが対象にかんする科学的実在論者であるあり方は、彼らが理論にかんする実在論者でもあるあり方とはまったく異なっているのである。

このことは理想的な理論から現在のそれへと目を向け直せばはっきりしてくる。さまざまな性質が確信をもって電子に帰せられているが、確信している性質の大部分は数多くの異なった理論またはモデルのなかで表現されているのであって、実験家はこれらにかんしてはかなり不可知論的なとらわれない姿勢をとることができるのである。一つのチームのなかの人々でさえ、同じ大きな実験の異なった部分で仕事をしているとき、電子にかんする相互に両立しないさまざまな説明を信じているかもしれない。実験の異なった部分では電子を違ったふうに利用するものだからである。電子のある側面の計算には具合の良いモデルも他の側面に対してはとりえのないものである。ときにはチームはたんにそうした実験上の諸問題を解決することのできる人物を得るために、まったく異なった理論的視点をもったメンバーを実際に選ばなければならない。まさに望みの結果を作り出すことができる人々を得るために、外国で訓練を受けた人物を、またほとんど自分とは共約不可能な話をする人物を選んでも構わない。

しかし理論の共通の核、グループの全員の共通部分、実験家の全員が実在論的にのめりこんでいる電子の理論であるような、そういった共通部分は存在しないものなのだろうか。共通の伝承《ロア》なのであり、共通の核《コア》ではない、と私は言いたい。電子を包みこんでいるたくさんの理論、モデル、近似法、描像、形式化、方法、等々が存在するが、これらの共通部分が一つの理論であると想定する理由はまったく存在しない。また「チームのさまざまなメンバーがそれぞれ信じるように訓練された諸々の理論すべての共通部分に含まれる、もっとも強力なものであって、瑣末ではない理論」といったようなものが存在すると考えるべきどんな理由も存在しない。たとえたくさんの共有されている信念が存在するにせよ、それが理論と呼ぶに値する何かを形成していると想定すべき理由は存在しない。当然のこととしてチームは同一の研究所にいる似たような考えをもった人々から形成される傾向をもつので、通常彼らの仕事にはなんらかの共有された理論的基盤がある。が、それは社会学的事実であって、科学的実在論の基礎にはならない。

理論にかんする科学的実在論の多くは現在の理論にかんするものではなく、われわれが成し遂げるかもしれないもの、あるいはことによるとわれわれが目指す理想にかんする学説であると私は理解している。それゆえ現在の理論といったものは存在しないと言うことは楽観論的な目標に対して不利な意味合いをもってはいない。要はこうした理論にかんする実在論は信仰、希望、慈愛というパース的原理を採用しなければならないということなのである。(1) 対象にかんする実在論はそうした美徳を必要としない。それはわれわれが現在なし得ることから生じている。このことを理解するためには、電子を起き上がらせて動かす装置を組み立てるというのはどういうことであるのかをいくらか詳しく眺めてみる必要がある。

作ること

たとえ実験家が対象にかんする実在論者であるにしても、彼らが正しいということは帰結しない。ことによるとそれは心理学の問題であろう。たとえば、多分偉大な実験家が発揮する大変な技巧は、考えているものはなんであれ対象化するある種の精神の型に伴っている、といった。とはいえそれはうまくない。実験家は喜んで中性ボース粒子をたんなる仮説的対象とみなすが、その一方で電子は実在的と見る。この違いはなんなのか。

望まれている、卓越した精度をもった効果を作り出すために、電子の因果的諸性質に依存する装置を作る場合にも莫大な数の作り方がある。私はこのことを実例に即して説明しよう。論証――それは実在論に対する実験的論証と呼べるだろう――は、電子の実在性はわれわれの実験の成功から推論されるということではない。われわれは仮説をテストし、次いでそれがテストをパスしたので信じるという場合のように、装置を作り、電子の実在性を推論するというわけではない。それは時間順序を誤っている。現在では、われわれが研究したいと思っているなんらかの他の現象を作り出すために、電子にかんするさして多くはない明白な真実に頼って装置を設計している。

それはあたかもわれわれの装置がどのように振舞うかをわれわれが予測しているのでわれわれは電子の存在を信じているかのように聞こえる。それもまた誤解させるものである。われわれはたとえば、偏極電子を用意する方法にかんして多くの一般的な観念をもっている。われわれはうまく働かない試作品を組み立てるのにも多くの時間を費やす。無数の欠陥《バッグ》を除去しなければならない。断念して別の取り組み方を試みねばならないこともしばしばである。デバッグする〔欠陥を捜して直す〕というのは何がまずいのかを理論的に証明したり予測したりするような問題ではない。それは部分的には装置のなかの「ノイズ」を追い出す問題である。精確な意味ももってはいるが、「ノイズ」とはしばしばどんな理論によっても理解されない出来事すべてを意味している。装置はわれわれが利用したいと思っている対象の諸性質を物理的に隔離し、われわれの邪魔になるかもしれない他のすべての効果を弱めることができなければならない。自然のより仮説的な他の部分に介入するために、電子のよく理解されたさまざまな因果的性質を利用する新しい種類の装置を組み立てることに適切に着手する——そしてしばしば組み立てにまずまず成功する——ときに、われわれは電子の実在性について完全に確信するのである。

これを実例なしに理解することは可能ではない。ありふれた歴史的実例は理論指向の誤った哲学または歴史に通常おおわれてしまっている。そこで私は何か新しいものを選ぼう。それは頭字語名でPEGGY IIという偏極電子銃である。一九七八年に『ニューヨーク・タイムズ』の注意さえひいた基礎実験にそれが用いられた。次節で私はPEGGY IIを作る主眼を描写しよう。そこで私は新しい物理学についていくらか語らねばならない。読者はこれをとばして、これに続く技術にかんする節だけを読んでもよい。とはいえ、主要な実験結果のもつ比較的理解しやすい意義を知ることは興味を引くものであるに違いない。その結果というのは、(1)パリティは偏極電子の重水素からの散乱では保存されず、そして(2)より一般的には、パリティは中性カレントの弱い相互作用では破れる、というものである。②

パリティと弱い中性カレント

自然界には必ずしも別個のものではないが、四つの基本的な力がある。重力と電磁気はおなじみのものである。次いで強い相互作用の力と弱い相互作用の力があり、これはニュートンの『光学』のなかにあるプログラムを実現させるものである。『光学』は全自然はさまざまに異なる距離まで広がる（すなわちさまざまな減衰率をもった）牽引と反発の効果をもつさまざまな力と粒子の相互作用によって理解されるであろうと説いているのである。

強い相互作用の力は電磁気より一〇〇倍も強いがきわめて小さい距離、せいぜい陽子の直径の間でしか作用しない。強い相互作用の力は「ハドロン」――これは陽子、中性子、およびもっと新しい諸粒子を含んでいる――に作用するが、電子や「レプトン」と呼ばれている粒子のクラスに属する他のメンバーには作用しない。

弱い相互作用の力は電磁気のわずかに1/10000の強さであり、強い相互作用の力の1/100の距離まで作用する。しかしそれはハドロンとレプトンの両方に作用し、これには電子も含まれる。弱い相互作用の力のもっともありふれた実例は放射能であろう。

こうした思弁の動機となっているのは量子電磁力学である。それは信じられないくらいよくできたもので、一〇〇万分の一のずれもない多くの予言を与えているが、これは実験物理学の奇跡である。それは地球の直径から陽子の直径の1/100の間の距離の範囲内で適用される。この理論はすべての力はなんらかの種類の粒子に「運ばれて」いると仮定する。電磁気ではフォトンがその仕事を行なっている。重力に対しては「グラビトン」が仮説的に考えられている。

弱い相互作用の力を含む相互作用の場合には、荷電カレントが存在する。われわれはボース粒子と呼ばれる粒子がこれらの弱い相互作用の力を運ぶと仮定している。荷電カレントに対してはボース粒子は正であるかもしれないし、あるいは負であるかもしれない。一九七〇年代に電荷がまったく運ばれていない、あるいは交換されていない弱い「中性の」カレントが存在し得るという可能性が現われた。量子電磁力学のなかの正しさが立証されている部分との純然たる類比から、中性ボース粒子が弱い相互作用の運び手として仮定された。

最近の高エネルギー物理のもっとも有名な発見はパリティ保存の破れである。カントを含む多くの物理学者および哲学者の予期に反して、自然は右巻きと左巻きとの間に絶対的な区別を設けている。これは弱い相互作用でだけ起こるらしい。

自然における右巻きまたは左巻きということでわれわれが言おうとしていることには規約の要素が含まれている。すでに述べたように電子はスピンをもっている。回転している粒子を指先を回転する方向に向けて右手で包むと想像してもらいたい。そのとき親指はスピンベクトルの方向を指していると言う。そのような粒子がビームのなかを移動するとき、そのスピンベクトルとビームとの関係を考えよう。すべての粒子がビームと同じ方向にスピンベクトルをもつとき、それらは右巻きの直線偏極をもち、これに対してスピンベクトルがビームの方向と反対のとき、左巻きの直線偏極をもつ。

パリティの破れの最初の発見は、ある粒子崩壊の産物の一種、いわゆるミューオン・ニュートリノは左巻き偏極においてのみ存在し、右巻き偏極ではまったく存在しないことを示した。

パリティの破れは弱い荷電相互作用に対して見出されたのである。弱い中性カレントに対してはどうであろう。四種類の力にかんする注目すべきワインバーグ＝サラム・モデルが一九六七年にスティーヴン・ワインバーグによって、また一九六八年にA・サラムによって、独立に提案された。それは弱い中性の相互作用でのパリティのわずかな破れを含意している。そのモデルが純然たる思弁であることからして、その成功は驚くべきものであり、畏怖の念を起こさせるものですらあった。それゆえ弱い中性の相互作用について予言されているパリティの破れをためしてみることはやりがいのあることのように思われた。それはきわめて小さな距離で作用するそれらの弱い相互作用の力にかんしてもっと多くのことをわれわれに教えるだろう。

予言は次のようなものである――ある標的に当る左巻き偏極の電子は、右巻き電子よりもわずかに多く散乱されるだろう。わずかに多く！　二種類の散乱の相対頻度の差は一万分の一であり、これは〇・五〇〇〇五と〇・四九九九五という確率の差に匹敵する。一九七〇年代の初期のスタンフォード線形加速器（SLAC）で利用できた標準的装置を使ったとしよう。これは一秒当り一二〇のパルスを発生し、おのおののパルスが電子の事象一つを提供する。すると相対頻度のこんなに小さな差を見つけるためにはSLACビームの全体を二七年間使い続けなければならないだろう。異なったパルスを異なった実験に利用することによって同一のビームを同時に多くの実験のために使っていることを考えれば、さらにどんな装置も二七年間はもちろんのこと、一カ月の間でさえ安定した状態にとどまることはないことを考えると、こうした実験は不可能である。おのおののパルスに乗って来るもっとはるかに多くの電子が必要である。われわれは以前に可能であったものに比べて一パルス当たり一〇〇〇から一万以上多くの電子を必要としている。最初の企ては現在PEGGY Iと呼ばれている装置を使った。それは、本質的にはJ・J・トムソンの熱陰極の洗練された改良品を備えたものであった。ある量のリチウムが熱せられ、電子が沸騰した。PEGGY IIはまったく異なった原理を用いる。

PEGGY II

基本的な発想はC・Y・プレスコットがある光学の雑誌のなかのヒ化ガリウムと呼ばれる結晶物質にかんするある論文に(「偶然に」!)注目したときに生まれた。GaAsはある奇妙な性質をもっている。適切な振動数をもった円偏光をもつ光で照射されると、たくさんの直線偏極した電子を放出する。このことが起こる理由と、放出される電子の半数が偏極される、すなわち3/4がある方向へ偏極され、1/4が他の方向へ偏極される理由にかんしてはなんとか間に合ううまい量子論的な理解が存在している。

PEGGY IIはこの事実、またこれに加えてGaAsはその結晶構造の特徴のためにたくさんの電子を放出するという事実を利用する。次に若干の工学が登場する。表面から電子を解放するには仕事を要する。われわれは表面を適切な物質で塗るのが助けになることを知っている。この場合にはセシウムと酸素から成る薄層が結晶に塗り付けられる。さらに結晶の周囲の気圧が低ければ低いほど、一定量の仕事に対してより多くの電子が逃げ出すことになる。そこで照射は液体窒素の温度において良好な真空のなかで行なわれる。

われわれは適切な光源を必要とする。赤色光（七一〇〇オングストローム）を噴出するレーザーが結晶に向けられる。光は最初、普通の偏光器、つまり非常に旧式な方解石すなわち氷州石のプリズムを通過する。これが直線偏光した光を与える。われわれは結晶に当てる円偏光した光がほしい。偏光されたレーザー光線は今度はポッケルのセルと呼ばれる巧妙な仕掛けを通り抜ける。それは直線偏光されたフォトンを円偏光されたフォトンに電気的に変える。電気的なものなので、それはきわめて素早いスイッチのように作用する。円偏光の向きはセルのなかの電流の向きに依存する。それゆえ偏光の向きはランダムに変えることができる。これは重要なことである。われわれは右巻き偏極と左巻き偏極のごくわずかな非対称性を見つけ出そうと試みているからである。ランダム化は装置のなかでのどんな系統的な「ずれ（drift）」に対してもこれを防ぐ助けになる。ランダム化は放射性崩壊装置によって生み出され、コンピューターがおのおののパルスについて偏光の向きを記録する。

円偏光したパルスはGaAsの結晶に当たり、直線偏極した電子のパルスを生み出す。こうしたパルスのビームは実験の次の一段階のために磁石によって加速器のなかに誘導される。それは途中で偏極の比率を調査する仕掛けのなかを通り抜ける。実験の残りの部分はこれに匹敵するくらい巧妙な他の仕掛けと検知器とを必要とするが、しかしPEGGY IIで立ち止まることにしよう。

バッグ〔欠陥〕

手短かな描写をするとすべてがあまりにも容易であるように聞こえる。そこでデバッグ〔欠陥を捜して直すこと〕について考えるため立ち止まろう。バッグの多くはまったく理解されていない。それは試行錯誤によって除去される。三つの種類を例をあげて説明しよう――(1)結局は誤差の分析のなかへ要因として取り込まなければならない本質的に技術的な限界。(2)つきつけられるまでは思いつくことのない比較的単純な機械的な欠陥。(3)うまくいかないかもしれないものにかんする直感。

1　レーザー光線はSFが教えているほど一定していない。またビームのなかにはどんな時間間隔をとっても常に手の施しようのない量の「ジッター〔瞬間的な波形の乱れ〕」がある。

2　もっと単純な水準での問題であるが、GaAs結晶から出る電子は後方散乱され、結晶を照射するのに用いるレーザー光線と同じ道筋に沿って後戻りする。その大部分は磁気的に偏向させられる。しかしいくらかのものはレーザー装置で反射し、システムのなかにもどってくる。そこでこれらの新たに周囲をとりまく電子を取り除かなければならない。これはあらっぽい機械的手段で行なわれる。それらが結晶から離れたところに集中するように、そしてそれゆえさまよって消え去るようにするのである。

3　優れた実験家はばかばかしい事柄が生じるのを防ぐ。実験を行なっている表面についた埃の粒子が、ある偏極したパルスがそれに当たったときは平たく横たわっており、逆向きに偏極したパルスがあたったときには逆立ちするとしたらどうであろう。ごくわずかな非対称性を見つけようとしていることからして、それが系統的な影響を及ぼすこともあるのだろうか。チームの一員が夜中にこのことに思い当たり、翌朝起き出してくると狂ったように埃よけのスプレーを使った。彼らはそれを万一に備えて一カ月の間続けた。

結果

系統的および統計的誤差を上回っていると認識できる結果を得るには約10^{11}の事象が必要とされていた。系統的誤差という考えは興味深い概念上の問題を提供するが、哲学者たちには知られていないように思われる。右巻きの偏極と左巻きの偏極を見つけることには系統的な不確定性があったし、いくらかのジッターがあったし、二種類のビームのパラメーターにかんする他の諸問題があった。これらの誤差は分析され、統計的誤差に線形に付け加えられた。統計的推論の研究者にとってはこれはなんらの理論的根拠ももたぬ本物の勘に頼る分析である。それはともあれ、PEGGY IIのおかげで事象の数はきわめて大きくなり、物理学者の世界全体を確信させる結果を与えるのに十分だった。左巻きに偏極した電子は右巻きの電子よりもほんの少しだけ高い頻度で重水素から散乱された。これは中性カレントの弱い相互作用におけるパリティの破れの最初の説得力のある実例であった。

注釈

PEGGY IIを作ることはかなりの程度非理論的なものであった。だれも前もってGaAsの偏極させる性質を導き出したわけではなかった――それは関連のない実験的研究との偶然の出会いによって見出された。結晶にかんする初等的な量子理論は偏極効果を説明するとはいえ、用いられた現実の結晶の諸性質については説明しない。原理的には電子の五〇%が偏極するはずであるが、だれも本物の結晶で三七%以上偏極させてはいない。

同じようにわれわれはセシウムと酸素から成る層が「負の電子親和力」をもつ理由、すなわち電子が逃げ出すのを容易にする傾向をもつ理由について一般的描像をもってはいるが、なぜこれが効率を三七%の線まで増大させるのかについて定量的な理解をもってはいない。

またこまごました多様なものが互いに適合し合うだろうということになにか保証があるわけでもなかった。もっと新しい実例をあげよう。後ほど簡潔に描写する未来の実験的研究はPEGGY IIが与え得た一パルス当りの電子よりもさらに多くの電子を手に入れたいとわれわれに思わせるのである。パリティ実験が『ニューヨーク・タイムズ』で報告されたとき、ベル研究所のあるグループがその新聞を読み、何が行なわれているのかを理解した。彼らはまったく関連のない目的のためにある結晶格子を構成することをやっていた。それはGaAsと、同類のアルミニウム合金からなる層を使っている。この格子の構造は実質的には放出されるすべての電子が偏極されるだろうという期待に導くものである。それゆえわれわれはPEGGY IIの効率を二倍にすることが可能かもしれない。だが現在のところこのすばらしい着想には問題がある。新しい格子にもまた仕事を減少させる塗料をかぶせるべきである。セシウム酸素化合物は高温下で塗付される。それゆえアルミニウムは隣接するGaAsの層に滲み出す傾向があり、巧妙に人工的に作られた格子はいくらか不均一になってその偏極電子放出のすばらしい性質を制約する。それゆえおそらくこれはうまくいかないだろう。プレスコットは時を同じくして、より多くの電子を手に入れるためにパワーアップした新しい熱イオン陰極をよみがえらせている。「理論」はPEGGY IIは熱イオンのPEGGY Iを打ち負かすだろうとわれわれに教えはしなかった。またそれはいつか熱イオンPEGGY IIIがPEGGY IIを打ち負かすかどうかも言うことができない。

またベル研究所の人々は彼らの格子の見本を送り届けるのに弱い中性カレントの理論を知っている必要はなかったことに注意せねばならない。彼らは『ニューヨーク・タイムズ』を読んだだけである。

教訓

昔々電子が存在することを疑うのはまことに道理にかなっていた。トムソンが彼の粒子の質量を測定し、ミリカンがその電荷を測定した後でさえ、疑いには意味があった。われわれはミリカンがトムソンと同じ対象を測定していることは確かだと思う必要があった。理論上の一層の精巧化が要求されていた。その考えは多くの他の現象に適用してみる必要があった。固体物理学、原子、超伝導――すべてがその役割を演じなければならなかった。

昔々電子が存在すると考えられる最善の根拠は説明における成功であったかもしれない。われわれは第12章においてローレンツが彼の電子論でファラデー効果を説明した有様を見た。私は説明する能力は真理の保証をほとんど伴わないといった。すでにJ・J・トムソンの時代からそうであるが、説明よりさらに重視されるのは測定であった。説明はたしかに助けにはなる。電子の存在を仮定するならきわめて多様な現象が説明できるだろうということが理由で、電子の存在を信じなければならなかった人々もいたかもしれない。幸せなことにわれわれはもはや説明の成功から（すなわち、われわれの精神状態を良好にするものから）推論するふりをする必要はない。プレスコットおよびその共同研究者たちは電子で現象を説明しはしない。彼らはその用い方を知っている。正気であればだれも電子は「本当に」回転している球で、十分に小さな手があれば、指でそれを包み、スピンの方向を親指の向きに見出すことができるなどと考えはしない。そのかわりに一群の因果的性質があり、天分ある実験家は他の何かのため、たとえば弱い中性カレントおよび中性ボース粒子を研究するためにその諸性質を用いて電子を記述しかつ展開配備させるのである。われわれは電子の振舞いについて莫大な量の知識をもっている。電子にとって何が問題ではないのかを知ることも等しく重要である。たとえばわれわれは偏極した電子ビームを磁気コイルで曲げることは偏極に重要な影響をまったく与えないことを知っている。われわれはまた無視するにはあまりにも強く、独立にテストをするにはあまりにも些細な直感をもっている。たとえば埃は偏極の向きに変化がある場合にダンスをするかもしれない、という。これらの直感は電子がそれに含まれるような種類の事物についてやっとのことで手に入れた感覚に基づいている。（電子が雲であるか波であるか粒子であるかはこの直感にとってはまったく問題ではない。）

仮説上の対象が実在的となるとき

電子と中性ボース粒子とが完全な対照をなしていることに注意してもらいたい。中性ボース粒子がたとえ存在していても、だれにもまだその束を操作することはできないと私は教えられている。弱い中性カレントでさえ仮説のかすみから今ようやく現われてきている に過ぎない。一九八〇年には説得力のある実験が十分に広く行なわれてきているためにそれを研究の対象にするようになっていた。いつそれは仮説上のものとしての身分を失い、電子のようなありふれた実在になるのだろう。われわれがそれを何か他のものを研究するのに用いるときに。

私はPEGGY IIよりも優れた銃を作る願望について触れた。どうしてなのか。われわれは今日弱い中性の相互作用でパリティが破れていることを「知って」いるからである。おそらくパリティ実験に含まれているものに比べてさえ一層グロテスクな統計的分析によって、われわれは弱い相互作用だけを孤立させることができるだろう。すなわち、われわれの前にはたとえば電磁気的相互作用を含むたくさんの相互作用がある。これらはさまざまな方法で削除することができるが、また一群の弱い相互作用をまさしくそこでパリティが保存されない相互作用として統計的に拾い上げることもできるのである。これはことによると物質と反物質のきわめて深い研究へ通じる道をわれわれに与えるだろう。統計を実行するにはPEGGY IIが発生すると期待できるものよりはるかに多いパルスあたりの電子が必要とされる。そうしたプロジェクトが成功するものであるならば、われわれは弱い中性カレントを何か他のものを見るための操作可能な道具として使い始めているのであろう。

このようなカレントにかんする実在論への次の一歩は踏みだされたということになるだろう。

移り変わる時代

実在論と反実在論とは有史以前のギリシアにまで溯る科学哲学の一部分をなしてはいるが、われわれの現在の諸見解は大部分十九世紀末の原子論にかんする論争の系譜に属している。原子にかんする反実在論は部分的には物理学の問題である。たとえばエネルギティク論者はあらゆるものの根底にエネルギーがあり、物質の小さな断片があるのではないと考えた。それはまたコント、マッハ、ピアソンの実証主義、またJ・S・ミルの実証主義とさえ関係していた。ミルの年下の友人、アレクサンダー・ベインはその要点を彼の教科書、『論理学——演繹的および帰納的』のなかで独特の仕方で述べている。一八七〇年に彼が次のように書くのはまことに適切なことだったのである——

いくつかの仮説は物体の微細な構造および作用にかんする仮定から成り立っている。問題の本質から言ってこれらの仮定を直接的手段によって証明することは決してできない。その利点は現象を表わすのにそれが適しているということだけである。それらは〈表現的虚構〉である。

ベインは続けて言う。「物質粒子の究極的構造にかんするすべての主張は仮説的であり、また常にそうであるに違いない……」。熱の運動理論は「重要な知性的機能を果たす」、と彼は言う。しかしわれわれはそれを世界の正しい記述であると考えることはできない。それは〈表現的虚構〉である。

ベインはたしかに一世紀前には正しかった。当時は物質の微細な構造は証明できなかった。証明は間接的なものでしかあり得なかった、すなわち、仮説はある説明を提供するように見え、またすぐれた予言をする助けとなった。こうした推論は道具主義、あるいは他の種類の観念論に傾いている哲学者に確信を生じさせるとは限らない。

実際、状況は十七世紀の認識論とじつによく似ている。その当時知識は正しい表現として考えられた。しかしそうだとしても表現が世界に対応していることを確かめるため表現の外部に出ることはできなかった。表現のテストはすべてただ別の表現なのである。バークリー主教が言ったように、「何ものも観念に似ているのではなく、観念なのである」。理論、テスト、説明、予言の成功、理論の収束、等々の水準で科学的実在論を論証する企ては表現の世界に閉じ込められる定めにある。科学的反実在論がかくも変わることなく勝利の見込みを保持しているのも不思議ではない。それは「知識の観客理論」の一変形なのである。

哲学者とは対照的に、科学者は一九一〇年には一般にたしかに原子にかんして実在論者となった。変化する風潮にもかかわらず道具主義または虚構主義というような多様な反実在論が一九一〇年と一九三〇年に強力な哲学的代案として残っていた。それは哲学の歴史がわれわれに教えていることである。その教訓はこうである——理論についてではなく実践について考えよ。原子にかんする反実在論はベインが一世紀前に書いたときにはきわめて分別あるものであった。当時は顕微鏡で見えないどんな対象にかんする反実在論も正常な学説であった。事態は今日では異なっている。電子およびこれに類似のものの「直接的」証明は、よく理解されている、低レベルの因果的諸性質を用いてそれらを操作するわれわれの能力である。私はもちろん実在は人間の操作可能性によって構成されていると主張してはいない。電子の電荷を決定するミリカンの能力は電子の観念に対してきわめて重要なあることを行なった。私の考えではローレンツの電子論以上である。あるものの電荷を決定することはそれを何か他のものを説明するために仮定することに比べてはるかに強くそのあるものの実在を信じさせるのである。ミリカンは電子の担う電荷を得る。いや、もっと状況はよい。ウーレンベックとハウトスミットは一九二五年に電子に角運動量を割り当て、たくさんの問題をあざやかに解く。それ以来ずっと、電子はスピンをもっている。決着をつけてくれる事柄は、われわれが電子にスピンを置き、電子を偏極させ、それによってわずかに異なった比率で散乱させることができるとき、そのとき存在する。

人類が決して知ることのないだろう無数の対象と過程が存在する。ことによるとわれわれが原理上知ることのできない多くのものが存在する。実在はわれわれよりも大きい。仮定された、あるいは推論された対象の実在性に対する最良の種類の証拠はわれわれがそれを測定すること、あるいは他の方法でその因果的な力を理解することを開始し得るということである。次にわれわれがそうした種類の理解をもっているという最良の証拠はわれわれがあれやこれやの因果的つながりを利用して、かなりあてになる仕方で働く機械を、一から組み立てることに着手することができるということである。それゆえ、理論化ではなく、工学技術（engineering）が対象にかんする科学的実在論の最良の証明である。科学的反実在論に対する私の攻撃はマルクスの、当時の観念論に対する猛攻撃と類似している。両方とも要は世界を理解することではなく、変えることだと言う。ことによると理論上は理論を通じてしか知ることのできないいくつかの対象（ブラック・ホール）がある。その場合にはわれわれの証拠はローレンツが提供した証拠に似ている。ことによるとわれわれは測るだけで決して使わない対象がある。実在論に対する実験的論証は実験家の対象だけが実在すると言ってるのではない。

私はここでたとえばブラック・ホールにかんするある懐疑を告白しなければならない。私は同じように現象と整合的であって、そこではブラック・ホールが排除されているような宇宙の別の表現があるのではないかと考えている。私はライプニッツからオカルトな力に対するある嫌悪を受け継いでいる。彼がニュートンの重力をオカルトとしてののしったことを思い出してもらいたい。彼が正しかったことを示すのに二世紀を要した。ニュートンのエーテルもまたすばらしくオカルト的であった。それはわれわれに多くのことを教えた。マクスウェルはエーテルのなかで電磁波を計算し、ヘルツは電波の存在を証明することによってエーテルを確証した。マイケルソンはエーテルと相互作用する方法を見つけ出した。彼は自分の実験がストークスのエーテル引きずり理論を確証したと考えたが、結局はそれはエーテルを死に追い込んだ多くの事柄の一つであった。私のような懐疑家もかすかな帰納をもってはいる。いつまでも操作されることもないまま長生きした理論的対象は、すばらしい間違いであったということが明らかになるのが普通である。(3)

注

序論——合理性

（1） I. B. Cohen, 'The eighteenth-century origins of the concept of scientific revolution', *Journal of the History of Ideas* 37 (1976), pp. 257–88.

（2） 'Objectivity, value judgment, and theory choice'. T. S. Kuhn, *The Essential Tension*, Chicago, 1977, pp. 320–39 に収録されている［邦訳：「客観性、価値判断、理論選択」、『科学革命における本質的緊張』所収（安孫子誠也、佐野正博訳）みすず書房、一九九八年］。

（3） L. Laudan, 'A problem-solving approach to scientific progress'. I. Hacking (ed.), *Scientific Revolutions*, Oxford, 1981 に収録されている。pp. 144 f. を参照。

第1章　科学的実在論とは何か

（1） W. Newton-Smith, 'The underdetermination of theory by data', *Proceedings of the Aristotelian Society*, Supplementary Volumes 52 (1978), p. 72.

（2） M. Gardner, 'Realism and instrumentalism in 19th-century atomism', *Philosophy of Science* 46 (1979), pp. 1–34.

第2章　基礎単位となることと原因となること

（1） たとえば、R. J. Skaer and S. Whytock, 'Chromatin-like artifacts from nuclear sap', *Journal of Cell*

Science 26 (1977), pp. 301–10.

（2） ファラデーからの引用および彼にかんする意見はすべてL. Pearce Williams, *Michael Faraday, A biography*, London and New York, 1965 によっている。

（3） 'Objectivity in social science and social policy'.（ドイツ語原典は一九〇四年）。Max Weber, *The Methodology of the Social Sciences* (E. A. Shils and H. A. Finch, eds. and trans.), New York, 1949 に収録されている。p. 103 を参照［邦訳：『社会科学と社会政策にかかわる認識の「客観性」』（富永祐治、立野保男訳、折原浩補訳）岩波書店、一九九八年］。

第3章　実証主義

（1） 'On the aim and progress of physical science'（ドイツ語原典は一八七一年）。H. von Helmholtz, *Popular Lectures and Addresses on Scientific Subjects* (D. Atkinson trans.), London, 1873 に収録されている。p. 247 を参照。

（2） J. J. C. Smart, 'Difficulties for realism in the philosophy of science', *Logic, Methodology and Philosophy of Science VI*, Proceedings of the 6th International Congress of Logic, Methodology and Philosophy of Science, Hannover, 1979, pp. 363–75 に収録されている。

（3） Wesley Salmon, 'Why ask, "Why?" An Inquiry Concerning Scientific Explanation', *Proceedings and Addresses of the American Philosophical Association* 51 (1978), pp. 683–705.

（4） 収束という観念を支持する多くの論証があるが、次のものを参照せよ。R. N. Boyd, 'Scientific realism and naturalistic epistemology'. P. D. Asquith and R. N. Giere (eds.), *PSA 1980*, Volume 2, Philosophy of Science Assn., East Lansing, Mich., pp. 613–62 に収録されている。およびW. Newton-Smith, *The Rationality of Science*, London, 1981. 反対する視点に立つきわめて力強い言明については、L. Laudan, 'A confutation of convergent realism,' *Philosophy of Science* 48 (1981), pp. 19–49 を参照せよ。

第5章　共約不可能性

（1）I. Hacking, 'Language, truth and reason' を参照せよ。M. Hollis and S. Lukes (eds.), *Rationality and Relativism*, Oxford, 1982, pp. 48–66 に収録されている。

（2）D. Davidson, 'On the very idea of a conceptual scheme,' *Proceedings and Addresses of the American Philosophical Association* 47 (1974), pp. 5–20.［邦訳：「概念枠という考えそのものについて」（植木哲也訳）『真理と解釈』所収、勁草書房、一九九一年］

（3）D. Shapere, 'Meaning and scientific change.' R. Colodny (ed.), *Mind and Cosmos: Essays in Contemporary Science and Philosophy*, Pittsburgh, 1966, pp. 41–85 に収録されている。

第6章　指示

（1）ヒラリー・パトナムへの言及はすべて、彼の *Philosophical Papers* の第二巻 *Mind, Language and Reality*, Cambridge, 1979 に再録されている 'The meaning of "meaning"' および他の諸々の論文によっている。

（2）D. H. Mellor, 'Natural kinds,' *British Journal for the Philosophy of Science* 28 (1977), pp. 299–312.

（3）この手紙は *The Physical Review* 55 (1939), p. 105 に公刊された。本来の中間子（ミューオン）を明るみに出すためにベーテ＝ハイトラーのエネルギー損失公式を用いている論文は S. H. Neddermeyer and C. D. Anderson, *The Physical Review* 51 (1937), pp. 884–86 であり、これは *The Physical Review* 50 (1936), pp. 263–67 にあるデータと写真に基づいている。同じく J. C. Street and E. C. Stevenson, *The Physical Review* 51 (1937), pp. 1005A.

（4） われわれの共同の研究課題、「理論と実験とどちらが先に来るのか」にかんしてC・W・F・エヴァリットにあてた手紙のなかで、ノーベル賞受賞者である物理学者E・パーセルは理論が実験の歴史を書き変えた有様にかんする多くの実例を示唆した。μ中間子にかんする彼の指摘を調査してみて、私はこの実例を本文に述べた指示盗用の例として用いる考えを得た。

（5） 'Natural kinds and biological taxa', *The Philosophical Review* 90 (1981), pp. 66–90.

第7章　内在的実在論

（1） この章におけるヒラリー・パトナムへの言及はすべて彼の *Reason, Truth and History*, Cambridge, 1981 によっている。

（2） カントからの引用はすべてN. Kemp Smith訳の *Critique of Pure Reason*, London, 1923 からのものである。

（3） T. S. Kuhn, 'What are scientific revolutions?' Center for Cognitive Science Occasional Paper 18, Massachusetts Institute for Technology, 1981, p. 25.

第8章　真理の代用となるもの

（1） この章におけるイムレ・ラカトシュへの言及はすべて彼の *Philosophical Papers*, 2 Volumes (J. Worrall and G. Currie, eds.), Cambridge, 1978 によっている。〔第一巻の邦訳：ラカトシュ『方法の擁護』（村上陽一郎他訳）新曜社、一九八六年〕

（2） K. Codell Carter, 'The germ theory, beriberi, and the deficiency theory of disease', *Medical History* 21 (1977), pp. 119–36.

小休止　本物と表現

（1）J. Bennett, 'The meaning-nominalist strategy', *Foundations of Language* 10 (1973), pp. 141–68.

（2）Karl Popper and John Eccles, *The Self and its Brain*, Berlin, New York and London, 1977, p. 9.

第9章　実験

（1）Information and Publication Division, Bell Laboratories, 1979.

（2）F. M. Bradley, *The Electromagnetic Spectrum*, New York, 1979, p. 100. 傍点はハッキング。

第10章　観察

（1）G. Maxwell, 'The ontological status of theoretical entities', *Minnesota Studies in the Philosophy of Science* 3 (1962), pp. 3–27.

（2）M. Hoskin and B. Warner, 'Caroline Herschel's comet sweepers', *Journal for the History of Astronomy* 12 (1981), pp. 27–34.

（3）C. Y. Prescott, 'Prospects for polarized electrons at high energies', Stanford Linear Accelerator, *SLAC-PUB-2630*, October 1980, p. 5.（これは第16章で述べられる実験に関連したレポートである。）

（4）*Particle Properties Data Booklet*, April 1982, p. 24.（Lawrence Berkeley LaboratoryとCERNで入手可能。'Review of physical properties', *Physics Letters* III B (1982) を参照。）

（5）D. Shapere, 'The concept of observation in science and philosophy', *Philosophy of Science* 49 (1982), pp. 485–525.

（6）K. S. Shrader Frechette, 'Quark quantum numbers and the problem of microphysical observation', *Synthese* 50 (1982), pp. 125–45 を参照。

第11章　顕微鏡

（1）ヘンリー・パワーズの一六六四年の詩、'In commendation of the microscope' から。見事な歴史的概観である Savile Bradbury, *The Microscope, Past and Present*, Oxford, 1968 に引用されている。

（2）G. Bergman, 'Outline of an empiricist philosophy of physics', *American Journal of Physics* 11 (1943), pp. 248–58, 335–42.

（3）G. Maxwell, 'The ontological status of theoretical entities', *Minnesota Studies in the Philosophy of Science* 3 (1962), pp. 3–27 に収録されている。

（4）Bradbury, *The Microscope, Past and Present*, p. 130 に引用されている。

（5）たとえば C. F. Quate, 'The acoustic microscope', *Scientific American* 241 (Oct. 1979), pp. 62–70 を参照。

第13章　現象の創造

（1）Jed Z. Buchwald, The hall effect and Maxwellian electrodynamics in the 1880's, Part 1; the discovery of a new electric field, *Centaurus* 23 (1979), p. 80 より引用。

第14章　測定

（1）'The function of measurement in modern physical science'. T. S. Kuhn, *The Essential Tension*, Chicago, 1979, pp. 178–224, とくに p. 220 による。

（2）E. R. Cohen and B. N. Taylor, *Journal of Physical and Chemical Reference Data* 2 (1973), pp. 663–738.

（3） 高エネルギー物理のポケット・バイブルである *Particle Properties Data Booklet*, April 1982（次の版は一九八四年四月）, p. 3 による。Lawrence Berkeley Laboratory と CERN で入手可能。

（4） William Thompson (Lord Kelvin), 'Electrical units of measurement', *Popular Lectures and Addresses*, London, 1889, Volume I, p. 73.

（5） K. Pearson, *The History of Statistics in the 17th and 18th Centuries*, London, p. 472.

第15章 ベーコン的主題

（1） この章におけるベーコンからの引用はすべて J. Robertson (ed.), *The Philosophical Works of Francis Bacon, reprinted from the texts and translations with the notes and prefaces of R. L. Ellis and F. Spedding*, London and New York, 1905 からのものである。これは標準的な『著作集』からの抜粋である。

（2） これらの断片的な伝記は前注のベーコン選集に収録されている William Rawley, *Life of Bacon*, 1670 による。

（3） Thomas Young, 'Bakerian Lecture', *Philosophical Transactions of the Royal Society* 92 (1802), pp. 14–21.

（4） G. G. Stokes, 'On the aberration of light', *Philosophical Magazine*, 3rd Ser., 27 (1845), pp. 9–10.

（5） J. Clerk Maxwell, 'Ether', *Encyclopaedia Britannica*, 9th edn., Volume 8 (1893), p. 572.（初めて回覧されたのは一八七八年。）

（6） H. von Helmholtz による H. Hertz, *The Principle of Mechanics* (D. E. Jones and J. J. Wallis, trans.), London, 1894, p. xi に所載されている同書の前書。

（7） Maxwell, 'Ether', p. 570.

（8） Nathan Reingold (ed.), *Science in Nineteenth Century America*, Washington, 1964, pp. 288–90 で初め

て公刊された手紙。

(9) A. A. Michelson, 'The relative motion of the earth and the luminiferous ether', *American Journal of Science*, 3rd Ser., 22 (1881), p. 128.

(10) A. A. Michelson and E. W. Morley, 'Influence of the motion of the medium on the velocity of light', *American Journal of Science*, 3rd Ser., 31 (1886).

(11) R. S. Shankland, 'Michelson-Morley experiment', *American Journal of Physics* 32 (1964), pp. 16–35を参照。

第16章 実験活動と科学的実在論

(1) 「私は三つの感情を論理学に欠くことのできぬ必要条件として提示する。すなわち、境界をもたぬ共同体への関心、この関心が至上のものとされる可能性の認識、知的活動の際限のない継続への希望である……この三つの感情は〈慈愛〉、〈信仰〉、〈希望〉という名高い三幅対とほとんど同じもののように思われる……」。C. Hartshorne and P. Weiss (eds.), *The Collected Papers of C. S. Peirce*, Volume 2, Section 665.

(2) 本文以下に述べる平易な解説は実験者たちのいく人かと交わした好意に満ちた会話に、また内部レポートである'Parity violation in polarized electron scattering', by Bill Kirk, *SLAC Beam Line* no. 8 October, 1978 によっている。

(3) 五一七—五一八頁では弱い中性ボース粒子は純粋に仮説的な対象の実例として用いられている。一九八三年の一月にCERNは540 GeVでの陽子－反陽子崩壊でそのような粒子の最初のものWを観察したと公表した。

文献案内

クーン以後の科学哲学の一側面にかんして私が編集した次の論文集の末尾に注釈を付した九五項目の文献目録がある。

（1） Ian Hacking (ed.), *Scientific Revolutions*, Oxford, 1981.

ここにそれを再録することはしない。また本文でとくに取り上げて議論した著書を列挙することもやめよう。第1部「表現すること」にかんしては、以下に少しの古典、いくつかの便利な論文集、いくつかの最近の著作を挙げておく。論文集のいくつかは後からの参照が容易になるよう番号を付してある。第2部「介入すること」にある主題についでは哲学者たちはそれほど議論してきてはいないので、一章ごとに分けてみることはせずに、私の役に立ったいくつかの論文に直接注意を促すことにする。

序論——合理性

出発点となるのは、もちろん、次の本である。

T. S. Kuhn, *The Structure of Scientific Revolutions*, Chicago, 1962, 2nd edn. with postscript, 1969.〔邦訳：クーン『科学革命の構造』（中山茂訳）みすず書房、一九七一年〕

関連した主題にかんするクーンの論文は次のものにある。

The Essential Tension: Selected Studies in Scientific Tradition and Change, Chicago, 1977.

'Commensurability, comparability, communicability', *PSA 1982*, Volume 2.

'What are scientific revolutions?' Occasional Paper no. 18, Center for Cognitive Science, Massachusetts Institute of Technology.

クーンの考えに対する論文を集めたすぐれた論文集は次のものである。

（2） Gary Gutting (ed.), *Paradigms and Paradoxes*, Notre Dame, 1980.

以下にあげる三つは科学における合理性にかんする著書と論文集である。

Larry Laudan, *Progress and its Problems*, California, 1977.〔邦訳：ローダン［ラウダン］『科学は合理的に進歩する』（村上陽一郎・井山弘幸訳）サイエンス社、一九八六年〕

W. Newton-Smith, *The Rationality of Science*, London, 1981.

Husain Sarkar, *A Theory of Method*, California, 1983.

（3） Martin Hollis and Steven Lukes (eds.), *Rationality and Relativism*, Oxford, 1982.

後に第8章にかんして列挙するイムレ・ラカトシュに関連する研究も参考にするべきである。科学革命という観念の歴史にかんする詳細な研究は次のものにある。

I. B. Cohen, *Revolution in Science: The History, Analysis and Significance of a Concept and a Name*, Cambridge, Mass., 1984.

第1章　科学的実在論とは何か

現在行なわれている論争にかんする優れた概観を与えるものとして、次のものを参照されたい。

（4） Jarrett Leplin (ed.), *Scientific Realism*, Notre Dame, 1983.

現在では科学的実在論にかんしてきわめて多くの分類がある。その一つは、Paul Horwich, 'Three forms of realism', *Synthese* 51 (1982), pp. 181–201 である。

本文中に引用した*Sense and Sensibilia*〔邦訳：J・L・オースティン『知覚の言語』（丹治信春・守屋唱進訳）勁草書房、一九八四年〕の他に、英語の言葉をオースティンが扱った実例は次のものに見出せるだろう。

J. L. Austin, *Philosophical Papers*, 3rd edn., Oxford, 1979.

この著作が最初に与えた影響にもかかわらず、今日ではほとんどだれもこの種の哲学をやっていないと報告することになるのは残念なことである。オースティンはまたもっと思弁的なプログラムをもっていたが、それはドイツの何人かの影響力のある哲学者たちによって、また規模は劣るが、アメリカ合衆国において取り入れられている。そのプログラムは次の著作に見られる。

How to do Things with Words, Oxford, 1962.〔邦訳：J・L・オースティン『言語と行為』（坂本百大訳）大修館書店、一九七八年〕

オースティンが「実在的（real）」という言葉にかんして語った事柄にかんするきびしい批判にかんして、次のものを読まれたい。

Jonathan Bennett, 'Real', in K. Fann (ed.), *A Symposium on J. L. Austin*, London, 1969.

スマート自身の手になる入門的教科書は次のものである。

J. J. C. Smart, *Between Science and Philosophy: An Introduction to the Philosophy of Science*, New York, 1968.

カートライトの因果主義に正確に元祖といえるものがあるということは明らかではないが、彼女は原典が一九〇六年にフランスで出版されている、反実在論の古典である次の本に実質上負うところがあることを認めている。

Pierre Duhem, *The Aim and Structure of Physical Theory*, Princeton, 1954.〔邦訳：『物理理論の目的と

構造』（小林道夫他訳）勁草書房、一九九一年〕

私がたった今見たばかりで現在まだ未公刊の議論の覚え書きのなかで、バス・ファン・フラーセンは因果主義は hypothesis non fingo（私は仮説を作らない、あるいは仮説に頼らない）という名高い断言と結びついたニュートンの vera causa（真の原因）の探究のなかにルーツがあると主張している。

第3章　実証主義

本文のなかで述べたように、多くの人々は実証主義精神をヒュームにまで、あるいはさらに以前に溯ってたどっている。とはいえ、この言葉はコントのものである。どんな大学図書館でも目録を見ればコントの著作から抜粋された訳本のいくつかを所蔵していることが分かるだろう。実証主義者としてもっともよく引用される人物の一人はエルンスト・マッハである。これは決着のついている問題ではない。ポール・ファイアーベントはグローバー・マクスウェルを記念するために編まれた本（University of Minnesota Press, 一九八四年刊行予定）に長大なエッセイを寄せているが、そこでマッハが実証主義者ではなかったことを精力的に論じている。マッハの読み方の一つとして次の本から始めるのもよいだろう。

Ernst Mach, *The Analysis of Sensations*, Chicago, 1897〔邦訳：E・マッハ『感覚の分析』（須藤吾之助、廣松渉訳）法政大学出版局、二〇一三年〕および表題にいくつかの相違があるが、数多くのリプリント版。

実証主義のもっと明快な古典は次の本である。

Karl Pearson, *The Grammar of Science*, London,〔邦訳：『科学の文法』増訂第二版（安藤次郎訳）一九八二年〕一八九二年以来数多くの、そして実質的な変更と増補を含む版が重ねられている。

実証主義の発展段階における実証主義の古典的批判は、ピアソンを彼の仲間たちとは違って極端に陥らない経験的な良識を備えた実証主義者の一人として選び出している。たとえば次の本がある。

V. I. Lenin, *Materialism and Empirio-Criticism*, New York, 1923.〔邦訳：V・I・レーニン『唯物論と経

験批判論』（寺沢恒信訳）大月書店、一九七五年〕

論理実証主義の最良の論文集は次のものである。

A. J. Ayer (ed.), *Logical Positivism*, New York, 1959.

第４章　プラグマティズム

プラグマティズムのもっとも興味深い歴史的概観は次の本にある。

Bruce Kuklick, *The Rise of American Philosophy: Cambridge, Massachusetts, 1860–1930*, New Haven, 1977.

パース、ジェイムズ、デューイには数多くの論文集がある。パースの著作の新しい、そして一層満足のいくものとなっている版を出す企てが順調に進められている。また彼の現存する著作の少なくとも二つのコンピューター用語索引がますます利用しやすいものとなってきている。とはいえ、すでに評価の定まっている論文集はどれも専門としている学者を別にすればだれに対しても彼の哲学のかなり優れた解説を与えてくれるだろう。彼のエッセイは非常にポピュラーであるが、一方非常に深いものなので、一年おきかそのくらいに読み直すたびに進歩があるだろう、と私は考えている。

第５章　共約不可能性

共約不可能性にかんする論争はクーンのみならずポール・ファイヤアーベントによる議論に負うものであった。

Paul Feyerabend, ‘On the “meaning” of scientific terms’, *The Journal of Philosophy* 62 (1965), pp. 266–74.
‘Problems of empiricism’, in R. Colodny (ed.), *Beyond the Edge of Certainty*, Englewood Cliffs, N. J., 1965.
Against Method, London, 1975.〔邦訳：P・K・ファイヤアーベント『方法への挑戦』（村上陽一郎、渡辺

博訳）新曜社、一九八一年〕

Science in a Free Society, London, 1978.〔邦訳：P・K・ファイヤアーベント『自由人のための知』（村上陽一郎、村上公子訳）新曜社、一九八二年〕

共約不可能性についての非常に多くの議論のなかでも、とくに次のものに注目してよかろう。

Dudley Shapere, 'The structure of scientific revolutions', *The Philosophical Review* 73 (1964), pp. 383–94.（2）に再録されている。

'Meaning and scientific change', in R. Colodny (ed.), *Mind and Cosmos: Essays in Contemporary Science and Philosophy*, Pittsburgh, 1966, pp. 41–85.（1）に再録されている。

Hartry Field, 'Theory change and the indeterminacy of reference', *The Journal of Philosophy* 70 (1973), pp. 462–81.

G. Pearce and P. Maynard (eds.), *Conceptual Change*, Dordrecht, 1973.

Arthur Fine, 'How to compare theories: reference and change', *Noûs* 9 (1975), pp. 17–32.

Michael Levin, 'On theory-change and meaning-change', *Philosophy of Science*, 46 (1979).

第6章　指示　および　第7章　内在的実在論

（4）に含まれている論文の多くはパトナムについての役に立つ研究および間接的言及を含んでいる。彼の実在論にかんする見解が時の移り変わりに伴って展開をとげていることは周知の事柄なのである。彼の論文集を年代順に読むことは重要である。彼の著書についても同様である。

Hilary Putnam, *Mind, Language and Reality: Philosophical Papers*, Volume 2, Cambridge, 1975.

Meaning and the Moral Sciences, London, 1978.

Reason, Truth and History, Cambridge, 1981.〔邦訳：『理性・真理・歴史』（野本和幸他訳）法政大学出版

局、一九九四年〕

パトナムの見解と幾分重なるところのある見解は長年ネルソン・グッドマンによって主張されてきているが、彼はそれを次の本のなかで要約している。

Nelson Goodman, *Ways of Worldmaking*, Indianapolis, 1978.〔邦訳：『世界制作の方法』（菅野盾樹訳）ちくま学芸文庫、二〇〇八年〕

実在論に関係するレーヴェンハイム＝スコーレムの論証のパトナムによる一層形式的な提示は次のものに与えられている。

'Models and reality', *The Journal of Symbolic Logic* 45 (1980), pp. 464–82.

この論証についての数多くの議論がやがて現われて来るだろう。

G. H. Merrill, 'The model-theoretic argument against realism', *Philosophy of Science* 47 (1980), pp. 69–81.

J. L. Koethe, 'The stability of reference over time', *Noûs* 16 (1982), pp. 243–52.

M. Devitt, 'Putnam on realism: a critical study of Hilary Putnam's *Meaning and the Moral Sciences*', *Noûs*, forthcoming. [“Realism and the renegade Putnum: a critical study of *Meaning and the Moral Sciences*”, Noûs 17 (1983), pp. 291–301として刊行された]

David Lewis, 'New work for a theory of universals', *Australasian Journal of Philosophy*, forthcoming. [*Australasian Journal of Philosophy* 61 (1983), pp. 343–77において既刊]

第８章　真理の代用となるもの

科学にかんするラカトシュの見解の多くは数学の本性にかんするきわめて独創的で楽しい対話篇のなかに前触れが見られる。

Imre Lakatos, *Proofs and Refutations: The Logic of Mathematical Discovery*, Cambridge, 1976.〔邦訳：

I・ラカトシュ『数学的発見の論理』（佐々木力訳）共立出版、一九八〇年〕

一九六五年に彼はポパー、カルナップ、クーン、および他の多くの人々を集めた会議を組織した。この会議の三番目の、そしてもっとも活気に富む記録は彼自身の科学哲学に対するもっとも重要な貢献を含んでいる。

I. Lakatos and A. Musgrave (eds.), *Criticism and the Growth of Knowledge*, Cambridge, 1970.〔邦訳：ラカトシュ、マスグレーヴ編『批判と知識の成長』（森博監訳）木鐸社、一九八五年〕

ラカトシュの研究とその応用について議論している追悼記念の出版物として次の二つがある。

Colin Howson (ed.), *Method and Appraisal in the Physical Sciences*, Cambridge, 1976.

R. S. Cohen *et al.* (eds.), *Essays in Memory of Imre Lakatos*, Dordrecht, 1976.

小休止　本物と表現

この小休止の主題にはどんな文献目録も相応しいものではないので、私はこの機会を利用して、哲学的な結論を引き出すために科学の社会的研究を展開している二つの興味深い学派について注意を喚起しよう。エディンバラにはほとんどすべての科学的実在は社会的構成物であるとするきわめて強力な学説が見出される。先に挙げた（3）に含まれている論文、'Relativism, rationalism and the sociology of knowledge' が情報源の豊富なリストを与えてくれる。このグループの主要な所説のいくつかが次の本に見出せる。

Barry Barnes, *Scientific Knowledge and Sociological Theory*, London, 1974.

Interests and the Growth of Knowledge, London, 1977.

David Bloor, *Knowledge and Social Imagery*, London, 1976.〔邦訳：D・ブルア『数学の社会学』（佐々木力・古川安訳）培風館、一九八五年〕

このグループに対するいくらかの支持が次のきわめて革新的な論文集の第二章に見出せる。

Mary Hesse, *Revolutions and Reconstructions in the Philosophy of Science*, Brighton, 1980.〔邦訳：M・ヘッセ［ヘッシー］『知の革命と再構成』（村上陽一郎他訳）サイエンス社、一九八六年〕

バースには社会学的な指向をもっている別の科学の研究者のグループがあり、本書の後半部、「介入すること」の役に立った貴重なものを有している。超心理学からレーザー物理学にわたる多様な実験的研究についての内在的研究を行なってきているからである。

H. M. Collins and T. J. Pinch, *Frames of Meaning: The Social Construction of Extraordinary Science*, London, 1982.

H. M. Collins, 'The TEA set: tacit knowledge and scientific networks', *Science Studies* 4 (1974), pp. 165–86.

H. M. Collins and T. G. Harrison, 'Building a TEA laser: the caprices of communication', *Social Studies of Science* 5 (1975), pp. 441–50.

David Gooding, 'A convergence of opinion on the divergence of lines: Faraday and Thomson's discussion of diamagnetism', *Notes and Records of the Royal Society of London* 36 (1982), pp. 243–59.

H. M. Collins, 'Son of seven sexes: the social destruction of a physical phenomenon', *Social Studies of Science* 11 (1981), pp. 33–62.

最後の論文は重力波の研究における実験的結果のいくつかが斥けられている様子を記述している。

第9章　実験―第16章　実験活動と科学的実在論

ミリカンの電子の実験についての分析にかんしては次のものを参照されたい。

G. Holton, *The Scientific Imagination*, Cambridge, 1978, Chapter 2.

ホルトンはミリカンによるデータの利用は理論的予期に強く影響されていると力説している。ホルトンの研究のこの側面および関連のある側面についての要約を与えるものとして、次のものを参照されたい。

'Thematic presuppositions and the direction of scientific advance', in A. F. Heath (ed.), *Scientific Explanation*, Oxford, 1981, pp. 1–27.

右の本は理論家の立場についての、A・サラム（本文五〇九頁参照）の力強い言明をも含んでいる——'The nature of the "ultimate" explanation in physics', in *Scientific Explanation* pp. 28–35. 次のものは決定実験の事例史であり、さらにその実験の詳細な解説と、「よい」実験についての哲学的議論である。

Allan Franklin and Howard Smokler, 'Justification of a "crucial" experiment: parity nonconservation', *American Journal of Physics* 49 (1981), pp. 109–11.

Allan Franklin, 'The discovery and nondiscovery of parity nonconservation', *Studies in History and Philosophy of Science* 10 (1979), pp. 201–57.

'What makes a "good" experiment?' *British Journal for the Philosophy of Science* 32 (1981), pp. 367–74.

実験の歴史を詳細に研究している本はほとんどない。最良のものの一つはE・ラザフォードとF・ソディによる同位元素の発見にかんするものである。同じ著者は科学がしばらくの間誤った方向にそれることが起こり得る二つの異なった道筋にかんする興味深い論文も書いている。

Thaddeus Trenn, *The Self-Splitting Atom*, London, 1977.［邦訳：『自壊する原子』（島原健三訳）三共出版、一九八二年］

'Thoruranium (U-236) as the extinct natural parent of thorium: the premature falsification of an essentially correct theory', *Annals of Science* 35 (1978), pp. 581–97.

'The phenomenon of aggregate recoil: the premature acceptance of an essentially incorrect theory', *Annals of Science* 37 (1980), pp. 81–100.

マイケルソン＝モーリーの実験の詳細な解説は次のものに与えられている。

Loyd S. Swenson, *The Etherial Aether: A History of the Michelson-Morley Experiment*, Austin, Tex.,

1972.

原因、モデル、近似については次のものを参照されたい。

R. Harré and E. H. Madden, *Causal Powers: A Theory of Natural Necessity*, Oxford, 1975.

M. Hesse, *Models and Analogies in Science*, London, 1963.〔邦訳：M・ヘッセ［ヘッシー］『科学・モデル・アナロジー』（高田紀代志訳）培風館、一九八六年〕

メアリー・ヘッシーの本文中三一九頁と五四〇頁に引用した著作の他に、これらの著者たちによる次の他の二つの本が役立つことが分かるだろう。

R. Harré, *The Philosophies of Science: An Introductory Survey*, Oxford, 1972.

M. Hesse, *Forces and Fields: The Concept of Action at a Distance in the History of Physics*, Westport, Conn., 1970.

新しい実験物理学の歴史および哲学に対してもっとも新しい貢献をなしている研究者が以下のような論文を公にしつつある。最初のものはミューオンと中間子（本文一八一―一八七頁）についての私の解説に関連をもっており、二番目のものは弱い中性カレント（本文第16章）に関連をもっている。

Peter Galison, 'The discovery of the muon and the failed revolution against quantum electrodynamics', *Centaurus* 26 (1983), pp. 262–316.

'How the first neutral-current experiments ended', *Reviews of Modern Physics* 55 (1983), pp. 477–509.

'Theoretical predispositions in experimental physics; Einstein and the gyromagnetic experiments, 1915–1925', *Historical Studies in the Physical Sciences* 12 (1982), pp. 285–323.

訳者あとがき

本書はIan Hacking, *Representing and Intervening: Introductory Topics in the Philosophy of Natural Science*, Cambridge University Press, 1983の全訳である。

本書は独自なスタイルで書かれたいささか驚異的《マーヴェラス》な本であるが、その性格にかんして誤解のないよう、若干の注意を記しておく。第一に本書は科学哲学の（八〇年代前半における）最新のトピックスを盛り込んだ入門書として利用できるよう平易にかつ面白く書かれているが、読むほどに興奮を覚えるのはむしろ（すでに一定の見解をもっている）専門家の方であろう。（パトナムは本書を「興味深く……いきりたたせる」と形容している。）すなわち、本書のかなりの部分は（故ハンソン、故ラカトシュを含む）現代の主要な哲学者とのきわめて真剣な対話であり、論争《ポレミック》である。第二に豊富な歴史的事例の紹介があるとはいえ、著者は（ヘラクレイトスの言う）理性を教導せぬ博識家《ポリマス》ではない。本書に見られるのは哲学することによって捜し当てられている事例の見事な収集であるが、一方活動《ゲーム》の実際を精査することは、ウィトゲンシュタイン後の、彼に学んだ哲学の方法論が要求する事柄でもある。

当然のことながら著者は一部の哲学者のように「偏食」しない。第三に各章はほとんど独立した小篇として楽しめるように書かれている。しかし他の章に書いてあることを十分に心に浮かべていないと、どの章もきちんとは読めない。換言すれば、その平易さにもかかわらず、読み返すと発見がある。第四に簡潔でアプ・テンポな文体は内容の軽さを表わしてはいない。察するに著者は冗長を嫌っており、核心を言い当てる短かい表現はときにアフォリズムに近づく。（ふたたびパトナムの形容を借りれば、「早く読めるが、消化（理解）に時間がかかる」本である。）

あとがきに本書の内容紹介を求めている方はここで直ちに内容目次を眺めていただきたい。ついでに「序論」か、あるいは著者がそこから書き始めたという「小休止」、または傑出したノン・フィクションである「顕微鏡」等を覗いていただければ、労せずして自然に著者との対話を始めることができるはずである。

著者のイアン・ハッキングは一九三六年にカナダのヴァンクーヴァーに生まれ、ブリティッシュ・コロンビア大学で数学と物理学を学んだ後、イギリスのケンブリッジ大学で哲学を学び、当地で教育活動を始めている。その後カリフォルニアのスタンフォード大学の哲学の教授を務め、現在は故国のトロント大学科学史科学哲学研究所に籍を置いている。近年きわめて精力的に活躍している哲学者の一人である。本書の他に次に列挙する著書がある。

Logic of Statistical Inference, Cambridge University Press, 1965.
A Concise Introduction to Logic, Random, 1972.
The Emergence of Probability, Cambridge University Press, 1975.
Why Does Language Matter to Philosophy?, Cambridge University Press, 1975.

また、次に挙げる本の編者である。

Scientific Revolutions (Oxford Readings in Philosophy), Oxford University Press, 1981.
Exercises in Analysis; Essays by students of Casimir Lewy, Cambridge University Press, 1985.

他に多数の論文がある。

本書の読者は推察されるであろうが、(トゥールミン、ハンソン、クーン、ファイヤアーベント等、もっと上の世代の哲学者たちと同様)ハッキングの哲学の大きな背景の一つはウィトゲンシュタインであるように見える。最近公刊された彼のケンブリッジ大学での学位論文(一九六一年)の一部('Rules, scepticism, proof, Wittgenstein,' *Experience in Analysis* に収められている)はクリプキの本(邦訳:S・A・クリプキ『ウィトゲンシュタインのパラドックス』(黒崎宏訳)産業図書、原著は一九八二年)等をきっかけにして八〇年代にふたたび哲学者のトピックスとなったウィトゲンシュタインのルール・フォロウイングを主題にした興味深いものである。またいくつかのライプニッツにかんする論文があることが注目される。

しかし本書の直接の背景は本書で語られている通り、クーン（『科学革命の構造』）以後八〇年代に至る四半世紀間の、啓発的で活気に満ちた科学哲学の研究および論争である。本書と併読されることを勧めたい著者の論文に、

'Styles of Scientific Reasoning' (John Rajchman and Cornel West (eds.), *Post-Analytic Philosophy*, Colombia University Press, 1985 に収められている。）

がある。これはデイヴィドソンの著名な論文（'On the Very Idea of Conceptual Scheme'）やミシェル・フーコーの著作、また科学史家クロンビーの見解に言及しながら、本書では主題から外された合理性の問題にかんして、彼がファイヤアーベントから学んだアナルコ合理主義（anarcho-rationalism、四八—四九頁参照）に向かって論じたものである。サルトルの最後の会見の言葉（「それが私の伝統であり、他のものを私はもっていない。東洋の伝統も、ユダヤの伝統も。それらは私の歴史性《イストリシテ》からして私には欠けている」）の引用で終わっているが、この言葉が表現している感情にアナルコ合理主義者は親しみを覚えているのだ、という。（訳者も同意見ではあるが、日本人であることを思うと、心はいささか複雑である。）

蛇足ながら、伝統という点について一言付け加えておくと、本書の著者はヨーロッパの伝統を背負い、またその一つの成分（ベーコン主義）の再興を指向しつつ、一方では母体としての古いヨーロッパからの離脱、すなわち新世界《アメリカ》の伝統の自立をかなり明確に意識しているようである。それは唯一の正しい理論を峻拒し、相互に食い違うがどの一つも欠く

ことのできぬ簡潔な理論の多数を保持すること――ボルヘス的文庫＝新世界のライプニッツ主義――を選ぶ点にもっとも端的に表現されている。これは〈近代ヨーロッパ流〉哲学を脱構築したローティ（後掲書）等とも併せ眺められるべき、ある現代海外事情の一端であろうか。

本書のかなりの部分は個別に発表されていた論文に手を加えたものであり、述べられているかなり厳しい批判に対してはすでに公にされているレスポンスがある。視察にかんする所説の批判を受けたファイヤアーベントは次のように書いている。

……私はイアン・ハッキングの論文は科学と人間の認識の極端に主知主義的な解釈に対するまったく申し分のない批判であると考える。私もまた今まで何年もの間そうした解釈を弁護してきたのであり、しかも三〇年前に私はウィトゲンシュタインの哲学を詳細に研究し、部分的に私自身のなかに受け入れたという事情があったにもかかわらず、そうなのである。純粋に抽象的な取り扱いに対する私の最初の疑念はその時代に生まれたが、それが共約不可能性の現象のたしかにまたもやあまりにも抽象的な私の取り扱い方へと導くことになった。……イアン・ハッキングの寄せた論文はこの〔抽象的伝統と実践的伝統との間の〕食い違いをきわめて明瞭に説明している。（Hans Peter Duerr (Hrsg.), Versuchungen: Aufsätze zur Philosophie Paul Feyerabends, Suhrkamp

Verlag, 1981, 2. Band, S. 336–338.)

顕微鏡では対象を観察しているのではないという所説にかんして批判を受けたファン・フラーセンは長大な反論を書いている。ポイントだけを引用するにとどめる。

「われわれは格子をまさしくそのように作ったのであるから、顕微鏡を通して私の見るものが真実を告げていることを私は知っている」〔三九四頁〕と語るのは論証ではない。というのはその前提が論争されている事柄（われわれは対象をそのようにうまく*successfully*作ったということ）を含意する必要があるからである。この点にかんして不可知論をとるためには顕微鏡のデカルト的悪魔の存在を信じる必要があると付け加えることは単に述べられていない前提を、関連する現象における常につきまとう類似性はある正しい説明を必要とする、それをもたねばならないという前提を暴露するだけである。しかしそうした前提に頼ることこそまさしくすぐ前の節が否定していたことに他ならない。（Paul M. Churchland and Clifford A. Hooker (eds.), *Images of Science; Essays on Realism and Empiricism, with a Reply from Bas C. van Fraassen*, The University of Chicago Press, 1985, p. 298.)

無論訳者も本書のハッキングの個々の議論についてはさまざまな意見をもっている。しかし「あとがき」を利用して訳者が記すべき事柄ではなかろう。

なお本文でしばしば言及されているファン・フラーセンの『科学的世界像』には邦訳がある――

B・C・ファン・フラーセン『科学的世界像』（丹治信春訳）、紀伊國屋書店、一九八六年。

同じくローティの『哲学と自然の鏡』の邦訳はほどなく世に出る――

R・ローティ『哲学と自然の鏡』（野家啓一他訳）産業図書、近刊［一九九三年に刊行］。

古典的著作の邦訳はことさら挙げる必要はなかろう。

翻訳の方針としては哲学書であるので正確であることをもっとも重んじたが、原文のもつ軽快な語り口、リズムをできるならば残したいと思った。しかし原意を歪めてまでも日本語の修辞に合わせるということは意識的には行なっていない。むしろ意識的に行なわないようにした。原文にはつなぎの言葉が少ないが、文脈から判断できるので、著しく誤解の可能性がある二、三の場合を除いて、補ってはいない。訳語の適切さについて疑念の拭えないものもあるが、本書の基本語彙に属する‘real’はさまざまに訳し分けるとかえって論旨が不明瞭になると考え、「実在的」と「本物」の二つに、いくらかの無理があることは承知で、限定した。‘represent’についても同じことが言え、カントの語彙として用いられている場合に「表象」としたのを唯一の例外として、「表現（する）」に統一した。本書の主題は実か虚かということなので'entity'は「実体」などとは訳さず、単に「存在」とした。また'entity'が本当にあるという意味で用いられている'be','exist'等は「実在する」に統一した。*明白な誤植もしくは著者のスリップの二、三をとくに断らずに訂正した。〔……〕は慣行に従い、引用文のなかで用いられている場合の他はすべて訳者の補足を表わす。誤りの少なからんことを願ってはいるが、同時に読者諸氏より御教示、御叱正をいただくことを心待ちにする心境である。とくに原著と併読される熱心な読者にお願いしたい。

なお本文三四三頁の「ブル＝ブル氏」とは長時間木を挽いて過ごす習慣をもつあるフランスの精神異常者を指す。鋸を前後させるのに合わせて、「ブル、ブル＝ブル、……」と歌うのを常としたのでそう呼ばれていた（著者の説明による）。

一九八三年の暮に神田の東京堂で偶然に原著を見つけ、立ち読みをしているうちに訳したくなったのがこの本であった。現在（八〇年代）の科学哲学における万人の必読書である――パトナムもそう書いている――と感じたのである。同じ頃恩師の御宅で偶然に初めてお会いしたのが産業図書の江面竹彦氏であった。世に出て間もない本、わが国ではほとんど名も知られていない哲学者の本を翻訳してみたいという風変りな希望を江面氏に伝えたのは翌年の春であったと記憶する。快くお引き受け下さったうえに、思いの外捗らぬ仕事を励ましながら待っていただいた江面氏に深謝致します。また大変読みにくい訳稿を丁寧に読んでいただき、さらに数多くの貴重な助言をいただいた産業図書の西川宏氏に厚くお礼申し上げます。

一九八六年十月三十日

渡辺 博

＊ 文庫化にさいし、研究と翻訳の動向を考慮して、'entity' の訳語を「対象」に変更した。またそれに合わせて、'be', 'exist' は「存在する」とした。

解説『表現と介入』のどこがスゴイのか

戸田山和久

こういうことをイキナリ書くと、本体を読む気が失せるかもしれないが、恐ろしいことに、本書の内容はたった二つの文に要約できちゃうのだった。

（1）あなたが電子を吹きかけるならば、それは実在する（六四頁）

（2）実験活動はそれ自身の生活をもっている（二九五頁）

この本は、以上二つのことを言うために書かれた、と言っていいかな。いいんじゃないだろうか。実際、本書から引用がされるときは、たいていこれらのどっちかが引用されるし。それに、どちらもなかなかカッコいいスローガンだ。ハッキングの書き物を特徴づけるのは、該博な知識にもとづく長々とした蘊蓄話（脱線に見えることもしばしば）と、ときおり挿入されるこうした短いがドキッとさせるパンチラインである。さすがは現代英米哲学におけるフーコーと呼ばれるだけのことはある。かなりのレトリシャンだ。だから、短いテーゼに要約して分かった気になってしまってはもったいない。やっぱり熟読玩味すべし。楽しいよ。

とはいえ、(1)って何よ。当たり前じゃん、と言いたくなる。電子をボールに取り替えてみたらよく分かる。ボールを抛り投げたり、人に当てたりしているのに、そのボールはないかもしれないと疑うのは、かなりおかしな人のやることだ。ハッキングは、目に見えない電子にも同じことが当てはまる、と言っている。この考え方は、「介入実在論」とか「操作実在論」とか「対象実在論」と呼ばれるようになった。科学的実在論論争における現在でも有力な立場の一つだ。

このように、言っていることはひどく当たり前なのだが、これが画期的な主張になったということは、その主張をとりまく論争の文脈の方がかなり当たり前でないということを示している。というわけで、ハッキングの介入実在論がどのような文脈で主張されたのか、その歴史的背景をなす科学的実在論論争の経緯を解説しよう。

科学的実在論論争というのは、ごく大雑把に言うと、科学に現れるいわゆる「理論的対象」なるものが本当にあると考えるべきか、そう考えるのが合理的か(つまり根拠があるか)ということが争われる論争だ。科学には三種類の対象が現れる。まず第一に、肉眼でも観察可能なマクロな対象。たとえば、ビーカーの中の液体とか実験室に置かれた金属球といった類のモノである。これは、ほとんどの論者が「ある」と認める。これとは逆に、誰もが「ホントウはない。それがあたかもあるかのように考えておくと説明とか予測のために便利だから、あるいは計算が楽になるから、あることにしておくにすぎない」と判断するものもある。重心とか無限に広がった導体平面といったものがそれにあたる。これが第二の種類。

問題となるのは、これらの中間に位置する対象だ。それが「理論的対象」と呼ばれている。電子とか電磁場といったものだ。あるときは、この世はホントウにそういうものでできているんだよと言われてみたかと思うと、直接見ることも触ることもできないので、説明のための便宜にすぎない気もする。こういう、あるようでないようなものが理論的対象だ。

理論的対象は第一の種類に近いのか、第二の種類に近いのか。これが科学的実在論論争の焦点になる。理論的対象も「ある」と考えて大丈夫、というのが実在論と呼ばれる立場だ。逆に、それはないと考えたほうが合理的、あるいはそういったものがあるかないかについては知りえないと考えるほうが合理的だと主張するのが反実在論である。

この対立を「世界のありさま」に敷衍してみよう。われわれがそれをどの程度、どんな風に理解しているかとは独立に、世界の構造は定まったものとして存在していると実在論者は主張する。一方、反実在論者は、これは人間が世界に解釈枠組みを押しつけた結果の産物にすぎないと考える。そうすると、これは科学の言明をどのように解釈するかということを巡る対立でもある。科学理論が語ることを文字通り受け取れ、と実在論は命じる。「電子は負電荷をもつ」という文は、電子というものがまずあって、それがマイナスの電気をもっている、こういうことを語っていると考えろ。これが実在論の立場。対する反実在論は、理論的言明は字面とは別のことがらを語っているとする。こうして、理論的言明は、観察事実についての長大な言明の省略形と考えようと提案されたりする。

実在論者によると、科学の目的は、この世に本当のところ何があって、それがどんな風になっているのかを明らかにすることにある。つまり、科学の目的は、だんだんと真理に近づくことにある。これに対して反実在論は、われわれは真理に決して達することはできず、科学の目的はこれとは別のところにあると考えねばならないと主張する。そこで、科学の目標として、真理よりちょっと弱いものが提案される。目に見える現象を、できるだけ効率的にまとめあげて、新しい予言を導いたり、これまでに得られた観察結果をごく少数の原理から導き出す。これを「現象を救う」と言うが、たとえばこれが科学の目的であると主張されることになる。こうして、科学的実在論論争は、科学の目的についての対立にもなる。

というわけで、科学哲学者はこの二つの立場に分かれて延々と論争を繰り広げてきたわけですよ（しかもまだやってる）。こうした現代の科学的実在論論争は三つの時期に分けて考えることができる。第一期の始まりを一九三〇年代におこう。論理実証主義の旗揚げによって「科学哲学」という学問分野が自立した時期ね。論理実証主義者は概して強烈な反実在論者だった。実証主義ってのは、目に見えること以外は信じないもんね、という主義だから。そこで彼らは、「電子」といった目に見えない理論的対象を表す言葉、つまり理論語を、目に見える現象について述べる観察語で定義してしまえ、という荒技に訴えた。そうすると、「電子は負電荷をもつ」のような理論文は、そこに含まれる理論語を定義に従って観察語に直していくと、最終的には観察についてだけ述べるながーい文に直すことができるはずだ。こうして理論的対象をなしで済ますことができる。存在のレパートリーが、理論的対象と観察可能な対象の二種類だったのが、観察可能な対象だけで済む。対象の種類を減らす（reduce）ことができるから、還元主義（reductionism）と呼ばれる。

還元主義のプログラムは、ここにはとても書けないさまざまな理由で、結局はうまくいかなかった。そこで次に論理実証主義者が手を出したのが、虚構主義（fictionalism）だ。理論語を観察語で書き換えてしまうことはできないが、理論語が指している対象、たとえば電子は、目に見える現象を短くまとめあげて、そこから新しい予言を出したり、さまざまなことがらを説明したりするための道具ないし役に立つフィクションにすぎない、というわけ。

とまあ、こんな具合に科学的実在論を巡る議論は始まった。しかし、この始まり方は、いくつかの点ですごくバイアスのかかったものだった。まず第一に、最初から反実在論にかなり傾いていた。第二に、理論文は何を語っているのか、その真理にわれわれはコミットできるか、という具合に、論争が「理論」と「文」と「真理」を中心に定式化されてしまった。これは、論理実証主義者が、科学という複雑怪奇な現象を相手にするのに、まずはそれを公理系、つまり文の集まりとしてモデリングしたことに原因があったと言ってよいかもしれない。彼らは、科学理論を公理系として捉え、説明、検証、還元などを、公理系内あるいは公理系間でおこなわれる推論の一種として、その論理を分析していこうというやり方をとった。

これに対し、一九六〇年代になって実在論陣営が息を吹き返してくる。これが第二期。実在論の逆襲をもたらした新しい論法は、「奇跡論法（miracle argument）」というちょっとふざけた名前で呼ばれている。次のような議論だ。科学はさまざまな意味で成功している。電子の存在を仮定して出された新しい予言の多くが当たってきた。電子の存在を仮定して多数の科学者がさまざまな仕方で実験をしたら、その結果の辻褄が見事にあっている。さらに、電子の理論は技術に応用されて、たとえばテレビが意図通りに映ったりする。

さて、電子についての科学理論がこのように成功しているのはなぜだろう。やっぱり電子というものがホントウに存在して、概ね科学が語るようにふるまっているからうまくいくのだろう、というのが最も自然な考え方だ。科学が成功しているという事実をまず認める。そして、それを最もうまく説明してくれるのは、科学に対して実在論的な立場をとることだ。だから実在論はおそらく正しいだろう、と結論する。これが奇跡論法と呼ばれているのは、もし実在論が成り立たないなら、科学の成功という事実が説明のつかない奇跡になってしまうという論法だからである。

しかしまもなく、奇跡論法に対しては、反実在論側からの新しいタイプの反論が提案された。これまでの科学の歴史を見てみんさい。そこに出てくるのはむしろ間違いばかりじゃないか。科学の歴史は間違いの積み重ねだ。だとすると、その当時は、いろんなことを予言し説明してくれて、とても成功していたが、後になってみたら間違いでしたという理論の事例が無数にあることになる。エーテルは十九世紀にはあると思われていたけれど、結局はなかったことが分かった、というふうに、この世に何があるかのレベルで明らかに間違っていた理論はたくさんある。むしろそっちのほうが多いぐらい。この事実に普通に帰納法を当てはめれば、成功している理論は、むしろたいてい間違いであると結論するのが妥当だろう。だから、科学理論の成功からは、実在を捉えることはできない、と結論しなければならない。というわけで、こういう議論は悲観的帰納法と呼ばれる。こうして第二期の成り行きは混沌としてきた。

で、ハッキングの『表現と介入』は、科学的実在論論争の第三期の幕開けを告げる書物なのである。このことの意味を理解するために、実在論者が悲観的帰納法に対抗するにはどうしたらよいかを考えてみよう。エーテル理論は、きわめて成功していたが、この世に何があるかのレベルでラディカルに間違っていた理論の例だ。ここから、悲観的帰納法は、成功していることは、その理論が真であることの証拠にはならんよ、と論を進める。つまり成功と真理とのつながりを断ち切ることが悲観的帰納法のポイントだ。これに対抗するには、理論を一山いくらで考えるのをやめる、という戦略が有効そうだ。理論交代において、間違いとして捨てられる部分と、それを超えて残る部分とを腑分けしよう。理論が捨てられるとき、丸ごと捨てられるということはない。残って次の理論の重要な構成要素になるものがある。この残った部分が過去における成功を説明するのであればよい。つまり、過去における理論の成功は、その間違っていた部分によるものではなかった、過去の理論を成功させていた部分は今も受け継がれている。こういう戦略は、のちに「分割統治戦略」(シロス)とか、「選択的実在論」(チャクラヴァティ)と呼ばれるようになる。ようするに、科学に含まれるいろいろなアイテムのすべてに実在論的態度をとるのはやめましょう、何に対して実在論的態度をとれるのかを考えましょう、という戦略だ。

この問いにはいろいろな答えがありうる。実在論的態度をとってよいのは、理論の方程式が記述している構造だという考え方もある(構造実在論)。ハッキングの場合は、この問いに、はい、それはわれわれが自由に操作できる対象です、と答える。電子を実験の中で思い通りに操作して、吹き付けたり、飛ばしたり、標的に当てたりできれば、電子はあると考えてよい。これに対して、電子の本性についての理論は正しいとは限らないし、コロコロ交代する。でも、その交代をくぐり抜けて、操作可能な対象としての電子の存在へのコミットメントは生き延びる。こういう考え方だ。

というわけで、「あなたが電子を吹きかけるならば、それは実在する」という一見アホちゃうのと言いたくなるようなスローガンは、選択的実在論の多様なヴァージョンのうちどれが有望か、という問題次元を新たに拓き、科学的実在論論争第三期の開始を告げるものだった。これが、本書がもつ歴史的な意義だ。何に対してどの程度実在論的態度をとれるのか、あるいはとるべきか、あるいはとれないのか。つまり、擁護に値する実在論ってどんなもの、という問いが、実在論と反実在論のキッタハッタより重要な問題として浮び上がってきたわけだ。

このように、対象に対しては実在論、理論については反実在論という組み合わせを思いついたのは、ハッキングだけではない。謝辞で、ハッキングは、自著はナンシー・カートライトが『物理法則はどのように嘘をつくか』（一九八三年）を構想している最中に書かれたとわざわざ断っている。このことが物語っているように、ハッキングとカートライトはほぼ同時に、こうした組み合わせに至っている。ただし、力点の置きどころは異なる。カートライトでは、科学理論が記述しているのはすごく理想化されたモデルだからね、実在に照らしたら偽になっちゃうよ、というところに力点がある。これに対して、ハッキングは、実験という営みの中で対象に介入したり操作したりするのが、われわれの実在論的信憑の故郷だからね、理論の真理を信じなくても、対象の存在は別ルートで信じていいよね、というところに力点を置く。こうして、対象実在論は、二つ目のスローガン(2)に結びつく。

それ自身の生活(life of its own)をもっている、というのは独立独歩で自分の人生を生きているということだ。つまり、理論からの実験の独立性が言われている。これも画期的なスローガンだったんだよね。というのも、科学を文の集まりとしてモデリングする論理実証主義的な見方のもとでは、実験は高々理論文を観察によって検証する方法、つまり理論の検証手段にすぎなくなってしまう。そうとは限らない、というのがハッキングの主張だ。ハッキングは、一九九二年に「実験室科学の自己正当化(self-vindication)」という論文を書いて、実験を、理論や背景的仮説、装置についての理論、検知器などの実験装置、データの処理と解釈などの三つの種類のいろいろな要素を調節しながら、全体として安定した結果をつねに得られるようにする活動として特徴づけている。ようするに、単に理論を確かめる活動ではない、というわけだ。

こうして、『表現と介入』は、科学を理論という文を中心にしてモデリングしようという伝統的やり方から、文以外の表象、データベース、装置、科学者等々も含んだ、多数の性質の異なるアイテムからなるネットワークとしての実験という活動を中心に据えて、科学哲学上の問題を考えていこうという新しい流れを生み出した。カートライト、ロバート・アッカーマン、アラン・フランクリン、ピーター・ギャリソン、デイヴィド・グッディング、ロナルド・ギャリーといった人々によるこうした新潮流は、デボラ・メイヨーによって新実験主義（new experimentalism）と名づけられた。

理論が観念の世界に浮遊する超時間的な何かと表象されがちなのに対して、実験はある特定の日付をもち、この世のどこかでおこなわれる出来事だ。そうすると、実験を中心に科学哲学を書き換えていこうとするならば、特定の出来事としての実験を調べることになる。こうして、科学哲学は科学史、実験室でのフィールドワークとつながっていく。科学についての研究のボーダーレス化の引き金を引いたという点でも、やっぱり『表現と介入』はスゴイ本だよな、と思う。

二〇一五年四月

ま　行

や　行

ら　行

な 行

は 行

さ　行

た　行

か 行

事項索引

マ 行

ヤ 行

ラ 行

ハ 行

サ　行

タ　行

ナ　行

人名索引

ア 行

カ 行

本書は一九八六年、産業図書より刊行された。文庫化にあたり、訳者の著作権管理者の許可を得た上で、吉沢文武氏（千葉大学［当時］）の全面的な協力により、文意文体を損なわない範囲で底本の訳語を改訂した。また、著者名の表記や副題も変更した。

ちくま学芸文庫

表現《ひょうげん》と介入《かいにゅう》　科学哲学入門《かがくてつがくにゅうもん》

二〇一五年五月十日　第一刷発行
二〇二一年五月十五日　第二刷発行

著者　イアン・ハッキング
訳者　渡辺博（わたなべ・ひろし）
発行者　喜入冬子
発行所　株式会社　筑摩書房
東京都台東区蔵前二―五―三　〒一一一―八七五五
電話番号　〇三―五六八七―二六〇一（代表）
装幀者　安野光雅
印刷所　中央精版印刷株式会社
製本所　中央精版印刷株式会社

ISBN978-4-480-09655-5 C0110

CHIKUMA